21世纪高等学校
经济管理类规划教材
高校系列

COMMUNICATION ENTERPRISE MANAGEMENT

通信企业管理

+ 刘立 主编
+ 刘宁 林萍 副主编

ECONOMICS AND MANAGEMENT

人民邮电出版社
北京

图书在版编目（CIP）数据

通信企业管理 / 刘立主编. -- 北京 : 人民邮电出版社, 2015.1（2019.8重印）
21世纪高等学校经济管理类规划教材. 高校系列
ISBN 978-7-115-37436-3

Ⅰ. ①通… Ⅱ. ①刘… Ⅲ. ①电信－邮电企业－企业管理－高等学校－教材 Ⅳ. ①F626

中国版本图书馆CIP数据核字(2014)第246303号

内容提要

本书在结构设计上，力求全面系统性与普及实用性相结合。全书按照企业管理过程中的各个环节，从企业的整体格局与战略到企业局部的产、供、销运作和人、财、物管理等一系列经营活动中层层展开，具体内容包括企业与企业管理、战略管理、生产管理、质量管理、人力资源管理、财务管理、物资与设备管理、营销管理、服务管理、项目管理、技术经济分析以及新时代通信企业管理面临的挑战等内容。

本书可作为邮电高等院校非管理专业企业管理课程的教学用书或参考书，也可供从事通信企业管理的人员阅读。

◆ 主　　编　刘　立
副 主 编　刘　宁　林　萍
责任编辑　武恩玉
责任印制　沈　蓉　彭志环
◆ 人民邮电出版社出版发行　　北京市丰台区成寿寺路 11 号
邮编　100164　　电子邮件　315@ptpress.com.cn
网址　http://www.ptpress.com.cn
北京市艺辉印刷有限公司印刷
◆ 开本：787×1092　1/16
印张：21.25　　2015 年 1 月第 1 版
字数：568 千字　　2019 年 8 月北京第10次印刷

定价：48.00 元

读者服务热线：(010)81055256　印装质量热线：(010)81055316
反盗版热线：(010)81055315

前　言 Preface

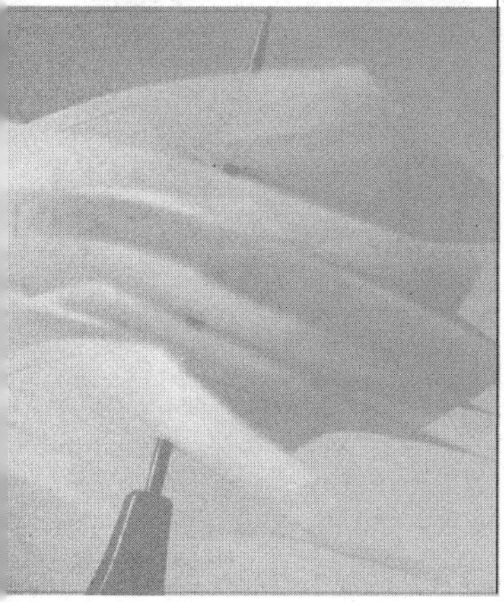

本书以南京邮电大学王良元教授主编的《通信企业管理》为蓝本进行编写。在此，对各位编者表示衷心的感谢！他们的辛勤劳作，为本书的编写打下了坚实的基础。

管理是企业永恒的主题，是企业发展的基石。随着改革开放的深入和市场经济的发展，管理理论和实践在不断发展变化，企业管理创新取得了丰硕的成果。如何把这些研究和实践中的成果反映到教材中来，一直是我们思考的问题。本书力图突出通信企业特色，总结通信企业管理实践中取得的成果。在本书编写过程中，编者力求结合通信企业实际，把通信企业管理的成功案例融入其中。在章节设计上，我们注意全面系统性和普及实用性，从企业的整体格局与战略到企业局部的产、供、销运作和人、财、物管理等一系列经营活动中层层展开。为了反映通信企业管理的热点理论与方法，我们增加了服务管理、项目管理等内容；为了探讨物联网、大数据和 4G 条件下通信企业管理面临的机遇与挑战，我们增加了一章内容——新时代通信企业管理面临的挑战。

为了便于读者阅读和学生学习，我们在每一章开始都设有学习目标和开篇案例，由此引出本章内容；为使学生更好地理解每一章中相关的管理理论与方法，我们在最后根据本章所介绍的管理理论设计了相关管理案例，学生可以结合企业管理实践更深入地去思考、探索所学的管理基本理论与方法；为了便于学生复习，我们在每章结束都有本章小结和复习思考题。

本书由南京邮电大学管理学院多年从事现代管理科学基础课程教学的教师编写。全书由刘立任主编，刘宁、林萍任副主编。参加编写的还有王娟、邢光军、周晓剑、张爽、魏江茹、刘影、林萍、张立凡、秦军、孙建敏等。感谢南京邮电大学管理学院领导对本书的出版给予的大力支持；感谢人民邮电出版社武恩玉编辑给予的支持与帮助。

本书在编写过程中，参阅了大量企业管理专著和论文资料，在此特做说明，并向有关作者表示感谢。

由于作者水平有限，加之时间仓促，书中必定存在需要改进、完善之处，恳请同行和读者批评指正。

编　者

2014 年 10 月

目 录 Contents

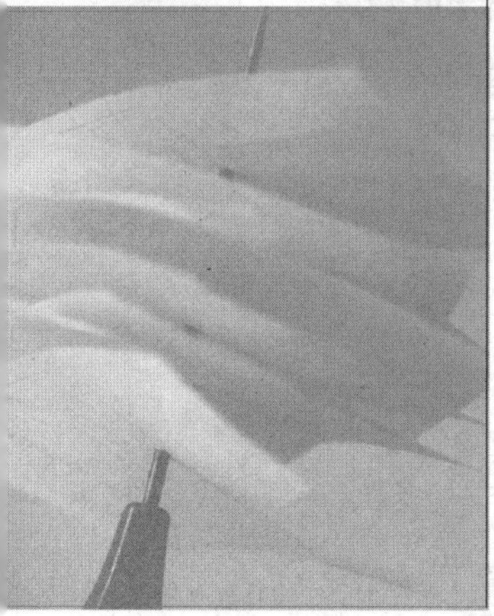

第5章 人力资源管理

第6章 企业财务管理

第7章 企业物资与设备管理

第8章 市场营销

第9章 企业服务管理

第10章 项目管理

第11章 技术经济分析

第12章 新时代通信企业管理面临的挑战

参考文献 / 328

第1章 企业与企业管理

学习目标

- 理解企业的概念
- 了解企业的组织结构
- 掌握管理的概念与特征
- 掌握管理的职能
- 了解西方管理理论的产生
- 掌握企业管理基础工作的内容

开篇案例

铁塔公司的建立

2014年7月18日，中国移动通信有限公司、中国联合网络通信有限公司和中国电信股份有限公司共同出资设立中国通信设施服务股份有限公司（2014年9月11日正式更名为“中国铁塔股份有限公司”），注册资本100亿元，总部设在北京。三大运营商中国移动、中国联通和中国电信共同签署了《发起人协议》，分别出资40.0亿元人民币、30.1亿元人民币和29.9亿元人民币，各持有40.0%、30.1%和29.9%的股权。

铁塔公司的经营范围包括铁塔建设、维护、运营；基站机房、电源、空调配套设施和室内分布系统的建设、维护、运营及基站设备的维护。在定价上，铁塔公司会采取“三低一保”策略，即铁塔公司价格租赁低于国际同类公司，低于当下市场公共价格，低于三家互联互通、共建共享的价格。

2014年8月19日，铁塔公司二级机构（省公司）构架方案确定完毕，将采取7部+2中心的模式，设立7个大部门，分别是综合部、客服部、建设维护部、人力部、财务部、采购部、审计部。7大部门实行集中管理，并在财务、人力资源管理、物资采购、IT支撑方面进行集中，实行扁平化管理。铁塔公司将在31个省市建立分公司，地市公司设分公司或办事处。二级机构也将采取同样的组织构架，但与现有运营商体制不同的是，二级机构将不再设定处室机构，实行大部管理机制。

接下来，铁塔公司还面临着很多管理方面的问题。

（案例来源：第一财经日报，铁塔公司加速组建分公司，2014-09-15。作者有删改。）

1.1 企业概述

1.1.1 企业的概念与属性

企业是那些根据市场反映的社会需要来组织和安排某种商品或提供某种服务的生产和交换的基本组织单位，实行自主经营、自负盈亏、独立核算，从事商品生产和经营。企业有以下几种属性。

（1）企业是经济性组织。企业作为一个经济性组织，首先表明它是一个投入—产出系统，即从事经济性活动，具体表现为其生产性和营销性等方面的活动，都是把资源按照用户的需要转变为可被接受的产品与服务；其次表明它具有追求经济性的目标，即在经营企业的过程中实现“产出 / 投入”之比的最大化。在发育完善的市场体系下，企业所获得的利润报酬与其为社会所作的贡献成正比；而不获利或亏损的企业则可认为是在占用、浪费、损害社会资源，不应让其继续存在。企业的经济性或获利性还意味着政府的税收与国民的福利、公益事业的发展，以及企业自身的扩大再生产、职工生活水平的不断提高。

（2）企业是社会性单位。企业不仅是经济组织，也是社会组织。在现代社会中，企业的社会性功能已不单纯从属于其经济性功能。现代企业已是一个向社会全面开放的系统，它所承担的社会责任与政治责任有时甚至会对其经济性行为产生决定性影响。所以，企业概念中的“为满足社会需要”不仅指满足用户甚至市场的需要，还包括了满足企业股东和一切经营及其结果的“相关者”（用户、供货商、营销商、职工、政府、社会公众等）的需要，这些相关者都在不同方面、不同程度上与企业发生着联系，影响、帮助或制约着企业的行为，形成了企业经营的社会环境。企业无论如何也是脱离不了这种环境的。应当注意到，企业社会性的责任与功能有时与其经济性的责任与目的之间会产生矛盾，结果往往是迫使企业在经济性方面妥协。企业的社会性要求其管理者不仅必须有经济头脑，还必须具有解决社会、政治问题的能力。

（3）企业是自主经营系统。除了独立法人的自主权利与责任所要求的自主行动之外，由于企业是在市场中运作，面对的是各种各样的需求、稍纵即逝的机会、优胜劣汰的竞争。因此，企业经营决策除了有效性以外，还必须强调行动高效率，这也要求企业对其经营有充分的自主性，不应受到其他方面的直接干预。同时对于企业经营者来说，自主经营除了行动的自主性之外，还意味着与自主经营所对应的“自觉”负责，包括“自负盈亏、自我积累、自我发展和自我制约”。这些都是在企业的所有权与经营权分离之后，企业经营管理者应该承担的义务。

1.1.2 企业的产生与发展

企业是社会生产力发展到一定水平、随着商品生产和商品交换的发展而产生的。从封建社会的手工作坊演变成为严格意义上的社会基本经济单位，资本主义社会出现的企业这一组织形式使得劳动生产率显著提高、成本大幅度降低，从而带来高额利润，促进了社会生产力的发展和社会经济的进步。

企业是一个动态变化发展的经济单位，随着人类社会的进步尤其是社会生产力的发展、科学技术水平的提高而不断发展进步。纵观企业的发展历史，一般分为以下几个时期。

（1）手工业生产时期。从封建社会的家庭手工业到资本主义初期的工场手工业时期（16～17 世纪），是企业的最初萌芽期。16 世纪以前的家庭手工业规模小而且分散，基本没有分工协作，即使出现包买商收购销售产品的情况，这些家庭手工业仍不具备企业性质。只有到了 16 世纪以后特别是进入 17 世纪，原来半工半农的家庭手工业者沦为雇佣劳动者，由包买商建立的工场手工业迅速发展，规模的扩大、产业结构的变化、机器设备的采用以及内部分工协作的形成，表明这时的工场手工业才开始具有企业的雏形。

（2）工厂生产时期。随着资本主义制度的发展，工场手工业逐步发展为建立工厂制度的工业革命时期，是作为真正意义上的企业的诞生期。在工业革命的进程中，新技术的出现、机器设备的普遍采用特别是动力机的使用，为工厂制度的建立奠定了基础。西方各国先后完成了资产阶级革命，出现工业化高潮，工厂大工业迅速发展，工厂制度在采掘、煤炭、机器制造、运输、冶金等行业相继建立。工厂制度的建立，是工场手工业发展的质的飞跃，标志着企业的真正形成。

(3) 公司生产时期。工厂制度建立后随着自由资本主义向垄断资本主义过渡而出现的工厂迅猛发展的时期，从工厂生产时期过渡到企业生产时期是企业作为一个基本经济单位的最终确立期。期间生产规模的空前扩大产生了托拉斯等垄断性企业组织，技术革新、技术设备的层出不穷推动了生产技术的迅猛发展，科学管理制度的建立标志着企业从传统经验型管理进入科学管理阶段，管理权与所有权的分离形成了专门的工程技术和管理队伍，企业间竞争的加剧、兼并的频繁导致生产走向集中，出现跨国公司。

社会、经济、文化、观念、道德等方面的变化都会对企业的发展产生影响，但推动和制约企业发展的根本因素则是技术革命。人类历史上的几次技术革命都是促进企业发展的根本因素，每次技术革命后必然伴随着一场空前规模的产业结构调整，迅速崛起一大批适应社会经济发展需要的全新企业群体，开拓崭新的生产领域，促进社会生产力发生质的飞跃。世界新技术革命的发展、科技成果的有效应用，激发了市场需求，导致了现代新兴企业的蓬勃崛起和社会经济领域的日新月异，这代表着现代企业的发展方向，显示出无穷生机。

1.1.3 企业的法律形式

在市场经济条件下，企业是法律上和经济上独立自主的实体，在一定的法律形式下拥有自主经营和发展所必需的、与其法律形式相对应的各种权利。因此，任何企业首先面临的都是企业法律形式的选择问题。企业的法律形式一般分以下几种。

(1) 个体企业。

个体企业指由业主个人出资兴办、业主自己直接负责经营的企业，又称个人业主制企业、个人独资企业。业主在享有企业全部经营所得的同时对企业的全部债务负有完全责任，若出现资不抵债的情况，业主要用自己的家财来抵偿。个体企业不具有法人资格，不是公司，出资人是自然人，不是企业的法人代表。

个体企业的主要特征为：规模较小，内部管理机构相对简单，建立和歇业的程序简便，产权能够比较自由地转让，经营者与所有者合一，经营方式灵活，决策迅速，利润独享，保密性强。但大多数个体企业自身财力有限，偿债能力和获取贷款能力都有限，难以从事大规模工商业活动，生命力相对较弱。

个体企业多存在于零售商业、个体农业、自由职业等领域，个体业主多为零售商店主、注册医师、注册律师、注册会计师、家庭农场主等。虽然它数量庞大而且是最早的企业形式，但由于规模小而且发展余地有限，因此在整个经济中并不占据支配地位。

2000年1月1日，《中华人民共和国个人独资企业法》正式生效，表明中国将全面开放民间投资，最重要的意义则在于让每一位个人投资者都有平等参与市场竞争的机会。这部法律在降低投资者市场准入条件的同时，也对投资者进行必要的责任规范和自我约束。登记后的个人独资企业必须承担无限责任（即当独资企业的负债超过投资者投入的资本额时，投资者除了以原来投入的资本来清偿债务外，还要以自己的其他财产继续承担债务，直至清偿完毕），体现了权利与义务相一致的特点。

(2) 合伙制企业。

合伙制企业指由两个或两个以上的个体联合经营的企业。合伙人分享企业所得，并共同承担经营亏损责任。形式上可以采取部分合伙人经营、其他合伙人仅出资且共同负责盈亏；也可以采取所有合伙人共同负责经营和盈亏。

合伙制企业的主要特征为：可以从众多的合伙人处筹集资本，合伙人共同承担偿还责任，从而降低了银行贷款的风险，提高了企业的筹资能力；合伙人对企业盈亏负有完全责任使得所有合伙人都以自己的全部家产为企业担保，因而有助于提高企业的信誉。但由于合伙各方具有不确定性，容易造成法律上合伙关系的复杂性、企业重大决策的复杂性以及某些合伙人因对企业债务负有连带清偿责任而面临的风险性。鉴于此，英、美等国不承认合伙企业为法人组织，而法、德、日等国承认以无限公司形式出现的合伙制企业为法人组织。

合伙制企业规模较小、资本需要量较少、合伙人个人信誉对企业具有极其重要的影响，因此律师事务所、会计师事务所、诊疗所等机构常采取这种形式。

（3）合作制企业。

合作制企业指本企业或合作经济实体内的劳动者平等持股、合作经营，股本与劳动共同分红，劳动者自愿、自助、自治的企业。外部人员不能入股，这是合作制与股份制的区别。

合作制企业的主要特征为：企业产权属于企业职工所有；企业的股本金跟随劳动者，具有劳动者自有资金的性质；企业的税后利润一部分用于企业内部的按劳分配，另一部分按股本进行分红。因此可以说，合作制企业实现了“按劳分配与按股本金分配相结合”和“劳动者与所有者相结合”，企业职工既是劳动者又是本企业的生产资料所有者，是企业的主人和“老板”。

我国城乡许多小型工商企业和服务性企业，如农村供销合作社，城市信用、供销合作组织等，都实行这种股份合作制。经验证明，合作制有利于调动企业职工的积极性，增强企业活力，降低成本，提高经济效益，是我国城乡小型工商业、供销服务业及其他第三产业的改革目标模式，有着广泛的发展前途。

（4）无限责任公司。

无限责任公司指由两个或两个以上的股东所组成、股东对公司的债务承担连带无限清偿责任的公司。股东不论出资多少都负有连带无限清偿责任，即对公司债权人以全部个人财产承担共同或单独清偿债务。

无限责任公司的主要特征为：是典型的人合公司，即信用基础建立在股东个人的信用之上而不在公司的资本多少上，不同于合资公司。每个股东都有权、有义务处理公司的业务，对外代表公司。公司的自有资金来自于股东的投资和公司的盈利。公司的盈余分配一部分是按股东的投资额以资本的利息形式分派，一部分按合伙的平分原则分派。

无限责任公司是否具有独立的法人地位，各国规定不一，如德国法律规定所有的人合公司都不是法人，国家不对公司征税而是对股东个人征收个人所得税。对于股东而言，无限责任公司的风险是很大的，虽然可能得到高额利润，但无限连带责任太大导致筹资能力有限，因此，在国内外都没有得到大的发展。

（5）有限责任公司。

有限责任公司又称有限公司，在英、美等国称为封闭公司或私人公司，指由两个以上的股东共同出资，每个股东以其认缴的出资额对公司行为承担有限责任，公司以其全部资产对其债务承担有限责任的企业。2005 年修订的《中华人民共和国公司法》允许成立一人有限责任公司，即只有一个自然人股东或者一个法人股东的有限责任公司。一人有限责任公司不设股东会。有限责任公司股东会由全体股东组成。股东会是公司的权力机构，依照本法行使职权。有限责任公司不对外公开发行股票，股东的出资额由股东协商确定。股东交付股本金后公司出具股权证书，但仅作为权益凭证，不能自由流通，必须在其他股东的同意下才能够转让，并且要优先转让给公司原有股东。

有限责任公司的主要特征为：公司股东所负责任仅以其出资额为限，从而把股东投入公司的财产与其个人其他财产脱钩，使股东所承担的风险大为降低。设置程序较为简单，一般公司的资产债务不予公开，公司内部机构设置也较为灵活，但由于不能公开发行股票，筹集资金的范围和规模一般都较小，难以适应大规模生产经营活动的需要。

有限责任公司的股东人数通常有上限和下限的规定。我国1992年颁布的《有限责任公司规范意见》中规定，有限责任公司必须有2个以上30个以下的股东才能设立，因特殊需要股东超过30个的，须经政府授权部门批准，但最多不得超过50个。2005年修订的《中华人民共和国公司法》规定，有限责任公司由50个以下股东出资设立，允许成立一人有限责任公司。

有限责任公司形式一般适用于中小企业。

（6）股份有限公司。

股份有限公司又称股份公司，在英、美等国称为公开公司或公众公司，指注册资本由等额股份构成，并且通过发行股票或股权证筹集资本，公司以其全部资产对公司债务承担有限责任的企业。

股份有限公司的主要特征为：是典型的资合公司，各国法律都承认它为独立的法人；任何愿意出资者都可以成为公司股东，不受资格限制，股东的身份、地位、信誉等也不再重要。股东成为单纯的股票持有者，其权利体现在股票上并且随股票转移而转移。《中华人民共和国公司法》规定，设立股份有限公司，应当有2人以上200人以下为发起人，其中须有半数以上的发起人在中国境内有住所。股份公司的资本总额均分为金额相等的股份，便于根据股票数量计算每个股东所拥有的权益；股东仅以其认购的股份对公司承担责任，一旦公司破产，公司债权人只能对公司的资产提出还债要求，而无权直接向股东讨债。公司年度报告、资产负债表等账目必须公开以供股东和债权人查询。公司的所有权与经营权分离，股东大会是最高权力机构，委托董事会负责处理公司重大经营管理事务，董事会聘任总经理负责公司日常经营，监事会负责监督董事会和经理的工作，从而在所有者、经营者和劳动者之间建立了相互激励、相互制衡的机制。

股份有限公司最突出的优点在于有可能获准在交易所上市，面向社会公开发行股票，具有大规模的筹资能力，得以迅速扩展企业规模、增强企业竞争力；股票易于迅速转让，既提高了资本的流动性，又对公司经营者形成了强大的压力。但股份有限公司设立程序复杂，保密性不强，股东大会缺乏对公司长远发展的关注等。

股份有限公司是现代市场经济中最适合大中型企业的组织形式，虽然在企业总数中的比例不大，但其营业额、利润、劳动力等的比例都很大，在国民经济中占据主导地位。

1.1.4 企业的组织结构

组织结构指组织各部分排列顺序、空间位置、聚集状态、联系方式以及各要素之间相互关系的一种模式，是执行管理和经营任务的体制。管理系统的组织结构犹如人体的骨架，206块骨头组成的骨架在人体中起着支架、保护的作用，使得消化、呼吸、循环等系统发挥正常生理功能。组织结构在整个管理系统中同样起着“支架”作用，有了它，系统中的人流、物流、信息流才能正常流通，进而使企业目标的实现成为可能。企业能否顺利实现目标，能否促进个人在实现目标过程中作出贡献，很大程度上取决于企业组织结构的完善程度。随着企业的发展和领导体制的演变，企业的组织结构也经历了一个发展过程。迄今为止，企业组织结构主要有以下几种形式。

（1）直线型组织结构。直线型组织结构是最早、最简单的组织结构形式。其特点是企业中各种职务按垂直系统排列，各级主管人员对其属下拥有直接的一切职权，企业中每一个人只能向一个直接上级报告，即“一个人儿，一个头儿”。优点是：结构比较简单，权力集中，责任分明，命令统一，联系简捷。缺点是：部门间协调差，在企业规模较大的情况下，所有的管理职能都集中由一人承担，往往会由于个人的知识能力有限而发生失误。一般来说，这种组织结构形式只适用于没有必要按职能实行专业化管理的小型企业或者是现场的作业管理（见图1-1）。

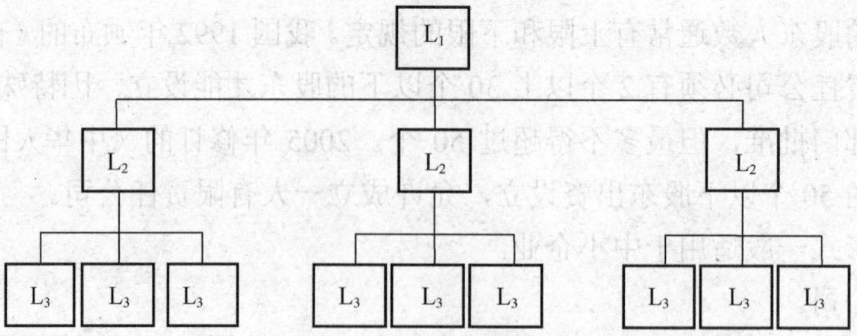

图 1-1　直线型组织结构

（2）直线—职能型组织结构。直线—职能型组织结构又称直线—参谋型、生产区域型组织结构。这是在直线型和职能型的基础上取长补短而形成的，特点是：设置了两套系统，一套是按命令统一原则组织的指挥系统，另一套是按专业化原则组织的管理职能系统。直线部门和人员在自己的职责范围内有决定权，对其属下的工作实行指挥和命令，并负有全部责任；而职能部门和人员仅是直线主管的参谋，只能对下级机构提供建议和业务指导，没有指挥和命令的权力。优点是：实行职能的高度集中化，领导集中、职责清晰，工作效率高、组织稳定性强。缺点是：下级部门的主动性和积极性的发挥受到限制，部门间信息沟通少，不能集思广益做出决策，尤其是在职能参谋部门和直线部门间目标不一致时容易产生矛盾，整个组织系统的适应性差，因循守旧，对新情况不能及时作出反应。这种组织结构形式对中小型企业比较适用，但对于规模较大、决策时需要考虑较多因素的企业则不太适用（见图 1-2）。

（3）事业部制组织结构。事业部制组织结构首创于 20 世纪 20 年代的美国通用汽车公司，即在总公司领导下设立多个事业部，各事业部有各自独立的产品和市场，实行独立核算，事业部内部在经营管理上拥有自主性和独立性，最突出的特点是：集中决策、分散经营，总公司集中决策，事业部独立经营，这是在组织领导方式上由集权制向分权制转化的一种改革。优点是：组织最高管理层摆脱了具体的日常管理事务，有利于集中精力做好战略决策和长远规划，提高了管理的灵活性和适应性，有利于培养和训练管理人才。缺点是：机构重复造成了管理人员的浪费；各事业部独立经营使得人员交换比较困难，相互支援较差；各事业部主管容易从本部门出发考虑问题而忽视整个企业的利益。

这种组织结构多适用于规模较大的企业，国外已相当普及，我国也在某些联合公司、大企业采用。在事业部制组织结构的基础上，美、日等国的一些大公司又出现了名为“超事业部制”的新的组织结构形式，在企业最高管理层和各个事业部之间增加了一级管理机构，负责统辖和协调所属各个事业部的活动，使领导方式在分权的基础上又适当地集中，从而可以集中几个事业部的力量共同研究和开发新产品，更好地协调各事业部的活动，增强组织活动的灵活性（见图 1-3）。

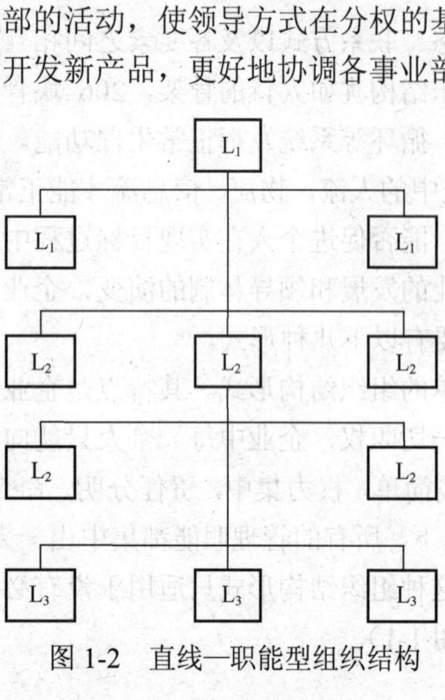

图 1-2　直线—职能型组织结构

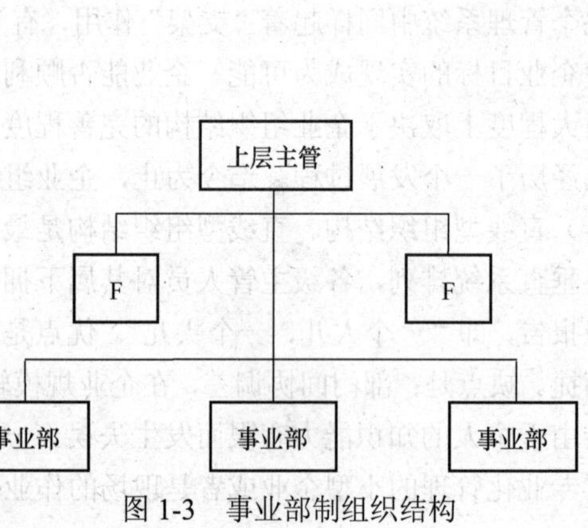

图 1-3　事业部制组织结构

（4）矩阵型组织结构。矩阵型组织结构又称规划—目标型组织结构。这是把按职能划分的部门和按产品（或项目、服务等）划分的部门结合起来组成的一个矩阵，使同一名员工既与原职能部门保持业务上的联系，又参加产品（项目）小组的工作。为了保证完成一定的管理目标，每个项目小组都设有负责人，在组织的最高主管直接领导下进行工作。特点是：打破了传统的“一个员工只有一个头儿”的命令统一原则，使一个员工属于两个甚至两个以上的部门。优点是：加强了各职能部门的横向联系，具有较大的机动性和适应性，实现了集权与分权的结合，有利于发挥专业人员的潜力。缺点是：由于实行纵向、横向的双重领导，处理不当会由于意见分歧而造成工作中的扯皮现象和矛盾（见图1-4）。

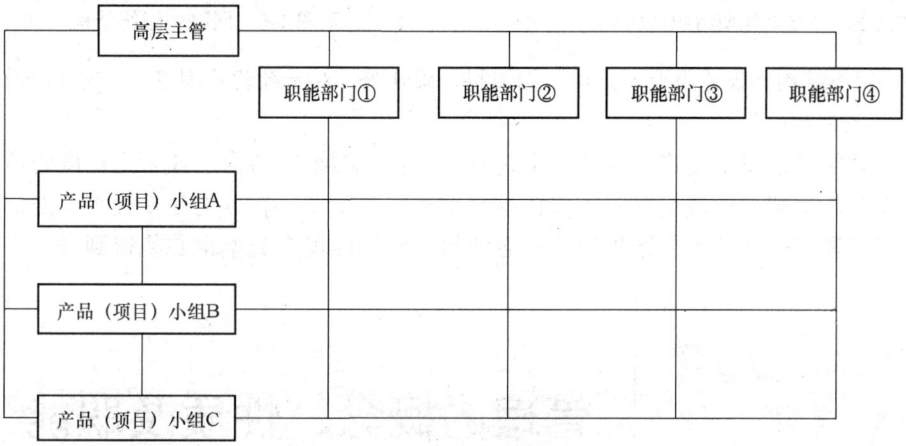

图1-4　矩阵型组织结构

（5）多维立体型组织结构。多维立体型组织结构是矩阵型组织结构形式和事业部制组织结构形式的综合发展，由三方面的管理系统组成：①按产品（项目或服务）划分的部门（事业部），是产品利润中心；②按职能如市场研究、生产、技术、质量管理等划分的专业参谋机构，是职能利润中心；③按地区划分的管理机构，是地区利润中心。

在这种组织结构形式下，每一系统都不能单独做出决定，而必须由三方代表通过共同的协调才能采取行动。因此，多维立体型组织结构可促使每个部门都能从整个组织的全局来考虑问题，从而减少了产品、职能、地区各部门之间的矛盾，即使三者之间发生摩擦，也比较容易统一和协调。这种组织结构形式最适用于跨国公司或规模巨大的跨地区公司（见图1-5）。

（6）网络型组织结构。网络型组织结构是近年来发展起来的一种组织形式，是解决资源限制性问题的一个强有力的途径——企业不必再具备创新所需要的全部资源，尤其是专业技术，而只要知道哪里有这些资源和如何去与这些资源发生联系即可。

网络型组织与相联结的多个外部机构之间并没有资本所有关系和行政隶属关系，却通过相对松散的契约纽带，通过一种互惠互利、相互协作、相互信任和支持的机制来进行密切的合作（见图1-6）。它可以是公司产品价值链的虚拟企业，由供应商、经营企业、代理商、顾客，甚至竞争对手共同组建；也可以是公司职能部门的虚拟化，也就是公司通过生产外包、销售外包、研发外包、策略联盟等方式与其他企业形成业务关系。

在网络型组织结构中，创新不是表现为单一企业的创新，而是涉及企业与企业、企业与社会之间既合作又竞争的复杂运作体的系统创新。因此，企业将采取集成系统的方式从网络型组织结构及自身的资源来获取信息，并创造一种创新产品的连续竞争能力。其中，以信息技术为基础的网络对这个过程起到了强大的推动作用。

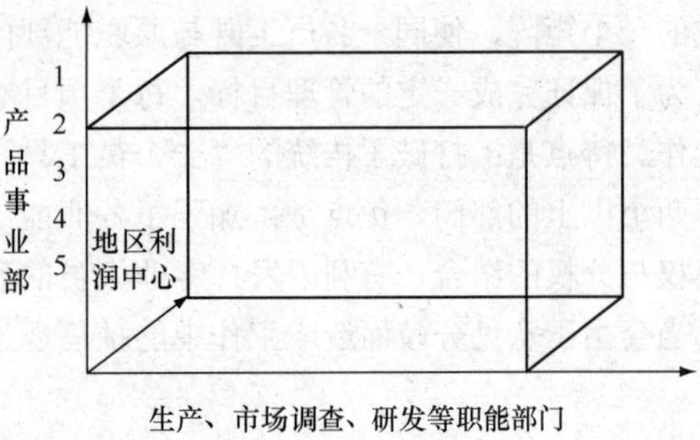

图 1-5　多维立体型组织结构

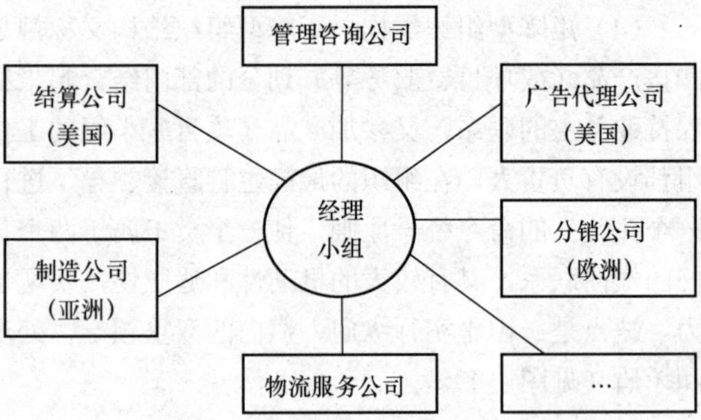

图 1-6　网络型组织结构

网络型组织结构不仅适用于大公司，如思科、微软等，对于经营范围单一、分工协作密切的小型公司也是一种选择。

以上几种类型的组织结构形式基本上是对实际存在的组织结构形式一定程度的理论抽象，仅仅是一个基本框架，而现实组织则要比这些框架丰富得多，有可能是多种类型的综合体。随着社会的发展和对管理认识的逐步深化，企业组织结构的现实类型也必将得到进一步的发展和完善。

1.2 管理的概念、性质及职能

1.2.1 管理的概念

管理起源于人类的共同劳动，自古就有。当人们开始组成集体去达到共同目标时就必须有管理，以协调集体中每个成员的活动。缺乏管理人类社会就无法存在，更谈不上发展。但什么是“管理”，人们从不同的角度出发，有着不同的理解。从汉语词义来看，“管理”一词是“管辖”、“处理”的意思。但这种字面解释是不可能严格表达出管理本身所具有的完整含义的。

多年来，西方许多管理学者从不同的研究角度，对管理的概念做出了不同的解释。其中较具代表性的有：

科学管理的创始人泰勒认为，管理就是“确切地知道你要别人做些什么，并指导他们用最好最经济的方法去做”。

法国管理学家法约尔认为：管理就是实行计划、组织、指挥、协调和控制。

决策理论学派的代表人物，1978 年诺贝尔经济学奖获得者——美国管理学家西蒙认为：“管理就是决策。”

当代管理过程学派的代表——美国管理学家哈罗德·孔茨等在所著的《管理学》第 9 版中把管理定义为：“管理就是设计一种良好环境，使人在群体里高效率地完成既定目标。”

随着管理研究范围不断扩大，特别是由于各方面专家运用各种现代科学知识来研究管理理论，人们对管理概念的认识就更加多种多样。例如，有人从系统论角度出发，认为管理就是对整个系统运动、发展和变化有目的、有意义的控制行为。有人从信息论的角度出发，认为管理就是信息不断输入、输出和反馈的过程。

对于管理概念的种种不同认识，我们还可以列举出很多，它们从不同的侧面揭示了管理的含义，或者是揭示了管理某一方面的属性。这对管理理论的发展是有益的。

我们知道形成一种管理活动，首先要有管理的主体，即谁来进行管理；其次要有管理的客体，即管理的对象；最后要有管理的目的，即为什么要进行管理。这样才具备了管理的基本条件。当然要进行管理活动，还要运用一定的管理职能和方法，解决如何管理的问题；同时必须了解管理是在一定的环境和条件下才能进行的活动。

综上分析，根据国内外管理学者对“管理”这一概念的解释，我们对“管理”做如下定义：管理是指在一定组织中的管理者，运用一定的职能和手段来协调本组织成员的活动，保证实现既定目标的活动过程。

1.2.2 管理的特征

为了更全面地理解管理的概念，理解管理学研究的特点、范围和内容，需要对管理的特征做进一步的分析。

一般来说，管理具有如下特征。

（1）管理的目的性。管理是人类一种有意识、有目的的活动，因而有明显的目的性。管理的这一特征，是我们区别自然界和人类社会中那些非管理活动的重要标志。凡是没有明确目的的活动，都不能称其为管理活动；那些纯属于由生理功能驱使，无意识的本能活动，如动物的群体活动，也不能称为管理活动。还有就是某单个成员或管理者的目的，也不是管理的目的，因为单个成员或管理者的目的难以形成协作意愿。因此，只有一个组织的共同目的，才是管理的目的。在实际工作中，管理的目的往往具体表现为管理的目标。所以，组织的目标就是任何一个组织管理的出发点和归宿点，也是评价管理活动的基本依据。

（2）管理的组织性。管理的“载体”就是“组织”。因为无论从改造自然或改造社会的任务来看，个体的能力都是有限的，个体的无序组合也是不能发挥作用的。因此，现实社会普遍存在着两个或两个以上的人组成，为一定目标而进行协作活动的集体，这就形成了组织。显然，组织是社会生活中广泛存在的现象。同时，对任何性质、任何类型的组织都要保证组织中的各种要素合理配置，从而实现组织目标，这就需要在组织中实施管理。所以我们说，组织是管理的载体，管理是组织中必不可少的活动。

（3）管理的人本性。所谓“人本性”是指以人为根本。管理的人本性，是指在管理过程中以人为中心，把调动人的积极性放在首位。我们知道，任何活动中，人都是决定性的因素，管理也不例外。从管理者角度来看，因为管理者是实施管理的人，所以管理者的管理能力直接影响组织管理的水平；从被管理者角度来看，被管理者与管理效果也有很大关系，如果被管理者的素质过低，无法如实接受和理解管理者发出的各种管理信息，或无法自我约束、自主管理，也不能保证实施有效的管理；从管理过程中人与物的关系来看，物的要素的数量与质量很大程度上受人的要素的影响，物的要素先进，也必须由人来使用和管理，否则只是一堆废物；从人与科学技术的关系来看，科学或技术的成果是人类智慧的结晶，离开人的实践与思维活动，就不会有科学技术。管理的核心是处理各种人际关系。所以在管理过程中，只有把人的要素作为根本，才能协调好其他要素，实现高水平的管理。

（4）管理的创新性。管理的创新性，是指管理本身是一种不断变革、不断创新的社会活动。通过管理的变革，推动社会和经济的发展，在一定条件下还可以创造新的生产力。我们知道，18、19 世纪在管理没有真正完成从经验管理到科学管理的转变之前，资本主义国家许多企业的生产都达不到在技术上的设计能力；只有到了19世纪末、20世纪初，由于泰勒等人对管理制度和方法进行了变革，完成了由经验管理向科学管理的转变，才使劳动生产率大大提高。工业经济向知识经济的迈进，一批以智力为依托的跨国公司的诞生与发展，知识产业的兴起，促使管理者从重视组织内的生产管理（规模生产、规模经济）协调转到更为重视充分调动人的积极性的人本管理。众多事实充分说明了管理的创新性，认识到这一点，也有助于我们克服重技术、轻管理的倾向，真正把技术和管理看作经济起飞的两个轮子。

（5）管理的艺术性。管理的艺术性是指在掌握一定理论和方法的基础上，灵活运用这些知识和技能的技巧与诀窍。管理的理论、方法、原则的应用具有艺术性，这种艺术性主要指管理的技巧和根据管理对象、环境而有效应变的技艺。此外，艺术性也可指领导者的感召力，使员工能够感受到领导者所要表达的目标、准则、期望。管理的艺术性强调的是管理人员必须在管理实践中发挥积极性、主动性和创造性，因地制宜地将管理知识与具体管理活动相结合，进行有效的管理。管理的艺术性还表明，仅仅学习书本上的管理理论，能熟记管理的原理与原则是不可能成为成功的管理者的；成功的管理者必须学会熟练地掌握实际情况，学会因势利导，学会总结经验，学会理论联系实际。

管理的艺术性与管理的科学性二者之间是不矛盾的。管理理论是管理实践的概括与抽象，具有较高的原则性，然而每一项具体的管理活动都是在特定条件下展开的，因此要求管理者结合实际进行创造性的管理，这样才能把理论变为现实。同时也应看到，管理艺术是对管理科学理论的合理发挥，一个不懂管理理论的人很难掌握管理的艺术性。

（6）管理的综合性。管理的对象、过程、目的诸要素都很复杂，管理者仅掌握单一方面的知识与技能是远远不够的，既要具有管理素质，也需要有业务基础，还需要有处理人际关系的能力。

（7）管理的不精确性。管理在已知条件完全一致的情况下有可能产生截然相反的结果，即投入资源相同而产出却可能不同，说明管理系统非线性，其中存在着很多无法预知的因素，或不可能确切表示的因素，这是该系统的"本性状态"。

（8）管理的系统性。管理是通过系统实施实现的。在管理系统中，它尊重一般系统的规律性。管理的任务也可认为是进行一种管理系统的决策：分析—设计—运行。

1.2.3 管理的二重性

管理的性质

管理的性质是二重的，这是马克思在《资本论》中首先提出来的。马克思指出："凡是直接生产过程具有社会结合过程的形态，而不是表现为独立生产者的孤立劳动的地方，都必然会产生监督劳动和指挥劳动，不过它具有二重性。"

"一方面，凡是有许多人进行协作的劳动，过程的联系和统一都必然要表现在一个指挥的意志上，表现在各种与局部劳动无关而与工场全部活动有关的职能上，就像一个乐队要有一个指挥一样，这是一种生产劳动，是每一种结合的生产方式中必须进行的劳动。"

"另一方面，——完全撇开商业部门不说，——凡是建立在作为直接生产劳动者和生产资料所有者之间的对立上的生产方式中，都必然会产生这种监督劳动，这种对立越严重，这种监督劳动所起的作用也就越大。"与此同时，马克思还进一步分析说，"如果说资本主义的管理就其内容来说是二重的，——因为它所管理的生产过程本身具有二重性：一方面是制造产品的社会劳动过程，另一方面是资本的价值增殖过程……"

马克思的这段话结构严谨，逻辑严密，提示了管理的性质所在，讲明了如下思想：①任何具有社会结构过程的劳动，所产生的管理劳动，都是指挥劳动和监督劳动的结合；②任何具有社会结合过程的劳动，所产生的管理，其性质都具有自然属性和社会属性；③凡有效组织生产力有关的指挥劳动，是任何社会结合过程的劳动所必需的，属管理的自然属性范畴；④“监督劳动”与生产关系有关，是由共同劳动所采取的社会结合性质，如生产资料所有者与劳动者结合性质所决定的，属管理的社会属性范畴。

属于自然属性那部分管理内容，具有普遍性，凡是结合劳动组织生产力时都可以借鉴。属于社会属性那部分管理内容，因为它涉及人与人的结合性质问题，如生产资料所有者与劳动者的结合性质问题，因而对这部分管理内容应该采取审慎的态度，经过分析、批判，作出取舍判断后方可借鉴。例如，对于生产资料所有者与劳动者处于对立状态的资本主义生产关系，其“监督劳动”就不能被社会主义所接受。尽管社会主义的生产过程劳动也具有社会性，也需要有监督的职能，但资本主义的“监督劳动”必须经过改造后才可以被采用。此时的监督已不再是剥削掠夺的同义词了，而是成为有效组织生产，创造一个密切协作的劳动条件的一种职能。

管理的自然属性，表明了凡是社会化大生产的劳动过程都需要管理，它不取决于生产关系的性质，而主要取决于生产力的发展水平和劳动社会化程度，因而它是管理的一般属性，是资本主义管理和社会主义管理的共性。管理的社会属性，主要取决于生产关系的性质，并随着生产关系性质的变化而变化，因而它是管理的特殊属性，是资本主义管理和社会主义管理不同的个性。在资本主义制度下，“社会属性”体现为剥削雇佣的关系，具有阶级的对抗性质。在社会主义制度下，剥削劳动被消灭了，但劳动仍然是谋生的手段，劳动者还缺乏应有的思想道德素质，因此管理仍然起着某些强制的作用。但它不再体现阶级对立关系，不再体现剥削社会劳动过程的职能，而是成为巩固和加强集体劳动的条件，为满足整个社会的物质和精神的需要服务。

马克思的管理二重性原理，深刻地揭示了管理的根本属性和根本职能，是指导人们认识和掌握管理的特点和规律的有力武器。只有认识和掌握二重性原理，才能分清资本主义和社会主义管理的共性和个性，正确处理批判与继承、学习与独创、吸收外国管理经验与结合中国实际之间的关系，做到去其糟粕，取其精华，在遵循管理的自然属性的要求、充分体现社会主义生产关系的基础上，分析和研究我国的管理问题，建立起具有中国特色的管理科学体系。

1.2.4 管理的职能

管理的职能就是管理者为了有效地管理必须具备的功能，或者说管理者在执行其职务时应该做什么。

最早对管理的具体职能加以概括和系统论述的是管理过程学派的创始人——法约尔。他在1916年发表的《工业管理与一般管理》一书中指出，管理就是实行计划、组织、指挥、协调和控制。法约尔对管理职能的论述，形成了自己的学派，被称为“五功能学派”。后来许多管理学者对管理职能又从不同的角度用不同的语言进行了阐述，出现了不同的学派。但从总体上看，只是繁简不同，表述不一，并没有实质上的差异。

西方管理学者对管理职能的不同划分，是随着科学技术的进步、管理理论的发展而不断演变的。在法约尔之后，除了古利克、布雷克外都没有人再把协调列为一项管理职能。这是因为，有些人认为协调是管理的实质，其他各项职能均有协调的作用，因而不将协调作为一项独立的管理职能。20世纪30年代以后，由于出现了人际关系学说，人们在管理中从重视技术转向重视人的因素，因而古利克等人把人事、激励、沟通等作为管理职能。以后西蒙和马奇等创立了决策理论，西蒙为了强调决策在管理中的作用，又把决策从计划职能中分出，列为一项管理职能。由于新技术革命浪潮的冲击，为了突出创造和革新在管理中的作用，希克斯又把创造和革新作为一项管理职能。20 世纪 70 年代以后，近代管理学家一般把管理职能划分为计划、组织、控制、激励或计划、组织、领导、控制等。

通过对管理职能的划分，为研究管理问题提供了一个理论框架。但是，这并不意味着这些职能是互不相关、孤立存在的。每一种管理职能都与其他的职能密切相关。所以，不能说管理者在某一时间是在执行计划职能，而在另一时间却是在执行组织职能、控制职能。同时，把管理职能按一定顺序论述，绝不意味着在实际工作中也必须按这样的顺序执行管理职能；恰恰相反，管理者某一时间处理某个问题，则可能同时执行几项，甚至全部职能。

管理职能具有普遍性，不论哪种组织，也不论哪一些管理人员，执行的管理工作都包括各种管理职能，只不过在内容上、时间分配上各有不同而已。高级管理人员用于计划和组织的时间较多，用于控制的时间较少；而基层管理人员则相反，大部分时间用于组织和控制，用于计划的时间较少。

从管理职能划分的演变看，计划、组织和控制是各管理学派公认的管理职能。但鉴于在现代管理中领导的作用日益突出，所以我们将管理的职能划分为：计划、组织、领导和控制。

（1）计划职能。

计划职能就是指工作或行动之前预先拟定的具体内容和步骤。即通过周密的调查研究，预测未来，确定目标和方针，制定和选择行动方案，综合平衡，作出决策。计划的内容既反映出管理的各项指标，又规定着实现目标的方法、手段和途径。计划是人们完成任务，进行各项具体活动的依据，是管理中的首要职能。科学的计划工作，主要是正确地规定未来的发展，有效地利用现有的资源，以期获得最佳的使用效益、经济效益和社会效果。确定目标是制订计划的关键。目标选择不对，计划工作即使搞得很周密，也会事与愿违。

（2）组织职能。

组织职能就是把管理要素按目标的要求结合成一个整体。组织职能有两个方面：一是按照管理系统的目标合理设置机构，建立管理体制，确定各个职能机构的作用，规定各级权力机构的责任，合理地选择和配备人员，建立起一个统一的有效的指挥系统；二是根据各个时期任务所规定的目标，合理地组织人力、物力，保证生产、筹措、储备、供应、流通等各个环节互相衔接，以取得最佳的经济效益和社会效果。因此，组织职能是发挥管理功能的组织保证，是完善管理目标的有力工具和手段。

（3）领导职能。

领导职能就是指为了有效地实现组织目标，不仅要设计合理的组织，把每个成员安排在适当的岗位上，还要努力使员工以高昂的士气、饱满的热情投身到组织活动中去。这便是领导工作的任务。所谓领导是指管理者利用组织赋予的权力和自身的能力去指挥和影响下属为实现组织目标而努力工作的活动过程。有效的领导要求管理者在合理的制度环境中，利用优秀的素质，采用适当的方式，针对员工的需要及行为特点，采取一系列措施去提高和维持员工的劳动积极性。

（4）控制职能。

控制是为了保证企业系统按预定要求动作而进行的一系列工作，包括根据计划标准，检查和监督各部门、各环节的工作，判断工作结果与计划要求是否发生偏差；如果存在偏差，则要分析偏差产生的原因以及产生偏差后对企业经营的影响程度；如果有必要的话，还要针对原因制定并实施纠正偏差的措施，以确保计划活动的顺利进行和计划目标的有效实现。

1.3 管理思想历史演进

人类文明、进步的历史也就是管理的发展史，因为一旦出现组织性的活动便产生了管理的需要。纵观人类文明过程，从公元前 5000 年至今，每一重要阶段都留下了管理实践的印迹和管理思想的遗产。在这 7000 多年的发展进程中，管理思想的演进可大致分为 5 个阶段：①公元前 5000 年到 19 世纪末为早期管理思想发展阶段；②19 世纪末到 20 世纪 30 年代为古典管理思想发展阶段；③1930 年到 1945 年为中期管理思想发展阶段；④从 1945 年到 20 世纪 80 年代初左右为现代管理思想发展阶段；⑤20 世纪 80 年代以来的当代管理思想发展阶段。各个阶段都有其思想代表人物与管理特点，但各阶段的管理思想之间并不彼此孤立，而是相互补充，不断充实、提高的。

1.3.1 早期管理思想

这是一个漫长的文明发展时期，尽管工商企业管理在这一阶段还很薄弱、很不系统，但人类在与自然进行抗争的经济活动、与自身进行协调的社会活动中，确实创造了很大的业绩，并产生了很多优秀的管理思想。例如：

- 公元前 5000 年，苏美尔人在祭司中便有了庞大的赋税制度与“公司”概念、记账体系；
- 公元前 4000 多年，古埃及人建造金字塔，集中约十万人，历经 20 年以上；
- 公元前 2000 年，巴比伦王制定了关于个人财产、不动产、贸易和商业、家庭和劳动的各种法律；
- 公元前 1200 年，《周礼》中记载了当时中国在官僚体制、计划、指挥、控制方面的原则；
- 公元前 600 年，中国产生了以《孙子兵法》为代表的一系列战略战术方面的兵书战策；
- 公元前 370 年，古希腊人希诺芬调查了当时的生产活动，论述了劳动分工的概念及其优越性；
- 公元前 300 年，李冰父子主持修建四川都江堰水利工程；
- 公元前 284 年，罗马建立中央集权大帝国，西起英国，东至叙利亚，控制着 5000 万人；
- 公元前 214 年，蒙恬受命招 30 万人重修长城；
- 中世纪，随着威尼斯海上商运业的繁荣，威尼斯兵工厂开始实行标准化零部件与生产线生产；
- 16 世纪，英国的托马斯·莫尔发表了《乌托邦》，描述了当时社会的缺陷以及理想的国家模式；
- 1513 年，尼科洛·马基雅维利写了《群论》一书，论述领导与统治的艺术。

在 18 世纪中期世界出现产业革命之后，手工作坊制向着以机器为基础的工厂制转变，计划、组织、控制等职能相继在生产过程中产生，一批专职的“管理”人员也开始从其他工作中分离出来。期间著名的经济学家亚当·斯密（Adam Smith，1732～1790）发表了《国富论》，提出劳动是国民财富的源泉；并特别论述了劳动分工对劳动生产力的促进机理，即分工可提高熟练程度、减少变换工作所造成的时间损失以及简化劳动、益于改进工具设备。另外，还提出“经济现象是基于具有利己主义目的的人们活动所产生的”重要假设，即“经济人”假设，奠定了资本主义经济理论的基础。

后来，英国空想社会主义者欧文（Robert Owen，1771～1858）以其博大的仁爱之心进行了多项试验，证实发展生产力并不一定需要当时那种残酷的剥削、压榨方式。他关心工人的工作条件与福利待遇，规定童工的最低年龄限制，为工人建造宿舍与街道，限制每日工作时间，提供饮食设备，修建学校以培训员工，开辟夜间娱乐场所以丰富员工的生活。因此，他被称为“现代人事管理之父”。

19 世纪初，英国的巴贝奇（Charles Babbage，1792～1871）在其广泛的调查与实践基础上总结出了他的管理思想，他呼吁管理要开展时间研究和成本分析，并进一步分析了劳动分工的优点，还提出了一种工资加利润分享的分配制度，强调工人与业主之间存在着利益共同点。他的这些学说无论在深度上，还是在广度上，都较前人甚至同时代人有较大进步。他研究了制造业的几乎所有方面，其理论不仅适用于工业企业也适用于其他类型的组织。

1.3.2 古典的管理思想

从 19 世纪中后期到 20 世纪 30 年代，这是工商企业界乃至社会大变化的时代。其间随着制造业的大规模发展，企业完成了所有权与经营权的分离，形成了股份有限公司的组织形式；同时，机械水平的提高，要求劳工的生产效率能够进一步增强，要求管理者不再单凭直觉与经验指挥生产，而要根据科学来制订工作标准与作业方法；另外如何解决劳资双方的争斗问题，这些都对当时的管理方式提出了尖锐的挑战。也正是由于社会发展的需要以及传统经验式管理的束缚，美国出现了以泰勒为首的科学管理运动倡导者，形成了划时代的"科学管理原理"，法国出现了以法约尔为代表的"一般管理理论"。他们使这一时代成为管理学科的转折点，使管理逐步由经验变为科学，由支离破碎走向系统化。

1. 泰勒：科学管理原理

科学管理理论的创始人是美国的泰勒（Frederick W Taylor，1856～1915）。泰勒 22 岁到一家钢铁厂当学徒，在技术与管理上得到了锻炼，后被提拔为工长、中层管理者和总工程师。泰勒的经历使他对生产现场十分熟悉，尽管他发明过多项技术专利，但仍意识到在当时的工厂中要提高劳动生产率，最主要的问题不在于技术而在于管理，认为单凭经验进行管理是不科学的，必须加以改变。于是他利用自己取得的地位开始了管理方面的一系列科学试验和革新活动，并据此提出了他的"科学管理原理"。其主要观点有以下几点。

（1）科学管理的中心问题是提高劳动生产率，制订出有科学依据的劳动定额，要进行动作与时间研究，具体方法涉及马表计时、过程分析、动作研究、人—机联合分析等。

（2）科学管理是一场思想革命，它要用科学试验的方法使管理摆脱过去长期以来单凭经验、感觉的束缚，即管理者应把传统的经验收集起来、记录下来，分析概括为规律和守则，使之科学化。

（3）要科学地挑选工人和使工人进步，为工作完成的需要进行工作方法设计，根据需要选择工人，然后进行科学的训练，使其达到要求。选拔"第一流的工人"意味着工作对人适合与人愿意尽力完成。

（4）人与管理方面保持不断和密切的合作，劳资双方应把注意力由盈余分配转移到盈余创造之上，通过双方的共同努力，要使盈余增加到根本不必为如何分配而争论、对抗，双方应友谊合作。

（5）把计划职能（管理职能）与执行职能（实际操作）分开，计划部门的主要任务是：调查研究，为定额与方法提供科学依据；制定定额、明确操作方法；拟订计划、发布指令；比较标准与实际进行控制。

（6）差别计件付酬制，如果工人完成、超额完成定额，按比正常单价高出 25%计酬，不仅超额部分，而且定额内的部分也按此单价计酬；如果工人完成不了定额，则按比正常单价低 20%计酬。

2. 法约尔：一般管理理论

法约尔（Henri Fayol，1884～1925）曾较长时间担任法国一个大煤矿的领导工作。与泰勒基层工作的经历不同，他积累了丰富的高层管理经验，与此同时还任教于法国军事大学，对社会其他行业的管理也进行过广泛调查。因此，1916 年其代表作《工业管理与一般管理》更能反映管理的一般规律和他的理论抽象概括。法约尔认为要经营好一个企业必须要注意改善企业的六方面活动，即技术、指挥、商业、财务、安全、会计和管理，其中管理的职能为计划、组织、指挥、协调与控制。这是对企业活动最早、最系统的概括，同时也是对管理职能最早、最经典的总结。他认为只要从事了这些工作便对企业进行了管理，也就是告诉人们什么是企业和管理，它们都应该干些什么（What）。

至于如何更好地管理（How），法约尔总结了 14 项管理原则：①劳动分工：劳动的专业化分工可以提高效率，它不仅适用于生产、技术，也适用于管理；但分工要适度，并非越细越好。②权力与责任：权力与责任是互为依存互为因果的，权力是“指挥他人的权和促使他人服从的力”，责任则是随着权力而来的奖罚。一个人管理位置越高，明确其责任范围就越困难。避免滥用权力的最好方法是提高个人素质。③纪律：是企业领导人同下属人员之间在服从、勤勉、积极、举止、尊敬方面所达成的协议，组织成功离不开纪律。④统一指挥：无论什么时候，一个下级都应接受且只应接受一个上级的命令。双重命令是对于权威、纪律、稳定的威胁。⑤统一领导：强调统一的行动，只应有一套计划和一个领导人来协调资源应用与活动安排。⑥个人利益服从集体利益：集体目标应包含员工个人的目标，但个人均不免有私心与缺点，这些因素常促使员工将个人利益放在集体利益之上，因此作为管理者，必须经常监督并以身作则，这样才能缓和两者的矛盾，使其一致。⑦合理的报酬：对工人和管理人员工作所付给的报酬应以系统的奖励方向正确的活动为基础。⑧适当的集权与分权：提高下属重要性的做法是分权，降低这种重要性的做法便是集权。就集权制度本身而言无所谓好、坏，集权程度适当与否取决于管理层和员工的素质，企业的条件与环境。⑨等级链与跳板原则：从上到下进行联系的各层权力等级称为等级链，它保证着统一指挥原则的实施，也可以使信息传递有秩序地进行。当平级要进行沟通时，为了提高沟通效率，可直接通过“跳板”沟通，但事后要汇报。⑩秩序：“凡事都应各有其位”，这一原则适用于物质资源，也适用于人力资源，各种资源都应在自己的岗位发挥作用。⑪公平：公平是由善意与公道产生的，而公道是执行既定的协定。员工有希望得到善待和平等的愿望，但管理者为了企业总体利益的实现，又应该严格执行已定出的合法、公正的章程。一般雇员在受到公平对待时，会以忠诚和献身的精神来完成他们的任务。⑫保持人员稳定：生意兴隆的公司通常都需要有一批稳定的管理者，作为一条原则，最高管理层应采取一些做法鼓励雇员，尤其是长期为公司服务的管理人员。⑬首创精神：鼓励雇员认真思考和实现某种行动计划。给人以发挥主动性的机会是一种强大的推动力，领导者要在不违反职权和纪律的条件下，鼓励和发挥下级的首创精神。⑭人员的团结：这是通过利益的一致性来实现行动的统一，一个组织内集体精神的强弱取决于组织内部员工间的团结。培养集体精神的有效方法是严守统一指挥，并加强情况的交流。

在古典管理思想中，探索者与贡献者有很多，但是泰勒与法约尔的理论最具代表性。泰勒的贡献主要在于其思想方法，他所告诉管理者的不仅是知识、学问、技法，更重要的是管理是科学，其真理性在于探索的过程，管理者需要这种探索，尽管其结果可能并不是放之四海而皆准的；法约尔则概括了最普遍的管理职能，至今仍被管理者所铭记。

1.3.3 中期的管理思想

1930 年至 1945 年这 15 年中，以梅奥和巴纳德为代表的管理学家开始了对于人的社会性的探索，如同早期管理思想提示了管理真理性和科学性一样，通过他们的科学研究与管理实践，划时代地向人类展现了人的“非线性”社会行为，即管理者的艺术性、复杂性和管理科学的不精确性。

1. 梅奥：人际关系理论

行为科学的发展是从人际关系理论开始的，在此之前甚至心理学家都相信人类似于线性系统，一定的行为环境条件下就必然产生一定的行为表现。而埃尔顿·梅奥（Elton Mayo，1880～1949）却在西方电器公司霍桑工厂所进行的试验基础上提出工人是“社会人”的假说，认为工人的表现不仅取决于物质条件的改变，更在于工作群体对个人的心理影响。这项试验便是引起各界高度重视的“霍桑试验”。霍桑试验经历了 8 年的时间，最初是想证明生产的物理条件（如照明、工作时间、环境）对生产效率有直接的影响，但试验结果与试验假设大相径庭，使心理学家们困惑不解。梅奥中途介入并领导了后续的访谈与试验，发现了工作小组中的“非正式组织”现象，继而提出了与科学管理理论不同的“人际关系理论”。梅奥的主要论点包括以下几点。

（1）工人是“社会人”而不是“经济人”。科学管理把人当成“经济人”看待，认为金钱是刺激人员积极性的唯一动力。而梅奥认为：人是“社会人”。影响人们积极性的因素除物质方面外，还有社会与心理方面。

（2）企业中存在着“非正式组织”。正式组织是以效率逻辑为导向的，非正式组织是以感情逻辑为导向的。为了满足工作中的情感需求，非正式组织的成因包括：兴趣爱好相投、亲朋故旧关系、工作联系、工作位置关系等。

（3）工人生产效率主要取决于职工的工作态度以及与周围人的关系，即职工的“士气”。

2. 巴纳德：社会系统理论

巴纳德（Chester I. Barnard，1886～1961）是中期管理思想中最有卓越贡献的代表者，既是实践者又是理论家。对于组织理论的贡献，使他这位未能获一个学士学位的哈佛肄业生荣获了七个荣誉博士学位。他在管理界的知名度仅次于科学管理之父泰勒，其 1938 年发表的《经理的职能》至今仍是管理者重要的阅读书目，对西蒙等一代学者影响巨大。

巴纳德的社会系统理论的主要观点包括：①组织是一个合作系统：组织并不是只由职责分工和权力结构组成的僵硬结构，而是用人类意识加以协调而成的活动与力量系统。②组织要有明确的目标：组织目标不明确，成员便不知他们的行为准则；组织目标还应被成员所理解接受；组织的成员具有双重人格，既有自己的目标，也要接受组织的目标体系，这两者并不是在任何时候都一致的，制定组织目标时应考虑到这一点。③组织的成员都需要有协作的意愿：在组织内部强调协作，就是要求成员要实行自我克制、交出个人行动的部分控制权，让组织控制。组织无协作，目标将无法实现。④组织的存在与发展需要沟通、交流：这是管理的职能，要达成目标和实现协作，基础是进行良好的沟通。⑤组织效力与组织效率原则：前者指实现组织目标的程度，后者指实现成员个人目标的程度。前者是管理者追求的对象，而后者则是实现前者的条件，因此要充分提供诱因、机会。⑥管理者的权威主要应来自下级的认可：权威并不来自上级的授予，而是自下而上的承认。

总之，中期管理思想主要体现在对组织行为的研究方面，这一方面是由于古典管理思想对人、对组织较为僵硬的理解所造成的；另一方面反映了管理研究、实践的深入，从这一时代开始人们已从组织的系统方面和构成组织的成员方面来探讨它们的行为表现规律，为后来的组织行为学奠定了基础。

1.3.4 现代管理思想

第二次世界大战之后，世界政治形势基本稳定，许多国家都致力于发展本国经济，相应的工商企业活动日趋广泛、对企业管理的研究日臻深入，呈现出了百家争鸣的繁荣局面，形成了众多的管理流派。这些流派是建立在基本理论观点、基本分析方法和主要管理措施相一致的基础上的，各家都有自己的独到之处，而且都曾解决或说明过一些实际问题，现在同样也都在经历着实践的检验。表1-1概括性地描述了现代管理理论丛林中主要管理学派的代表人物和理论观点。

表1-1　　现代管理主要学派及其观点

学派	代表人物及代表作或突出贡献	管理学派的理论观点
管理过程学派	孔茨、奥唐奈：《管理学》	①管理是由相互关联的职能所构成的一种程序；②管理的职能与程序是有共性的；③对管理职能的分析可归纳出管理原则，它们能指导实践
权变理论学派	伍德沃德：《工业组织：理论和实践》；劳伦斯、洛希：企业分类研究法	①组织和成员的行为是复杂的、变化的，因此管理不可能存在一种通用程序，完全依环境、自身的变化而变化；②管理的规律性与方法应建立在调查、分类基础上
经验主义学派	德鲁克：《管理的实践》等 戴尔：《伟大的组织者》等	①管理的理论知识解决不了现实问题，充其量是过时的经验；②管理的科学应建立在目前成功或失败的企业管理经验之上，对它们进行调查、概括、抽象、提供建议
行为科学学派	马斯洛：需要层次论；赫兹伯格：双因素论；麦克雷戈：人性假设；布莱克：管理方格论	①管理之本在于人，要探索人类的行为规律，善于用人、善于激励人；②强调个人目标与组织目标的一致性，调动积极性要考虑人的需要；③企业中要恢复人的尊严实行民主参与管理，启发职工的创业、自主精神；④改进工作设计
系统管理学派	卡斯特：《系统理论和管理》； 约翰逊、罗森茨韦克等	①企业是一个人造的开放系统，由多个职能子系统构成，并与环境保持协调；②企业组织是一个完整的系统结构与运行机制；③管理靠系统性实现
决策理论学派	西蒙：《管理决策新学科》	①管理的关键在于决策；②决策是一个复杂的过程；③决策分程序化决策与非程序化决策；④决策的满意行为准则；⑤管理是设计决策系统
管理科学学派	伯法：《现代生产管理》、布莱克特；丹齐克；丘奇曼	①尽量减少决策中的个人艺术部分，尽量以数量方法客观描述；②决策依据尽量以经济效果为准；③尽量使用数理方法与计算机
企业战略学派	安索夫：公司战略；波特：竞争战略；欧迈：制胜要素	①企业经营之魂在于正确的战略，战略是一种指导思想与行为准则；②战略是一个协调环境与自身能力的全局性决策过程

1.3.5　当代管理思想

随着社会生产的不断发展，企业所处的社会经营环境在发生着剧烈的变化，企业的国际化趋势不断加剧，面临的竞争越来越激烈。与此同时，管理对象的复杂程度在不断增加，人的思维、工作的内容、行为的动机、面临的压力、接受的挑战等都大大超过以往。在这个时代，企业的生产经营活动出现以下几个特点：①生产规模越来越大，产销已扩张到全球；②生产技术的复杂程度大大增加；③产品升级换代的周期缩短，企业技术创新的步伐加快；④劳动生产率的提高主要不再靠体力劳动的加强，而更多地依赖于人的知识和智力；⑤生产日益社会化使得生产协作关系更加复杂。

当代管理领域的很多理论都是围绕这些问题展开的。在当代管理理论丛林中，企业再造理论、学习型组织理论及企业文化理论无疑是受到人们高度关注的三个理论。

1. 企业再造理论

1993年原美国麻省理工学院教授迈克·哈默（M·Hammer）与詹姆斯·钱皮（J·Champy）出版了《再造企业》（Reengineering the Corporation）一书，书中认为："20年来，没有一个管理思潮能将美国的竞争力倒转过来，如目标管理、多样化、Z理论、零基预算、价值分析、分权、质量圈、追求卓越、结构重整、文件管理、走动式管理、矩阵管理、内部创新及一分钟决策等。"为了能够适应新的世界竞争环境，企业必须摒弃已成惯例的运营模式和工作方法，以工作流程为中心，重新设计企业的经营、管理及运营方式。企业“再造”就是重新设计和安排企业的整个生产、服务和经营过程，使之合理化。通过对企业原来生产经营过程的各个方面、每个环节进行全面的调查研究和细致分析，对其中不合理、不必要的环节进行彻底的变革。

所谓“企业再造”，简单地说就是以工作流程为中心，重新设计企业的经营、管理及运作方式。指“为了飞越性地改善成本、质量、服务、速度等重大的现代企业的运营基准，对工作流程（business process）进行根本性重新思考并彻底改革”，也就是说“从头改变，重新设计”。企业再造包括企业战略再造、企业文化再造、市场营销再造、企业组织再造、企业生产流程再造和质量控制系统再造。企业再造的基本特点是：①向基本信息挑战，进行创造性思维；②变革的彻底性，要使企业“脱胎换骨”；③大跃进式的发展；④从业务流程开始。按照哈默和钱皮的定义，业务流程是企业以输入各种原料为起点到企业创造出对顾客有价值的产品为终点的一系列活动。

流程的改造得益于信息技术的高度发展，因为信息技术的发展使得效率不一定产生于分工，而有可能产生于整合之中。因此，在传统的组织职能理论基础上进行以流程为线索的调整，正在成为人们探讨高效的组织管理的新模式。

2. 学习型组织

所谓学习型组织（Learning Organization），是指通过培养弥漫于整个组织的学习气氛而建立起来的一种符合人性的、有机的组织。在学习型企业中，要求人们不断地去拓展他们的能力，学习相互之间如何在一起工作，发挥参与精神以及如何要求不断变革的对策以适应瞬息万变的环境。

1990年，彼得·圣吉（Peter M.Senge）出版了《第五项修炼》这本著作，一出版立即引起了轰动。他提出了构建学习型组织的五项基本修炼：①培养“自我超越”的员工。“自我超越”的修炼要求每个员工学习如何认清、加深和不断实现他们内心深处最想实现的愿望，他们对生命的态度应该全心投入，不断创造和超越。②改善心智模式。每个人的心智模式影响着人们如何了解这个世界以及如何采取行动，而组织内部也可能存在一种共有的心智模式。③建立“共同愿景”。“共同愿景”是大家共同愿望的景象，是能感召组织成员的共同目标。当人们致力于共同关切的愿望时，才会产生创造性学习。④促进有效的“团队学习”。“团队学习”修炼要求团队成员能够超越自我，克服防备心理，学会如何相互学习与工作，形成有效的共同思维。⑤形成全局性的“系统思考”。“系统思考”的修炼要求人们能够纵观全局，形成系统思维模式，思考影响人们诸种因素的内部联系。

可以看出，学习型组织理论的基点自然是建立在企业变革的基础之上，却从一个全新的角度来考察企业这种组织形式。正如彼得·圣吉所揭示的五项基本修炼那样，学习不仅是为了企业的生存，提高企业的竞争力，更是为了实现个人与企业的真正融合，以使人们在组织中活出生命的意义。这种对组织的全新认识确实颇有新意。

3. 企业文化理论

企业文化作为一种管理思想最早出现于日本。日本企业从20世纪50年代开始进行的企业文化建设使日本企业获得了巨大的成功，同时推动了日本经济的迅速崛起，对美国乃至整个西方经济构成了挑战。帕斯卡尔（Pascale）等学者研究发现，美国企业更加重视战略、结构、制度这三个硬性因素，而日本企业则更加注重管理的软性精神因素以及与企业长期并存的员工集体信念，并且塑造出了有利于企业创新、把价值与心理因素整合在一起的企业文化。企业文化这种软性精神因素对日本企业取得良好的经营绩效和长期发展起到了重要的作用。

爱德加·施恩（Edgar H.Schein）在1985年出版的专著《组织文化与领导》中，对企业文化的概念进行了系统的阐述。他认为企业文化是在企业成员相互作用的过程中形成的，为大多数成员所认同的，并用来教育新成员的一套价值体系。他认为企业文化的内在本质不是企业的价值观、共同信念、团体规范等，这些仅仅是企业文化的外在呈现，并且指出企业文化应该包含为企业员工共同拥有的更深层次的基本假设和信念。这些假设和信念是团体在处理外部环境中的生存问题和内部聚合问题的过程中不断学习形成的，会随着新的实践而发生变化并得到发展，还会无意识地产生作用。他还把企业文化分成表面层、应然层和突然层三种层次。

施恩教授还提出了关于企业文化的发展、功能和变化以及建设等企业文化的基本理论，奠定了企业文化基本理论研究的坚实基础。到了20世纪90年代，随着企业文化的普及，企业外部环境的急剧变化，企业越来越意识到强有力的企业文化对企业组织管理及发展的重要意义，并在此基础上进一步强调以企业文化为基础来塑造企业形象、增强企业核心竞争力。

1.4 企业管理

企业是构成经济系统并使其具有活力的细胞，经济、社会丧失了它便很难具有生机而赢得繁荣与发展。企业为社会进步、国家富强，乃至个人成长都提供了一种很好的组织形式和活动方式，对企业的有效管理不仅可以提高企业本身的运作效率和绩效，而且可以对整体经济的发展起到强大的推动作用。

1.4.1 企业管理的内容

企业管理是“企业”与“管理”这两个名词集成组装起来的，具体来说是由企业的各项运营活动（营销、生产、技术、财务、会计）和一般性的管理活动（计划、组织、领导、控制）综合而成的。“企业”本身包含着从业者从事一种“事业”的“企盼”、“企图”，是一种长期不懈的追求；而“管理”本身则意味着一种对为官、管人、管事的规律的总结，在于寻求其中的道理。因此一方面，“企业管理”之中也必然包括企业的运营（常称为经营）实践、管理实践及其实践过程中规律性、理论性的不断总结；另一方面，“企业管理”之中也必然有“理”、有其学问，需要去学习和掌握。企业管理既是艺术也是科学，而且其艺术部分也是可以学习的，只要注意其特点以及相应的学习方法，学得的知识将会转变为技术、升华为素质，对于指导实际工作必将产生效益。

企业管理是在一个系统的运行过程中实现的。企业本身是一个大系统，包含着各个业务性运营系统和管理性协调系统；管理性子系统的关键任务就是要进行企业大系统的优化决策，具体而言包括三项主要职能：①对企业系统进行分析：明确目标、任务内容及要求、内在的规律性；②对企业系统进行设计：结构性资源配置、静态的活动过程安排、方法选择；③对企业系统进行运作：动态地运行企业使之发挥出创造力与效益，并监督其运行状态以保证正常运转。

从企业管理的不同方面去研究，根据具体对象的不同，企业管理的具体内容一般包括以下几个部分。

（1）经营管理。企业是一个动态开放系统，在生产经营活动中与外界存在着密切的联系：企业活动的资源要从外部获取，利用这些资源得到的产品或劳务要在市场上去实现。经营管理就是对企业与外界发生关系的这些活动的管理。经营管理的任务是在环境研究的基础上，根据资源供应和产品需求的特点，指导企业决定正确的生产经营内容和方向，保证企业适时地得到适当数量和种类的经营资源，成功地销售转换这些资源得到的产品，充分实现产品的价值。

（2）生产管理。从事生产活动，是工业企业的基本特征。生产管理是对企业内部利用资源，加工制造产品的过程进行的组织安排与控制。生产管理的内容主要有：生产条件管理、生产过程管理、生产成果管理。

（3）科技管理。现代企业在生产力方面的一个显著特征就是将先进的科学技术以及体现先进科学技术的机器设备广泛地运用于生产制造活动。科技管理就是对生产活动同时进行，或体现在生产过程中的科学研究与技术开发等活动及其条件进行的管理。科技管理的内容包括：产品研究开发管理、计划与安排技术改造活动、研究与实施企业技术创新活动等。

（4）人力资源管理。企业的人力资源已经成为现代企业在竞争中取胜的关键。因而，企业人力资源管理正日益受到企业的重视。企业人力资源管理的目的就是要在适当的时候、适当的场合为企业配备适宜的人力资源，使企业人力资源得到最合理、最有效的利用。人力资源管理的内容包括：制定人力资源规划、人员的招聘与解聘、工作绩效评价、制定合理的报酬制度、员工的职业发展。

（5）财务管理。财务管理是从资金运动的角度来计划和控制企业的生产经营活动，并评价和分析其合理性。财务管理的内容主要包括两个方面，其一是资金筹措的管理，即根据企业生产经营活动的需要，编制资金筹措计划，利用适当的方式、渠道和代价，筹集足够数量的资金，以保证企业生产的正常进行。其二是资金使用的管理，即为企业的各项活动建立财务标准，进行日常的财务控制，分析资金利用效果，评价企业财务状况，以保证企业资本的保值增值。

此外，企业管理还包括质量管理、物资和设备管理、项目管理、服务管理、市场营销等内容。通过各项工作的有序结合，可形成高效的企业管理。

1.4.2 企业管理基础工作的内容和作用

企业管理基础工作，是企业管理中带有基础性和起点性的工作，为企业专业管理的存在和运行提供资料数据、共同准则、基本手段和前提条件。企业管理基础工作的好坏，决定着企业管理水平的高低，并决定着企业经济效益的大小。强化企业管理，提高管理水平，必须下大力气健全和完善各项基础工作。

1. 企业管理基础工作的内容

（1）信息工作。信息工作是对原始记录、台账、统计资料、经济技术情报、档案等信息资料进行收集、处理、传递、贮存的工作，为企业的经营决策、计划编制和组织控制工作提供科学的依据。信息工作要求做到及时、准确、全面、适用和经济，充分发挥信息资源的作用。

（2）定额工作。定额工作是企业为合理利用人力、物力和财力而制定的各种消耗标准和占用标准的工作。企业管理中的定额，包括劳动定额、物资消耗和物资储备定额、资金占用定额等内容。定额要求达到先进合理的水平，使之成为组织生产和按劳分配的科学依据。

（3）标准化工作。标准化工作是指企业技术标准和管理标准的制定、执行和管理工作。其技术标准是企业标准的主体，是对生产对象、生产条件、生产方法及包装、储运等所规定的应该达到的标准。管理标准是关于企业各项管理工作的职责、程序、要求的规定。加强标准化工作，要求企业形成完整的标准化管理系统，并积极推行国际标准和国内先进标准。

（4）计量和检测工作。计量和检测工作是对生产设备、工具、原材料和产品进行测试、检验以及对各种理化性能进行测定和分析的工作。它的任务是建立和完善企业的计量器具和检测手段，保证计量数据的准确性和及时性。完善计量检测工作，为企业产供销各环节提供真实可靠的原始记录和核算资料，从而为保证产品质量、降低物资消耗、加强成本核算提供良好的基础。

（5）规章制度。规章制度是通过文字的形式，对企业各项管理工作和劳动操作做出的规定。它是企业全体职工的行为规范和共同准则。企业规章制度主要包括企业的基本制度，各项专业管理制度和责任制度等。加强企业的规章制度工作，对于建立企业正常生产秩序和管理秩序、加强劳动纪律、提高工作效率和经济效益有着重要的作用。

（6）班组工作。班组工作是关于职工民主管理和加强班组建设的工作，内容主要有班组建设、制度建设、业务建设等。班组是企业管理的第一线，班组建设是企业上层管理和中层管理的落脚点，因而对加强整个企业管理，保证企业目标的实现起着重要的基础作用。

2. 企业管理基础工作的作用

（1）它是企业经营决策的客观依据。企业管理基础工作提供大量而全面的信息、资料、数据，为企业领导者进行经营决策、制定经营方针提供了客观依据。这些信息、资料、数据，越是准确、全面、适用、及时，就越能保证企业领导者所作决策和计划的正确性及科学性。

（2）它是提高企业素质的重要基础。依据反映客观规律的先进合理的定额、标准和规章制度，使企业摆脱经验管理，走上科学管理的轨道；加强标准化和计量检测工作，有利于提高产品质量，促进企业技术进步，提高企业的技术素质；严格规章制度和班组建设，有利于加强职工的组织纪律性，增强民主管理意识和职工的业务水平，从而有利于提高职工队伍的素质。

（3）它是贯彻“按劳分配”原则的重要依据。各种标准、规范的执行情况和定额的完成程度，是衡量职工生产和工作任务完成情况的重要依据。它有利于客观地评价劳动者的贡献，克服平均主义，鼓励先进，鞭策落后，调动广大职工劳动的积极性。

（4）它是提高企业经济效益的重要保证。有了先进合理的定额，使职工干活有标准，降耗节能有依据，从而促进劳动生产率的提高和物耗的降低；有了严格的技术标准和精确完备的计量、检测手段，有利于保证产品质量，降低废品率，减少盘亏损耗；再加上正确及时的经营决策和计划，从而在各个方面为提高企业经济效益奠定了良好的基础。

1.5 通信企业管理概述

1.5.1 通信行业的发展

信息已经成为人类生存与社会进步的重要资源，信息资源的开发和利用能力以及信息的创造、收集、处理、传递、传播、信息产品的生产制造、咨询服务等都成为社会生产力发展水平的重要体现。当前的社会经济发展始终围绕着信息和通信网络展开。因此，通信业在现代社会的作用举足轻重，通信网络更是信息产业的核心。

通信由两部分组成，一是利用实物传递信息，称为邮政通信；二是利用光电信号传递信息，称为电信通信。历史上最早产生的通信方式是邮政通信，具有实物传递性，通过实物的空间位移来实现信息的传递；电信通信是通过将信息转换成光电信号，经过传输再转换成信息的方式传递信息。现代通信系统中，电信通信的比重越来越大，已逐渐成为主体。

长期以来，我国的通信事业一直由国家邮电部门统一经营，即在原邮电部和各省（直辖市、自治区）邮电管理局的领导下，在各地分设邮电局或邮政局、电信局，负责为社会提供各种通信服务。1998年国务院机构改革为我国邮电体制改革拉开了序幕，首先是撤销邮电部，成立信息产业部，实行政企分开；其次是全国自上而下实行邮电分营，为邮政和电信两大专业各自按照自身规律建立现代企业制度创造条件。邮政设立国家邮政局，主管全国邮政行业和管理全国邮政企业。电信行业则旨在建立多元化有效竞争的市场结构。2008 年 3 月 11 日，国务院再次进行机构改革，成立了中华人民共和国工业和信息化部（简称：工信部）。

在通信行业，邮政与电信之间存在着相互替代的关系，尤其是随着电信新技术和计算机技术在通信领域的推广和应用，以及 E-mail 业务、电子报刊业务、可视图文业务等多媒体技术的发展，邮政通信业面临着巨大的威胁和挑战。但机遇与挑战同在，随着经济、社会的不断发展，人类对信息需求的提高，以及邮政通信实物全息通信优势的不断发掘，尤其是信息社会生产方式向综合化发展的趋势，使得行业间的界限逐渐模糊，通信业两个行业间融合发展的可能性将越来越大。

1.5.2 通信企业及其特点

通信企业是以信息传递业务为主要经营内容、为社会提供有偿信息传递服务的企业，是通信经济中直接从事生产经营活动的经济实体，是直接从事通信服务的法定生产者和经营者。由于通信活动的特殊性，通信企业具有与其他工业企业、商业企业不同的特点，具体有以下几点。

1. 生产目的的双重性

企业是市场经济社会中的一种经济组织，不是国家或行政权力系统的派生机构，有其自身的经济利益与功利目标，这是企业生存与发展的理由及价值所在。通信活动是一种经济活动，通信企业的生产必须考虑经济效益，特别是在竞争日趋激烈的市场经济中，追求经济利润成为通信企业不可忽视的生产目的。但作为国民经济基础设施的邮电通信业属于公用事业，其生产经营活动又具有明显的公益服务性，邮电通信企业既是经济组织，又是代表国家主权的一个“窗口”，与“纯企业”不同。通信企业是典型的社会公用性企业，承担着普遍服务的社会义务。因此，邮电通信企业存在的经济意义首先在于保证国家的通信主权、保障公民的通信权利、促进社会的可持续发展。为社会提供满足社会需求的通信产品应该成为通信企业的首要目的。公用服务性和经济利益性要求邮电通信企业必须将国家利益、消费者利益和生产经营企业的利益结合起来，坚持社会效益和经济效益的统一。

2. 网络布局的层次性

邮电通信生产与众不同的最大特点是全程全网联合作业、联合经营。因此，通信企业在网络布局上呈现出独特的层次性。目前，我国的通信企业一般具有三个层次：全国性联合企业（实行全行业核算）、地区性联合企业（在省、直辖市、自治区范围内实行核算，对全行业盈亏负责）和基层企业（在地市县范围内实行核算，对地区性联合企业盈亏负责）。全国各个层次的邮电通信企业构成了一个统一的、遍布城乡、点多面广的通信企业网络。

3. 自主经营的有限性

作为商品生产经营者的企业必须拥有充分的自主经营权，但由于通信生产经营全程全网的特点，完成一项通信任务往往需要各个通信企业的联合生产、相互协作。因此，为了保证在全行业范围内有效地进行生产经营活动，切实保证全网的经济效益和各个通信企业自身的经济利益，基层通信企业的生产经营决策就要受到全行业、地区性企业的管理。从这个意义上说，通信企业生产经营的自主权是有限的、相对独立的。

4. 经济效益的兼顾性

市场经济条件下，企业最重要的生产目的就是追求最大限度的利润，用尽量少的劳动消耗和劳动占用提供尽可能多的符合社会需要的产品和服务，讲求经济效益。通信除了为社会的政治、经济、军事、文化、人民生活等各方面提供巨大的社会效益和经济效益外，其所产生的经济效益还涉及通信全网效益（又称通信全行业效益）和通信企业效益。通信全网效益是全国通信部门在为社会提供通信服务的同时所取得的自身经济效益，是通信行业内所有通信企业经济效益的总和；通信企业效益则是各个邮政、电信企业为社会传递信息与实物所取得的自身经济效益。两者是全局与局部的关系，通信全行业是一个全国性的联合企业，而各个通信企业作为相对独立的经济实体，在经营管理上必须兼顾全网效益和企业效益。

1.5.3 邮政企业的发展和面临的挑战

1. 我国邮政企业的发展

1995年10月4日，原邮电部邮政总局正式注册为法人资格，即“中国邮电邮政总局”，简称“中国邮政”。2007年1月29日，中国邮政集团公司与国家邮政局挂牌成立，中国邮政政企分开，统称“中国邮政”。2007年，成立中国邮政储蓄银行，邮政储蓄改革稳步推进。2010年，组建中国邮政速递物流股份有限公司，初步形成邮政速递物流专业化集约化规模化发展的新机制，邮政体制改革取得重大进展。同年8月，中国邮政集团公司与TOM集团联合推出的B2C网站邮乐网在北京正式启动上线。邮乐网是一个结合高端线上网购和线下零售于一体的独特创新购物服务的B2C平台。中国邮政业经过近几十年的发展，已建成遍布城乡的全程全网系统，即信息流、资金流和实物流于一体的“三流合一”网络系统。

中国邮政行业从事的业务按性质可分为两大类：第一类是邮政业专营性业务（又称基本业务）。目前中国邮政业的专营业务主要是履行其普遍服务义务的业务，包括信函、明信片、邮简、邮送广告、印刷品、盲人读物，新邮发行和小件物品寄递业务以及机要通信业务。其中信函是我国《邮政业法》规定由邮政业企业专营的一项主要业务。信函适用交寄书面通信，各种公文和印有“内部”字样的书籍、报纸、期刊、教材及各种资料；各种事务性通知、稿件、提货单、请柬、征订单、协议、合同、票据、入场券、邮票、照片、报表等。第二类是邮政业竞争性业务。邮政业竞争性业务包括除专营性业务以外的所有邮政业从事的业务，如速递业务、包裹业务、物流业务、报刊发行、邮政业储蓄、礼仪服务等业务。

“十二五”以来，我国邮政业规模持续扩大，行业整体实力有所增强。据统计，2013年邮政业规模以上企业实现业务收入967亿元，同比增长19.3%，其中快递业务收入343亿元，同比增长17.4%；从业人员达百万人。

2013年中国邮政集团公司工作会议明确提出，中国邮政贯彻落实十八大精神，就是要按照发展中国特色社会主义事业的方向，加快推进中国特色邮政事业，完成好“24字中心任务”，建设世界一流邮政企业，为全面建成小康社会贡献力量。具体地说，就是要围绕“一个总体目标”，牢牢把握“五项基本要求”。一个总体目标是“到2020年全面建成小康社会时，把中国邮政集团公司建设成为治理结构科学、服务品质一流、运营管理高效、规模效益领先，社会满意、员工自豪，符合现代企业制度要求，具有较强竞争能力和可持续发展能力的世界一流邮政企业”。五项基本要求是“牢牢把握坚持科学发展、推进改革创新、实施科技兴邮、强化科学管控、提升服务水平的基本要求，并使之成为广大邮政干部员工的共同信念”。

2. 我国邮政业面临的新挑战

（1）邮政业增长方式的转变。信息技术迅猛发展，推动邮政业增长方式深度调整。随着互联网的普及和电子邮件的广泛使用，世界邮政业长期赖以生存的信件业务不断萎缩，业务量下滑趋势加快。而包裹、快递和物流业务规模不断扩大，在业务收入中所占比重逐年增加。邮政业增长方式面临调整，由以信件增长为主转向以包裹、快递和物流增长为主，并从单一的寄递服务模式向多元化综合服务模式转变，给我国邮政业传统的增长方式带来了挑战。与此同时，邮政企业与邮储银行、速递物流公司业务共生、网络共用、经营共存、风险共担，但又各自是经营实体、利益主体，建立健全协调发展机制十分重要。

（2）面临竞争日益激化。随着邮政业务不断加宽和延伸，所处的市场环境越来越严峻，呈现出竞争主体多元化、竞争手段现代化、竞争焦点集中化的新特点。中国邮政业不仅跟本土的企业竞争，而且还与国外跨国公司开展业务竞争。以 DHL、UPS、FEDEX、TNT 为代表的国际跨国快递企业拥有全球性的航空和地面网络、先进的技术装备以及良好的管理，规模优势明显，竞争实力雄厚。邮政速递（EMS）网络虽已覆盖全国 2000 多个城市，但在资产规模、员工素质、运输能力（特别是航空运力）、技术手段等方面和国外竞争对手存在很大的差距，竞争实力不强。在国际业务方面，对海外市场准入、政府管控、竞争情况缺乏了解，对当地海关的相关规章制度等本地化要求也不熟悉，缺乏开拓海外市场的经验和能力。

（3）加强内外部的资源整合。邮政企业现有的网路组织和管理技术，还难以有效降低运行成本、大幅提高运行效率和效益，必须整合内外部各种资源，加快推进企业生产经营和管理流程的优化，促进邮政网络优势的进一步发挥。一方面，要寻求内部资源的整合，打破原有的分层经营管理模式，以拓展市场为目标，以项目为抓手，对产品、营销、网路和管理资源进行优化整合，完善内部资源利用结算机制，使企业资源合理流动，客户服务更富有效率，企业形象进一步提升。另一方面，要寻求外部资源的有效利用。可以将部分非核心业务和生产环节外包给专业化公司运作，寻求效率更高效益更好的发展。采取战略合作、联合经营等方式，实现资源共享、优势互补。现在，中国邮政业已经开始与国际上大型物流公司及速递公司开展各种形式的合作。通过整合企业内外资源，进一步打造邮政综合服务平台，加快构建邮政社会化服务体系。

（4）网络经济时代的挑战。网络经济时代的邮政服务，与传统邮政服务有着很大的区别。电子商务、网络购物等新型业态迅猛发展，推动大众生活消费方式向个性化转变。社会对个性化生产、服务和配送的需求迅速增长，成为拉动邮政业发展的引擎。邮政业通过提供个性化的快递物流配送服务，加入社会生产与消费的产业链、供应链和服务链，成为其中的重要环节。邮政业与电子商务和制造业的融合更加紧密，三者将形成相互依存、相互促进、共同发展的新格局。

1.5.4 电信企业的发展及面临的挑战

1. 我国电信业的发展变革

1994 年，国务院批准组建的中国联合通信有限公司（中国联通）被国家确定为中国第二公用通信网，由此打破了电信产业由邮电部门独家经营的格局。

1998 年，中国电信在进行了政企分开、邮电分营的改革后，又紧锣密鼓地开始进行中国电信的重组工作，争分夺秒地要在“入世”前完成重组工作。像美国那样“横切”只是对促进长途竞争起了积极作用，但让七个地方公司划区垄断并没有解决本地网的竞争问题。随着信息高速公路、互联网、电子商务等的发展，许多信息网络和应用系统都将是全国性甚至是全球性的，再按照地理区域来划分电信经营范围就显然弊多利少了。因此，中国电信的结构重组选择了按照专业进行的纵向分解（纵切），把移动电话、无线寻呼和卫星通信等几项无线业务与固定网分开经营。

在信息产业部的统一指导下，1999年中国电信重组改革迈出了实质性步伐，移动通信从电信大网中剥离完毕，中国移动通信集团公司开始组建。电信重组后分成中国电信、寻呼、移动、卫星通信四大独立核算的专业公司，作为独立的经济实体参与电信市场的竞争，与中国联通公司及其他经营增值业务的公司形成平等竞争的局面。

2004年，中国电信业改革又出大手笔，将原中国电信一分为二，成立了中国电信和中国网通两家经营固网业务的电信公司。中国电信行业的结构性重组，使得中国的电信业务市场又将发生更为深刻的变化。电信市场中参与经营的电信企业可以分为两部分，一是原有的电信公用网，既要继续承担普遍性服务的义务，又有其自身的经济利益，是独立核算的企业；二是不承担普遍性服务义务的电信企业。

通过2008年年底新一轮的变革，六家电信运营商重组为中国电信、中国移动、中国联通三家运营商。这三家运营商都获得了包含固网业务和第三代移动通信业务在内的电信全业务牌照，实现了固定电话、移动电话、数据业务和增值业务的全业务运营。

2010年1月13日召开的国务院常务会议决定加快推进以通信网、广播电视网和互联网为核心的“三网融合”。会议上明确了三网融合的时间表。2010年6月底，三网融合12个试点城市名单和试点方案正式公布，开启了电信业产业融合的新发展趋势。

2. 我国电信业面临的新挑战

（1）巨大的客户需求。2013年，我国电信业务收入、总量分别达到11689.1亿元、13954亿元，分别实现同比增长8.7%、7.5%，电信行业市场规模不断扩大，这为电信企业的发展提供了良好的外部环境。但与此同时，我国居民、企业对电信行业市场需求较大。以2013年通信需求为例，固定本地电话通话时长为3023.1亿分钟，全国移动电话去话通话时长28987.7亿分钟，移动短信业务量、点对点短信量分别为8916.7条/月户、4313.4条/月户，移动互联网流量达到132138.1万GB，同比增长幅度高达71.3%，互联网宽带接入端口呈现“光进铜退”的发展态势，数量高达3.6亿个。由此可见，当前我国电信行业不仅新兴业务规模出现不断扩大发展迅速的局面，而且新的业务种类也不断出现，为电信市场提供了有效的需求。客户属性越来越多样化，客户心理需求的层次不断提高。

（2）“三网融合”带来的挑战。“三网融合”是指电信网、广播电视网、互联网在向宽带通信网、数字电视网、下一代互联网演进过程中，三大网络通过技术改造，技术功能趋于一致，业务范围趋于相同，网络互联互通、资源共享，能为用户提供语音、数据和广播电视等多种服务。三网融合应用广泛，遍及智能交通、环境保护、政府工作、公共安全、平安家居等多个领域。信息服务将由单一业务转向文字、话音、数据、图像、视频等多媒体综合业务。三网融合打破了电信运营商和广电运营商在视频传输领域长期的恶性竞争状态，有利于极大地减少基础建设投入，并简化网络管理，降低维护成本。在这个时代，网络从各自独立的专业网络向综合性网络转变，网络性能得以提升，资源利用水平进一步提高。

三网融合时代给电信企业带来的挑战是显而易见的。广电获得电信增值业务和部分基础电信业务、互联网业务经营权，对基础电信运营企业来说，既带来了合作的机遇，也带来了更加激烈的市场竞争。特别是在IP电话和宽带两个非常重要的业务领域，广电企业的进入无疑将对基础电信运营商们产生重大冲击。

“三网融合”时代对电信企业的宽带基础设施提出更高的要求。目前电信企业的1～2M带宽，只能支持标准清晰度电视频道和同步带宽互联网连接，不足以支持高清晰度电视等高端的业务。随着网络电视、三重播放、视频下载等宽带业务的兴起，通信网络的带宽已经逐渐呈现出“力不从心”的“瓶颈”状态，在部分大城市，人均带宽不足2M，仅相当于韩国的8.7%。另外我国宽带普及率偏低，家庭普及率约为20%，远远落后于发达国家。因此，必须加快光纤网络建设，全面提高网络技术水平和业务承载能力。

从信息安全方面看，“三网融合”后，网络视频、视听等新业务将获得更快发展，在极大地丰富广大消费者文化生活的同时，由于图像信息的实时性，为我们对信息安全的管理带来了极大挑战；从网络安全方面看，网络间的相互渗透和兼容必然容易受到各种病毒，甚至黑客的攻击，所以电信企业必须超前谋划，认真关注、深入研究新技术、新业务带来的网络信息安全问题，寻找有效对策，加强技术手段的研发，打造一个安全稳定的“三网融合”大平台。

本章小结

本章首先描述了企业的社会属性，企业的发展和法律形式以及常见的企业组织结构类型。然后介绍了管理的概念、性质和职能，重点对管理思想的历史演进过程中各阶段有代表性的管理理论及其主要观点进行了阐述。接下来介绍了企业管理的内容及企业管理的基础工作包含的内容。最后对通信行业的发展进行了回顾，分别介绍了邮政企业和电信企业的发展及未来面临的挑战。

复习思考题

1. 什么是企业？企业有哪些主要属性？
2. 企业与公司有什么区别？现代公司制有哪几种主要形式？
3. 如何理解管理的二重性？
4. 如何科学地评价泰勒的科学管理原理？
5. 企业管理工作都包括哪些内容？
6. 新时代背景下邮政和电信企业都会面临哪些挑战？

案例分析

富士康的管理模式

富士康科技集团是中国台湾鸿海精密集团在大陆投资兴办的高新科技企业，1988年在深圳地区投资建厂；专业从事计算机、通信、消费性电子等3C产品研发制造，广泛涉足数位内容、汽车零组件、通路、云运算服务及新能源、新材料开发应用。富士康在中国大陆从珠三角到长三角到环渤海、从西南到中南到东北建立了30余个科技工业园区。在亚洲、美洲、欧洲等地拥有200余家子公司和派驻机构，现拥有120余万员工及全球顶尖客户群，是全球最大的电子产业科技制造服务商。2013年进出口总额占中国大陆进出口总额的5%，旗下14家公司入榜中国出口200强，综合排名第一。2014年位居《财富》全球500强第32位。

1. 管理模式

富士康普遍实行泰勒制和福特制的管理方式。富士康的管理哲学就是“把整个企业的流程拆解开来，找出关键点，进行简化，制定规范和标准，以最少的资源实现更大的效益”。总裁郭台铭认为，每一件事、每一个流程都可以拆解。他要求把控制作业系统设计成像“傻瓜相机”一样，确保每个工人不需要专门知识和专门训练便能进行标准化的操作。在富士康龙华园区的一条生产线上，工人从流水线上取下电脑主板、扫描商标、装进静电袋、贴上标签，重新放入流水线，每个动作被设定为2秒钟，每10秒钟完成5个动作，工人每天要完成20 000个动作。在沉重的生产任务下，工人承受了极大的工作强度和生产压力。调查数据显示，12.7%的工人有在工作时晕倒的经历，47.9%的工人工作时精神紧张。工人的产量指标过高，一些工人在10小时内难以完成生产任务，于是富士康要求这些工人“义务加班”。基本工资过低，造成工人不得不签署《自愿加班切结书》，通过超时加班赚取工资。工人约42.3%的工资来源于加班费。

2. 半军事化管理

富士康生产实行半军事化管理，离岗要申请，时间不能超过5～10分钟，每2小时工作休息10分钟。有些工人作业时站姿必须保持军人般的“跨立”姿势。任何违反生产纪律的行为都会受到严厉的惩罚。在《富士康科技集团员工手册》里，仅仅惩处的规定就有127条之多，惩处的方式包括从警告、记过到开除处分等。上厕所超过10分钟会被口头警告；工作时聊天会被书面警告；消极怠工和罢工将会被开除。惩罚的内容除了形式上的，还包括扣绩效奖、一段时间内不允许晋升，甚至是员工手册允许之外的责骂、罚站、罚抄郭台铭语录、当众做检讨等方式。

在富士康所有的工区，工厂被围墙所封闭，有的围墙上甚至装有铁丝网；每个厂门都有保安把守，工人需要工卡才能进出工厂。此外，工厂几乎所有的公共和工作区域都设有摄像头监控。工厂内部也严格区分，每一处厂区也都设有门禁。即使是在同一栋厂房，不同事务处之间的工人也不准相互往来。员工除了工作外，就是吃饭、睡觉，几乎没有娱乐活动，与外界是一种隔绝的状态，与周围的人也是一种隔绝的状态。富士康的人员更替非常频繁，很多员工在彼此还不熟悉时就已经离开了，更谈不上互相建立信任。

3. “跳楼事件”发生后

2010年上半年，富士康科技集团深圳龙华厂区在不到半年的时间里，连续发生了13起员工跳楼自杀事件，让这家拥有60多万员工的超大型企业，引起了全社会的广泛关注。为了阻击接二连三出现的跳楼事件，富士康采取了一系列的措施：任何职工只要发现身边的同事情绪异常，便可通知心理医师或者部门主管。若情况属实，公司奖励200元；严格执行工作六天必须休一天的工休安排；设立“心理港湾”、“员工关爱中心”、“看门人培训”等，针对一些行为异常的员工已成功实现30多起心理干预；自2010年到2012年2月，集团全面调升大陆各厂区基层员工的基本薪资，并根据员工所工作地点（园区）的不同、工种的差异及技能水准的高低确定加薪幅度。富士康大陆各园区基层员工的基本薪资已远高于各地政府法定最低工资标准。与此同时，富士康还承诺将逐步降低员工加班时数。

尽管富士康采取了一些补救措施，但是它的管理制度并没有得到实质性的改善。富士康执行副总裁程天纵曾告诉CNN的记者：“富士康不会对管理模式进行太大的调整或改变，因为生产流水线上的纪律和监督是必不可少的。”

4. 用机器人替代人工

富士康在中国拥有超过100万名员工，尽管过去三年里该公司将位于深圳等沿海城市的工厂迁往劳动力成本更低廉更充足的内地省份，但依然面临着用工荒。郭台铭表示，将升级公司的员工培训，并进一步采用自动化生产的方式，替代大量人工，以应对用工危机。郭台铭称，中国的许多年轻务工者已经不愿意再从事简单的生产线工作，或是在工厂里干活，而是纷纷转投了服务业或互联网相关行业等更为“轻松自在”的工作。

早在2011年，富士康董事长郭台铭就公开表示，富士康将以日产千台的速度制造30万台机器人，用于单调、危险性强的工作，提高公司的自动化水平和生产效率。在设立基地进行研发和生产机器人的同时，希望到2014年装配100万台机械臂，在5～10年内看到首批完全自动化的工厂。而今年已经是郭台铭提出机器人工厂概念的第四年，如果进展顺利的话，富士康将在年底正式开启机器人生产线，而需要精密操作的iPhone生产线很有可能首先被机器人所取代，在此之前iPhone的生产主要由人工操作。

（案例来源：摘自新浪网："两岸三地"高校富士康调研总报告，2010/10/12。）

思考题：

1．如何科学地看待富士康公司采取的"泰勒式"管理体制？为什么富士康执行副总裁程天纵会说"富士康不会对管理模式进行太大的调整或改变"？

2．如何看待富士康"用机器人替代人工"这个举措？

企业战略管理　第2章

学习目标

- 理解企业战略的含义和特点
- 掌握企业内、外部环境的分析方法
- 掌握企业战略选择的类型
- 知道战略评估的过程和方法
- 了解战略的实施和控制过程

开篇案例

TCI公司发展战略

美国最大的有线电视供应商通信公司TCI公司曾提出了以下的战略展望：在其有线特许经营权领域内，为所有的客户提供有线电视、电话、互联网以及各种未来派的数据和信息服务。

公司的首席执行官约翰·马龙是一位被人们认为关于新的信息技术将如何改变媒体和通信最敏锐最有影响力的权威，他指出："我们同时追猎的兔子太多了。对自己能够同时完成的事情，我们过于雄心勃勃。如果您读过我们去年的年度报告，可能会认为我们的业务1/3是数据服务，1/3是电话服务，1/3是电视娱乐，而不会认为电视娱乐占100%，其他两项只是实验。现在，我们的居民电话服务为零，高速互联网服务的收入在下降，而电视娱乐业的收入则为60亿美元。我的工作是破灭气泡。"

为此，通信公司新制定了更窄的战略展望。其用意是要把资源更加集中于有线电视业务（这项业务正在受到两个方面的攻击：利用卫星技术的替代厂商，安装了光缆的电话公司），把信息高速公路和多媒体方面的规划放到次要地位，在未来做这两项业务的条件是：技术前景更加明确，改造现有系统提供更广泛的产品和服务能够获得足够的利润。公司的收缩战略包括：暂缓推出数据电缆盒，继续测试电话服务市场，减少双向通信能力的投资——直到公司的负债降低，现金流能力增强后，直到这项新技术具有明显的成本有效和竞争性后，才考虑这项投资。通信公司还决定剥离它的一些业务。

（资料来源：http://www.docin.com/p-333652516.html。）

战略，这个来源于军事、战争的术语，被引进现代企业管理的领域以后，其内涵和外延随着时代的变迁发生着革命性的变化。在经济全球化、技术日新月异、新的经营方式不断涌现以及信息交流过程发生根本性变革的超竞争环境下，越来越多的企业逐渐认识到战略管理的重要性。而且伴随着战略在企业中地位的提升，战略被赋予日益丰富的含义，折射出绚丽多姿的亮色。本章将首先介绍战略的概念和特征，然后将讨论战略管理的作用及其一般过程，分析作为一个战略性的企业家应该具备什么样的素质，最后结合现实对中国电信行业的战略管理进行分析研究。

2.1 战略与战略管理

2.1.1 企业战略的由来与基本概念

战略是对企业长远发展的全局性谋划。战略（Strategy）一词源于古希腊文 Strategos，原来的含义是将军，在中世纪变成了一个军事术语，其含义是在敌对状态下指挥军队、克敌制胜的艺术和方法。进入现代社会以后，战略概念在社会生活中得到了广泛的应用。20 世纪 50 年代以来，“战略”开始进入管理领域，成为企业管理决策中的一个范畴。一般来说，企业战略是根据企业的外部环境及内部资源和能力的状况，为求得企业生存和长期稳定的发展，为不断获得新的竞争优势，对企业的发展目标、达成目标的途径和手段所作的总体谋划。而企业战略管理是指对企业战略进行分析制定、评价选择以及实施控制，使企业能够达到其战略目标的动态管理过程。

企业战略是商品经济发展到一定阶段的产物，是在企业外部环境范围扩大、内容复杂、变化频繁，从而使企业的生存与发展面临严峻挑战的情况下产生的。它首先产生于美国，后来传到德国和日本，并在更大的范围传播开来。

20 世纪上半叶，美国经历了前 30 年的大批量生产时代和后 20 年的大批量销售时代。前 30 年，从经济发展上看，主要是巩固和发展 19 世纪工业革命的成果；从企业管理来看，主要是完善大批量生产的机制，促使单位产品成本降低。当时的企业管理者认为只要能提供低价的、标准的产品和服务，就能获得盈利和发展，所以企业把主要精力放在提高内部生产效率上，实行的是控制性管理。由于企业通过其涉足领域的扩大得到新的发展机会，对谋划未来的需求并不强烈。到了大批量销售年代，基本消费品的需求趋向饱和，企业的主要任务是适应基本消费品以外的更高需求。企业不得不应付环境的变化，转向多样化需求的市场，同时也要适应市场国际化的新趋势，经受关税、金融汇率、保护壁垒、文化差异的新考验。企业的环境更加复杂，更富于挑战性，竞争更加激烈。企业仅靠内部控制式管理，已无法应付未来的挑战和实现发展自己的愿望。于是，以销定产、产品差异化等新的经营理念开始成熟起来，推断式的管理方式，如目标管理、预算管理和长远计划等应运而生。但这种筹划未来发展的计划，仅仅是建立在未来可以根据历史推断的假设基础上的，这显然还不是对企业未来发展的科学谋划。

从 20 世纪 50 年代开始，美国进入了一个更新的时代（有人称为后工业时代）。科学、技术高速发展，社会需求有了更大的变化，企业的政治、经济、文化和自然环境剧烈变化所伴随的竞争更加激烈，从而使企业面临着许多更为严峻的挑战和难以预料的突发事件。残酷的市场竞争曾经使得美国每年新产生的 40 万家企业在一年以后倒闭了 1/3，而余下企业的一半又在以后的 5 年中逐渐消亡。严峻的现实使企业家和经营者痛感市场即战场，他们开始对各种企业的长期发展和经营思想进行系统的观察和分析，力图找到能使企业长盛不衰的良方。

1965 年，一位美国的管理学者安索夫（H. Igor Ansoff）出版了《企业战略论》，他提出只有那些认真分析企业内外环境因素并且据此制定自己发展方向和目标途径的企业才能在竞争中取胜。可以说，此书拉开了企业战略管理的序幕。安索夫也是狭义战略定义的代表人物，他认为企业战略是一条经营主线，由 4 个要素构成。它们分别是：产品和市场范围、计划对企业产品和市场进行变化的方向、竞争优势、企业内部资源的协同作用。狭义战略定义论者认为企业目标是战略过程的前提，战略只包括实现目标的手段。而在广义的战略定义中，战略被定义为“战略是目标、意图、目的，以及为实现这些目的而制定的主要方针和计划”。20世纪60年代末，在激烈的竞争中，欧美各国不断出现多样化经营的大型企业，如何有效地管理这些企业成为他们迫切需要解决的共同课题。1971年，美国通用电器公司的新任总裁大胆地将战略管理的思想和方法运用于公司的管理实际，开创了实施企业战略管理的成功先例。

进入20世纪70年代以后，欧美尤其是美国企业遭遇到日本企业的严重挑战，引起了西方管理学者和企业家的高度重视。其中一些人更是亲自前往日本考察研究，揭示日本企业迅速崛起的奥秘，公认重视企业发展战略及其管理是日本企业成功的重要经验。日本的企业文化、终生雇佣制度、年功序列制度也成为企业战略管理的辅佐手段。这一发现对西方企业实行经营战略管理是一个极大的推动，有关著作和教材纷纷出版，企业战略管理咨询服务普遍出现，企业战略管理课程纷纷被列入工商管理教学计划。企业战略的动态观点也应运而生。战略被看成是从计划的战略到实现的战略的流动过程，在这个过程中，部分计划的战略没有出现，同时出现了部分自发的战略。到20世纪70年代后半期和80年代，企业战略管理已成为一门具有高度综合性和抽象性的独立课程，其内容涵盖了管理学科的主要方面。几乎所有的著名工商管理学院都将企业战略管理作为最重要的和最后的一门课程，这一时期可以称为西方企业的战略管理时代。

2.1.2 企业战略的组成与特点

1. 企业战略的组成

一个完整的企业战略应当由如下六个方面的要素组成。

（1）企业使命。企业使命包括企业的经营哲学、理念、宗旨等，应当与企业所有者的价值观或期望相一致。它定义了企业能提供的产品与服务及其开展的技术创新、市场营销等活动的性质与范围，是企业一切决策与活动的指南与基础。例如，英特尔公司的使命就是要成为新兴计算机行业卓越的芯片供应商。

（2）外部环境与内部环境的分析。企业要达到外部环境与内部环境的动态平衡，就要了解外部环境中哪些方面会带来机遇，了解企业内部资源条件是否充足，资源配置是否合理，是否能够应付环境的挑战并充分利用可能的机遇。只有全面深入地把握企业的优势和劣势，权衡损益得失、风险大小，才能使企业战略不脱离实际。从整体上看，外部环境主要包括宏观环境、产业环境、市场环境，而内部环境包括企业拥有的资源和运用资源的能力等。

（3）战略目标。战略目标就是要回答“企业在一个较长的时期里要完成什么”的问题，这是企业管理部门借以判断企业业绩并期待员工和社会公众也据之作出判断的标准。一个好的战略目标通常是有时间限制的、确定的、综合的和现实的。有时间限制的目标是指目标的完成有最后期限；确定的目标当然最好是能定量的，但战略目标主要还是定性的，所以确定的目标是指在被理解、被执行、被检查时都能达成一致的认识；综合的目标是指目标能够覆盖企业业务及组织的各个层面，它可以分解成若干子目标，通过各子目标的完成来实现总体的目标；现实的目标是指可以达到的目标，企业应能充分而有效地利用各种资源来应付环境的各种挑战，克服各种困难，逐步使目标成为现实。企业的战略目标涉及盈利能力、效率、增长、股东权益、资源、企业声望、员工利益、市场地位、技术领先性等诸多领域。例如，英国航空公司的目标是成为全球航空领导者，保证在全球航空运输市场中占有最大份额，并在每一个细分市场内提供价廉质优的服务。

（4）经营方向。经营方向是指企业目前可以提供的产品与服务领域，以及在未来一定时间内拟进入或退出、拟支持或限制的某些业务领域。它为企业活动确定了界限，也因此为企业规定了某种环境界限。

（5）重大经营方针与策略。重大经营方针与策略规定了企业如何利用其自身资源来应付所面对的环境，如何开展业务活动以求实现企业的使命与战略目标。它应具体地规定企业管理阶层的工作程序和决策规划，研究和规划企业经营的重点，布置资源的开发与结构的调整，并明确企业主要职能领域，如营销、生产、产品研发、人事、财务等各方面的工作方针及相互关系。只有在这些具体方针、策略的指导下，企业的战略思想才有可能得以实施。

（6）实施步骤。实施步骤规定了一个战略目标需要分几个阶段实施，以及每个阶段所要达到的目标。由于战略目标是一个立足于长远发展的目标，不可能一蹴而就，因此客观上需要循序渐进；同时，在战略方案的长期实施过程中，外部环境与内部资源条件不可能一成不变，分阶段实施战略目标有助于企业对其行为效果及各方面条件作出评价，以期对战略方案作出适当调整，从而可以更有成效、更加现实地去追求战略目标。

2. 企业战略的特点

从企业战略的性质来看，企业战略实际上是企业一切活动的总纲，是企业在竞争形势下的准确定位，是企业进行资源配置的依据。企业战略反映了企业高层领导人的价值观念，也应该是企业全体员工的行动计划。企业战略具有以下特点。

（1）全局性。从空间上考察，企业战略是以企业的全局为对象，根据企业的总体发展的需要而制定的。它所规定的是企业的总体行动，所关注的是企业的总体效果。即使它包括企业的局部活动，也只是作为总体活动的有机组成部分而出现的。这样也就使企业战略具有综合性和系统性。

（2）长远性。从时间上考察，企业战略既是企业谋求长远发展要求的反映，也是企业对未来较长时期生存和发展的通盘筹划。即使它的制定以企业当前内外部条件为出发点，并且对当前的企业内外部活动有直接的指导和制约作用，也都是为了更长远的发展。

（3）抗争性。企业战略是关于企业在激烈的竞争中如何与竞争对手相抗衡，同时也是针对来自多方面的冲击、压力、威胁和困难迎击这些挑战的行动方案。它与那些不考虑竞争而单纯为了改善企业现状、提高管理水平、增加经济效益等目的的行动方案不同。市场如战场，现代的市场总是与激烈的竞争密切相连，经营战略之所以产生和发展，就是为了取得自己的优势地位，在激烈的竞争中保证自己的生存和发展。在知识经济时代，信息技术的发展使企业的广泛合作成为可能，并使企业能够更好地控制自身的经营系统，传统的破坏性竞争向合作型竞争转化，甚至导致企业间建立起战略联盟，从而形成和增强企业的整体竞争优势。在这里，企业经营战略的抗争性被赋予了新的内容。

（4）纲领性。企业战略规定的是企业总体的长远目标、发展方向和重点、发展途径以及所采取的基本行动方略、重大措施和基本步骤，它们都是原则性的、概括性的，具有行动纲领的意义。它必须通过展开、分解和落实等过程，才能变成具体的行动计划。

（5）协同性。企业战略要求实现资源配置和经营决策的共同效应，取得合力大于分力之和的最终效果。因此，企业战略必须整合企业的内部资源特别是企业的外部资源，这是企业战略的新含义。

企业战略的上述特性决定了企业战略与其他企业决策方式和计划形式的区别。它所决策的对象是复杂的，没有先例可循；它所面临的问题是突发的，难以预测的；它所依靠的信息是局部的和不完整的；它所决策的后果是事关重大、涉及企业发展前途的；决策效果的持续时间是长期的，风险是巨大的；对其评估是非标准化的，充满困难的。根据企业战略的上述特性，我们可以说，企业战略是企业对具有全局性、长远性、抗争性、纲领性、协同性的方略的谋划。

2.1.3 企业战略的层次

经营战略在企业内是分层次的。企业的性质和宗旨一旦确定就需要制定目标和实施目标的具体战略。企业总体目标需要分解成与企业权力层次相对应的目标层次，因此需要根据不同层次的目标制定经营战略的层次。企业的经营战略可以分为公司战略、竞争战略、职能战略三个层次。

1. 公司战略

公司战略是企业高层管理部门为实现企业目标制定的整个方向和计划。公司战略考虑的主要问题有如下几点。

（1）决定企业的业务组合和重点发展业务。它包括是否需要进入新的业务领域以及进入的方式；是否需要退出目前正在进行的某种业务，以及选择退出的时机和方式；决定在企业现有的各项业务中，哪些需要加强支持，哪些需要减少支持；对企业的每类业务活动给予战略指导；寻求能够改善企业业务组合效益的方法。

（2）确定企业资源在各项活动中的分配次序。企业战略的重要性不仅在于它能够决定企业自身的收益，更在于它能够决定企业在所处环境中的地位。因此在公司战略中，要确定企业产品/服务消费者的类别；满足哪类消费者的需求；满足他们的哪些需求；应该采用哪些技术；可能采用哪些技术；企业能够提供哪类产品/服务。这些战略决策反映了企业利用环境机会的能力以及避免环境威胁的能力。

（3）公司战略适用于多项业务，采用多种技术，跨地区乃至跨行业的企业。显然，企业中各项技术、各项业务以及企业在各个地区的经营对实现企业总体目标的作用不同，对企业的贡献大小不同，对资源的需求时间跨度以及需求量不同。而企业所处的环境及其对企业形成的约束往往是企业自身难以改变的，因此企业所能获得的资源特别是资金和技术总是有限的。公司战略就是要合理安排资源的分配，使企业能够使用的有限的资源最大限度地发挥其效用。

2. 竞争战略

竞争战略又称业务战略，是企业的业务单位或事业部、子公司的战略。其主要内容包括：

① 企业对该业务单位的要求，即为了实现企业的总体目标，该业务单位所要作出的贡献。

② 该业务单位内如何对其所能掌握的资源进行分配。

③ 如何保证其业务在市场上取得成功。

竞争战略可以分为对内和对外两个方面。其对内的内容包括合理组成业务单位内的各项职能活动，如运营、销售、财务、研究、开发等活动，各自对业务单位目标的实现所负的责任以及各项职能之间的协调。竞争战略由业务单位的负责人制定，当某一业务单位制定的业务战略涉及其他的业务单位时，需要企业高层管理者予以协调。竞争战略的对外内容包括该项业务所服务的消费者种类，所需满足的消费者需求，如何使企业的产品（服务）与竞争对手加以区别，如何进行市场定位使消费者识别企业及其产品（服务），如何使企业根据所在产业的发展、社会的变化和经济环境的改变始终保持并加强自身的市场地位。

3. 职能战略

职能战略又称为职能支持战略，是指对企业中主要职能活动进行管理和计划。职能战略完全是为竞争战略服务的，其内容要比竞争战略更具体和详细。一般包括生产战略、营销战略、财务战略、人力资源战略、研究和开发战略等。职能战略的作用就是使得竞争战略的内容得到具体落实，并使得与某一业务有关的各项职能之间取得协调。制定职能战略的责任一般由业务单位的负责人授权给各职能部门的负责人，但职能战略中涉及的其他职能部门的活动则需要通过业务单位负责人的协调或者有关职能部门之间的协商。

综上所述，企业经营战略是一个以公司目标为最终方向，公司战略、竞争战略和职能战略相互支持和协调所组成的战略层次网。

2.1.4 企业战略管理的基本过程

1. 战略管理的基本过程

企业战略管理，即对企业战略的管理，是构筑在企业战略基础上的管理行为和管理科学，是企业在处理自身与环境关系过程中实现其宗旨的管理过程，是决定企业长期表现的一系列管理决策和行动，包括企业战略的制定（分析、选择）、评价、实施和控制。

企业战略管理将企业战略的制定、评价、实施和控制当作一个完整的过程来加以管理，以便提高这一过程的有效性和效率。在这样一个完整的过程中，企业战略的制定、评价、实施和控制被看作三个主要内容和三个主要阶段，相互区别又彼此联系，一个也不能少。

企业战略管理将企业当作一个不可分割的整体来加以管理，以利于提高企业的整体优化程度。在制定、评价、实施和控制企业战略的过程中，整体总比局部更受重视，局部的性质和功能是由它在整体的地位和作用所决定的，任何局部的调整都必须考虑它对整体可能造成的影响，如何使各个局部有机结合而使整体得到优化就成了战略管理的主要目的。企业战略管理通过制定企业的宗旨、目标、战略和决策来协调企业各部门的活动。在评价的过程中，企业战略管理注重的是它们对企业实现其宗旨、目标、战略和决策的贡献，如果某一个局部自身越是扩展越是对整体不利，那么这种扩展应当立即终止；在实施和控制企业战略管理的过程中，企业组织机构、企业文化、资源分配方法等的选择，取决于它们对企业战略管理的影响。

企业战略管理十分重视企业与环境之间的关系，以使企业能够适应环境、利用环境、创造环境。在一个开放的社会里，企业的存在与发展受到环境的高度制约。企业战略管理就是要使企业的高层领导者在制定、实施企业战略的各个阶段都能清楚地了解到，有哪些环境因素会影响企业的生存和发展，这些因素对企业影响的方式、性质、程度任何，是否需要对企业现行战略进行调整。

企业战略管理非常关注企业的长期、稳定、高速发展。已被制定的企业战略，其时间跨度一般在 3 年以上，5～10 年，而企业战略的实施又包含了一系列的中期、短期计划和行动计划。另外，对企业战略实施结果的评价和控制，往往会成为新一轮企业战略制定的依据和基础，开始新的企业战略的制定、评价、实施、控制。值得注意的是，由于电信企业所在信息产业的行业特殊性，主要是指信息技术在某一历史时段的超高速发展、信息企业的大规模重新整合、打破垄断以后某一历史阶段的市场无序性等，这些都造成了电信战略尤其是电信长期规划的不稳定性。因而，国外有专家明确提出电信战略 3～5 年就是长期的了。这样的说法在当前看来是颇有道理的。

2. 企业战略管理的主要阶段

战略分析阶段。确定企业的经营宗旨，描述企业的经营目的、经营哲学、经营目标，评估那些与企业有利益关系的人、组织对企业的期望；评价企业内部能力，分析企业优势和劣势；分析评价企业的外部环境，特别是评价企业所面临的机会和威胁。

战略选择阶段。根据外部环境和企业内部能力，企业经营宗旨，拟定可供选择的几种发展战略方案；对上述各项战略方案进行分析评估；最终选出一套供执行的战略；为战略的实施制定政策和制订计划。

战略实施阶段。设计与战略相一致的组织结构，这个组织结构应能保证战略任务、责任和决策权限在企业中的合理分配；建立各项管理系统，其中最主要的有人力资源系统、信息系统和控制系统；处理各项矛盾和冲突。

上述三个主要阶段如图 2-1 所示。

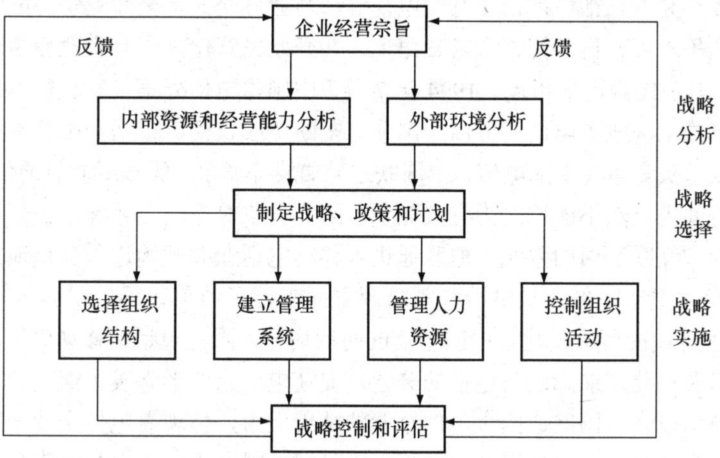

图 2-1　企业战略管理过程

2.1.5　电信企业实现企业战略管理的必要性和现实性

改革开放前的近 30 年间，我国的电信企业一直处于缓慢增长的状态，通信能力远远不能适应国民经济和人民生活的需要。改革开放以来，特别是 20 世纪的最后 10 年，中国电信业经历了不寻常的发展阶段，取得了举世公认的成就和进步。全国电话普及率上升近 10 倍，电信业务量增长十几倍，服务项目和技术水平上了新的台阶，网络规模跃居全球第一位。10 年间，国民经济持续稳定的发展和居民收入大幅度增加，激发了对电信业务需求的剧增。国家对电信业价格管制的放松和税收上的优惠，使电信业由长期亏损和微利变成一个盈利前景甚佳的产业，对潜在的竞争者极具吸引力。正是在这 10 年，以中国联通的成立为标志，电信业由垄断走向竞争，并且进一步形成有效竞争。而 20 世纪 90 年代末中国电信的重组和中国加入 WTO、外国资本进入中国通信服务领域的实际可能性，则为中国电信业十多年的改革添上了最浓重的一笔。

众所周知，在通信能力严重不足、通信产品服务严重短缺的情况下，大力增加电信产品/服务供给是当时的首要选择。而当通信能力迅速增长、供求关系基本平衡，乃至局部出现供过于求的状况时，大力加强市场营销和提高服务质量就成为当务之急。随着大批量生产时代的完成和大批量销售时代的到来，对企业实现现代化的战略管理也已被提到企业管理的议事日程。如果说 20 世纪中期，西方发达国家的企业管理曾经经历了大批量生产大批量销售——企业战略管理的 3 个发展阶段，那么在 21 世纪曙光已经初现的时候，勇于学习各国所长并善于为我所用的中国电信企业，在其进入销售时代之际对企业实施战略管理，就可以大大缩短我国电信业在管理机制和管理水平上与西方发达国家的差距，这对我国电信企业在世纪之交迎接严峻的挑战和机遇具有重大的现实意义。

综观世界经济和电信产业发展的趋势，我国的电信企业面临着这样一些挑战和机遇。

（1）电信与信息业管理体制的调整和管制的放松，以及经济的市场化，加快了电信业市场化的步伐。20 世纪 80 年代初以前，全世界电信业基本上都是政府严格管制的垄断体制，基本业务由一家企业（或法人组织）经营和运行。日本、西欧等国均由国家特定机构如邮政省、邮电部、贸易产业部管理，产业组织均为垄断的国有企业如 NTT（日本电信电话公司）、KDD（日本国际电信电话公司）、BT（英国电信公司）等，美国则由联邦通信委员会（FCC）等机构管理，电信业务基本上由 AT&T（美国电话电报公司）垄断。1984 年以来，从 AT&T 解体、长话引入竞争，到 1996 年电信法进行重大修改，允许长话、市话、有线电视等公司业务交叉，全面竞争，鼓励合并，美国电信业率先改垄断为竞争，英、日、德、法紧紧跟上，并开始民营化，国有企业变为股票上市的股份公司；实现国际化，开放国内电信市场。1994 年 7 月，中国除电信外第二家获得电信经营特许证的联通公司的成立从形式上构成了电信业务由全国独家垄断变成长话、市话全国基本垄断（中国电信）加移动电话全国双寡头竞争（中国电信、中国联通）加放开竞争（无线寻呼、通信信息服务）。这一竞争局面在较长时间内显然不能称之为有效竞争，因为竞争对手实力悬殊，公平环境尚未形成，并且存在着价格歧视和互联互通的限制。但联通进入移动电话业并开始进入公众地方通信，促使中国电信加快发展步伐并主动降价，从供给与需求两方面支持了电信市场的扩张。随之发生了开始于 1998 年的电信管理体制的巨大变化，中国电信的两次切分，固定电话、移动电话、无线寻呼和卫星通信的真正分离以及在此之前邮政与电信的分营，促使电信企业形态发生深刻的变革。中国联通、中国移动、中国电信以及中国网通四大电信企业的陆续上市，体现着电信企业产权结构的进一步多元化。私人将成为电信业的重要投资者，尽管一段时间内国家仍将是主要电信企业的重要持股者。

（2）电信网到信息网的融合趋势，使得过去相互隔离的行业之间的界限在未来会越来越模糊。技术的融合，必然要带动电信业、计算机业、有线电视业之间日趋频繁的兼并与联合。看来，这种信息流通能力和信息资源的紧密结合，是形成 21 世纪强大信息生产力的源泉。这一必然趋势，对电信业构成了巨大的挑战。从国外目前的状况看，电信网由于高度综合、广泛覆盖、高可靠性赢得了一些视像娱乐市场，而电视公司在互联网络、数据通信方面有所进展，并在努力打开电话业务市场。在计算机互联网络对电信业务的取代和对电信业的冲击方面，也引出了电信网必须加以改造，最终形成高性能综合信息网的重大方向性课题。伴随着从通信网到信息网的进程，中国电信业的发展与重构任重道远。

（3）经济全球化对电信业的挑战。西方发达国家出于占领市场的目的，鼓励本国企业，尤其是跨国企业对中国投资。其投资规模迅速扩大，连续多年居发展中国家首位；投资领域进一步拓宽，从制造业、房地产业向基础设施、基础产业拓展；投资主体趋于跨国化，国际上最大的 500 家跨国公司已有 300 余家在中国立足；投资方式多样化，如 BOT 等新型投资方式开始出现。外商投资企业正在全力提高其在华的市场占有率，使中国国有企业在家门口就面临着极其残酷的国际市场竞争。在信息产业和电信领域，世界贸易组织于 1996 年 12 月和 1997 年 2 月先后通过了全球性的《信息技术协议》和《电信贸易协议》，加速开放全球信息市场。前者规定，到 2000 年取消信息技术、产品、设备的所有关税，实现自由贸易；后者规定，到 2000 年开放全球电信市场，实现自由贸易。两个协议覆盖了计算机（含零配件）、半导体、电信设备、办公室设备、软件等产品和电话、数据传输、传真、卫星和无线电等所有形式的电信服务。无疑，这两个协议的实施将会打破电信业经营范围的国界限制，国际电信市场将会被重新分割，电信资源和收益将会被重新分配和占有。电信与信息业的发展似乎正从原来的行政垄断经由有限的竞争转变为经济垄断，更严重的是从国家垄断转变为国际垄断。这对中国的电信业而言是严峻的挑战。在这种形势下，中国的国内市场将会变成国际市场的一部分。原来在本国范围内看似强大的企业，在国际上不一定具备足够的竞争力。考察其集中程度和竞争力，就不能仅仅从本国的市场结构出发，而应以国际市场为参照系，确定产业布局和组织结构。几年来的电信重组和竞争，酝酿、培育和造就了新一代真正意义上的电信企业家和管理者。这就为提高国际竞争能力，保证中国在国际电信舞台上的地位，作了一次生动的预演。

2.2 企业外部环境分析

2.2.1 企业总体环境分析

企业总体环境主要包括政治环境（Political Environment）、经济环境（Economic Environment）、社会环境（Social Environment）和技术环境（Technological Environment，PEST）。对企业总体环境的分析方法称为 PEST 方法。总体环境与企业的关系如图 2-2 所示。

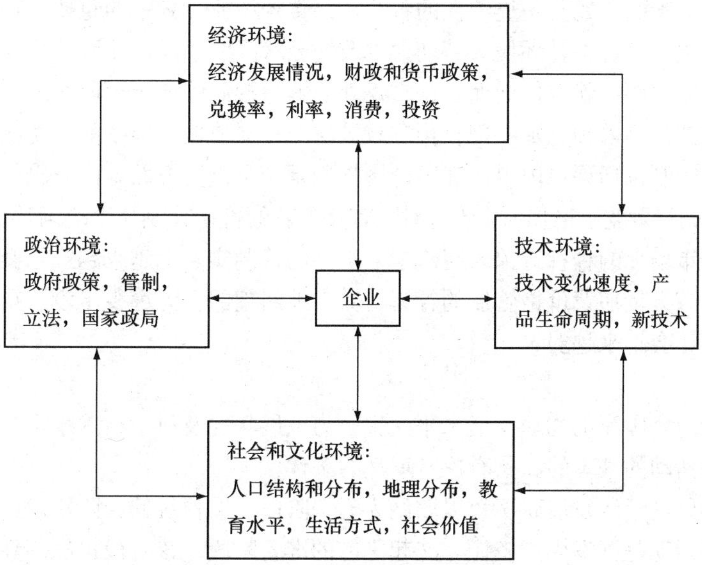

图 2-2 总体环境与企业的关系

1. 政治环境

这里的政治环境是指政府的行政性行为和法律，它们的稳定性以及对企业活动的影响。政治环境及其作用范围表现在：

（1）制定各项法律、法规。例如，各国政府制定的反托拉斯法、反不正当竞争法、专利法、环境保护法等，都为企业规定了行为规范。这些法规只作用于违犯者。例如，美国环境保护局对通用汽车公司在 1991～1995 年生产的凯迪拉克汽车的一次调查中发现，该种车的一氧化碳排放量大大超过了标准。根据《空气洁净法》的规定，美国司法部要求公司收回并改装 47 万辆凯迪拉克汽车，并缴纳 1100 万美元的罚金。通用公司因此损失了 4500 万美元。中国的电信法至今尚未出台，但政府有关部门（国家发展和改革委员会、工业和信息化部、原邮电部、信息产业部）均制定了多项通信行业的法规，在一定程度上为规范市场行为提供了法规上的保证。

（2）政府制定的产业政策。在经济发展的不同时期，政府都会确定鼓励或约束发展的产业和行业，以及相应的鼓励和约束的税收、信贷等措施。1995 年我国政府确定了中国经济的六大支柱产业，同年 6 月又公布了我国第一个外商投资产业指导目录，为投资者在选择投资领域时提供了参考。产业政策只作用于那些与产业政策中鼓励和约束的产业有关的产业。通信则被列为优先发展和重点扶持的产业，以便为国民经济提供优质的基础服务。

（3）政府对某些产业的直接管理。一般来讲，每个国家的政府都会对一些对国民经济有重大影响的产业或企业进行直接管理。但自第二次世界大战以来，从世界潮流来看，政府对企业的直接管理范围逐渐缩小，直接管理程度也在逐渐降低。例如，在美国和欧洲，政府已经放弃了对航空、电信和金融服务这三个传统的政府管理行业的直接管理。私人投资大量进入这些传统的政府垄断领域，使这些领域内的竞争加剧，产业和行业结构发生了极大的变化。即使是在政府集中管理经济程度较高的一些国家，如日本和中国，政府也在逐步减少对经济的直接管理和控制。中国对电信业管制的放松，以及今后对电信市场的逐步开放，都体现着这种变化，且在加入 WTO 后逐渐得到强化。

（4）政府预算。政府预算反映了资源在政府支出与企业消费之间的再分配。政府制定的税收政策以及政府订货，政府投资都会对企业活动和企业经营结果产生影响。政府预算对所有企业都会发生作用，包括作为重要基础设施的电信业。

（5）管制环境。管制，尤其是连续性的管制，是传统商业计划中的重要决定因素。管制作为政府用来影响产业的生产、价格、环境、劳动力以及安全状况的手段，受到法规控制的影响。世界各国都有过立法滞后的先例。就电信业而言，它正处于解除管制的初级阶段——一个放松、调整或者解除管制束缚的时期，可以预见那些擅长预测政策法令并提前做好准备的公司在这样的环境中可能获得最多的利润。管制包括许多内容，其中价格管制是一个重要方面。国外电信市场管制的经验表明，只有当市场形成有效竞争格局时，政府对现有竞争者的价格管制才会逐渐让位于互联互通管制。近年来，国内通信市场上的种种迹象表明：电信价格的管制实际上越来越难以操作，目前几大电信运营公司在各地都有大量违背价格管制的行为，其中被纠正的行为远少于没有得到纠正的行为，价格管制的执行力度还会越来越弱。

2. 经济环境

经济环境是指一个国家的物质生活水平、生产力发展状况及科学技术水平，是直接影响企业在该国从事生产经营活动的基本的、具有决定意义的条件。

一般而言，一国的经济发展状况可以归纳为五个阶段：①传统社会阶段。该阶段缺乏现代科学技术，主要的经济活动是开发生产资源。②起飞前的准备阶段。该阶段已经逐步开始使用现代科学技术，是起飞前的过渡阶段。③起飞阶段。该阶段经济保持连续稳定的增长，工农业现代化发展迅速。④趋向成熟阶段。这时，经济持续增长扩展到经济活动的各个方面，经济活动大规模进入国际市场。⑤高度消费阶段。这个阶段居民收入很高，人们开始大量消费，社会也拥有较多的储蓄。从我国的情况看，目前正处于第二和第三阶段之间。

对企业来说，经济环境最终表现为社会和个人购买力，而购买力的大小又取决于社会总体收入水平、物价水平和资金的供应程度等因素。经济环境的变化如果能促进社会购买力提高，不但会推进现有市场购买力的扩大，而且还会促进新市场的开发，以满足扩大了的市场需求，这都将成为企业发展的机会。然而购买力在短期内的急剧上升，也有可能破坏经济要素之间的平衡状态，引起社会及政治环境的波动，给企业经营带来极大的风险。我国发生过的几次经济发展速度过快和随后紧接着的收缩行动，曾经使相当一批企业的经营发生困难。

经济环境的变化还表现在全球不同经济区域的形成上。到目前为止，已经形成的经济贸易区有欧盟、北美自由贸易区和亚太经济合作组织等。这些经济贸易区内又有其特殊的经济环境。

对企业经营影响较大的较为敏感的经济指标有利率、货币兑换率、经济增长率和通货膨胀率。利率的变化直接影响对企业产品或服务的需求；存款利率的提高使流通中的货币量减少，居民用于购买消费品的收入部分减少；贷款利率的提高使企业贷款成本提高，降低了企业产品的竞争力。货币兑换率的改变将影响本国货币的购买能力：本国货币兑换率较高时，进口产品的价格相对降低，国际贷款的成本较低，企业的生产成本因而降低。但是，较高的货币兑换率使出口产品价格升高，降低了产品的出口能力。经济增长率将影响消费者可支配的收入量和购买能力，因而改变了市场容量和企业生产规模。通货膨胀率反映了国家物价总水平的提高程度。通货膨胀率水平将影响政府的货币政策和利率，因而改变了经济增长率。这些因素，都曾直接影响到电信企业的建设与发展。

3. 社会环境

社会环境包括社会整体价值观的变化，以及由此引起的社会成员行为态度的变化。例如，人们对生育、婚姻、生活方式、工作，对性别、种族，对教育、退休，对污染等方面的看法，人口数量及结构的变化，社会阶层的构成及变化等。社会价值观的变化对产业结构和规模有直接的影响。

市场计划者非常关注对人口变化趋势的推断、估计和预测。这些变化包括收入、职业、原籍、家庭成员、教育状况以及对于通信业来说最重要的变量——年龄。经验证实，对人口统计了解的深度对于战略管理成功与否具有最决定性的意义，尤其是对于一些必须在变化的经济环境中制订计划的企业而言。

与社会变革紧密联系的是文化变迁。我们可以将文化变革定义为用来说明个人或整体的人性特征的知识主体。这些特征包括宗教、教育、风俗、传统、价值观、政治取向以及许多其他变量，还需要确立对内外因共同作用的文化因素的认知。在企业内部，他们需要了解如何招收和管理不同背景的员工以全面开发企业创造力；在企业外部，需要深刻了解影响消费者偏好的诸多因素，并不断扩充这些知识以适应全球市场。

4. 技术环境

技术环境具有变化快、变化大和影响面大、超越国界的特点。技术环境所包括的主要因素有：目前社会技术总水平及变化趋势；由于新技术的产生导致的新产品和新服务的出现；技术的突破对企业所产生的影响；技术与政治、经济、社会环境之间的相互作用等。有时，某些新技术的产生能够引发一场社会性技术革命，创造出一批新产业，同时迫使一批现有产业的淘汰。历史上彩色胶卷、立体相机的问世，半自动打字机淘汰全机械打字机，电脑打字取代电子打字机，用不危害臭氧层的新型制冷剂代替弗里昂等无一不是技术创新的结果，也都造就了一批新企业，淘汰了一批老企业。在计算机领域，个人计算机和软件的开发，改变了教育、娱乐和家用电子业。电子信息技术的发展和运用也已经对现有的信息传输手段造成了威胁。据传，长久以来专门为英国皇家传递外交信件的“银色快车”业务最近也被电子邮件所取代。互联网络在西方已经为许许多多的企业创造了巨大的商业机会，使企业能在互联网络上直接与供应商和客户接触，不但企业可获得的信息量扩大，而且交易成本大为降低。可以预计，各国信息高速公路的建成，将根本改变人们的工作方式，甚至改变工作的性质。

电脑、机器人、虚拟企业、高效药物、太空通信、激光、卫星通信网络、光导纤维和生物工程等带来的革命性技术变化已经对企业生产过程和技术产生了巨大的影响。新的精密加工设备和技术，包括计算机辅助设计和生产（CAD/CADM）、直接数控（DNC）、电脑为中心的数字控制（CNC）、柔性生产中心（FPC）、计算机连接生产（CIM）已经被日益广泛地使用。技术创新能为企业提供特殊的竞争优势。相反，如果缺乏产品更新，跟不上技术环境的变化，这样的企业不用说获利，甚至连生存的希望也没有。

正是因为技术变化对企业具有如此重要的意义，在高技术产业中，辨认和评价技术方面的机会和威胁已经成了企业战略制定过程中一项最重要的工作。越来越多的管理学者要求企业把技术管理看成是高层管理者的重要任务，因为这些企业一旦能够制定正确的技术战略并实施，他们就可以在市场上取得长期的竞争优势。在企业经营环境中，与技术相关的问题几乎在每一个高层管理决策中都起着十分重要的作用。这些决策的正确与否取决于高层管理者是否有能力认真分析技术上的机会和威胁以及这些机会和威胁对整个企业战略的重要性进行评价。对于电信企业来说尤其如此。一种技术标准的确定、一种技术制式的选择，都可能成为企业战略完全胜利或是大遭惨败的分水岭。

每一种新的技术标准的使用，都意味着一个诱人的市场前景。而选择了一种非主流的，甚至是即将遭淘汰的技术，则意味着企业可能被拒绝在市场的大门之外。值得注意的是，通信行业的技术升级不等于市场“升级”，技术并不能决定一切。重要的在于市场需求，在于营销。在企业的发展过程中，对其最大的考验也许并非技术，而是用户需求及企业的营销能力。即使速度再快，技术再强，如果没有为客户带来价值，都是没有意义的。

2.2.2 竞争五要素分析

竞争五要素分析，又称为产业结构分析模型。它将决定产业特征的一般因素作为分析对象，分析结果可供该产业中所有的企业采用。

1. 行业结构和行业竞争强度

行业结构是指行业的内在经济关系，可说明行业的竞争力量。一个企业存在以下五种基本竞争力量，即潜在的加入者、替代品的生产者、讨价还价的供应者、讨价还价的购买者、行业内现有竞争对手。本小节以电信行业为例，对这个模型进行介绍（见图 2-3）。

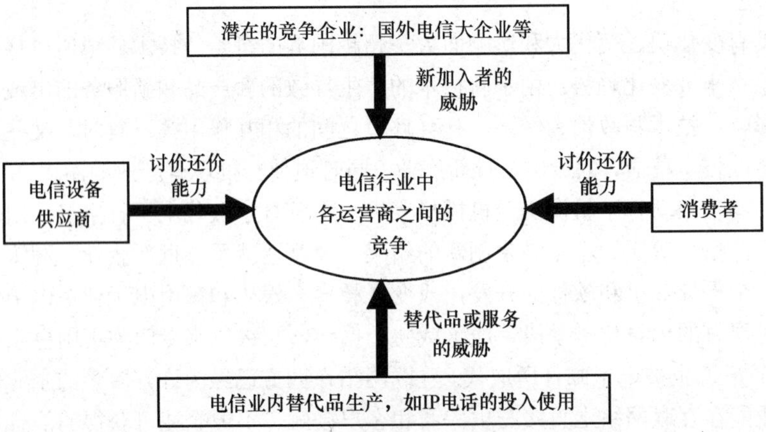

图 2-3　行业结构分析模型

这五种基本竞争力量的状况以及它们的综合强度，决定着行业的竞争激烈程度，决定着行业中利润的最终潜力。在竞争激烈的行业中，不允许有一家企业能长期获得惊人的收益。由于行业间竞争的不断进行，导致投资收益率下降。若投资收益率长期处于较低水平，投资者将会把资本投入其他行业，甚至还会引起现有企业停止经营，又会刺激资本流出该行业。所以，行业竞争力量的综合强度还决定了资本向本行业的流入程度。电信业一度是公认的利润率较高的行业，随着竞争的引入及进一步加强，各个竞争者之间通过大幅度降低价格，不断推出特色服务，使得利润水平较以前有了很大程度的下降。如果行业中某些企业为了一己之利在价格上恶性竞争，从而大大降低全行业的获利水平，对行业发展也是不利的。

行业的竞争强度，虽然是由 5 种竞争力量决定的，但 5 种竞争力量中常常是最强的力量起决定性作用。例如，对处于极为有利市场地位的企业来说，潜在的加入者不会构成威胁，而高质量、低成本的替代品竞争者却会使它只能获得低成本的收益。从具体行业看，远洋油轮行业，由于它的产品专用性很强，竞争的关键力量可能是购买者（主要的石油公司）；而钢铁行业中，竞争的关键力量可能是可代替的材料和外国的加入者；对于电信企业来说，同样存在着这5种竞争力量。其中最重要的是潜在竞争者的威胁及替代品的威胁，这将在下面进行分析。

正因为如此，企业在制定经营战略时，应对每种竞争力量进行分析，即行业结构分析。

2. 新加入者的威胁

新加入者是行业的重要竞争力量，它会给本行业带来很大威胁。这种威胁称为进入威胁，其状况取决于进入障碍和原有企业的反击强度。如果进入障碍高，原有企业激烈反击，进入者难以进入本行业，进入威胁就会小。

决定进入障碍大小的主要因素有以下几个方面。

（1）规模经济。规模经济迫使新加入者必须以大的生产规模进入，并冒着现有企业强烈反击的风险；或者以小的规模进入，但要长期忍受产品成本高的劣势。这两种情况都会使进入者却步不前。

（2）产品差异优势。产品差异优势是指原有企业所具有的商标信誉和用户的忠实性等。它是通过以往的广告、用户服务、产品差异、行业悠久历史等形成的差异优势。它所形成的进入障碍，迫使新加入者要用很大代价来树立自己的信誉和克服现有用户对原有产品的忠诚。这种投资具有特殊的风险，不但难以成功，而且如果失败了，就要丢失全部投资。

（3）资金需求。资金需求所形成的进入障碍，是指在这种行业经营企业，不仅需要大量资金，而且风险大，进入者要在握有大量资金、冒很大风险的情况下才敢进入。形成需要大量资金的原因是多方面的，如购买通信设备需要资金，信贷、存货经营、弥补某些业务初期的亏损等，都会扩大资金的需要量。

（4）转换成本。这里说的转换成本是指购买者变换供应者所支付的一次性成本。它包括重新训练业务人员、增加新设备、调整检测工具等引起的成本，甚至还包括中断原供应关系的心理成本等。这一切会造成购买者对变换供应者的抵制。进入者要进入，就必须用非常多的时间和特殊的服务等来消除这种抵制。

（5）销售渠道。一个行业的正常销售渠道，已经为原有企业服务，新加入者要进入该行业，必须通过让价、合作广告津贴等办法，来使原销售渠道接受自己的产品。这样就形成了进入障碍。那种与原有企业建立专营关系的销售渠道所形成的进入障碍更高，新进入者很难利用。

（6）其他因素。如专利权、最优惠货源的独占、占据市场的有利地位、政府补贴、独有的生产经验和服务技巧，以及政府的某些限制政策等。

电信业的新加入者在其进入该行业的过程中，确实会遇到种种障碍。首先，要想涉足电信业，必须有充足的网络资源，局部的网络建设是无济于事的，不能产生规模经济的效应。其次，建设网络需要巨额的投资。鉴于当前国家对电信市场的对外开放仍然采取谨慎的态度，给建设者募集资金带来一定的难度。另外，即使把网络建起来了，仍然需要强大的技术支持和市场能力，这对于新加入者来说是难以做到的，因为新加入者除非采用了跟现有竞争者不同的技术和服务，否则在进入之初一般不大可能获得和现有竞争者相当的利润水平。而市场更需要时间去培育，需要大量的电信服务网点，这些在短期内都难以解决。所以，新加入者要获得和现有竞争者同等的地位将要经过一个较长的时期。这对现有的电信企业而言，恰恰正是抓住机遇发展自己的大好时机，也是其网络优势的充分体现。但是要清醒地认识到，由于信息技术的飞速进步和通信资源的全面改善，使得提供同样服务的成本大为降低。超大容量通信线路的建设，使传输成本几乎降到过去难以想象的地步，这就为许多欲涉足电信业的企业提供了难得的发展机会。可以推断，进入障碍在未来有逐步降低的趋势。因此，现有的运营者应当在观念上加以改变，要充分考虑潜在加入者进入电信业的可能性。

3. 现有竞争者的抗衡

行业内现有企业之间总是存在着竞争，但是，不同行业现有企业间的竞争激烈程度是不同的，有的比较缓和，有的十分激烈。激烈的抗衡是由相互作用的结构性因素产生的，主要有：

（1）众多的或势均力敌的竞争者。当一个行业的企业为数众多时，必然会有一定数量的企业为了占有更大的市场份额和取得更高的利润，而突破本行业约定的一致行动的限制，独立行事，采取打击、排斥其他企业的竞争行动。这势必在现有竞争者之间形成激烈的抗衡。即使在企业为数不多的行业，如各企业的实力均衡，由于它们都有支持竞争和进行强烈反击的资源，也会使现有竞争者之间的抗衡激烈化。由于国内目前的电信基本业务和许多其他业务没有放开，所以并不是各个业务领域都存在众多的竞争者。但随着入世以及电信改革的进一步深化，几大运营商可能会在综合业务的提供上展开全面较量。

（2）行业增长缓慢。在行业快速增长时，由于各企业可以在与行业保持一致的情况下，充分发挥各自握有的资金和资源的作用来发展自己，因而竞争比较缓和。当行业处于缓慢增长时，有限的发展势必使各企业为了寻求出路，把力量放在争夺现有市场的占有率上，从而使现有竞争者的竞争激化。就移动通信市场来说，尽管这几年仍然保持非常快速的增长，但已经不可能是100%的增长率了。为了争夺用户，各地的中国移动和联通都采取了许多刺激消费的优惠措施，有的地方实际网内通话费用极低。虽然这些措施中的很大部分不符合行业的有关规定，但仍然为许多企业所采用。这说明，在市场增长减缓的情况下，企业宁愿冒低利润或无利润的风险，也要尽量地抢夺市场份额。正如前面提到的那样，这样做的结果会导致整个移动通信领域利润率的大幅度降低，因此各个企业应当在采取措施的时候保持谨慎的态度，行业主管部门也应当加强监督引导，确保行业能够健康稳步地发展。

（3）高固定成本或库存成本。当一个行业固定成本较高时，企业为降低单位产品的固定成本，势必采用增加产量的措施。企业的这种发展趋势，会使生产能力急剧膨胀，直至过剩；而且还会导致产品价格竞争，从而使现有竞争者的竞争激化。众所周知，进入电信业需要进行大量的先期投资，这些投资必须通过用户对网络的使用来收回，因此投资的成本是要分摊到用户的，如果用户的数量过少，那么分摊到每个用户的成本必然非常高，这样就不足以吸引用户使用网络服务。因此，电信企业的一个工作重点就是发展用户，充分地调动现存的生产能力，把服务价格降下来。应当看到，过剩的生产能力就是库存，对它们的维护同样是需要成本的。

（4）产品统一性高和转换成本低。一个行业的产品，若差异性高，购买者必然是按照对某些特定销售者的偏好和忠诚度来购买，生产企业间的竞争就会缓和；反之，产品统一性高，购买者所考虑的是价格和服务，这就会使生产者在价格和服务上展开竞争，使现有竞争者之间的抗衡激化。同样，转换成本低时，购买者有很大的选择自由，也会产生相同的作用。目前的各个电信运营商提供的服务总体来说是大同小异的，因此用户在选择服务提供者时，比较的关键是价格和服务质量，这很容易诱导企业走上片面的价格竞争之路，不利于企业的长远发展。实际上，在未来的电信市场中，企业应该充分考虑采用差异化战略，提供和竞争对手不同的服务内容，这种不同可以表现在业务种类、服务质量等方面，关键是做到有特色，体现个性服务的发展趋势，以避免和其他企业的非理性竞争；而且只要这些服务是市场所需的，就会拥有比较稳定的用户群体。

（5）规模经济的要求。在规模经济要求大量增加企业生产能力的行业，新的生产能力不断增加，就必然会经常打破行业的供需平衡，使行业产品供过于求，迫使企业不断降价销售，从而强化了现有竞争者之间的抗衡。移动通信企业可以根据各地的实际情况并参考主管部门的规定，制定对用户有吸引力的入网和使用价格。行业主管部门也应当给予企业以一定的自主权，使生产能力得到充分利用，这对于行业而言并不是坏事。

（6）不同性质的竞争者。任何企业都会根据自己的目标、条件制定自己的战略，并设法在竞争中取胜。所以，竞争者的性质不同，采取的竞争方式和手段也不同。企业如果把市场当作解决生产能力过剩的出路，它就会采取倾销过剩产品的办法；如果仅仅把市场销售作为经营的主要职能，它就会以各种方式发展、巩固这种职能。多种经营的企业，若把伸进某行业经营的产品视为厚利产品，它就会采取扩大或巩固销售量的策略，尽力促使该行业的稳定；如果视为正在成长的产品，它就会以整个公司作为后盾采取扩大市场的措施。多种经营的企业，由于实力雄厚，为了本企业的整体发展，有可能采取牺牲盈利的措施，把竞争重点放在某一特定行业上。小型企业为了保持自主经营，可能情愿取得低于正常水平的收益，来扩大自己的销路，使大企业的获利水平受到限制。这些都会引起竞争的激化。

（7）退出障碍。退出障碍是指经营困难的企业在退出行业时所遇到的困难。这是由以下原因造成的。

① 专业化的固定资产。这种固定资产其清算价值低或转化成本高。

② 退出的费用高。如劳动合同费、安置费、设备备件费等都很高。

③ 战略关系密切。如退出某一行业就会使其他行业经营的产品形象、市场营销能力、分享设备能力受到很大影响。

④ 感情上不情愿。如退出某一行业影响职工的忠诚度，引起职工的畏惧等。

⑤ 政府和社会的限制。如因失业问题、地区经济影响问题、政府反对或劝阻企业退出某一行业。

当退出障碍高时，经营不好的企业只得继续经营下去。这也使现有竞争者的竞争激化。对于电信业来说，退出障碍相对较小。首先，电信业属于信息产业这一大的范畴，信息产业包罗万象，即使某个电信企业因为某种原因不得不退出电信业，也完全可以利用自己的设备从事其他的信息服务业。在未来，全国范围的网络将可能独立于运营活动，从事电信服务的企业主要是租用网络拥有者的网络资源来开展服务，因此它的设备主要集中在交换和处理方面，这些设备的专用性较低，可以用于电信业以外的行业。其次，随着电信业技术含量的进一步提高，企业的雇员数量可能会大大降低，最近世界范围内信息技术类企业纷纷裁员的势头估计还会持续一段时间，这说明生产自动化程度的提高将会减少企业用人数量。因此，这种类型的企业退出时产生的失业问题并不非常突出。而且由于技术人员比重高，他们可以较为容易地实现再就业。所以，政府不会强制电信企业保留在业内，退出障碍较小。

（8）进入障碍和退出障碍的组合情况。每个行业的进入障碍和退出障碍的高低是不同的，这样就会形成不同的组合（见表2-1）。

表2-1　进入障碍/退出障碍的组合

获利状况 / 退出障碍 / 进入障碍	高	低
高	利润高、风险大	利润高、风险小
低	利润低、风险大	利润低、风险小

从获利情况看，最好的组合是进入障碍高而退出障碍低。因为新加入者受到阻拦，经营不成功的企业容易退出。若两者都高，由于新加入者虽然被阻，但不成功的企业很难退出，这就使本行业利润高而风险大。两者都低时，行业经营状况好时会有不少企业进入，经营状况不好时会有许多企业退出，因此虽然利润较低但风险也较小。最坏的情况是进入障碍低而退出障碍高。在这种情况下，

新加入者可以很容易地进入，一些暂时引起利润上升的因素都能使新加入者进入。然而当条件恶化时，经营非常困难的企业也要留在行业内部参加竞争。这就使本行业不仅利润低而且风险大。各个行业的当前状况都可以是上述四种情况之一，随着社会、经济和技术的发展，某个行业所在的组合还会发生变化。电信业在成长之初，由于规模经济和网络建设成本方面的障碍，使得许多企业难以涉足，而且信息产业在当时并不像现在这样非常繁荣，因此退出障碍也比现在要高，所以属于利润高、风险大的行业；随着社会的进步，尤其是在信息技术的推动下，网络建设成本得到大大的降低，几乎是在同时，其他的信息产业也涌现出来，这样从事电信服务业的企业在迫不得已退出时，就可以较为容易地转到其他的信息业。所以，在电信业的发展过程中，电信业的性质就由高利润、高风险组合转向了高利润、低风险组合或者低利润、高风险组合，具体属于哪一种组合，要根据具体的情况而定，比较分析进入障碍和退出障碍两者哪一个的下降走在前面。毋庸置疑，进入障碍和退出障碍的变化趋势都是要降低的，所以电信行业最终将趋向利润低、风险小这样的组合。当然，这里没有专门研究某个时期可能出现的竞争者联合垄断的情况，只是就电信业发展的总体趋势进行了分析。

正因为有了上述差别，现有竞争者间的抗衡程度也就不同。

4. 其他竞争力量

除进入者和原有竞争者外，竞争力量还有来自替代品的压力、购买者和供应者讨价还价的能力。现分述如下。

（1）来自替代品的压力。替代品是指那些与本行业的产品具有同样功能的其他产品。替代品的价格一般比较低，它投入市场会使本行业产品价格的上限只能处在较低的水平，这就限制了本行业的收益。替代品的价格越是具有吸引力，这种限制作用就越牢固，对本行业构成的压力也就越大。正因为如此，本行业与生产替代品的其他行业进行的对抗，常常使本行业所有企业采取共同措施，集体行动。在进行这种竞争中，当出现的替代品是一种顺应潮流的产品并且具有强大的成本优势时，或者替代品是由那些实力雄厚、获利水平高的行业生产时，完全采取排斥的竞争战略不如采取引进的战略更为有利。按照经济学的观点，商品之间的关系可以笼统地分为互补关系和替代关系，这里强调的正是具有替代效应的商品之间的关系。在电信领域，人们对服务内容和价格的期望以及技术的推动，导致了许多新的服务形式的出现。如对于那些需要经常移动办公的人来说，他们对固定电话的需求可能就不十分强烈，因此建立在无线技术基础上的移动电话便较好地满足了这部分人的需要。又如，用户普遍认为当前的国内和国际长途话费偏高，在这种情况下，以互联网络协议（IP）技术为支撑的网络电话便会有较为广阔的市场。目前，网络电话已经处于运营阶段，尽管国家规定了可以从事网络电话业务的运营，但仍有许多小规模的公司违规在暗地里向用户提供网络电话服务，主要原因是受利益的驱使。可以认为，在将来网络电话的服务质量稳步改善以后，势必对传统的电话业务造成较大的冲击。电信企业应当顺应这种技术发展的潮流，而不应当对网络电话采取抵制的态度，要通过向用户提供优质、可靠的网络电话服务来弥补传统电话业务受到的损失。

（2）购买者和供应者讨价还价的能力。任何行业的购买者和供应者，都会在各种交易条件（价格、质量、服务等）上尽力迫使对方让步，使自己获得更多的收益。在这个过程中，讨价还价的能力起着重要的作用。能力强的就可能得到较多的利益，能力差的就会受到损失。一个行业不论作为购买者还是供应者，都应设法提高自己的讨价还价能力，才能在与其他供应者和购买者的竞争中，具有更大的实力。无论作为供应者还是作为购买者，其讨价还价能力均由以下因素决定。

① 行业的集中程度。不论购买者行业还是供应者行业，如果集中程度比对方高，就提高了自己的地位，易于使对方接受自己的成交条件。

② 交易量的大小。若购买量占供应者供应量的比重大，购买者的讨价还价地位就高，否则相反。

③ 产品差异化情况。如果是标准产品，购买者确信还可能找到对自己更有利的供应者，他们就可在讨价还价中坚持强硬态度。如果是差异性产品，供应者知道购买者在别处买不到，就会在交易中持强硬态度。

④ 转换供货单位费用的大小。购货单位转换供货单位的费用大，转换困难，购货单位讨价还价的地位自然就低；反之，购货单位可以轻易地转换供货单位，其讨价还价的地位自然就高。

⑤ 纵向一体化程度。若购买者已实现了后向一体化，就会使供应者处于不利地位。若供应者实现了前向一体化，就会使购买者处于不利地位。

⑥ 信息掌握程度。谁掌握的信息多，谁就会占主动地位。

⑦ 其他因素。当供应者的产品对购买者的产品影响大时，供应者的讨价还价地位就高。当批发商、零售商能左右最终购买者的购买决策、影响其是否购买某种产品时，他们就取得了更强的讨价还价能力。

电信企业是电信服务的提供者。而用户作为消费者，最关心的是所提供服务的质量和价格。在此先撇开质量不谈，仅从价格方面作一分析。电信的服务价格一般称为资费，以前都是由国家有关部门制定，用户无法参与到价格的制定过程中，所以即使用户对资费问题有所抱怨和不满，地方电信部门也不必承担什么责任。1998年初，随着《价格法》的出台，这种情况开始发生改变。《价格法》规定：公用事业的服务价格要实行价格听证会制度。价格听证会的含义是指在制定公用事业服务价格时，需要有政府部门、服务提供商、社会人士、监督部门以及消费者等多方参加。如此一来，消费者就可以在价格的制定过程中发挥自己的作用，而不像以前那样无所作为。在西方，价格听证会制度已经在许多领域的价格制定过程中广泛地使用，实践证明它是行之有效的。在我国，虽然这只是开始，许多方面可能还不太健全，但随着消费者对价格敏感程度的提高以及对听证会这种制度认识的深化，他们一定会在价格的决策过程中，发挥越来越重要的作用。电信企业作为服务提供商在与消费者讨价还价的过程中，其地位将呈现下降趋势。企业必须以一个全新的视角来看待这个问题。

电信企业又是电信设备的消费者。它在与电信设备制造商的竞争中，将会在较长时期内处于有利地位，这主要是由于当今可以提供电信设备的企业较多，且存在着非常激烈的竞争。因此，电信企业可以以较低的价格购买电信设备。关键的一点，是要考虑技术支持方面的问题，尤其在购买国外的设备时，更应当注意。如果电信设备制造企业以某些核心技术相要挟，使电信企业不得不再去购买它的其他设备或软件，则会使电信企业处于被动的局面。但总的来说，电信企业的竞争地位优于电信设备制造商。

2.3 企业内部战略要素分析

2.3.1 价值链分析

1. 企业内部战略要素的确定

企业内部战略要素是企业内部最能反映企业的基本能力、约束条件以及有别于其他企业特征的那些内容，主要体现为企业资源和企业能力。

企业资源是一个概括性的概念。通常认为，企业资源是指企业那些能够服务于企业生产、经营过程的所有投入。企业资源由外部资源和内部资源构成。

内部资源是企业经过长期积累形成的，具有使用权或者所有权的有形与无形的资源。包括：

（1）实物资源。电信企业的实物资源不仅仅包含电信企业的机器设备和生产能力，而且还包括这些实物资源的自然状况，如寿命、状态、能力和位置等。

（2）人力资源。它指组织中不同技能人员的数目和人员类型以及人力资源的适应性等。

（3）财务资源。它包括货币的来源和使用，如资金的获得、现金管理、对债权人和债务人的控制，与货币供应者的关系等。

（4）组织资源和企业品牌。中国电信业经过几十年的发展，在国民经济中已占有举足轻重的位置。电信企业品牌的价值与该产业的规模、价值总量有直接的关系。中国的电信企业作为电信行业整体形象的品牌将是一个价值巨大的数字，它是中国的电信企业参与国际市场竞争以及创建企业文化的战略优势。

（5）企业文化。企业文化凝聚了企业的价值观和发展观，是企业的灵魂。它对企业的发展，特别是对企业的技术创新具有重要的作用。随着知识经济时代的到来，科学技术的迅猛发展，企业应更加重视有自己特色的企业文化的创建，铸造企业之魂，创立名牌。

外部资源是指那些虽然不属于企业所有，但是对企业有现实或者潜在使用价值的一切要素。外部资源可以存在于企业以外的任何领域。例如，可以互相联通的网络、信息渠道、其他企业的销售点、低成本的社会劳动力、高质量的社会物流系统。企业的竞争优势，正是取决于企业一系列独具特色的资源及其相互关系。企业是资源的集合体。

资源必须转化为能力。在这里，企业经营能力实际就是企业内部职能的集中反映，包括以下几种职能。

（1）管理能力。它包括计划、组织、指挥、控制和协调的能力。

（2）理财能力。它包括融资、投资和资本运营等能力。

（3）生产运营能力。它包括提供产品与提供服务的能力。

（4）研究开发能力。它主要指企业的技术创新能力。

（5）营销能力。它包括从营销策划到售后服务的全过程中所体现的企业能力。

现在为企业所高度重视的企业核心能力，是指能够使企业在竞争中获取优势的资源和能力。从理论上讲，企业核心能力是独特的，不可模仿、不可替代的，可持久的、可延展的企业能力。核心能力可以表现为若干能为的组合，而它的基础和来源却仍然是企业所拥有的全部资源和综合实力。

2. 价值链分析

价值链分析法是一种将企业在向顾客提供产品过程中的一系列活动分为在战略上相互关联的活动类，从而理解企业的成本变化以及引起变化原因的方法。

企业的竞争优势来源于企业在设计、生产营销交货等过程及辅助过程中所进行的许多相互分离的活动。这里将使用价值链分析法来分析电信企业资源和经营能力的竞争优势。

价值链体系是由多个企业价值链构成的。其中，每个企业都可被视为一个由设计、生产、营销、交货等价值活动组成的集合。企业的竞争优势就是来源于企业能比竞争对手更便宜、更有效地完成那些具有战略意义的活动。企业的价值活动分为基本活动和支持活动两类。企业的基本活动是企业所有提供产品和劳务的活动，具体包括：内部后勤活动、生产活动、外部后勤活动、营销和推销活动及服务活动等。基本活动贯穿于产品和服务的整个形成和运动过程。为基本活动提供支持的活动就是支持活动。企业的支持活动具体包括：投入物的购买活动、技术开发、人力资源管理和企业基础活动等（见图 2-4）。

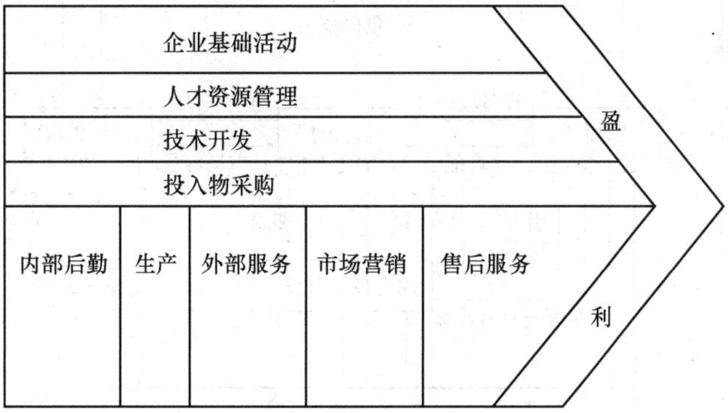

图 2-4　企业价值链

价值链法为企业对现实的及潜在的优势和劣势进行内部分析提供了有效的指导方法。在把企业所有活动进行系统分割，区分出几项价值活动后，就可以从中找出内部的关键要素，并将它们作为企业竞争优势的来源而作进一步的分析。

就价值链而言，价值是用户愿意为电信企业提供给他们的服务所支付的价格。价值用总收入来衡量，总收入则是电信企业提供服务的通信收入。如果电信企业所得到的价值超过提供服务所付出的成本，那么企业就盈利。为买方创造超过成本的价值是任何企业的基本战略目标。

电信企业通过利用通信设备和通信网络为社会传递信息，提供通信服务。作为社会生产企业组织，电信企业有着自己的企业生产经济特征。电信企业的劳动对象是由作为消费者的用户所提供的待传递信息，仅发生信息的空间转移，因此在电信企业的日常生产活动中不存在大量购买生产原料，只是需要一些必需的成本费用比较小的辅助材料。而企业成本中所占比重最大的是折旧和工资，同时信息空间位置的转移就要求企业生产的准确和安全。企业的生产过程是全程全网，产品的消费过程开始于用户提交的要求，要早于企业的生产过程。正因为电信企业拥有自己的生产经营特征，因此有其独特的价值链。

电信企业的价值链如图 2-5 所示。

电信企业的主要活动包括了生产运营维护、采购供应、内部技术开发、市场销售（包含售后服务）以及后勤保障等价值活动。

电信企业的生产运营维护是企业进行生产活动，有效传递信息的关键环节，这一运营过程形成了企业的生产链。由于电信企业的生产成本主要是折旧和工资，因此运营维护所涉及的资产和人员是电信企业的资产和人员的主体。这部分企业资产和人员价值的有效使用直接影响着企业产品（服务）的质量和数量，同时在较大程度上决定着企业的经济效益和竞争优势。

实现企业供应链的竞争优势将直接实现企业设备成本的下降和提高企业的竞争优势。从目前情况来看，由于在电信设备市场上，买方是为数不多的电信企业并且电信企业实行集中购买的方式，因此在设备供应上处于讨价还价的绝对优势地位，比较容易找到物美价廉的设备。但是在这方面需要考虑的是设备兼容性的问题，因而容易造成一定程度上的转移成本。另外，实现企业的竞争优势还在于实现企业产品的差异化和多样化，让用户有更多的选择余地，这主要需要技术开发部门的通力合作。

此外，还要特别关注电信企业人才链的形成与发展。只有人才的参与并发挥作用才能创造企业的产品价值。如何实现企业高科技和高素质人才的开发及管理，已成为电信企业不容回避的问题。

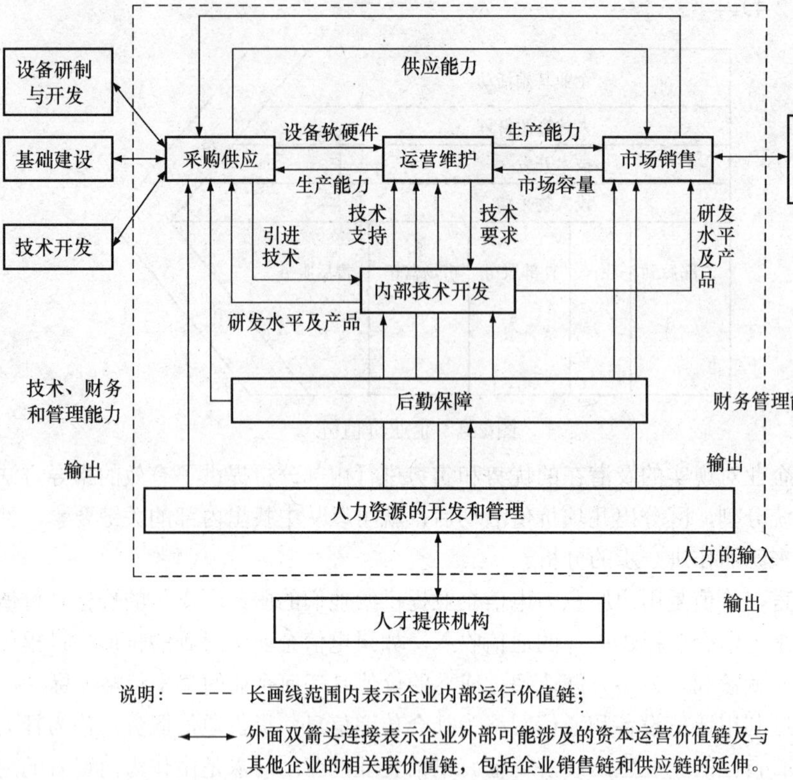

图 2-5　电信企业价值链构成

价值链在企业发展过程中也要相应发展变化，要用动态的观点拓展价值链，打造新的价值链，实现企业发展目标。

2.3.2　内部资源分析及其评价

企业内部战略要素评价的目的主要是了解企业自身各种条件即组织的状态，确认企业在行业中的竞争地位、优势与劣势。具体评价分为两部分内容：一是企业当前运营状态评价，包括企业当前涉及的业务领域，相关业务领域中的主要成功要素，在已涉及领域中的现状及地位。二是企业实力评价，主要是评价当前运营对于预期行业环境、竞争环境的适应；内外环境条件的综合分析，确认企业相对于竞争对手的优势与劣势；对于企业经营战略密切相关的特别问题进行专门分析研究等。

电信企业内部战略要素评价常用的方法有比较分析法和组合分析法。前者包括历史业绩评价法和竞争对手比较法，后者包括产业成功要素评价法、市场吸引力与业务实力矩阵评价法。

1. 历史业绩评价法

历史业绩评价法是一种纵向比较的方法，它可以通过企业经营状况的对比来说明企业的发展趋势。在电信企业等带有公益性的企业中，经常使用这种方法。这种方法能让公众非常清楚地感觉企业在自己生活中所起的巨大作用。

表 2-2 说明，中国电信业自 20 世纪 90 年代以来保持着较高的发展态势。但对于从数字背后

得出的分析，则依赖于分析者个人素质和经验积累。因此，历史业绩评价法的数字来源比较客观，但从中得出的结论则主观性比较强。分析者往往容易从数字中只看到有利（或不利）的一面，产生乐观（或悲观）的情绪，进而将这种情绪带入企业经营战略的制定过程中，影响了企业经营战略的正常出台。历史业绩评价结果还会受管理人员掌握的知识和信息量的影响。如果企业管理人员的知识面较窄，采用只考虑本企业历史业绩的内部评价方法则很可能得出错误的结论。为了避免历史业绩评价的缺陷，在进行内部评估时应将历史业绩比较法与其他评价方法配合使用。

表 2-2 我国电话普及率时间序列表

年份	1978	1985	1990	1995	1996	1997	1998	1999	2000	2001	2002
平均每百人拥有电话数	0.4	0.6	1.1	4.7	6.3	8.11	10.64	13.0	20.1	25.9	33.74

数据来源：根据信息产业部网站（www.mii.gov.cn）统计资料综合整理。

2. 竞争对手分析法

竞争对手分析法是一种横向比较的方法。与目前或潜在的竞争对手进行对比也是发现本企业经营优势和劣势的重要方法。同一产业中的不同企业在营销技术、资金来源、生产设施及选址、专门技术、品牌形象、一体化水平、管理能力等方面都存在差别，这些差别形成了企业之间的相对优（劣）势。因此在制定企业战略时，有必要将本企业主要内部能力与竞争对手相比较，从而找出企业的主要优（劣）势。

在电信行业中，相关专业业务市场的竞争日益激烈，尤其是一些增值业务和新业务，如宽带、移动通信、卫星通信、IP 电话等，而在固定电话业务领域实际上尚未形成完全意义上的竞争。但是考虑到竞争是未来的趋势，这里采用加乘评分法来对竞争对手进行分析。

这是一种直观的判断方法。评价者根据规定的标准，用分数作为衡量的尺度。首先根据评价对象的具体情况选定若干评价项目（根据需要每个评价项目还可再细分为若干小项目），对每个评价项目制定若干个等级标准，每一个等级标准给予一定的评分值，由参加评价人员根据有关资料进行评分；各个评价项的分数值是其小项目评分值之和；再将各项目的评分值连乘就是总评分值。企业的评价者按此方法求得本企业与业内一个或多个竞争对手的总评分值，根据有关资料和个人经验，通过比较分析，最后可判定本企业在行业中的竞争地位，以及本企业与主要竞争对手在竞争实力上的强弱。

下面是采用加乘评分法对本企业与三个竞争对手进行内部条件的实力与竞争地位的判断示例（见表 2-3 和表 2-4）。

表 2-3 企业内部战略条件评分示例

<table>
<tr><th colspan="2">评价项目</th><th colspan="2">评分等级</th><th colspan="2">评分值</th><th>合计</th></tr>
<tr><td rowspan="2">市场营销</td><td>市场占有率（国内）</td><td>同类产品（服务）市场占有率</td><td>50%以上
31～50%
11～31%
10%以下</td><td>5
4
3
2</td><td>A</td><td rowspan="2">A+B</td></tr>
<tr><td>促销情况</td><td>销售网点、人员推销、广告宣传、公共关系、销售服务</td><td>五项均有优势
其中四项有优势
三项具有优势
两项具有优势</td><td>5
4
3
2</td><td>B</td></tr>
</table>

续表

<table>
<tr><th colspan="2">评价项目</th><th>评分等级</th><th colspan="2">评分值</th><th>合计</th></tr>
<tr><td rowspan="2">生产运行</td><td>生产能力</td><td>不需要采取特殊措施就能完成目标计划
需要增加人才能完成目标计划
有生产能力，但资金有困难
增加能力后，完成目标计划仍有困难</td><td>5
4
3
2</td><td>C</td><td rowspan="2">C+D</td></tr>
<tr><td>装备水平</td><td>机器设备新度系数 50%以上
31%～50%
11%～30%
10%以下</td><td>5
4
3
2</td><td>D</td></tr>
<tr><td rowspan="2">技术开发</td><td>技术所有权</td><td>具有全面的专利权
能提出与竞争产品相抗衡的专利申请
提出专利申请，但对抗能力不强
很难与竞争对手相对抗</td><td>5
4
3
2</td><td>E</td><td rowspan="2">E+F</td></tr>
<tr><td>产品质量</td><td>大部分产品质量指标全行业第一
少数产品质量全行业第一
同类产品大同小异
同类产品质量指标全行业最低</td><td>5
4
3
2</td><td>F</td></tr>
<tr><td rowspan="2">经济效益</td><td>生产费用</td><td>按预期费用就能达到预期的效益
必须降低费用 5% / 5%～10% / 10%以上 才能达到预期的效益</td><td>5
4
3
2</td><td>G</td><td rowspan="2">G+H</td></tr>
<tr><td>内部收益率</td><td>内部收益率 30%以上
21%～30%
11%～20%
10%以下</td><td>5
4
3
2</td><td>H</td></tr>
<tr><td colspan="2">加乘评分总计</td><td colspan="3">（A+B）*（C+D）*（E+F）*（G+H）</td><td></td></tr>
</table>

表 2-4　　竞争企业内部战略条件评分结果

评价指标 / 评分数 / 竞争企业	市场营销		生产运行		技术开发		经济效益		总分	排序
	市场占有率	促销情况	生产能力	装备水平	技术所有权	产品质量	生产费用	内部收益率		
本企业	4	5	4	4	5	4	3	4	4536	2
竞争对手 1	4	3	4	4	3	4	4	3	2744	3
竞争对手 2	3	5	4	3	5	5	5	4	5040	1
竞争对手 3	3	2	3	3	4	3	4	3	1470	4

3. 产业成功要素评价法

产业分析包括在特定的产业中获取成功的关键要素。例如，竞争对手的构成、用户需求、产业结构、进入障碍、替代产品、成本特征、销售渠道等，这些要素可用来确定企业内部的优势与劣势。另外，通过各类产业成功要素的研究，还可了解企业目前的内部能力是反映了企业在产业中的优势还是劣势。以产业分析来评价企业成功能力，并协助制定战略，已成为企业战略管理中普遍采用的方法，忽视产业分析，会导致长期战略失误。

1998 年 3 月，信息产业部的成立，使通信网络运营、电子设备制造、软件业、无线电管理等所有与信息产业相关的职能实现了统一管理。同时，政企分开的实现割断了政府与企业的经济利益联系，这无疑有力地保证了政府对企业的公平、公正监管。原邮电部和当时的信息产业部在维护市场秩序方面做了大量卓有成效的工作，尤其是在电信市场环境发生根本性变化的今天，信息产业部在推进市场有序竞争方面更是投入了大量精力。

1998 年 9 月 25 日，信息产业部下发 601 号文件，对无线寻呼服务收费和改频入网进行了规范管理。

1999 年 1 月 18 日，信息产业部向获首批电信设备进网许可证的 18 家企业颁发证书。

1999 年 3 月，信息产业部公布首批从事电信与信息服务业务经营单位名单。

1999 年 4 月，信息产业部正式批准中国电信、联通、吉通 3 家运营公司开展 IP 电话运营试验。

从 1999 年开始，信息产业部电信管理局计划逐步采用投标中标方式发放经营许可证。

1999 年 4 月，批准联通建设、经营 CDMA 网络。

2001 年，中国移动完成 GPRS 试验网和一期网络建设。

从 1999 年到 2001 年 12 月，中国电信一分为四，形成六大运营商。

2002 年 5 月，中国电信拆分重组，由中国电信、中国移动、中国网通、中国联通、中铁通、中国卫星构成新市场格局。

从上述信息可以看出，如果没有对电信业的产业成功要素分析，进入企业很可能就会因为进入障碍被拒之于电信业门外。所以，相应的产业成功要素分析是很必要的。

4. 市场吸引力与业务实力矩阵评价法

在市场分析时，常把一个企业定义为战略经营单位（SBU，Strategic Business Unit）。在考虑一个 SBU 相对于其他 SBU 市场特性或在其经营的细分市场定位时，使用的最广泛的方法之一就是方向性政策矩阵评价法，即市场吸引力与业务实力矩阵评价法。这种组合分析方法根据以下两个因素来确定 SBU 位置：①SBU 所在行业（或市场）的吸引力；②SBU 的竞争力。

通常考虑的指标主要有两大类。

（1）反映战略企业单位实力的指标，主要有市场份额、销售力量、顾客服务、研究开发、财务资源、形象、质量/可靠性和管理能力等指标。

（2）反映市场吸引力的指标，主要有市场规模、市场增长率、竞争结构、行业盈利能力、管制、技术、进入的阻力和社会问题、政治问题、法律问题等。

随着通信技术的不断发展，中国电信一次又一次的重组改革后，无线寻呼业务已成为一项夕阳业务了，怎样让这项业务重新焕发出生命，是不少业内专家研究的课题，在此不做深入讨论。因此，我们考察其他的三个部分，根据上述两个指标体系不难看出：固定网络（主要指固定电话，数据业务目前所占比例较小，这里暂不考虑）由于发展得最早，资本积累的时期最长，因而它作为战略业务单位出现，实力是最强的，但固定电话在我国特别是大中城市普及率已比较高了，所以其长期市场吸引力处于中游水平；移动电话是从 20 世纪 90 年代中后期才真正发展起来的，相对于固定电话来说，它具有极强的替代性，目前我国的固定电话与移动电话的用户数已十分接近。由于移动电话的个人性、可携带性等其他一些因素，使得它的前景非常看好，所以长期市场吸引力较强；卫星通信是一种新业务，尚处于发展阶段，因而它的实力较弱，但从技术进步的眼光来看，它将是未来通信的一种主要手段，其长期市场的吸引力并不弱于移动通信。

这样的分析，从几家主要运营商的收入总量和增长情况也可以体现出来。根据 2004 年通信发展统计公报，中国电信实现通信主营业务收入 1527.54 亿元，较上年增长 7.7%；中国网通主营业务收入 649.2 亿元，较上年增长 34.2%；中国联通主营业务收入完成 707.39 亿元，较上年增长 18.3%；中国移动全年业务收入完成 1923.8 亿元，较上年增长 21.3%；中国卫星公司完成收入 115.64 亿元，比上年增长 14%；中国铁通业务收入完成 105.9 亿元，较上年增长 50.8%。图 2-6 就是结合现状对上述三个基本业务单位所做的市场吸引力与业务实力分析。

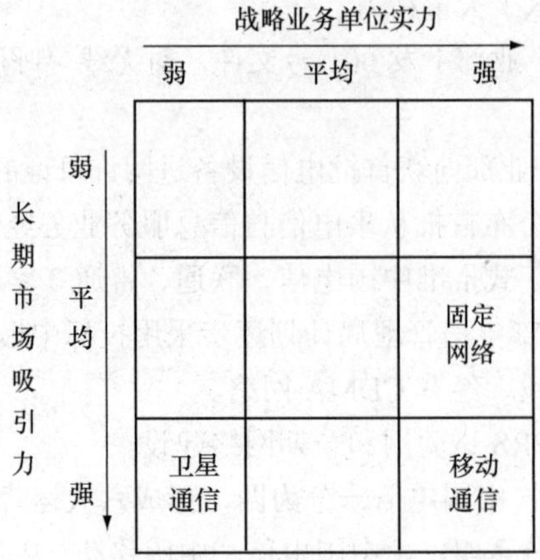

图 2-6　中国电信各业务单位市场吸引力/实力矩阵

2.4 战略选择

2.4.1　公司战略

公司战略是一种具体说明公司现在经营或希望经营的业务，以及打算如何经营业务的组织战略。它是根据组织使命和目标，以及每个事业单元在组织中的地位提出的。例如，百事公司的使命是成为全球首屈一指的专注于休闲食品和饮料的快速消费类产品公司。为了实现该使命，公司战略组合了不同业务，包括百事国际、百事饮料北美和桂格食品北美、菲多利北美。公司战略的另一部分是高层管理者何时决定如何经营这些业务。公司战略包括稳定发展战略、增长战略、紧缩战略和国际化战略。

1. 稳定发展战略

稳定发展战略不是不发展或不增长，而是稳定地、非快速地发展。它是组织保持现有业务的公司层战略。这一战略的主要特征是企业保持自身过去和现在的目标，决定继续追求相同或类似的目标，同时，企业继续提供与以前相同或相似的产品和劳务。

稳定发展战略在企业经营发展历程中所处的地位并不亚于增长战略。从战略选择的机会来说，当企业意欲谋求发展时，先得有一段聚势时期，以积蓄实施发展战略的力量。而当实施发展战略到了一定时期，又需要有一个阶段的相对稳定，进行巩固、充实、调整。所以，稳定发展战略并非是消极的，它和增长战略有着内在联系，起着相辅相成的作用。

稳定发展战略从战略指导思想来说，是继续保持现有企业使命，其战略目标是现有目标的延伸并保持相近水平。采用稳定发展战略的企业能够保持战略的连续性，不会由于战略的突然改变而引起企业在资源分配、组织机构、管理技能等方面的变动，从而保持公司的平稳发展。

企业处于以下情况可以考虑实施稳定发展战略。

（1）外部环境相对稳定，既无重大挑战、威胁，也无可资利用的机会。

（2）企业市场地位稳定。为了回避巨大风险，在一个时期内不求扩张，而进行内部资源调整、优化组合也可以取得相当的经济效益。

（3）企业决策者以稳健经营为指导思想，也有的经营决策者对发展机会缺乏敏感性，对市场情况一时摸不准，采取了稳定发展战略，意欲稳中求进，以不变应万变。

（4）对于处于行业或产品的成熟期的企业来说，产品需求、市场规模趋于稳定，产品技术成熟，较为适合采用稳定发展型战略。

稳定发展战略可以通过几种战略方案具体实施，包括培养客户的忠诚感、维持品牌的知名度、开发产品的独特功能、挖掘潜在的顾客等。

2. 增长战略

企业增长战略就是企业在战略的协调和主导下，调配资源、集合众力，积极开展研发业务，寻求企业与环境的动态优化，以实现企业价值增长为目的的发展模式。它可以通过集中单一产品、多样化和一体化战略来实现。

（1）集中单一产品战略。集中单一产品的组织，把有限的资源集中在同一产品方向上，专注于其主要业务活动，以及增加主要业务产品供应数量或扩大主要业务市场。集中增长可以深入了解小市场的需求，实行专业化经营，从而节省开支，增加利润，提高企业的信誉度和产品的知名度。这一战略态势通常在以下的情形中适用：产品未能充分满足市场需求；生产能力未能充分发挥或扩大生产能力的财力不够充裕；在定价、销售和销售渠道方面存在缺口和薄弱环节。但是，集中单一产品战略的风险也是显而易见的。它把所有的鸡蛋都放进一个篮子里，目标过于集中和暴露，风险很大。当单一经营所在的行业发生衰退、停滞或者缺乏吸引力时，实行单一产品战略的企业将难以维持企业的成长。不过一般来说，客户需求的变化、技术的创新或新替代品的出现，都有一个时间过程，企业有机会采取相应的变革对策。

（2）多样化战略。多样化战略或称多角化、多元化战略，是企业为获得最大的经济效益和长期稳定经营，开发有发展潜力的产品，或通过吸收、合并其他行业的企业，以充实系列产品结构，或者丰富产品组合结构。

这种战略是根据大型企业规模大、资金雄厚、风险分散能力强、市场开拓能力强，而适应能力不强的特点提出来的。从各种企业所实行的多样化经营战略来看，主要是为了解决两个方面的问题：一是企业分散风险，大型企业往往以本行业为中心，用副业的形式向其他领域扩展，以此分散经营风险；二是企业为有效地利用经营资源，在技术、市场上向有关联的领域发展。

① 同心多样化。同心多样化是指公司增加或生产与现有产品或服务类似的产品或服务。只有新增加的产品或服务能够利用企业在技术、产品线、销售分配渠道或顾客基础等方面所具有的特殊知识和经验时，才可将这种战略视为同心多样化。采用这种发展战略，公司既可保持它的经营业务在生产技术上的统一性，同时又能将经营风险分散到多种产品上去。许多成功的企业通常都采取同心多样化战略。例如，优酷 CEO 古永锵始终强调创业的“专注”，优酷只会进行同心多样化，围绕视频业务这个核心来拓展新业务。

② 复合多样化。复合多样化指公司增加与现有的产品或服务、技术或市场都没有直接或间接联系的新产品或服务。企业所开拓的新业务与原有的业务、市场毫无相关之处，所需要的技术、经营方法、销售渠道必须重新取得。例如，美国通用公司除主要从事汽车产品的生产外，还生产电冰箱、洗衣机、潜水艇、洲际导弹等。这种战略通常适合于规模庞大、资金雄厚、市场开拓能力强的大型企业。

复合式多样化可划分为 4 种类型：资金关系多样化；人才关系多样化；信用关系多样化；联合多样化——这是指为了从现在的领域中撤退或者为了发展为大型的企业，采用企业联合的方式进行多样化经营。采用复合多样化战略可以分散企业经营的风险，增加利润，使企业获得更加稳定的发展；能够使企业迅速地利用各种市场机会，逐步向具有更大市场潜力的行业转移，从而提高企业的应变能力；有利于发挥企业的优势，综合利用各种资源，提高经济效益。

复合多样化战略的缺点是可能会导致组织结构的膨胀，加大管理上的难度。同时，一味地追求多样化，企业有可能在各类市场中都不占领先地位。当外界环境发生剧烈变化时，企业首先会受到来自各方面的压力，导致巨大的损失。

（3）一体化战略。一体化战略是指企业充分利用自己在产品、技术、市场上的优势，根据企业的控制程度和物资流动的方向，使企业不断向深度和广度发展的一种战略。其包括横向一体化战略和纵向一体化战略。

① 横向一体化战略。横向一体化战略也叫水平一体化战略，是指为了扩大生产规模、降低成本、巩固企业的市场地位、提高企业竞争优势、增强企业实力而与同行业企业进行联合的一种战略。实质是资本在同一产业和部门内的集中，目的是实现扩大规模、降低产品成本、巩固市场地位。法国电信是横向一体化战略的典范，不断通过兼并和控股等方式开拓和扩大市场。其中最引人注目的是于 2000 年斥资 432 亿欧元收购了英国第三大移动运营商 Orange 公司的全部股票，并把自己原来的移动电话业务归并于 Orange 品牌下，成为仅次于英国 Vodafone 公司的欧洲第二大移动通信公司。

采用横向一体化战略，企业可以有效地实现规模经济，快速获得互补性的资源和能力。此外，通过兼并或者收购的方式，企业可以有效地建立与客户之间的固定关系，遏制竞争对手的扩张意图，维持自身的竞争地位和竞争优势。但是，横向一体化战略也存在一定的风险，如过度扩张所产生的巨大生产能力对市场需求规模和企业销售能力都提出了较高的要求；同时，在某些横向一体化战略如合作战略中，还存在技术扩散的风险；此外，组织上的障碍也是横向一体化战略所面临的风险之一，如“大企业病”、并购中存在的文化不融合现象等。

② 纵向一体化战略。纵向一体化战略又叫垂直一体化战略，是将生产与原材料供应，或者生产与产品销售联合在一起的战略形式，即向行业价值链的不同阶段方向扩张。它包括前向一体化战略、后向一体化战略，或两者兼有。前向一体化战略是企业自行对本公司产品做进一步深加工，或者资源进行综合利用，或公司建立自己的销售组织来销售本公司的产品或服务。例如，联想集团的 1+1 专卖店就是前向一体化的尝试。而后向一体化战略则是企业自己供应生产现有产品或服务所需要的全部或部分原材料或半成品，如钢铁公司自己拥有矿山和炼焦设施；伊利有自己的奶牛养殖基地。后向一体化战略的实质是获得供方公司的所有权或对其加强控制。上海三枪集团以生产和销售中、高档内衣闻名，它采取的战略既有前向一体化，又有后向一体化。采用纵向一体化的优点是明显的。企业不但能通过规模经济降低成本，而且能以某种垄断来缓解竞争。但是企业一旦选择纵向一体化之路，由于投资巨大，难以脱身，会陷入被动局面。

3. 紧缩战略

紧缩战略相对来说是最不受欢迎的战略，因为一旦采取紧缩战略，就多少有点意味着企业先前的战略已不太适用了，因此采取紧缩战略往往是由于企业面临着严重的业绩不佳问题。此时，企业战略决策者只有迅速采取措施扭转这种局面，否则将有可能被淘汰。但是在某些情况下，企业在衰退之前或在成熟期就从市场中全部或部分退出是最明智的行为。一旦衰退明朗化，行业内外的买主将处于更强有力的讨价还价地位。另外，尽早出售营业单位也会使企业承担这样一种风险，即企业对未来的预测将证明是不正确的。紧缩退出的战略会迫使企业面临诸如形象及相互关系之类的退出障碍，虽然早期退出通常在某种程度上会缓和这些因素。企业运用某种标牌或将产品种类出售给竞争对手，有助于缓解其中某些问题。

可供企业选择的紧缩战略主要有以下几点。

（1）调整战略。这种战略特别强调企业运行效率的改善，主要适用于企业存在很多问题但尚未达到致命地步的情况。实施调整战略可以分两步进行。首先，压缩企业规模，停止人员聘用，全面减少研究开发、广告、培训、供应、服务等方面的在岗人数，降低包括人头费及其他非关键性费用在内的各类成本支出；其次，稳定已经精简了的企业，使其更具成本效率、更富竞争力，从而对企业的骨干人员更有吸引力。在当前全球IT行业不景气的情况下，很多电信企业纷纷裁员减薪，精简机构，节省开支，不同程度地采用这种战略以度过“寒冬”。

（2）放弃战略。如果企业所存在的问题主要是由于其中某个战略经营单位或产品线的业绩不良而引起的，或者是由于某个战略经营单位或产品线，随着企业的发展已经不能继续与企业的其他部分有效配合以产生企业整体的协同效应；或者是由于为使某个战略经营单位或产品线具有较强的市场竞争力，所必须投入的资源已大大超出企业供给能力，则此时企业的最佳选择就是放弃该战略经营单位或产品线。当然，也有一些企业在遇到严重困难时，出于不愿采纳比较花费精力的调整战略的原因，而宁愿采取简单的放弃战略，要么在企业内选择一个替罪羊作为放弃对象，将企业的所有问题都推到这个替罪羊身上；要么通过售出企业某个最为盈利的部分，以应付短期债务问题，为企业赢得竞争时间。

（3）退让战略。退让战略通常很少被看作一个独立的战略，它类似于放弃战略，只是采取的不是完全放弃一个战略经营单位或产品线的做法，而是缩小这些战略经营单位或产品线的范围，对更为强大的企业作出局部的让步。例如，企业通过给关键客户以送货及价格等方面的较大优惠，争取与这些大客户达成长期大量购买协议，采取的就是一种退让战略。所以，采取退让战略可以改善与力量强大企业的关系，从而起到降低营销等方面费用支出与增加企业经营安全性的作用。

（4）清算战略。清算战略是退出战略的一种极端形式，是企业在别无出路情况下的最后选择。从纯粹经济效益意义上考虑，较早的清算可能要比最终不可避免的破产更能起到保护股东利益的作用。只是选取清算战略往往会被看作企业经营失败的标志，从而使得企业高层主管在决定是否进行清算时，会面临巨大的心理压力，常常在现实已经变得很糟的情况下，仍强烈希望出现奇迹，而努力回避采取清算战略。鉴于此，在企业情况正逐渐趋于恶化时，必须有一个很强的能够维护股东权益的董事会，由他们决定何时结束徒劳的努力。如严重资不抵债的环球电信（Global Crossing）公司、世界通信（WorldCom）公司最后就是不得不申请破产，进行清算，黯然退出电信市场的。

在中国电信市场上，有的电信企业的业务战线拉得过长，相对于第一位的企业来说，它的整体实力有限，并没有足够的资本来争夺其中一些比较稳定市场——如市话市场，如果在这种情况下该企业已进入市话市场，就有必要来考虑采用调整或迅速放弃的战略，以避免更大的损失。有进有退，有所为，有所不为，不仅是国民经济结构调整的指导思想，也应当是国有企业包括电信企业发展的指导思想之一。

4. 国际化战略

企业国际化经营的战略基本上有四种类型，即国际战略、多国本土化战略、全球战略与跨国战略。

（1）国际战略。国际战略是指企业将其具有价值的产品服务或技术设备转移到国外市场，以创造价值。大部分企业采用国际战略，是将其在母国所开发的具有差异化的产品服务或技术设备转移到海外市场，从而创造价值。在这种情况下，企业多把研发的职能留在母国，而在东道国建立制造和营销职能。在大多数的国际化企业中，企业总部一般严格地控制产品与市场战略的决策权。信息产业中，这种战略在设备制造供应商中普遍采用。他们掌握着产品设备的核心技术，通过国际战略，在东道国寻找 OEM（Original Equipment Manufacture，原始设备生产商）进行批量生产。

当企业的核心竞争力在国外市场上拥有竞争优势，而且在该市场上降低成本的压力较小时，企业采用国际战略是合理的。但是，如果当地市场要求能够根据当地的情况提供产品服务，企业采取这种战略就不合适了。

（2）多国本土化战略。为了满足所在国的市场需求，企业可以采用多国本土化战略。这种战略与国际战略不同的是，根据不同国家的不同市场，提供更能满足当地市场需求的产品服务。随着市场竞争的不断加剧，标准化的产品服务越来越不能满足用户个性化的需求，特别是在不同的地域市场，用户需求的差异性更是明显。因此，本土化战略日渐成为企业采用的新战略。特别是信息产业中，企业仅凭在母国所做的产品或技术研发，很多情况下已不足以真正适应东道国的市场需求。目前，很多电信设备制造供应商已加强本土化战略，在一些比较重要的国家地域市场中设置研发中心，根据当地市场的需求来进行生产运作。

在当地市场强烈要求根据当地需求提供产品服务，并降低成本时，企业应采取多国本土化战略。但是，由于这种战略生产设施重复建设且成本结构高，在电信行业一些成本压力大的领域里便不适用。同时，过于本土化会使得在每一个国家的子公司过于独立，企业最终会难以指挥自己的子公司，不能将自己的产品服务向这些子公司转移。

（3）全球化战略。全球化战略是向全世界的市场推销标准化的产品和服务，并在较有利的国家集中进行生产经营活动，由此形成经验曲线和规模经济效益，以获得高额利润。企业采取这种战略主要是为了实行成本领先战略。

由于电信企业的成本结构中固定成本占了很大的一部分，如果将一些已成熟的标准化的产品和服务更广泛地推广，并在较有利的国家中充分利用其资源进行生产经营，那么可以更好地实现规模经济效益。但是，在要求提供当地特色产品和服务的市场上，这种战略是不适合的。

（4）跨国战略。跨国战略是要在全球激烈竞争的情况下，形成以经验为基础的成本效益和区位效益，转移企业内的核心竞争力，同时注意当地市场的需要。为了避免外部市场的竞争压力，母公司与子公司、子公司与子公司的关系是双向的，不仅母公司可以向子公司提供产品和技术，子公司也可以向母公司提供产品和技术。企业采取这种战略，能够运用经验曲线的效应，形成区位效益，满足当地市场的需求，达到全球学习的效果，实现成本领先战略或产品差异化战略。当今，国际上一些大的电信运营商通过收购、兼并实现其跨国战略目标，以在国际电信市场中取得竞争优势。

应当注意到，上述各国际化战略是有一定适用条件的，即使是在同一个信息产业中，在不同的领域、不同的发展阶段也有不同的适用情况。因此，电信企业要根据自身的情况，结合该领域的市场状况，合理选择并运用战略，以加强国际竞争力量。

2.4.2 竞争战略

竞争战略的一个中心问题是企业在其产业中的相对地位。地位决定了企业的盈利能力是高于还是低于产业中的平均水平。一个地位选择得当的企业即使在产业结构不利、产业平均盈利能力水平不高的情况下，也可以获得较高的收益率。

要长期维持较高水平的经济效益，其根本基础就要有持久的竞争优势。一个企业与其竞争厂商相比可能有无数个长处和弱点，但它仍可以拥有两种基本的竞争优势，一个是低成本，一个是差异化。两种基本的战略优势与企业谋求获得优势的活动相结合，就使我们得出了三种一般战略：成本领先战略、差异化战略、集中战略。集中战略有两种形式——成本集中和差异化集中。将竞争优势的形式和取得竞争优势的战略目标结合起来，每种一般战略都包含着通向竞争优势的迥然不同的途径（见图 2-7）。

竞争范围	竞争优势	
较宽目标	1 成本领先	2 差异化
较窄目标	3A 成本集中	3B 差异化集中

图 2-7　三种一般战略

根据产品服务、市场以及特殊竞争力的不同组合，可以形成不同的战略（见表 2-5）。电信企业可以根据自己运营的情况，选择所要采用的竞争战略。

表 2-5　一般竞争战略的组合

	成本领先战略	差异化战略	集中战略
产品服务差异化	低 （主要来自价格）	高 （主要来自特殊化）	由低到高 （来自价格或特殊性）
市场细分化	低 （大市场）	高 （众多的细分市场）	低 （一个或一些细分市场）
特殊竞争力	制造及物料管理	研究开发、销售等	任何的特殊竞争力

1. 成本领先战略

（1）实施成本领先战略能获取的竞争优势。成本领先战略要求积极地建立起能达到有效规模的生产设施，在经验基础上全力以赴降低成本，加强对成本与管理费用的控制，以及最大限度地减少研究开发、服务、推销、广告等方面的成本费用。为了达到这些目标，有必要在管理方面对成本控制给予高度重视。尽管质量、服务及其他方面也不容忽视，但贯穿于整个战略中的主题是使成本低于竞争对手。

企业实施成本领先战略，能获取的竞争优势主要有以下几点。

① 保持领先的竞争地位。当企业与行业内的竞争对手进行价格战时，由于企业的成本低，在对手已失去利润的低价格水平上仍然可以获取利润，从而在激烈的市场斗争中受到保护，保持绝对的竞争优势。

② 增强讨价还价能力。企业成本低，可以使应付投入费用有增长的余地，提高企业与供应者的讨价还价能力，减弱投入因素变化的影响。同时，企业成本低，有利于在强大的买方威胁中保卫自己。

③ 形成进入壁垒。企业的运营成本低，便为行业的潜在进入者设置了较高的进入障碍。那些生产技术不熟练、经营上缺乏经验的企业，或缺乏规模经济的企业都很难进入该行业。

④ 降低替代产品服务的威胁。企业的成本低，在与替代品竞争时，仍然可以凭借其低成本的产品服务吸引大量的用户，降低或缓解替代品的威胁，使自己处于有利的竞争地位。

总之，采用成本领先战略可以使企业有效地面对行业中五种竞争力量，以其低成本的优势获得高于行业平均水平的利润。

（2）实施成本领先战略的必要条件。赢得总成本最低的有利竞争地位，企业通常需要的内部资源包括持续投资和增加资本、科研开发与制造的能力、市场营销的手段以及内部管理的水平。同时在组织行动上，企业要考虑严格的成本控制、合理的组织结构和责任制以及完善的激励管理机制。

除此以外，成本领先战略要取得显著的效果，还要考虑到企业所处的市场是否为完全竞争的市场；该行业所有企业的产品是否为标准化的产品；大多数购买者是否以同样的方式使用产品；产品是否具有较高的价格弹性；价格竞争是否为市场竞争的主要手段等。如果企业的外部环境和内部条件不具备这些因素，企业便难以实施成本领先战略。

（3）实施成本领先战略的关键。

经过一系列的电信改革之后，电信市场竞争局面已基本形成。我国电信市场将趋向表现出商品性市场的特征。

①客户几乎觉察不到各个运营商所提供的产品/服务之间的差异；②流失的客户主要是为了得到较低的价格；③客户很容易就能从竞争者那里获得替代业务；④客户对价格信息有着充分的了解。

我国电信市场竞争日趋激烈，国内各电信运营商有必要实施成本领先战略，以在竞争中获取利润并实现持续增长。

2. 差异化战略

（1）实施差异化战略能够获取的竞争优势。

差异化战略是指企业提供的产品服务标新立异，满足顾客特殊的需求，形成竞争优势的战略。实现差异化战略可以有许多方式：设计或品牌形象、技术特点、外观特点、客户服务、经销网络及其他方面的独特性。最理想的情况是企业使自己在几个方面都具备独特性。应当强调，差异化战略并不意味着企业可以忽略成本，但此时成本已不是企业的首要战略目标。

企业实施这种战略，可以很好地防御行业中的五种竞争力量，获得超过平均水平的利润。具体表现在以下几个方面。

① 低用户敏感程度。差异化战略让客户对品牌产生极大的信任，从而对价格的敏感性下降，使企业得以避开竞争。

② 强讨价还价能力。产品差异带来较高的收益，可以用来对付供方压力，同时可以缓解买方压力，当客户缺乏选择余地时其价格敏感性也就不高。

③ 构成进入壁垒。由于产品服务的特色，用户对该产品服务具有很高的忠诚度；同时，竞争对手要战胜这种“独特性”需付出相当的努力，从而构成强有力的进入壁垒。

④ 防止替代品/替代服务威胁。企业的产品服务具有特色，可以赢得用户的信任。这样在面对替代品威胁时，其所处地位比其他竞争对手更为有利。

（2）电信企业实施差异化战略的必要性和可行性。

随着我国电信市场竞争的日渐成熟，电信运营商最关心的一个方面就是：如何在自己定位的市场中把自己的产品服务与竞争者的有所区别。电信业是在广告上投资最多的行业之一。大多数电信运营商都有着较好的公司品牌认知度。但品牌认可只是其中一个方面，用户在决定购买的时候，会综合考虑公司的信誉及其对该公司服务所做的评估。因此，运营商提供的产品服务除了在价格上要有一定优势之外，更重要的是在品牌形象、技术特点、客户服务等多方面实现“个性”，从而获取更多的利润。

实现差异化战略，可以通过计划、市场、运营和财务这四个基本战略领域来寻求可行方法。

计划战略领域：确定企业的经营模式，企业的核心竞争力，企业组织结构等；

市场战略领域：确定企业的竞争对策，产品/服务的分销策略，产品/服务的价格策略等；

运营战略领域：确定企业在行业中的战略位置，产品/服务的客户服务安排，技术管理安排等；

财务战略领域：确定企业是否需要扩大经营规模，企业产品/服务成本是否领先，企业需要什么样的融资方法等。

对于每一种途径，在企业计划周期之前，电信运营商有必要评估自己当前的能力、市场需求以及两者之间的差距。

3. 集中战略

（1）集中战略能够获取的竞争优势。集中战略是指企业把战略重点放在一个特定目标市场上，为特定的地区或特定的用户集团提供特殊的产品服务。这种战略以“在行业内很小的竞争范围内作出选择”为基础，实施这种战略的企业选择行业中的一个细分市场或一组细分市场，通过实施其战略来挤走其他竞争者。低成本与产品差异都是要求企业在全行业范围内实现其目标，集中战略的整体却是围绕着很好地为某一特定目标服务这一中心建立的，它所制定的每一项职能性方针都要考虑这一目标。企业一旦选定了目标市场，就可以通过产品差异化或成本领先的方法，形成集中战略。也就是说，集中战略基本上就是特殊的差异化战略或特殊的成本领先战略。

集中战略与前两种战略一样，可以防御行业中各种竞争力量，使企业在本行业中获得较高的收益。这种战略可以用来防御替代品的威胁，也可以针对竞争对手最薄弱的环节采取行动。根据需要形成产品差异化；或在为该目标市场的专门服务中降低成本，形成低成本优势；或兼有产品差异化和低成本优势。不过要注意的是，集中战略在获取市场份额方面常存在某些局限性。这是因为企业实施集中战略，尽管能在其目标细分市场上保持一定的竞争优势，获得较高的市场份额。但由于其目标市场相对狭小，该企业的市场份额总体水平是较低的。因此，企业选择集中战略时，应在产品获利能力和销售量之间进行权衡和取舍，有时还要在产品差异化与成本状况之间进行权衡。

（2）集中战略的几种具体应用。

① 市场渗透战略。市场渗透战略是指由现有产品和现有市场组织而产生的战略，是通过改变销售渠道，增加产品功能，降低售价，提高广告宣传费用和促销费用，力图扩大市场占有率和增加销售额的企业成长战略。

② 市场开发战略。市场开发战略是由现有产品和新市场组合而产生的战略。它是开发现有产品的新顾客层或新的地域市场从而扩大销售量的企业成长战略。

③ 产品开发战略。产品开发战略是由开发新产品和企业现有市场组合而产生的战略，即对现有市场投放新产品或改进的产品，以图扩大市场占有率和增加销售额的企业成长战略。

2.4.3 职能战略

职能战略是组织的各个职能部门需要采用的战略，目的是支持竞争战略的实施。一个企业的职能部门包括市场营销系统、财务管理、生产管理、人力资源管理、质量和研发管理等各部门。职能战略的最终目标是持续提升企业的核心竞争力。从本质上来说，职能战略是职能工作如何配合公司战略和竞争战略实现的战略。没有公司战略和竞争战略，职能战略也就失去了为之服务的对象，从而失去了方向；没有职能战略，公司战略和竞争战略也就失去了各职能领域的支持，它们的实施也就没有了基础。

1. 市场营销战略

市场营销战略是涉及市场营销活动过程整体（市场调研、预测、分析市场需求、确定目标市场、制定营销战略、实施和控制具体营销战略）的方案或谋划，决定着市场营销的主要活动和主要方向。有效的市场营销战略是企业成功的基础。市场营销战略是一个完整的体系，其基本内容包括：市场细分战略、市场选择战略、市场进入战略、市场营销竞争战略和市场营销组合战略。

营销战略的制定经常要借助于产品定位这一工具来进行。所谓产品定位，指运用市场研究的方法来确定计划中和现有产品在市场上的地位。它能够帮助营销部门的经理人员决定是否保持现有的产品或市场经营组合不变，并使企业能制定针对目标顾客的营销战略，即通常所说的目标市场经营。

例如，一个企业可制定市场细分化战略，其目标是使自己的产品进入一个较大市场的某一细分市场，进而组合成一个较大的目标市场。

2. 生产战略

生产是企业的核心职能，是将输入（原材料、人力、动力、机器运作）转变为输出（产品或服务）的过程。而这种转变并非简单的输入、输出，因为它同时也是生产“附加价值”的过程。生产战略就是企业在生产成本、质量流程等方面建立和发展相对竞争优势的基本途径，它规定了企业在生产制造和采购部门的工作方向，为实现企业总体战略服务。企业生产战略不能仅根据企业内部生产条件来确定，还应考虑市场需求和企业整体战略的要求。生产职能战略面临着以下两个问题：其一，企业生产系统的基本性质，以及如何寻求资源输入和产品输出之间的最大平衡。其二，短期的设施布局、设备设计和工艺计划。

3. 财务战略

财务战略就是根据公司战略，竞争战略和其他职能战略的要求，对企业资金进行筹集、运用、分配以取得最大经济效益的方略。财务战略的基本目的，就是最有效地利用企业各种资金，在企业内部、外部各种条件制约下，确保实现企业战略计划所规定的战略目标。财务战略的任务主要包括四个方面：第一，以企业战略目标为基础，利用最佳方式筹集企业所需资金，实现资金筹集的合理化。第二，根据企业战略计划的要求，有效分配和调度资金，确定合理的资金结构，确保资金调度的合理化和财务结构的健全化。第三，在企业战略经营过程中，采取各种必要措施，利用适当的财务计划和控制方法，配合各个职能部门，充分有效地利用各种资金，加速资金周转，讲求资金运用的效率化，促进企业的成长。第四，制定和实施财务战略计划，确定长期和短期财务目标，在合理筹集、分配和运用资金的同时，力求实现资金收益的最大化。

4. 研究开发战略

研究与开发包括科学技术基础研究和应用研究，以及新产品、新工艺的设计和开发。在大多数行业中，技术变化速度较快，研究开发部门因而被认为是一个十分关键的职能部门。研究与开发战略的选择常常受企业总体战略和经营战略的影响。企业可采用三种不同的研究与开发战略：第一种是在进攻与防守之间进行选择的基本型研究与开发战略；第二种是以新技术作为进入新市场主要手段的渗透型研究与开发战略；第三种是竞争对手和技术自身产生技术威胁时的反应型研究与开发战略。一个企业采取何种研究与开发战略，取决于它的规模、技术领先程度、环境状况以及竞争对手等方面的情况。

5. 人力资源战略

人力资源管理的部门活动包括：确定企业对人力资源的需求；招聘、挑选、训练、培养和劝导职工；建立工资报酬方面的制度；制定劳动纪律方面的制度；处理与某些职工福利有关的问题等。人力资源战略是指根据企业总体战略的要求，为适应企业生存和发展的需要，对企业人力资源进行开发，提高职工队伍的整体素质，从中发现和培养出一大批优秀人才，所进行的长远性的谋划和方略。因此，必须以企业总体战略的要求来确定人力资源战略的目标。为实现人力资源战略的目标，企业人力资源战略可分为人力资源开发战略、人才结构优化战略、人才使用战略三个方面。

2.4.4 新时代电信企业的战略选择

2014 年是 4G 元年，在 4G 新需求、新技术、新市场、新竞争的推动下，三大电信运营商间的竞争更加激烈，电信行业格局也得到重新布局。

中国电信市场面临的环境有以下几个特点。

（1）更激烈的市场竞争。截至 2014 年 8 月底，全国移动电话用户数已达到 12.7 亿户，其中 3G 用户 4.8 亿，4G 用户超过 3000 万户；互联网宽带接入用户达到 1.98 亿户，我国网民达到 6.41 亿。竞争本来日趋激烈的移动通信市场更加激烈。

（2）更高的运营成本。网络的价值就体现在它的规模经济性，形成网络生产力的一个前提条件就是网间互联互通。而 4G 牌照的发放将意味着更多运营商涌入移动市场，使得互联结算问题、设备问题、技术问题复杂化，将大大增加互联互通的成本。再加上网络建设需要一次性投入大量的资金，这使得运营商的风险和运营成本极大地提高。

（3）更广阔的市场空间。4G 集 3G 与 WLAN 于一体，并能够传输高质量视频图像，图像传输质量与高清晰度电视不相上下。4G 系统能够以 100Mb/s 的速率下载，比目前的拨号上网快 2000 倍，上传的速度也能达到 20Mb/s，并能够满足几乎所有用户对于无线服务的要求。因此，在理论上认为 4G 将拥有更广阔的市场。

运营商将可以充分利用 4G 的网络带宽优势、庞大的用户资源，同时依托华为等电信通信行业的领先厂商在智能管道、流量经营领域的整体解决方案 VGS（Value Growth Solution）提供更强大更具运营商特色的移动互联网竞争产品，从而提升对 OTT 的议价能力和对产业链的主导权。例如高价值业务带宽资源分配保障、VIP 用户分级服务、移动高清电视/视频点播、即时视频会议、欢迎页面、上网导航、冲浪助手、流量实时查询&提醒、定向内容套餐、移动广告等多种丰富的业务产品，已陆续在全国多个省份开通，对各运营商共同关注的网络使用效率优化、用户在线满意度提升、流量收入增长方面都将呈现出明显的效果。

因此，各个电信企业要根据自己的实际情况，在 4G 时代对企业的外部环境和内部资源作更加充分的分析和研究，制定出适合企业发展、壮大的战略。

2.5 战略的评估

2.5.1 企业战略评估过程

企业战略管理的评估活动，贯穿于整个企业战略实施的过程之中。具体可以分为五个阶段（见图 2-8），这就是：确定评估内容、建立评估标准、衡量实际业绩、将实际业绩与标准进行比较、根据实际业绩与标准要求的差距情况决定是否需要采取适当的校正行动。而通常就将企业战略评估的前三个阶段称为评估，后两个阶段称为控制。尽管为了分析的方便，对评估与控制做了上述的划分，但从管理的基本职能来看，评估与控制作为一个整体，是战略实施过程中不可分割的两个有机组成部分。本章我们主要论述战略评估问题，战略控制问题将会在下一章中详细阐述。

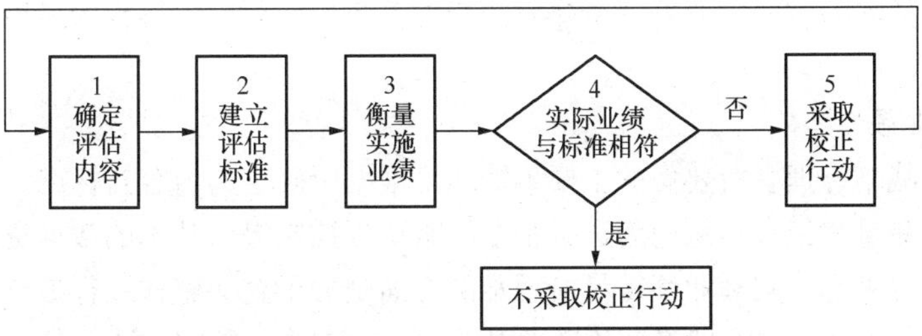

图 2-8　企业战略的评估与控制过程

1. 确定评估内容

为了采取措施以保证企业的战略过程更有效地进行，必须先对该过程的目前状况有比较全面的了解。也就是说，先要对该过程的现状有必要的评价，而评估的关键是在明确评价目的的基础上，具体确定评估内容。进行企业战略评估的目的主要包括提供信息和提供依据两方面，这就是：为企业战略管理者了解整个企业战略管理过程的运作情况与影响因素提供信息，为企业战略管理者对有关部门及员工进行业绩考核与奖惩提供依据。

就了解企业战略管理过程的运作情况而言，企业管理者最需要知道的是有关企业战略使命与目标实现情况的信息，以便及时进行企业战略实施过程的控制活动；就方便对企业有关部门与员工的考核与奖惩而言，企业管理者最需要知道的是如何去准确衡量企业各部门与员工对于实现企业战略目标的贡献情况，从而实现企业报酬制度与战略业绩的真正有效结合。由此可见，企业的管理者不仅需要了解企业总体与局部的运行情况，而且还需要了解有关影响企业战略实施的主要因素情况，这些都是需要在确定评估内容时认真加以考虑的。

具体来说，为使企业战略管理者能对影响企业战略业绩的关键要素有比较全面客观的认识，以便尽早采取必要的行动来保证企业预期战略目标的实现，在确定评估内容时，必须注意考虑企业的使命与战略目标的要求，结合实际评价的必要性与可行性，具体选择需要进行监督检查的内容与指标，以满足对企业战略管理过程进行适当控制的需要。为此，要求企业管理者最后确定的内容，既能比较客观、始终如一地加以衡量，又能真正反映对于企业战略实施来说是最重要、最有意义的信息。

考虑到实际中往往有许多重要因素很难定量分析，有的甚至根本不可能作定量评价，企业战略管理者绝对不能因此而忽视这些重要因素对于企业战略实施可能产生的潜在的严重影响，防止简单地以可量化衡量来代替甚至排除不可量化衡量。特别需要指出的是，必须将评价的重点放在那些对企业业绩最具影响力的关键因素上，无论多困难，也要想方设法对其加以适当的衡量。

2. 建立业绩标准

根据企业战略目标，结合企业内部人力、物力、财力及信息等具体条件，确定企业绩效标准，作为战略评估的参照系。建立业绩标准，可以用来作为考核企业运行是否正常的依据，这类标准通常就是企业运行目标及其层层分解的详细说明，只不过随着企业情况的不同有不同的侧重而已。对于电信企业而言，可以考虑采取类似于公司或责任中心的业绩评价法，如成本、收入、支出、利润和投资收益等。

对于企业战略业绩衡量指标的具体确定，则需要考虑评价对象所处的组织层次和目标要求。因此，在确定业绩标准时，企业战略管理者心中必须明确评价的真正目标是什么。

在建立企业战略评价的业绩标准时，除了应该指明可接受的业绩水平外，还必须包括一个允许误差的范围。一般情况下，只要企业战略实施的实际业绩落在容差范围内，就可认为企业战略实施过程运行正常，即使出现了稍许偏差，也仍被看作由于偶然的随机因素所造成的，可以不加调整。此外，从进行企业战略控制的需要看，所建立的标准不应仅仅局限于过程的最终结果，还应该考虑过程进行中的结果。

3. 衡量实际业绩

在这里，企业战略管理者所要做的主要事情就是根据所确定的内容与标准，定期、定点对企业运行业绩进行实际测量与记录，从而为进行企业战略过程控制提供基本的数据资料和信息依据。从企业战略管理的角度来看，实际业绩衡量最困难的方面是关于企业整体运行效益情况的评价，通常需要采用一些综合的方法，如企业经营诊断就是其中一种较为有效的方法。

企业经营诊断方法的基本思路是，先对企业总体情况做比较全面的了解，确定需要在哪些方面、如何开展、以怎样的顺序深入研究；再就选定的问题进行深入分析；最后在深入分析的基础上提出有关改进建议并对建议加以验证。企业经营诊断具体包括以下几个步骤。

初步评价。这就是对企业的整体运作概括性了解，找出企业在战略管理过程中所明显存在的问题，并根据轻重缓急进行分类，根据时间与经费的许可情况决定是否需要就某些问题做深入的探讨研究。

深入调查。根据初步评价确定出来的需要进行深入分析的问题，从企业机构设置、资金运用、产品制造、市场营销等方面出发，利用各种有效的调查方法对这些问题进行客观全面的调查，以深入了解与问题有关的信息。

分析诊断。根据所掌握的信息利用各种定量与非定量的管理方法，对企业战略管理中所存在的问题进行系统分析，找出问题产生的根本原因，并提出解决的对策意见。

建议实施。这就是根据上面分析所提出的改进意见，采取校正措施解决所存在的问题，并对解决问题中可能出现的困难加以追踪、评价，以防止在解决一个老问题的同时，却又带来一个棘手的新问题，从而保证企业战略管理过程的顺利进行。

4. 比较实际业绩与标准要求

将实际业绩与标准业绩进行比较，是为了确定企业战略管理过程是否存在偏差，以便找出产生偏差的原因，从而制定对策予以消除。所以，这里采用战略扫描的方法。通过比较，最终得到的结果不外乎这两种情况，即实际业绩落在标准容许的偏差范围之内或在标准偏差要求容许的范围之外。对于这两种不同情况，必须有针对性地采取相应的对策。

对于实际业绩处于标准设定的容差范围之内的情况，通常不必采取什么校正行动，只需要按照原先的做法执行企业战略计划即可，控制过程也就到此为止。而对于实际业绩落在容差范围之外的情况，此时由于实际业绩与目标业绩水平相比出现了偏差，为此需要进一步的判断：这一偏差是否仅仅由于随机波动因素作用的结果？在战略实施过程中是否有不正确的做法？过程本身对于实现所希望的标准是否合适？最后在对上述问题回答的基础上，决定是否采取校正的行动。

将实际业绩与标准要求进行比较，确定是否存在业绩偏差，会遇到许多困难。尽管对于可以定量表示的业绩指标来说，只要建立了标准，确定其中某个指标是否存在业绩偏差，通常比较容易。但是要想就这些单个指标全体所反映的综合情况作出是否存在业绩偏差的判断，似乎就比较困难。因为众多指标有的存在偏差，有的没有偏差，有的实际业绩优于标准要求，有的实际业绩劣于标准要求。最后进行加权综合评判，肯定会涉及各指标影响权重的确定问题，这显然是很难回避的主观因素问题。

要说明的是，在实际中还存在着许多很难定量表示的企业业绩指标，如电信企业的顾客满意度、电信企业在公众中的形象，对这样的指标通常是采取定性描述与主观判断相结合的办法。对于这一类办法，所要克服的也是主观性因素的影响。

2.5.2 企业战略评估的方法

企业在经营活动中，通常会用投资收益评估作为战略评估的主要方法。投资收益评估，从广义上来讲就是投入与产出的比较。企业战略的投资收益评估，由于经营战略的长期效益难以估量，因此一般通过综合分析战略的投入与产出，应用企业经济效益和综合指标来做相对的衡量，然后与经营战略目标体系中的综合指标进行比较评价。即在一定时期内，企业总的战略投入与总产出，在不考虑其他间接影响的情况下，可由企业在某一经营收益期所创造的利润和所占用的资金总额，即资金利润率来度量。

利润率是企业执行各项战略、政策的最终结果，能反映企业的综合经营效率。常用的利润率指标主要有以下三个。

（1）销售利润率。销售利润率是将企业税后利润与销售收入净额进行对比所确定的比率。其计算公式是：

销售利润率=（税后利润/销售收入净额）×100%

（2）资产利润率。资产利润率是将企业税后利润同企业资产总额进行对比所确定的比率。由于企业资产是企业管理者投入战略资本的总额，因此资产利润率可反映企业经营战略所创造的效益水平，是一个综合评价指标。其计算公式是：

资产利润率=（税后利润/总资产额）×100%

（3）投资利润率。投资利润率是指将企业税后净利润同全部资产总额进行对比所确定的比率。其计算公式是：

投资利润率=［税后利润/(企业股东投资额+未分配利润)］×100%

2.6 企业战略的实施与控制

2.6.1 企业战略的实施模式

在战略管理中，战略控制是战略实施过程中战略评估的继续，即电信企业选择了合适的战略并对战略作出分析评估之后，必须对战略实施加以控制。同时，在战略实施与控制过程中，企业要考虑企业资源与企业战略目标的关系，企业资源配置越合理，企业战略目标就越好实现；企业要安排恰当的组织结构以利于战略的实施与控制，并在此过程中作相应的财务控制和人力资源控制。除此以外，电信企业还要跟踪战略实施的全过程，积极主动地进行相应的变革。这样，企业战略才能得到顺利实施和有效控制。

企业的管理人员在实施企业的战略中，基本有五种模式。

1. 指挥型

这种模式的特点是企业总经理考虑的是如何制定一个最佳战略的问题。在实践中，计划人员要向总经理提交企业经营战略的报告，总经理看后作出结论，确定了战略之后，向高层管理人员宣布企业战略，然后强制下层管理人员执行。

这种模式有一个明显的缺陷，即它不利于调动企业员工的积极性。员工会因此感到自己在战略制定上没有发言权，处于一种被动执行的状态。不过，如果在原有战略或常规战略有所变化的情况下，企业实施战略时不需要有较大的变化，实施的效果也就比较明显。

2. 变革型

这种模式的特点是企业经理考虑的是如何实施企业战略。在战略实施中，总经理本人及其助手需要对企业进行一系列的变革，如建立新的组织机构、新的信息系统、变更人事，甚至是兼并或合并经营范围，采用激励手段和控制系统以促进战略的实施，增加战略成功的机会。

这种模式在许多企业中比指挥型模式更加有效，但并没有解决指挥型模式存在的问题，即如何获得准确信息的问题，各职能部门和个人利益对战略计划的影响问题以及战略实施的动力问题；而且还产生了新的问题，即企业通过建立新的组织机构及控制系统来支持战略实施的同时，也失去了战略的灵活性，在外界环境变化时使战略的变化更为困难。从长远观点来看，处于环境不确定性的企业，应该避免采用不利于战略灵活性的措施。

3. 合作型

这种模式的特点是企业的总经理考虑的是如何让其他高层管理人员从战略实施一开始就承担起有关的战略责任。为发挥集体的智慧，企业总经理要和企业其他层次的管理人员一起对企业战略问题进行充分的讨论，形成较为一致的意见，制定出战略，再进一步落实和贯彻战略，使每个高层管理者都能够在战略制定及实施的过程中做出各自的贡献。

合作型模式克服了指挥型模式和变革型模式存在的两大局限性，使总经理接近一线管理人员，获得比较准确的信息。同时，由于战略的制定是建立在集体考虑的基础上，从而提高了战略实施成功的可能性。

该模式的缺点是由于战略是不同观点、不同目的的参与者相互协商折中的产物，有可能会使战略的经济合理性有所降低，同时仍然存在着谋略者与执行者的区别，因而未能充分调动全体管理人员的智慧和积极性。

4. 文化型

这种模式的特点是企业总经理考虑的是如何动员全体员工都参与战略实施活动，即企业总经理运用企业文化的手段，不断向企业全体成员灌输企业战略思想，建立共同的价值观和行为准则，使所有成员在共同的文化基础上参与战略的实施活动。由于这种模式打破了战略制定者与执行者的界限，力图使每一个员工都参与制定实施企业战略，因此使企业各部分人员都在共同的战略目标下工作，使企业战略实施迅速，风险小，企业发展快。

这种模式在实践中要求企业里的员工有较好的素质，受过较好的教育，这对属于人才密集型的电信企业来说是一种比较理想的模式。但有一点要注意的是，企业文化一旦形成自己的特色，就很难接受外界的新生事物。

5. 增长型

这种模式的特点是企业总经理考虑的是如何激励下层管理人员制定实施战略的积极性及主动性，为企业效益的增长而奋斗，即总经理要认真对待下层管理人员提出的一切有利企业发展的方案，在与管理人员探讨了解决方案中具体问题的措施以后，应及时批准这些方案，以鼓励员工的首创精神。采用这种模式，企业战略不是自上而下地推行，而是自下而上地产生，有利于调动企业各方面人员的积极性，促进战略的顺利执行。这种模式适用于变化较大的行业中的大型联合企业。

在 20 世纪 60 年代以前，企业界认为管理需要绝对的权威，这种情况下指挥型模式是必要的。60 年代，钱德勒的研究结果指出，为了有效地实施战略，需要调整企业组织结构，这样就出现了变革型模式。合作型、文化型及增长型三种模式出现较晚，但从中可以看出，战略的实施充满了矛盾和问题，在战略实施过程中只有调动各种积极因素，才能获得成功。上述五种战略实施模式在制定和实施战略上的侧重点不同，指挥型和合作型更侧重于战略的制定，而把战略实施作为事后行为；而文化型及增长型则更多地考虑战略实施问题。实际上，在企业中上述五种模式往往是交叉或交错使用的。

在实践中，有美国学者提出了 7-S 模型（见图 2-9），这个模型强调在战略实施的过程中，要考虑企业整个系统的状况，既要考虑企业的战略、结构和体制三个硬因素，又要考虑作风、人员、技能和共同的价值观四个软因素，只有这七个因素相互很好地沟通和协调的情况下，企业战略才能够获得成功。

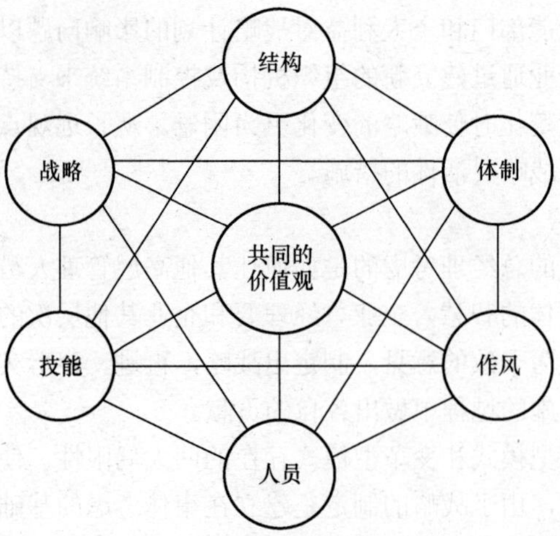

图 2-9 战略实施 7-S 模型

2.6.2 企业战略的控制方式

企业战略实施的全过程中，必须进行完善、有效的战略控制，企业才可能实现其战略目标。以下是四种主要的战略控制方式。

1. 回避问题的控制

很多情况下，管理人员可以采用适当的手段，使不适当的行为没有产生的机会，从而达到不需要控制的目的。如通过自动化使工作的稳定性得以保持，按照企业的目标正确地工作；通过与外部组织共担风险减少控制；或者转移或放弃某项活动，以此来消除有关的控制活动。

如果企业在管理上不能或不准备采取措施避免由他人引起的控制问题，那么管理人员就要采用其他的控制方式来处理这类问题。

2. 具体活动的控制

具体活动的控制，是保证企业职工个人能够按照企业的期望进行活动的一种控制手段。如通过行政管理来对员工进行行为上的限制，以免出现不符合企业预期的行为；通过设定相关的工作责任考核与奖惩制度，使员工明确企业要求。

3. 成果的控制

这是以企业的成果为中心的控制方式。它只有一种基本形式，即成果责任制。也就是说，员工要对自己的工作成果负责。

4. 人员的控制

这种控制是依靠所涉及的人员为企业做出最大的贡献。如通过实施员工培训计划，来提高关键岗位上人员的能力；改进上下级之间的沟通，使企业员工更清楚地知道与理解自己的作用，从而达到殊途同归、和谐一致，实现目标。

本章小结

企业战略是根据企业的外部环境及内部资源和能力的状况，为求得企业生存和长期稳定的发展，为不断获得新的竞争优势，对企业的发展目标、达成目标的途径和手段所作的总体谋划。企业的经营战略可以分为公司战略、竞争战略、职能战略三个层次。企业总体环境主要包括政治环境、经济环境、社会环境和技术环境，简称PEST。竞争五要素分析，又称为产业结构分析模型。它将决定产业特征的一般因素作为分析对象，分析结果可供该产业中所有的企业采用。企业战略管理的评估活动贯穿于整个企业战略实施的过程之中，具体可以分为五个阶段：确定评估内容、建立评估标准、衡量实际业绩、将实际业绩与标准进行比较、根据实际业绩与标准要求的差距情况决定是否需要采取适当的校正行动。

复习思考题

1. 简要描述企业战略管理的特征。
2. 企业总体环境分析的因素有哪些？
3. 描述一般竞争战略的类型及其特点。
4. 分析五种竞争力量对行业状况的影响。

案例分析

2013年12月，中国政府正式颁发了TD-LTE牌照，从此中国与其他80多个国家（截至2013年年底的统计）一起，全面进入数据通信的4G时代。4G时代的开始，标志着“移动通信”与“互联网”两大行业融合为“移动互联网”行业，移动网与固网的边界开始模糊，这是电信运营史上重要的战略转折点。

据GSMA预测，从2012年到2020年，全球移动互联网行业收入将增长1.1万亿美元（达到2.9万亿美元），而移动运营商在该行业中的收入份额将从62%减少到50%。研究4G时代电信运营商面临的风险与挑战，特别是自身的核心优势，作出中长期战略选择，处理好与产业链中设备制造商、终端厂商、软件开发商特别是OTT的竞合关系，向客户提供迅速的、无处不在的、有长久生命力的服务，寻找盈利空间，激励并保护行业的长期投资，巩固行业地位，实现可持续增长，也许是电信行业共同关注的事。

为构建良好的产业生态系统，电信运营商未来的战略选择不应当是与OTT等其他生态系统角色竞争的业务，而应当是能充分发挥电信运营商内在核心优势、提高附加值的业务。

电信运营商的核心优势至少体现在如下控制点。

（1）以物理网络为基础的无处不在的网络覆盖与接入能力。在移动互联网时代，电信运营商拥有的无处不在的通信网络所提供的全面的网络覆盖与接入能力，是连接虚拟与物理世界、提供各种网络服务的基础。这种网络能力除具有全程全网特性外，还具有跨境、跨运营商、跨平台、跨终端的互操作性。

（2）以SIM卡等鉴权安全机制为基础的用户认证与信息保护能力。电信运营商拥有的包含SIM卡在内的用户鉴权以及信息安全保护体系，是提供各种数据业务，特别是涉及具有高附加值的需要用户认证与信息保护的业务基础。

（3）可靠、可信的计费、付费能力。电信运营商基于用户合约以及信任机制的计费、付费系统，是提供高附加值网上交易的基础。

（4）分区域的实体渠道、呼叫中心。这也是电信运营商在移动互联网时代发挥杠杆作用的关键资产。

根据上述分析，为保持行业地位和持续增长，在4G时代，电信运营商的愿景应当是：作为可信的合作伙伴，连接虚拟与物理世界，提供安全、智能与无缝的网络服务，为社会创造繁荣机会。

为支撑上述愿景，结合自身的核心优势，电信运营企业可优先选择如下战略方向。

（1）保护与开发个性化数据（Personal Data）。使用户获得跨运营商、跨平台的统一个性化认证，包括Web与SIM卡的统一认证。在此基础上，无缝地、安全地（即用户信息安全得到充分保证的）访问网络与各类应用，同时合理开发利用包括反映用户偏好的画像库（profile）在内的信息资源，提供个性化服务。

（2）建设物联网。根据移动性与数据率的不同，定义各种行业物联网（包括移动物联网）的网络需求，开发适用于物联网的嵌入式或软SIM卡（MIM卡），连接虚拟与物理世界，迅速实现从“人—人”到“人—机”、“机—机”的连接与沟通。

（3）建立数字商务生态环境。在计费、付费能力的基础上，实现跨运营商、跨商家、跨银行、具有国际互操作性（含汇率机制）的移动支付，提供小额、NFC、大额甚至B2B功能，建立安全、可靠、可信的数字商务交易环境，并在农村、偏远地区发挥相对于传统金融机构的网络优势。

（4）建设未来网络。建设全业务的IP网络，实现基于业务质量分级（QoS）的内容分发，为各类创新业务提供智能、大容量、灵活、模块化、无缝、开放的网络支持。

上述战略选择，既能体现电信运营商的核心优势，又能体现相对于行业内其他伙伴产品服务的差异性。

此外，在包含设备制造商、终端厂商、软件开发商，特别是OTT在内的大产业生态系统的环境下，电信运营商之间应加强合作，包括国际合作，即通过创新将行业的蛋糕做大。我们不应忘记，建立在标准化基础上的跨运营商、跨境互操作的电信历史，首先是一部电信运营商的合作史。有合作，有竞争，才可构成良好的产业生态环境。事实上，上述战略方向的选择，在很大程度上需要运营商联合起来，特别是共同制定相应的标准，才可能顺利地获得拓展。

总之在4G时代，电信运营商应充分认识面临的发展机遇与挑战，走能充分发挥自身核心优势的战略道路，并采取主动的、联合的战略行动，以求把握未来，巩固行业地位，实现稳定增长。

（来源：中国信息产业网）

思考题：

1. 4G 时代电信运营商采用了什么样的企业战略？

2. 企业进行该战略的内外部条件有哪些？

企业生产管理 第3章

学习目标

- 了解现代企业的基本活动与生产系统的构成
- 熟悉生产管理的基本原则与基本内容
- 了解生产的分类与生产类型的划分
- 了解组织生产过程的基本要求，熟悉企业生产过程的时间组织
- 了解生产计划体系
- 了解生产管理新理论

开篇案例

A开关厂的生产管理

A开关厂是生产开关键的中型厂，职工1200人，年利润650万元。产品分13大类、共2000多个规格，为2000多用户服务。每年的订货合同在4000份以上，每月要生产2000万件左右的零件，临时任务占总任务的20%左右。这种多品种、多规格的生产类型，在生产组织上有它的复杂性。A开关厂如果不建立起一套科学的计划管理系统，就难以形成完好稳定的生产秩序。

A 开关厂目前面临的问题是，产品零件齐套难、急件多。当月组装、当月不齐套的产品就有100多个规格。生产资金占用大，全厂定额流动资金300万元，实际占用就有460～470万元，生产资金270万元，占流动资金的58.7%。因此，开关厂的领导要求就生产计划进行咨询，通过生产计划管理的改善来改变生产的被动局面。

咨询组经调研发现了解到该厂的生产计划编制过程：①从订货到车间收到生产计划需要25～55天，由此造成生产准备工作的紧张和生产安排的忙乱。②该厂只编制厂级生产作业计划，不编制车间生产作业计划，这对于多品种、多规格生产类型的企业来说是难以适应的。③生产部每月不核算和平衡生产力，经常向车间下达紧缺件计划。④车间的生产进度由每天早晨的碰头会来决定。⑤生产能力不足，同时又有大量的零件积压，紧缺件越积越多，整个生产线长期处于应付紧缺件的局面，占用了大量的生产力和资金（当年月平均零件消耗额为45.6万元，可实际半成品库存的月平均占用额为117.8万元）。为了弄清工厂生产计划管理的基础工作，咨询组对该厂产品进行分类分析，发现该厂是一种包含大批量生产、成批生产和小批量生产的生产类型。因此，产品及零件的作业计划应按照它们各自的生产类型制定不同的期量标准和采用不同的作业编制方法。提出：①重新设计工厂的生产计划、流程体系。②工厂生产的是多品种、多规格且不同类型的产品，因此要针对不同的产品或零件的生产特点编制计划。③订货以及编制生产计划时均要平衡生产能力。

咨询组提出的改善方案如下：①设计生产计划编制流程。②设计生产作业计划编制方案。③生产部每月就生产计划完成状况进行盘查。④建立全厂模、治具保管使用制度。⑤建立设备的维护、维修使用制度。⑥适度推行ERP管理系统。

经过一年半的努力，工厂基本改变了月月赶紧缺件的现象，初步建立了稳定的生产秩序，生产资金在扣除原材料涨价的因素后，下降了20%。

3.1 企业生产管理概述

生产是企业一切活动的基础，生产管理是企业管理的一项重要职能，也是企业管理的重要内容。特别是企业在由粗放型经营向集约化经营和精细化管理转变的今天，更要重视生产管理。

3.1.1 企业的基本活动

社会主义市场经济体制下的我国企业是产品或服务的生产者和提供者，是实行自主经营、自负盈亏、具有法人资格的经济实体。企业的基本任务是为社会提供优质产品或服务，同时取得良好的经济效益和社会效益。企业为了完成基本任务，就要进行一系列的生产经营活动。一般来说，企业的基本活动包括以下几方面。

（1）计划活动。这项活动就是通过市场调查和预测，结合企业经营环境和自身条件，确定计划期企业产品的品种、产量、成本、价格及利润目标，制订生产经营计划，拟定实现计划的措施。

（2）生产活动。生产资源人、财、物、信息、技术等通过生产过程，按期、按质、按量转化为社会所需要的各种产品或劳务，这就是生产活动。生产活动是产品的创造过程，是生产经营活动的核心。

（3）技术活动。这项活动就是运用科学技术，为企业的可持续发展奠定坚实的基础。主要包括开发新产品，改进老产品，创新品牌，确保质量，采用新技术、新工艺等与企业生产经营有关的一系列技术活动。

（4）质量活动。企业向社会提供的产品或服务一定要保证质量，确保产品质量是企业所有活动中的中心工作。企业的质量活动主要包括标准化、计量化、信息化、责任制和质量控制等工作。

（5）供应活动。这项活动就是为了保证企业正常进行生产经营活动所提供的一切服务工作。主要包括能源、设备、工具等的供应，以及人力资源的组织培训等一系列活动。

（6）营销活动。这项活动就是采用各种营销策略，通过各种销售渠道，寻找和发现目标市场，在市场上进行产品的销售，并为顾客进行售前、售后服务等一系列活动。

（7）财务活动。这项活动就是为企业的生产经营活动筹集资金，对企业取得的销售收入和利润进行合理分配，对企业的流动资产和固定资产进行精细管理。

（8）信息活动。企业的生产经营活动离不开信息，同时又会产生大量信息。信息化社会的到来为企业的腾飞带来了新的机遇，同时也带来了经营风险。企业的信息活动就是要使企业把握机遇、规避风险，为企业的发展引领航向。这项活动主要包括信息的收集、记录、处理和利用等工作。

以上企业的各项活动是相互依存、相互制约的，每一项活动都是企业整体生产经营活动的重要组成部分，缺少任何一项活动，或任何一项工作没做好，企业的经营目标都无法实现。要特别指出的是，企业的生产活动是实现企业经营目标的关键。因此，企业要高度重视和确保生产活动的正常进行。

3.1.2 企业生产系统的构成

企业的生产活动是围绕经营目标来开展的，而生产活动的进行是由生产系统来完成的。生产系统是企业大系统中的一个子系统，系统的模型可用图 3-1 来描述。

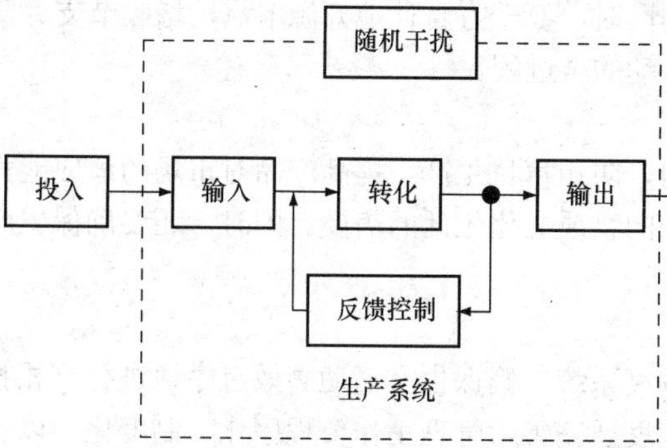

图3-1 企业生产系统的一般模型

生产系统是由输入、转化、输出和反馈控制四个部分构成的，核心功能是转化。它不仅接受各种生产要素、信息的输入，根据要求进行生产转化，同时接受反馈机制的调整与控制，以保证输出的有效与转化过程的效率，而且还会受到环境对它的随机干扰。因此，系统必须有适应环境的应变能力。由此可见，生产系统的运行，既包含了生产活动，也包含了管理活动。生产系统的构成要素根据性质可分为硬件要素与软件要素两类（见表3-1）。

表3-1 生产系统的构成要素

硬件要素项目	软件要素项目
1. 生产技术：生产流程、设备工具、技术变化规律	1. 生产计划：计划决策规划、方法、手段
2. 生产设施：设施的布局、布置、联系方式	2. 生产环境：政治、经济、社会、市场的变化
3. 生产规模：生产能力的大小、性质、变化规律	3. 生产质量：质量检验、控制、保证体系
4. 生产一体化程度：方向、程度、平衡性	4. 生产人员：工作态度、素质要求、激励机制

1. 生产系统的硬件要素

硬件是指构成生产系统的基本要素，要素决定系统的功能性质。这些要素主要包括生产技术、生产设施、生产规模、生产一体化程度等。硬件要素是形成生产系统框架结构的物质基础，建立这些要素需要的投资多，一旦建立起来并形成一定的组合关系之后，要改变它或进行调整是相当困难的。但在生产系统运行过程中，掌握与控制这些要素则相对较容易。

2. 生产系统的软件要素

软件要素是指在生产系统中支持和控制系统运行的支撑要素，决定系统的运行特点和效率。这些要素主要包括生产计划、生产环境、生产质量、人员管理等。建立软件要素，一般不需要很大的投资，建成以后进行改变和调整也比较容易。但在生产系统运行过程中，软件要素容易受其他因素如机制、人员、文化、观念、行为等深层次方面的影响，掌握与控制就比较复杂。

生产系统中的硬件要素，构成生产产品的子系统，完成产品生产过程，其内容及组合形式决定生产系统的结构形式。软件要素构成生产管理的子系统，完成产品生产过程中的生产管理活动，其内容及组合形式决定生产系统的运行机制。两者匹配，系统才能正常地高速运转并生产出优质产品。

3.1.3 生产管理的基本原则

通过生产管理，有效地控制、支撑和支配企业生产活动的顺利进行。因此，在生产管理过程中需要把握以下基本原则。

1. 讲求经济效益

企业在优质高效地管理生产的同时，要千方百计地开源节流、增收节支、降低成本，要把讲求经济效益的原则贯穿于企业生产活动的全过程。

2. 坚持市场导向

企业生产要坚持以市场为导向，防止盲目生产，提高产品对市场的适应能力。要创新开发适销对路的新产品，满足社会日益增长的物质文化生活的需要。同时，还要确保生产时限，缩短生产周期，以保证产品质量。

3. 实行科学管理

企业要建立科学的生产指挥调度系统，确保生产活动高效有序地进行。扎扎实实地做好基础工作，采集的数据要完整、准确，制度要完善，管理工作要程序化、制度化，以及运用现代管理思想和方法进行生产管理。

4. 组织均衡生产

组织均衡生产既是科学管理的要求，也是建立正常生产秩序、保证质量、降低消耗的前提条件。在产品品种少、变化小的情况下，较容易实现均衡生产。但在产品品种多、变化快的情况下难度很大，则更需要加强调度，实施动态管理，确保均衡生产。

5. 实施可持续发展战略

生产过程中不能一味地追求眼前利益，要有长远打算，为企业今后的可持续发展打好基础，如保养好设备，进行清洁生产，储备好人才，以及做好对生产人员的培训工作等。

3.1.4 生产管理的基本内容

企业生产管理的内容非常丰富，主要包括计划、组织、指挥、控制和协调五个方面。

1. 计划

生产计划主要指根据企业经营计划的目标和要求而制定的生产计划和生产作业计划。生产计划主要规定产品品种、质量、产量和产值等指标，以及保证实现计划的技术组织措施等内容。生产作业计划则是生产计划的具体执行计划。

2. 组织

生产组织主要是指生产过程组织和劳动过程组织的统一。生产过程组织是合理组织产品生产过程各阶段、各工序在空间上和时间上的协调衔接，即生产过程的空间组织和时间组织。劳动过程组织是在生产过程组织的基础上，正确处理劳动者之间的关系，以及劳动者与劳动工具、劳动对象的关系。

3. 指挥

生产指挥是指根据企业的预定目标，对生产活动的全过程实行统一的调度和监控，以确保生产活动有计划、有秩序、高效率地进行。

4. 控制

生产控制是指计划在执行过程中对生产全过程各项活动所进行的检查和协调工作。控制是根据实际完成情况与计划或标准进行对比，并对发生的差异采取措施，进行调节管理的过程，同时也是对生产全过程的各项工作的检查和控制的过程。

5. 协调

生产协调是指根据企业生产的特点，考虑顾客的切身利益，着力于搞好企业内部各个生产环节和各部门之间的关系，同时切实搞好与社会各界和广大顾客的关系，以求得社会和顾客的广泛支持和理解，从而促进企业的不断发展。

3.2 生产类型

根据生产类型的不同，企业生产管理的侧重点也就不同。因此，做好生产管理工作就要充分了解企业的生产类型。

3.2.1 生产类型的概念

生产类型是指根据企业生产产品的性质、结构和工艺特点，产品种类的多少、种类的变化程度、同种产品的数量等各种因素，对企业及其生产环节所进行的分类。生产类型是影响生产管理的主要因素之一，是研究生产管理首先要明确的重要问题。为了从实际出发，更好地研究和管理企业的生产过程，需要按一定的标志将企业划分为不同的生产类型，并根据各生产类型的特点来确定相应的生产组织形式和科学管理方法。

3.2.2 生产类型的划分

物质生产过程是通过将生产要素的输入，经物理、化学变化，转化为有形产品的输出。通常按工艺特性和管理生产方法的不同可以有不同的分类。

1. 按工艺特性划分

按工艺特性可划分为加工装配型和流程型等两类。在加工装配型生产过程中，产品是由离散的零部件装配而成的，物料运动呈离散状态。零部件是构成产品的不同元件，可以在不同的地方制造。零部件的不同组合可以构成不同的产品。因此，加工装配型生产的特点是工艺过程的离散性。属于这一类型的有机床、汽车、家具、电子设备、服装等产品的制造。在流程型生产过程中，物料是均匀、连续地按一定工艺顺序运动的。它的特点是工艺过程的连续性。流程型生产包括化工、炼油、冶金、食品、造纸等。由于加工装配型生产与流程型生产的特点不同，导致生产管理的特点不同。加工装配型生产的地理位置分散，零件加工和产品装配在不同的地区甚至在不同的国家进行。由于零件种类繁多，加工工艺多样化，又涉及多种多样的加工单位、工人和设备，导致生产过程中协作关系十分复杂，计划、组织、指挥、控制与协调的任务相当繁重，这些因素都造成生产管理复杂化。因此，生产的重点应放在加工装配型生产企业上。流程型生产的地理位置集中，生产过程自动化程度高，只要设备体系运行正常，工艺参数得到控制，就可以正常生产合格产品。生产过程中的协作与协调相对简单，但对设备和控制系统的可靠性要求很高。

2. 按生产特点划分

按生产特点可划分为备货型和订货型等两类。备货型生产是指在没有接到顾客订单时按已有的标准产品或产品系列进行的生产，生产的目的是补充成品库存。通过成品库存来满足顾客的随时需求。例如，轴承、紧固件、小型电机等产品的生产，均属于备货型生产。流程型生产一般为备货型生产。订货型生产是指按顾客的订单进行的生产。顾客可能对产品提出各种各样的要求，经过协商和谈判，以协议和合同的形式确认对产品性能、质量、数量和交货期的要求，然后组织设计和制造。例如，锅炉、船舶、机车等的生产，均属于订货型生产。订货型生产还可以进一步划分为订货组装型、订货制造型和订货工程型等三种生产方式。订货组装型生产的特点是零部件标准化程度较高，并可以事先制作，在接到订单之后，将有关的零部件装配成顾客所需要的产品。这种生产方式有利于缩短交货期，但必须以模块化设计为前提。订货制造型生产一般生产周期较长，因此在管理这种类型的产品生产时，缩短生产周期是重点。订货工程型生产一般为非重复的单项任务，设计、制造等工作都要重新开始。因此，生产管理工作较为复杂。

3. 按产品的专业化程度来划分

通常，产品的专业化程度可以通过产品的种类多少、同一种类的产量大小和生产的重复性来衡量。产品的种类越多，每一种类的产量越少，生产的重复性越低，则产品的专业化程度就越低；反之，产品的专业化程度越高。按产品专业化程度的高低，可划分为大量生产、单件生产和成批生产三种生产类型。

（1）大量生产。

该生产类型大量生产单一产品，产量大，生产重复程度高。

（2）单件生产。

单件生产与大量生产相对立，是另一个极端。单件生产品种繁多，每种仅生产一件，生产重复程度低。

（3）成批生产。

成批生产介于大量生产与单件生产之间，即品种不单一，每种都有一定的批量，生产有一定的重复性。

现在，单纯的大量生产和单纯的单件生产都比较少，一般都是成批生产。由于成批生产的范围很广，通常将它划分成大批生产、中批生产和小批生产三种。

三种类型的生产管理要依三种类型的生产特点和不同的生产过程来科学地组织生产。

3.3 生产过程组织

生产过程组织是指对生产系统内所有要素进行合理的安排，以最佳的方式将各种生产要素结合起来，使其形成一个协调的系统。这个系统的目标是使作业行程最短、时间最省、耗费最小，又能按市场的需要，提供优质的产品或服务。

3.3.1 组织生产过程的基本要求

企业生产过程的合理组织，必须满足以下基本要求。

1. 生产过程的连续性

生产过程的连续性是指在生产过程各阶段物流处于不停的运动之中，且流程尽可能短。连续性指时间上的连续性和空间上的连续性两个方面。时间上的连续性是指物流在生产过程中各个环节的运动，自始至终处于连续状态，没有或很少有不必要的停顿与等待现象。空间上的连续性要求生产过程中各个环节在空间布置上合理紧凑，使物流的流程尽可能短，不出现迂回往返现象。

2. 生产过程的平行性

生产过程的平行性是指生产过程的各工艺阶段、各个工序在时间上实行平行交叉作业。生产过程的平行性可以缩短产品的生产周期，加快产品的出产，减少生产过程中的在产品数量，从而节约流动资金，加速资金周转。为了达到生产过程的平行性，在布置企业的生产作业空间时，就要合理地利用面积，尽量做到各生产环节能同时利用空间，在各自不同的空间内同时平行进行作业。

3. 生产过程的比例性

生产过程的比例性也称为协调性，是指生产过程的各个工艺阶段之间、各工序之间在生产能力上要保持一定的比例关系，以适应企业生产的要求。这种比例关系主要是指各生产环节的职工数、设备数、生产面积、生产速率和生产班次等，都必须互相协调和适应。生产过程的比例性是保证生产顺利进行的前提。保持生产过程的比例性，可以充分利用企业的生产能力，消除“瓶颈”环节，提高劳动生产率，保证生产过程的连续性。

4. 生产过程的均衡性

生产过程的均衡性也称为节奏性，是指企业的生产任务从投入到最后完工都能够按预定计划均衡地完成。所谓“均衡”，是要求在相等的时间间隔内（如月、旬、周、日），完成大致相等或稳定递增的生产工作量，避免时松时紧突击加班的现象出现。均衡地进行生产，能够充分利用人力和设备，防止突击赶工而影响产品质量；有利于安全生产和企业生产秩序的正常化。

5. 生产过程的适应性

生产过程的适应性是指生产过程的组织形式要灵活，能及时满足市场变化的要求。由于科学技术的迅猛发展，产品更新换代的速度加快，市场对新产品的需求也日新月异。这就促使企业必须不断开发新产品和更新花色品种，以适应市场的需求。同时，要求企业的生产要有较强的适应性和应变能力。

6. 生产过程的经济性

企业生产过程的经济性是指企业生产过程所消耗的费用，必须力求节省，讲求经济效益。按照上述要求对生产过程进行组织，不断提高劳动生产率和设备利用率，最大限度地适应产量增长的需要，确保生产任务的完成，并在此基础上讲求企业生产全过程的经济性与效益性。

3.3.2 生产过程组织的基本内容

企业生产过程组织工作主要包括以下内容。

① 确定生产现场的空间布局，即企业生产过程的空间组织，使生产场地的布局合理，生产过程中省事、省力又省时。

② 对生产过程中所需的生产周期进行控制，即企业生产过程的时间组织，把生产耗时降到最低限度。

③ 对生产过程中的产品质量进行控制，通过优化产品质量控制系统，确保产品质量。

④ 严格执行有关规章制度，根据生产作业计划，对生产过程进行监督、检查、指挥和调度，以确保生产过程优质、高效、低耗地运转。

对企业生产过程的组织工作，本章将有所侧重地分别进行讨论。

3.3.3 企业生产过程的空间组织

企业的生产过程是在一定的空间内，通过许多相互关联的生产单位来实现的。所以，企业必须根据自身的特点，建立相应的生产单位并在各个生产单位配备相应的设备，采取一定的专业化生产形式，使企业在空间内形成一个既有分工又有密切协作联系的有机整体。这就是生产过程空间组织要解决的主要问题。

1. 企业生产单位的组成

为了使企业的生产过程得以有序地进行，必须建立相应的生产部门。企业的生产部门一般由下列单位组成。

（1）基本生产部门。这是指直接从事企业基本产品生产，实现企业基本生产过程的生产单位。如机械制造企业的毛坯车间、邮电服务业的包刷车间和电话机房等。

（2）辅助生产部门。这是指实现辅助生产过程，为基本生产提供辅助产品与劳务的生产单位。如机械制造企业的模具车间、邮电服务业的通信维修部门等。

（3）生产服务部门。这是指为基本生产和辅助生产服务的单位。一般是指企业的仓储、后勤等部门。

在实际工作中，由于各企业生产条件、生产能力等因素的不同，生产单位的组成存在着一定差异，各企业生产单位的组成并没有固定不变的模式，企业要因地制宜地选择最适合自己生产单位的结构模式。

2. 影响企业生产单位组成的因素

企业要根据不同的生产单位进行不同的空间组织，而生产单位的组成又受诸多因素的影响。因此，对企业各生产单位进行科学的空间组织，就必须分析影响企业生产单位组成的各种因素。

（1）企业的产品方向。企业生产的产品种类对企业生产单位的构成起着决定性的作用，决定了企业基本生产部门、辅助生产部门和生产服务部门的设置。

（2）企业的专业化与协作化水平。企业的专业化水平对生产单位的设置有直接的影响。一般来说，企业的专业化程度越高，生产的产品越单一，其生产单位的结构就越简单；企业的协作范围越大，通过跨企业进行的协作也越多，企业生产单位的组成就越简单。

（3）企业的生产规模。企业的生产规模越大，所需的生产单位就越多，生产单位的规模也越大。通常，大型企业一般要建立几个相同性质的车间，而小型企业常常把几个车间合并成一个车间。

（4）产品的结构与工艺特点。产品的结构不同，决定了产品的功能不同，因而设备的配备和生产单位的设置都将不同。同样，产品工艺过程不同，工艺方法的改变，也都会影响和改变生产单位的设置。

除了以上因素外，企业区域的集中与分散、面积的大小、物流的多少等因素，也影响企业生产单位的设置。随着经济的发展和科技的进步，影响企业生产单位组成的因素也可能发生重大的变化，企业必须做出相应的调整。

3. 生产单位的专业化组织形式

生产单位的组织形式是指设置企业生产单位（车间、班组）时所采取的专业化形式。生产单位专业化组织形式主要有工艺专业化形式、对象专业化形式和综合专业化形式。正确选择生产单位的专业化组织形式，是企业生产过程空间组织的一项重要内容。

（1）工艺专业化形式。工艺专业化形式也叫工艺原则，就是按生产过程各个工艺阶段的工艺性质来建立生产单位的一种形式。在工艺专业化的生产单位内，集中了同类型的设备和同工种的工人，对企业生产的各种产品进行相同工艺方法的加工。这时，加工对象是不同的、多样的，而工艺方法是相同的。按工艺专业化形式建立生产单位的优点是：灵活性好，适应性强；有利于充分利用生产设备和生产面积，便于工艺管理，提高职工技术水平。其缺点是：产品在生产过程中往返交叉运输多，运输路线长，增加了运量和运费；由于中间环节多，产品在生产过程中停顿和等待时间增多，延长了生产周期；又由于生产单位之间生产联系复杂，增加了各项生产管理工作的难度。因此，工艺专业化形式适合品种复杂多变，工艺不稳定的单件小批生产类型的企业采用。

（2）对象专业化形式。对象专业化形式也叫对象原则，就是以产品为对象来设置生产单位。在对象专业化的生产单位内，集中了不同类型的生产设备和不同工种的职工，对其所负责的产品进行不同工艺方法的加工。这时，加工对象是相同的，而工艺方法是不同的。按对象专业化形式建立生产单位的优点是：有利于保证产品质量和提高劳动生产率；因加工路线短，中间停留时间少，既节约了运费，又缩短了生产周期；生产单位间的联系减少，简化了生产管理工作，也有利于建立健全生产责任制。其缺点是：对产品品种变化的适应能力差，一旦品种改变，很难作出相应的调整；生产单位内加工工艺方法多，不便于对工艺进行专业化管理和指导；当产量不够大时，生产场地和设备能力不能得到充分利用。因此，对象专业化形式适合企业的专业方向确定，产品的结构、产量、品种比较稳定，工种和设备比较齐全配套的大量大批或成批生产类型的企业采用。

（3）综合专业化形式。综合专业化形式又叫混合原则，是将上述两种专业化形式结合起来的一种形式。它综合了两种专业化形式的优点，在实际中应用比较普遍。综合专业化可以从两个方面去理解：一是从生产单位的同一层次看，企业内的车间或班组，既有按工艺专业化形式建立的，又有按对象专业化形式建立的；二是从生产单位的不同层次看，在工艺专业化车间内的班组，是按对象专业化形式建立的，或者在对象专业化车间内的班组，是按工艺专业化形式建立的。综合专业化形式机动灵活，适应面广，如应用得当，可取得较好的经济效益。

3.3.4 企业生产过程的时间组织

合理组织生产过程，不仅要求企业各生产单位、各工序之间在空间上密切配合，而且要求加工件在时间上互相协调和紧密衔接，实现有节奏的连续生产，以达到提高劳动生产率和设备利用率、缩短生产周期、降低产品成本的目的。生产过程的时间组织，主要是研究加工件在生产过程中各生产单位之间、各道工序之间在时间上衔接和结合的方式。其内容包括：研究产品生产过程的时间构成；研究缩短产品生产周期的途径；研究加工件在生产过程中的移动方式，以及加工件在生产过程中的排序等问题。本章主要讨论加工件在生产过程中的移动方式和排序问题。

1. 加工件在工序间的移动方式

产品在整个生产过程或其中某个生产阶段、生产环节，从投入到产出所需要的全部时间，称为生产周期，俗称加工周期。在离散型生产过程中，生产周期与加工件在工序间移动的方式有关，移动方式与加工件的数量有关。加工件在工序间的移动方式是指加工件从一个工作地到另一个工作地之间的运送方式。企业生产过程的时间组织，其目的就在于缩短加工件的生产周期。要缩短加工件的生产周期，就需要恰到好处地在生产过程中选择加工件的移动方式和对加工件的先后加工次序进行安排，而移动方式的选择和生产顺序的安排都要以加工件的规格化、标准化和系列化为前提。通常，企业生产过程时间组织中加工件的移动主要有三种基本方式可供选择。

（1）依次移动式。依次移动式也叫顺序移动式，就是整批加工件在前一道工序全部加工完毕后，才整批地转移到下一道工序继续进行加工，直到最后一道工序完工才告以结束的一种移动方式。这种移动方式，座席或设备在加工同一批次加工件时工作不停顿，生产不中断，便于组织，但加工件加工周期最长。如果把工序间的交接时间忽略不计，则加工一批加工件的加工周期等于该批工件在全部工序上加工时间的总和。其加工周期的计算公式为：

$$T_{依}=n\sum_{i=1}^{m}t_i$$

式中：t_i表示第 i 道工序的加工时间；

n 表示整批加工件中的批量（批数）；

m 表示工序数。

【例题 3-1】 加工件批量 $n=4$，工序数 $m=4$，每道工序时间分别为 $t_1=10'$，$t_2=5'$，$t_3=15'$，$t_4=10'$。加工件的加工周期如图 3-3 所示。也可用公式计算，用公式计算得：

$$T_{依}=n\sum_{i=1}^{m}t_i=4\times(10+5+15+10)$$
$$=4\times40=160(分)$$

计算结果与图 3-2 中的结果是一样的。

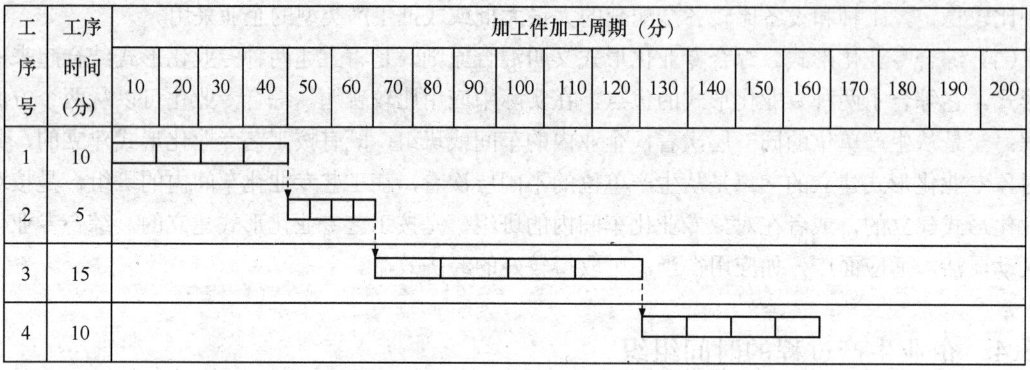

图 3-2 依次移动式示意图

（2）平行移动式。平行移动式是指整批加工件在前一道工序加工完其中的一小批后，就立即转入下一道工序进行加工，直到加工件全部加工完毕的一种移动方式。这种移动方式，使得工序间出现平行作业，因而加工件加工周期最短，但当前道工序加工的时间长于后道工序时，座席或设备有停顿时间，生产短暂中断。此时，加工件加工周期 $T_{平}$的计算式为：

$$T_{平}=\sum_{i=1}^{m}t_i+(n-1)t_{\max}$$

式中：$t_{\max}$表示工序时间中最长的工序时间。

为了便于比较不同移动方式下加工件加工周期的大小，仍以例 3-1 中的数据为例。加工件加工周期如图 3-3 所示，也可用公式计算。

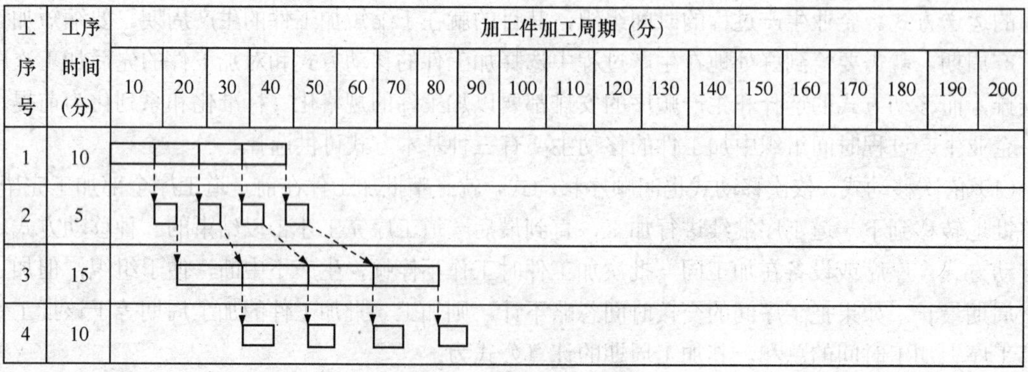

图 3-3 平行移动式示意图

用公式计算得：

$$
\begin{aligned}
T_{平} &= \sum_{i=1}^{m} t_i + (n-1)t_{\max} \\
&= (10+5+15+10)+(4-1)\times 15 \\
&= 40+45=85(分)
\end{aligned}
$$

计算结果与图 3-3 中的结果是一样的。

（3）混合移动式。混合移动式是依次移动式和平行移动式的混合形式。混合移动方式吸取了前两种移动方式的优点，既考虑了生产的平行性，又考虑了生产的连续性，消除了设备在加工过程中的间断现象，保证了人力和设备的充分负荷，适当缩短了加工件的加工周期。不足的是生产组织比较复杂，不易掌握移动规律。此时，加工件加工周期 $T_{混}$的计算公式为：

$$T_{混} = n\sum_{i=1}^{m} t_i - (n-1)\sum_{i=1}^{m-1} \min(t_i, t_{i+1})$$

式中：min（t_i，t_{i+1}）表示 t_i 与 t_{i+1} 前后两道工序间最小的工序加工时间。

仍以例 3-1 中的数据为例，加工件加工周期如图 3-5 所示，也可用公式计算。

用公式计算得：

$$
\begin{aligned}
T_{混} &= n\sum_{i=1}^{m} t_i - (n-1)\sum_{i=1}^{m-1} \min(t_i, t_{i+1}) \\
&= 160-3\times(5+5+10)=100(分)
\end{aligned}
$$

计算结果与图 3-4 中的结果是一样的。

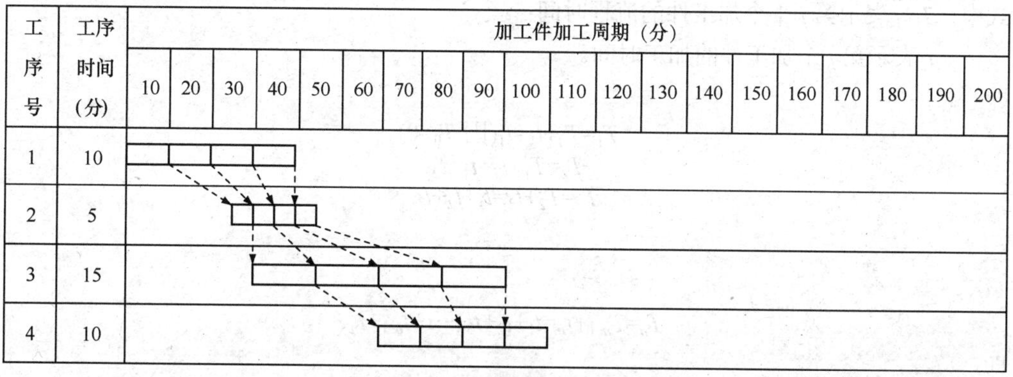

图 3-4　混合移动式示意图

上述三种移动方式，是工序衔接的基本形式，实际生产情况要复杂得多。选择加工件移动方式时，应当考虑批量的大小、加工件工序时间的长短、生产的专业化形式等因素。当批量小、工序时间短时，宜采用依次移动式；当批量大、工序时间长时，宜采用混合移动式；对象专业化的生产车间，也可采用混合移动式；平行移动适合于流水生产线。通常在选择移动方式时，不仅要考虑生产周期，还应结合生产特点，考虑生产类型、批量大小、生产任务缓急、生产单位专业化形式及加工件尺寸、重量、设备调整难易等因素。其选择原则如表 3-2 所示。

表 3-2　三种移动方式的选择原则

移动方式	加工件重量	任务期限	批量大小	专业化形式
依次移动式	小	不紧	小	工艺专业化
平行移动式	大	紧	大	对象专业化
混合移动式	小	紧	大	对象专业化

2. 加工件加工顺序的安排

加工件加工顺序的安排与移动方式的选择一样，都是以加工件的规格化、标准化和系列化为前提的。

选择加工件生产过程中的移动方式，是在加工件和加工工序已经排定的情况下进行的。事实上，加工件加工时的先后排列也会影响加工件的加工周期。因此，科学地安排加工件的加工顺序，对于缩短加工件的加工总时长也是很重要的。下面介绍三种情况下加工件加工顺序的安排方法。

（1）单台座席或设备的排序问题。当有 n 批加工件都要在一台座席或设备上加工时，则称此为单台座席或设备的排序问题。此时，由于其加工周期为一固定值，哪批加工件排前，哪批加工件排后，对这一固定值没有影响。因此，评价尺度不能用加工周期，通常宜用平均流程时间或最大延期量来进行评价。

平均流程时间（$T_{均}$）的计算公式为：

$$T_{均}=\frac{\sum_{j=1}^{n}T_j}{n}$$

式中：T_j 表示第 j 个加工件的流程时间；

n 表示 n 批加工件。

其中 T_j 的计算公式为：

$$T_j=T_{j-1}+t_j$$

式中：T_{j-1} 表示第 j–1 个加工件的流程时间；

t_j 表示第 j 个加工件的加工时间。

即

$$T_1=T_0+t_1=t_1(因\ T_0=0)$$
$$T_2=T_1+t_2=t_1+t_2$$
$$T_3=T_2+t_3=t_1+t_2+t_3$$
$$\vdots$$
$$T_n=T_{n-1}+t_n=t_1+t_2+t_3+\cdots+t_{n-1}+t_n$$

即

$$\sum_{j=1}^{n}T_j=T_1+T_2+T_3+\cdots+T_n$$
$$=nt_1+(n-1)t_2+(n-2)t_3+\cdots+t_n$$

由上式可知，要使 $T_{均}$最小，必须使 $t_1<t_2<t_3<\cdots<t_n$，由此即可得出结论：

加工件按加工时间的大小安排加工顺序，则加工时间最小的加工件最先加工。

若按最大延期量最小来进行排序，则得另一结论：

加工件按交货期的长短安排加工顺序，则交货期最短的加工件最先加工。

【例题 3-2】 以表 3-3 中的数据为例。按平均流程时间最短或最大延期量最小两种评价尺度来排序。

表 3-3　各加工件加工时间与交货期

加工件编号	Y_1	Y_2	Y_3	Y_4	Y_5
加工时间（小时）	3	4	1	2	5
交货期（小时）	10	14	8	7	5

为使平均流程时间最短，加工件加工的排列顺序为：

$$Y_3 \rightarrow Y_4 \rightarrow Y_1 \rightarrow Y_2 \rightarrow Y_5$$

$T_{均}$为：

$$T_{均}=\frac{\sum_{j=1}^{5} T_j}{5}$$

$$=(5\times1+4\times2+3\times3+2\times4+1\times5)/5=7(\text{小时})$$

为使最大延期量最小，加工件加工的排序为：

$$Y_5 \rightarrow Y_4 \rightarrow Y_3 \rightarrow Y_1 \rightarrow Y_2$$

其加工件加工延期量如表 3-4 所示。

表 3-4　加工件加工延期量

加工件加工顺序	Y_5	$\rightarrow Y_4$	$\rightarrow Y_3$	$\rightarrow Y_1$	$\rightarrow Y_2$
加工时间（小时）	5	2	1	3	4
完成时间（小时）	5	7	8	11	15
交货期（小时）	5	7	8	10	14
加工延期量（小时）	0	0	0	1	1

由表 3-4 可见，本例的最大延期量为 1 小时。

（2）两台座席或设备的排序问题。当有 n 批加工件要在两台座席或设备上加工时，则称此为两台座席或设备的排序问题。此时，采用约翰逊－贝尔曼法（Johnson-Bellman）求解这类排序问题，可使加工件加工的总时间最短。

【例题 3-3】 设有五批加工件在 A、B 两台座席或设备上加工，其各工件工序加工时间如表 3-5 所示。要求加工件加工时间最短时的排序。

表 3-5　各工件工序加工时间

加工件编号		Y_1	Y_2	Y_3	Y_4	Y_5
加工时间（分）	t_{iA}	7	10	12	6	5
	t_{iB}	13	11	8	4	9

表 3-5 中：t_{iA} 表示第 i 批加工件在 A 座席或设备上的加工时间；

t_{iB} 表示第 i 批加工件在 B 座席或设备上的加工时间。

用约翰逊－贝尔曼法安排加工件加工顺序的步骤如下。

第一步：在表 3-5 中找出一个最短的加工时间。由表 3-5 得 $t_{4B}=4$（分）。

第二步：根据该最短时间所属设备（或工序），确定相应加工件的加工顺序。若所找到的最短时间属第一工序，则该批加工件安排在最先加工；反之，若属第二工序，则安排该批加工件在最后加工。本例中，由于 t_{4B} 属第二工序，故加工件 Y_4 排在最后加工。

第三步：将已经排定加工顺序的加工件除去再重复第一、第二步，直至全部加工件加工顺序排定为止。

如果在 A、B 两台座席或设备上加工件的加工时间的最小值有两个或两个以上，则任选一个即可。

由此得出该五批加工件的加工顺序为：

$$Y_5 \rightarrow Y_1 \rightarrow Y_2 \rightarrow Y_3 \rightarrow Y_4$$

用甘特图法可求得该五批加工件的加工总时长（$T_{总}$）为 50 分钟（见图 3-5）。

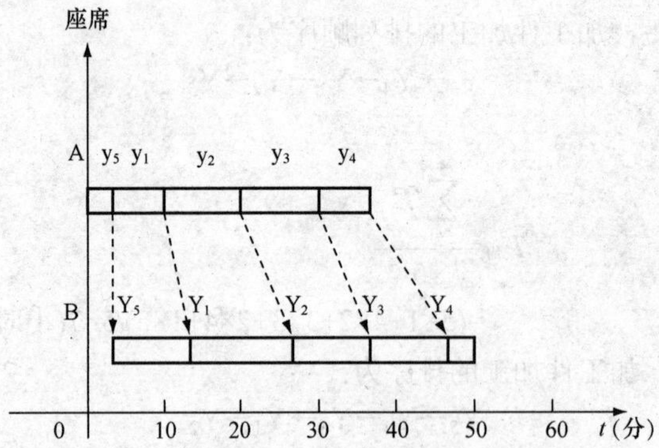

图 3-5　五批加工件的加工总时长示意图

（3）三台座席或设备的排序问题。当有 n 批加工件要在三台座席或设备上加工时，则称此为三台座席或设备的排序问题。此时采用约翰逊—贝尔曼的扩展方法求解这类排序问题，可使加工件的加工总时长最短。但加工件在三台座席或设备上的加工时间要符合下列两个条件中的一个：A 设备上的最小加工时间大于或等于 B 设备上的任一加工时间；C 设备上的最小加工时间大于或等于 B 设备上的任一加工时间。即：

$$\min t_{iA} \geqslant \max t_{iB} \text{ 或 } \min t_{iC} \geqslant \max t_{iB}$$

符合上述两个条件中的一个时，可以将三台座席或设备变换成两台模拟设备，并计算出模拟设备上的加工时间。

设 G、H 为两台模拟设备的代号，用 t_{iG} 和 t_{iH} 分别表示两台模拟设备上的加工时间，则 t_{iG}、t_{iH} 的计算公式为：

$$t_{iG}=t_{iA}+t_{iB}$$

$$t_{iH}=t_{iC}+t_{iB}$$

式中：t_{iA}、t_{iB}、t_{iC} 分别表示原问题中 A、B、C 三台设备上的加工时间。

在变换成两台模拟设备后，即可按两台设备的排序问题来求解。

【例题 3-4】 设有五批加工件在三台座席或设备上加工，加工件的加工时间如表 3-6 所示。

表 3-6　五批加工件加工时间

加工件编号		Y_1	Y_2	Y_3	Y_4	Y_5
加工时间（分）	t_{iA}	15	10	8	7	11
	t_{iB}	3	4	6	5	2
	t_{iC}	4	7	3	8	6

由表 3-7 可知：

$$\min t_{iA}=7>\max t_{iB}=6$$

符合将三台设备变换成两台模拟设备的条件中的一个，故可用模拟设备 G、H 来代表该三台设备，并求出各批加工件在两台模拟设备上的模拟加工时间（见表 3-7）。

表 3-7　模拟加工时间

加工件编号		Y_1	Y_2	Y_3	Y_4	Y_5
加工时间（分）	t_{iG}	18	14	14	12	13
	t_{iH}	7	11	9	13	8

据此，采用约翰逊—贝尔曼法，求出加工总时长最短时加工件的加工顺序为：

$$Y_4 \to Y_2 \to Y_3 \to Y_5 \to Y_1$$

用甘特图法可求得该五批加工件的加工总时长（$T_{总}$）为 58 分钟（见图 3-6）。

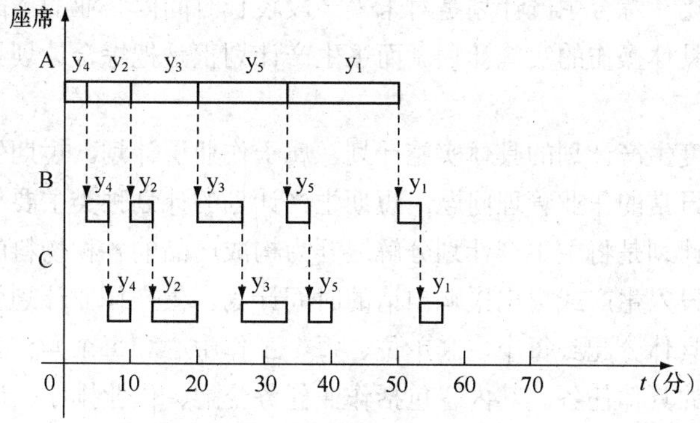

图 3-6　三台设备加工五批加工件的总时长示意图

3.4 企业生产计划体系

现代企业生产是社会化大生产，企业内部分工十分精细，协作非常严密，任何一部分生产活动都离不开其他部门而单独进行。对于企业生产管理而言，需要调配各种资源，在规定的时间，按需要的量，生产出市场所需的产品或服务，离不开周密的计划。

企业生产计划是根据市场需求和企业生产运作能力限制，对一个生产运作系统的产出品种、产出速度、产出时间、劳动力和设备配置以及库存等问题所预先进行的谋划和安排。

企业生产计划通过企业内部和外部合理的运作，保证各环节合理衔接，以最小的成本、最快的速度、最优的产品和服务，满足市场的需要，实现企业最佳经济效益。生产计划是企业组织生产运作活动的依据。

在企业中，生产计划工作按时间跨度可以分为长期、中期、短期计划三个层次。它们之间相互紧密联系，协调构成制造企业生产计划工作体系。长期生产计划通常是按年定制，时间跨度往往超过一年，关注于企业长期的盈利水平；中期计划周期一般跨越六至十八个月； 短期计划覆盖了一天到六个月以内的计划安排（见图 3-7）。

长期生产计划是企业战略的重要组成部分，是由企业最高决策层制订的计划。它的主要内容包含在企业战略计划、经营计划、资源计划等计划中，任务主要涉及产品决策、生产发展规模、技术发展水平、新生产设施的建造等。长期生产计划要与同时期的营销计划、市场预测、财务计划、资源计划等相协调。

中期生产计划属战术性计划，又称为年度生产计划，它的主要任务是在正确预测市场需求的基础上，对企业在计划年度内的生产任务做出统筹安排，规定企业的品种、质量、数量和进度等指标。中期生产计划主要包括两种形式的计划：综合生产计划与主生产计划。综合生产计划是对企业未来较长一段时间内资源和需求之间的平衡所作的概括性分析，是根据企业所拥有的生产能力和需求预测对企业未来较长一段时间内产出内容、产出量、劳动力水平和库存水平等问题所

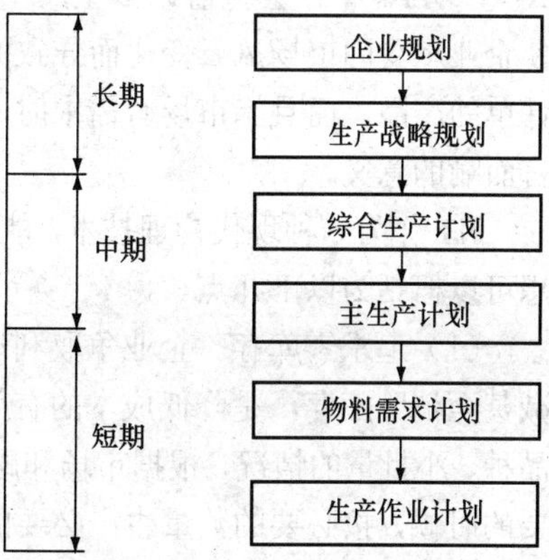

图 3-7　主要生产计划活动

做出的决策和规划。主生产计划是确定每一具体的最终产品在每一个具体时间段内的生产数量，它是综合生产计划的具体化。综合生产计划是对未来一段较长时间内企业的不同产品系列所做的概括性安排，不是一种用来具体操作的实施计划。而主生产计划正是把综合计划具体化为可操作的实施计划。

短期生产计划是年度生产计划的具体实施计划，属于作业层计划。短期生产计划所处理的问题基本上是有关企业内部日常的作业管理问题。短期生产计划的计划种类主要包括物料需求计划和生产作业计划。物料需求计划是将主生产计划分解展开为构成产品的各种物料的需要数量和需要时间的计划，以及这些物料投入生产或提出采购申请的时间计划。生产作业计划就是把年度生产计划规定的任务，一项一项地具体分配到每个生产单位、每个工作中心和每个操作工人，规定他们在月、周、日以至每一个轮班的具体任务。其内容包括作业任务分配、作业排序、进度控制等。

从系统观点看，生产计划是一个体系。具体而言，企业生产计划体系是一个包括预测职能、需求管理、综合生产计划、主生产计划、作业计划、物料需求计划和能力计划等相关计划与职能，并以生产控制信息的及时反馈连接构成的复杂系统。

3.5 生产管理的新理论

面对市场需求的迅速变化，传统的企业生产模式面临许多问题，表现在：不适应市场变化，难以按市场要求组织多品种生产；生产计划控制能力弱，以高库存保证连续生产，难以降低成本；采用不能对市场进行灵敏反应的“推动”而非“拉动”的生产方式；生产管理手段非计算机化；市场不成熟，企业间缺乏明确和真正密切的协作，难以建立规范的业务往来关系，供货及时性难以保证等。建立高效率、高柔性和低成本的生产系统，进行多品种小批量的快速生产，满足用户需求成为当务之急。企业生产管理新理论的全面导入势在必行。

3.5.1 准时生产制

即时管理（Just In Time，JIT），其实质是保持物质流和信息流在生产中的同步，实现以恰当数量的物料，在恰当的时候进入恰当的地方，生产出恰当数量与质量的产品。

为了追求一种使库存达到最小的生产系统，日本丰田汽车公司率先提出并完善了准时生产方式——JIT。库存会掩盖许多生产中的问题，还会滋长工人的惰性，更糟糕的是要占用大量的资金，使企业承受因市场风云变化而导致的库存跌价的风险。如果企业能够实现“零库存”，只生产有市场订单的产品，而且当市场有需求时，能够及时地供给，那么对于企业的经营效益和规避风险有着不言而喻的意义。

JIT 作为一种现代管理技术，能够为企业降低成本，改进企业的经营水平。准时生产制的主要思想可以概括为以下几点。

（1）追求零库存。企业争取利润最大化的手段之一便是降低成本。库存是一种隐性的成本，削减甚至消除库存，是降低成本的有效途径。随着后工业化时代的来临，主流的生产模式开始出现多品种、小批量的情况，根据市场和顾客的要求进行生产，是消除库存的最佳方法。JIT 认为只有在必要的时候，按必要的数量生产必要的产品，才能避免库存造成的资源浪费，使企业的利润最大。JIT 生产方式力图通过“零库存”来增加企业利润。

（2）强调持续地强化与深化。JIT 强调在现有基础上持续地强化与深化，不断地进行质量改进工作，逐步实现不良品为零、库存为零、浪费为零的目标。尽管绝对的零库存、零废品是不可能达到的，但是 JIT 就是要在这种持续改进中逐步趋近这一目标。

3.5.2 精益生产

精益生产（Lean Production，LP），又称精良生产，是一种以客户需求为拉动，以消灭浪费和不断改善为核心，使企业以最少的投入获取成本和运作效益显著改善的一种全新的生产管理模式。它的特点是强调客户对时间和价值的要求，以科学合理的制造体系来组织为客户带来增值的生产活动，缩短生产周期，从而显著提高企业适应市场变化的能力。

精益生产的概念是美国麻省理工学院在一项名为“国际汽车计划”（IMVP）的研究项目中提出来的。它致力于消除生产中的浪费现象，消除一切非增值的环节，从而使企业兼顾了大批量生产的经济性和多品种生产的灵活性。与过于臃肿的生产方式相比，这种新的生产方式便被命名为精益生产。

精益生产的主要思想可概括为如下几点。

（1）顾客确定价值。企业实现价值的源头是顾客，精益生产提出产品价值由顾客确定，要求从顾客角度审视企业的产品设计和生产经营过程，识别价值流中的增值活动和各种浪费。企业应消除顾客不需要的多余功能和多余的非增值活动，不将额外的花销转嫁给顾客，实现顾客需求的最有效满足。

（2）识别价值流。精益生产要求人们要识别价值流，采用 JIT（准时化）等方法实现增值活动按需求连续流动，并为价值流动提供支持和保障。精益生产的实施是永无止境的过程，其改进结果必然是浪费的不断消除、价值的不断挖掘，以及企业活力的不断增强。

（3）促进价值流动。精益生产将所有的停滞视为浪费，要求促进停滞物流转运行，各增值活动流动起来，强调的是不间断的价值流动。

（4）坚持需求拉动。精益生产认为过早生产、过量生产均是浪费，应以需求拉动原则准时生产。需求拉动就是按顾客（包括下游工序）的需求投入和产出，使顾客能精确地在需要的时间得到需要的产品，如同在超市的货架上选取所需要的东西，而不是把用户不太想要的东西强行推给用户。拉动原则由于生产和需求直接对接，消除了过早、过量的投入，而减少了大量的库存和在制品，大幅压缩了生产周期。

（5）力求尽善尽美。精益生产追求完美的持续改善，改善是以需求为基础的，要求工作人员并不只做会做的事，更要向应该做的事挑战，成为改善者而不是被改善者；改善设备之前先进行员工作业改善，保证其对改善的适应性，而在改善方案确定之后，首先确认安全和质量，否则改善也将成为一种浪费。

3.5.3 敏捷制造

随着人民生活水平的不断提高，人们对产品的需求和评价标准将从质量、功能和价格转为最短交货周期、最大客户满意、资源保护、污染控制等。市场是由顾客需求的产品和服务驱动的，而顾客的需求是多样的和多变的，因此企业需要具备敏捷性的特质，即必须能在无法预测、不断变化的市场环境中保持并不断提高企业的竞争能力。

敏捷制造（Agile Manufacturing，AM），是在不可预测的持续变化的竞争环境中使企业繁荣和成长，并具有面对由顾客需求的产品和服务驱动的市场作出迅速响应的能力。

敏捷制造的目标是快速响应市场的变化，抓住瞬息即逝的机遇，在尽可能短的时间内向市场提供高性能、高可靠性、价格适宜的环保产品。为了实现这一目标，实现敏捷制造的企业应具有如下能力。

（1）强大的技术研发能力。信息时代的技术进步速度加快，互联网大大提高了信息传播速度和知识普及范围，新技术被全球各地的人迅速地吸收、掌握、应用。企业要保持领先地位，就要拥有强大的技术研发实力，确保新产品的及时更替。高技术含量的产品带来高附加值。技术成为决定产品利润的重要因素。敏捷制造模式认为，产品结构逐步向多元化、个体化变化，在未来的新经济模式下，决定产品成本、产品利润和产品竞争能力的主要因素是开发、生产该产品所需的知识价值，而不是材料、设备或劳动力。

（2）柔性的生产能力。大批量生产转向小批量多品种的方式已经成为新的生产潮流，需要敏捷化的生产模式，即通过可重组的、模块化的加工单元，实现快速生产新产品及各种各样的变型产品，从而使生产小批量、高性能产品能达到与大批量生产同样的效益，达到同一产品的价格和生产批量无关。敏捷制造型企业在改造生产体系时，十分重视现代技术的应用。充分地利用各种信息和现代工程技术，通过并行工程和仿真技术的应用，对全生产过程的仿真模拟来实现“第一个产品就是最优产品”的目标，彻底取消原型和样机的试生产过程。

（3）个性化的生产能力。敏捷制造型企业按订单组织生产，以合适的价格生产顾客的订制产品或顾客个性化产品。这种方式取代了单一品种的生产模式，满足了顾客多种多样的要求。

（4）企业间动态合作能力。敏捷制造要求企业对内部的生产工艺、流程、机构能迅速进行重组，以对市场机遇做出敏捷反应，生产出用户所需要的产品。当企业发现单独不能做出敏捷反应时，就要进行企业间的合作。敏捷制造型强调企业间的动态合作，企业利用以网络为基础的集成技术，包括异地组建动态联合公司、异地设计、异地制造等有关的集成技术，在信息高速公路中建立工厂子网，乃至全球企业网，通过互联网和其他企业进行合作，组织产品的设计、生产、组装、调试等活动，实现跨企业的动态联盟，对市场需求做出快速响应。

（5）激发员工的创造精神。敏捷制造型企业建立一种能充分调动员工积极性、保持员工创造性的环境，以巩固和提升企业持续的创新能力。有远见的领导者将具有创新能力的员工看成是企业的主要财富，而把对员工的培养和再教育作为企业长期的投资行为。

（6）构建新型的用户关系。敏捷制造型企业强调与用户建立一种崭新的“战略依存关系”，强调用户参与制造的全过程。要想满足客户越来越高的要求和期望，最好的方法是把客户吸收到产品设计和制造的流程中来。许多企业提供电子商务平台，根据用户在网络上提交的订单进行生产；还利用网络收集用户的意见和建议，加强产品客户化的程度。

3.5.4 大规模客户化定制

大规模定制（Mass Customization，MC）（又称为大批量定制、客户化定制）是一种集企业、客户、供应商和环境于一体，充分利用企业已有的各种资源，在标准化技术、现代设计方法学、信息技术和先进制造技术等的支持下，根据客户的个性化需求，以大规模生产的低成本、高质量和高效率提供定制产品和服务的生产方式。

大规模定制基于产品族零部件和产品结构的相似性、通用性，利用标准化模块化等方法降低产品的内部多样性。增加顾客可感知的外部多样性，通过产品和过程重组将产品定制生产转化或部分转化为零部件的批量生产，从而迅速向顾客提供低成本、高质量的定制产品。大规模定制的基本原理可以概括为如下几点。

（1）相似性原理。大批量定制的关键是识别和利用不同产品和过程中的相似性（几何相似性、结构相似性、功能相似性、过程相似性），利用标准化、模块化和系列化减少产品内部多样性，提高零部件和生产过程的可重用性。

（2）重用性原理。在定制产品和服务中存在大量可重新组合和重复使用的单元。通过标准化、模块化和系列化的方法将定制产品生产转化或部分转化为批量生产问题，从而以较低成本、较高质量、较快速度生产个性化产品。

（3）全局性原理。大批量定制是一种涉及面广泛的系统工程，不仅涉及制造技术和管理技术，而且与员工的思维方式和价值观念有关，必须有全局性思考。

大规模定制可以分为以下类型。

（1）按订单销售（Sale-to-Order）。在市场环境相对稳定下，根据市场预测批量生产产品，然后按订单销售。又称库存生产或预测型生产，实际是大批量生产。

（2）按订单装配（Assemble-to-Order）。利用库存零部件装配成客户需要的产品的生产方式。企业的装配和销售是客户驱动的。

（3）按订单制造（Make-to-Order）。根据客户订单和企业图纸进行制造和装配，对少量零件进行变型设计，以满足客户特殊需要。企业的采购、部分零部件制造、装配和销售是客户订单驱动的。

（4）按订单设计（Engineer-to-Order）。根据客户的特殊需要，对相关零部件重新设计或变形设计，并按设计进行生产交货。从全部或部分产品设计到采购、零部件制造、装配、销售都由客户订单驱动。

（5）按订单研制（Research-to-Order）。按客户需求进行产品研究开发，并组织生产。

3.6 通信生产过程组织

通信部门向社会提供的产品有自己独特的个性，因此通信生产过程组织也就有自己独到的做法。通信部门使用通信设备和工具，对信息进行处理和传输，使之产生了有益效用，即通信产品。由此可见，各类信息的处理和传输过程，就是通信的生产过程。要使通信生产过程的各个阶段、环节、工序形成一个协调的系统，并使这个系统高效率地正常运转，就要对通信生产过程进行科学有效的组织。

通信生产过程组织包括邮政生产过程组织和电信生产过程组织，就是根据有关规章制度和生产作业计划等管理信息，运用现代管理方法和手段，对通信生产过程进行监督、检查、指挥和调度，使通信产品在生产过程中的质量最好、耗费最小和效益最佳。通信生产过程组织就是研究通信企业在通信生产过程中如何根据通信生产的特点，以经济有效的方式进行处理和传输，保证产生有益效用。要保证通信全程全网的通信效能，就必须有效地对每个通信企业的生产过程进行组织。

3.6.1 邮政生产过程的构成

邮政生产过程就是邮局接受顾客的委托，将信息载体和物品进行空间转移或为用户提供多种邮政服务的业务处理过程。

邮政生产过程是由收寄、分拣封发、运输和投递四大环节构成的，它通过把邮件从分散到集中，再从集中到分散的生产方式，实现邮件从发寄人到寄达人的转移。收寄是邮政生产过程的开始，通常有筒箱收寄、局所营业窗口收寄、流动服务收寄和上门收取等多种服务方式。

邮件收寄作业通常包括开箱取信、验视邮件、计费收费、核销邮票和填写收据等工序。收寄作业面向顾客，大都与顾客直接接触，属于高接触纯服务作业，其作业效率和工作质量不仅取决于生产技术和设备，还在很大程度上取决于工作人员的职业道德和工作能力。在邮政通信过程中，营业人员直面广大用户，因此收寄作业同时还具有营销功能。

分拣封发是邮政生产过程的中心环节。它的主要任务是将寄往不同地点的邮件加以区分，把寄往同一地点和由该地经转的邮件汇集在一起，封装好，交邮运部门进行运输。分拣封发作业属于准服务型作业，它不与顾客直接接触，是邮政通信的中间环节。目前它是邮政生产过程中技术构成相对较高的环节，便于采用先进的技术和设备，以改进作业方式，提高生产效率。

邮政运输是选择、利用自主运输工具或社会运输能力，将邮件总包按规定的运输方式和路线，运送到寄达地邮政局的作业。邮政运输作业包括转运和押运。转运是邮路沿线的邮政局（地面局）将本局发往各寄达局的邮件总包交相关运邮工具运输的作业过程。押运是运邮车、船上的押运人员看管运送各类邮件，并与邮路沿线各地面局交换邮件总包，以及在运输途中按规定进行必要处理的作业过程。邮政运输作业也属于准服务型作业。目前，邮政运输是邮政生产过程中耗时较多、自主性较差、受自然条件和客观因素影响较大的生产环节。其局外作业多，工作条件艰苦，管理难度大。

邮件投递是邮政生产过程的最后一个环节。它是寄达局将从收寄局运送来的邮件以按址投递或局内投交的方式，送交到寄达人手中，从而完整地历经了邮件寄递的全过程。投递和收寄作业一样，直接与顾客接触，且接触面更广、更深入，是邮政联系千家万户的纽带，属于高接触纯服务型作业，是社会了解和认识邮政的重要途径。

由于邮政生产过程具有全程全网联合作业的特点，即完整的邮件传递过程通常需要两个或两个以上的企业共同配合才能完成，生产出邮政专业产品；而各个企业通常只能完成整个邮件传递过程的一部分，生产出进口、出口或转口等企业产品。也就是说，邮政全程生产过程是由邮政企业生产过程构成的（见图 3-8）。其中，只有本埠（口）邮件的生产过程是个例外，它既是专业产品生产过程，也是企业产品生产过程。

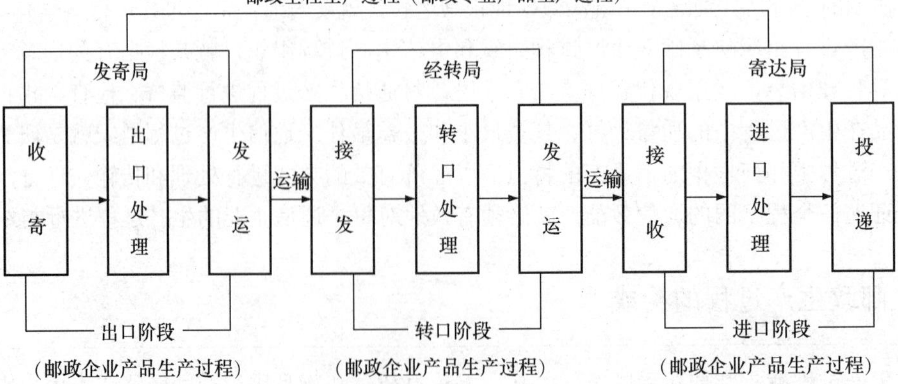

图 3-8　邮政生产过程构成示意图

3.6.2 邮政生产的指挥调度

在邮政生产过程中，指挥调度工作是整个邮政生产组织中不可缺少的组成部分。为了全面完成全国邮政通信任务，一个邮政企业的各个环节和各个工种之间，一个地区的各个邮政企业之间，以及各个地区的所有邮政企业和所有邮政工作人员之间的生产活动，都应严格按照质量标准和要求，在强有力的指挥调度系统控制之下进行。优质、高效、畅通、便捷的邮政通信，需要有统一的指挥调度来保驾护航。

邮政通信的生产指挥调度工作，一方面按地区、按企业分层次地分别进行；另一方面又是在超地区、超企业的集中统一领导下进行的。因此，邮政通信指挥调度系统既有各个企业、各个地区相对独立的一面，又有全国统一指挥调度的一面。

就每个邮政企业而言，为了指挥调度所属各个生产单位的作业，保证全局作业计划的切实执行，必须建立全局的包括生产单位在内的指挥调度系统（生产调度室），对全局的生产调度工作实行统一领导，分级负责。邮政企业不仅要设置专门的生产调度机构，配备精干的专职干部和调度人员，而且要配备必要的调度设备，保证生产调度工作的顺利进行。

与此同时，由于干线邮政运输是邮政通信整体的动脉，必须自上而下建立适应邮政运输特点的组织机构，形成统一的、独立的邮运指挥调度系统。

把各个地区邮政企业的生产调度系统与全国干线邮政运输的指挥调度系统联结起来，使之成为有机结合的整体，就形成了整个邮政通信的指挥调度系统。目前全国干线邮政运输的指挥调度系统，已随邮运管理体制的初步改革建立了雏形。

灵活而正确的调度，来源于各方信息的反馈。为了做好全国干线邮运的指挥调度工作，必须在全国范围内建立一整套的信息反馈系统，构成一个既有总调与区调、省调、局调纵向联系，又有区调与区调、省调与省调之间横向联系的信息反馈系统。借助互联网及信息管理系统，及时了解和正确掌握各地、各线的邮件流向、流量的动态情况，才能及时采取正确的有效措施，进行统一调度，确保邮件发运计划的落实执行和干线邮运的畅通。

国家邮政局正在加快建成全国的邮政综合计算机网，要在全国建成邮政运输指挥调度系统，以便能及时有效地进行干线邮运的指挥调度，保证邮件迅速、安全、通畅地运行。

3.6.3 电信生产过程的构成

电信生产人员利用电信设施处理和传输信息，电信的生产过程就是从接受用户委托开始，直到执行委托（用户消费）为止的过程。为了确保信息传递得准确无误、快速高效，就要对电信传递的全过程进行合理组织。电信生产过程组织主要是控制、协调、指挥调度电信生产过程中人与人，人与设备，设备与设备之间的关系，对生产要素进行科学的调配，以达到最好的通信质量和最佳的经济效益。

电信生产过程，通常并不是只在一个电信企业范围内进行的。要将顾客的委托全部完成，一般要经过许多位于不同地区的电信企业和电信线路协调配合作业才能完成（市内电话除外）。在这种情况下，一个企业一般只能完成完整的电信生产过程中的一个阶段（见图3-9）。

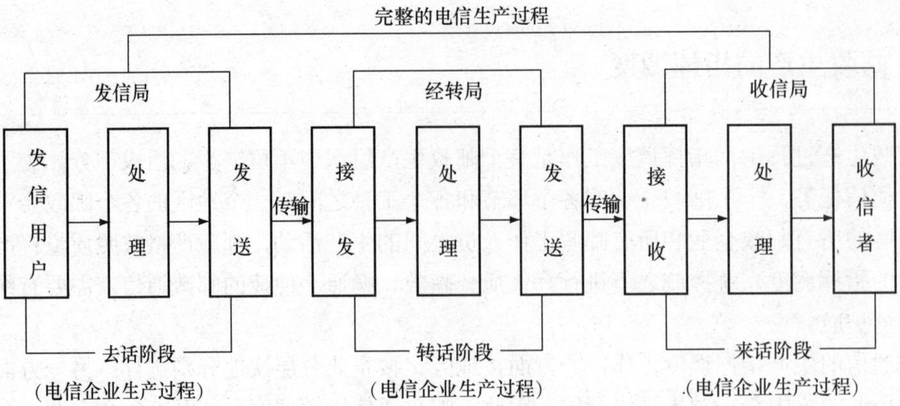

图 3-9　电信生产过程构成示意图

3.6.4　电信生产的指挥调度

电信是全程全网、多工种联合作业的，必须 24 小时不间断地工作。在电信生产过程中，全国各电信公司和公司内业务、机务、线务等各个单位之间的联系十分密切。因此，必须 24 小时有人负责对全程全网各个环节进行指挥调度。在管理体制上，电信企业是按行政区域分级管理的，公司与公司之间以及公司内各生产单位之间，行政上没有领导与被领导的关系；同时，电信管理机构和企业的领导人员是按固定工作时间工作的，办公时间之外就要有专人负责统一指挥调度工作；加之电信生产具有时效性很强的特点，在通信中发生的一些问题如按一般的行政领导方法和管理方法进行处理，难以满足时效性的要求。为了达到时间和空间的连续性，做到在任何时间内、任何地区范围内都有专人对电信技术和业务工作进行统一领导，确保全程全网通信畅通，质量良好地完成通信任务，必须根据电信生产的特点，自上而下地建立强有力的通信指挥调度系统，负责统一指挥调度。因此，电信生产的指挥调度是整个电信生产组织中不可缺少的组成部分。优质高效、畅通无阻的电信通信，需要有统一的指挥调度制度作为可靠的保证。

电信生产指挥调度制度的主要内容有：电信生产指挥调度系统；业务领导局的设置及其职责任务；各种情况下的业务领导关系；涉及全程全网时高度统一的工作制度和办事程序；重要通信任务的保证等。

电信生产指挥调度系统是根据电信管理体制和通信网络组织建立的，由总公司、省电信调度室和各级业务领导局组成，执行全程全网的指挥调度任务。

1. 电信调度室

在电信总公司和各省、市、自治区分公司设总公司、省两级电信调度室，代表总公司和各省、市、自治区执行指挥调度任务。具体工作内容如下。

① 掌握全国和各省、市、自治区的主要通信情况；

② 负责一、二级电路的日常调度和电信网路调整；

③ 布置和组织执行重要通信任务；

④ 督促检查各级业务领导岗位执行指挥调度任务；

⑤ 处理通信中发生的重大问题。

2. 业务领导局

（1）业务领导局的设置。各级业务领导局是根据我国公用电话网的组织结构，设置在各级交换中心所在地的电信企业。电信生产指挥调度制度确定了全国、省间中心、省中心、县间中心、县中心各级业务领导局，并明确了每个业务领导局的工作范围和区域。

（2）业务领导局的任务。各级业务领导局具体要完成以下任务。

① 掌握所辖区域内各项电信业务、机线设备和电路质量情况，统一指挥调度，确保全程全网通信畅通。

② 组织贯彻执行电信业务和技术维护规章制度。

③ 组织协调全程全网的技术维护工作。

④ 制定设备、电路障碍的调度方案，组织和协调障碍修复工作。

⑤ 制定和贯彻保证重要通信以及防汛、防凌、防震、防台风的通信组织措施。

⑥ 按电信指挥调度系统组织全网的各项活动，交流经验，并对所辖区域内各公司、各电路进行业务和技术指导。

（3）业务领导的关系。

① 区域业务领导局根据电信网的组织，按四级交换中心进行区域业务领导，即全国的业务领导局（北京）——省间中心业务领导局——省中心业务领导局——县间中心业务领导局——县中心业务领导局。

② 电路业务领导为了便于指挥调度和开展各项电路活动，每一线路群都要指定一端局为电路的业务领导局。当电路两端局等级不同时，按北京、省间中心、省中心、县间中心、县中心顺序排列，前者为该电路的业务领导局；当电路的两端局等级相同时，按总公司、省规定确立领导关系。

③ 局内业务领导为了保证电信生产过程中全程全网协调一致，各级业务领导局除了局与局之间密切协作配合外，还应明确局内业务、机务、线务各单位之间的业务领导关系，实行统一指挥调度。根据“机线为业务，业务为顾客，上一环节为下一环节服务，短途保长途”的原则，规定由电话值班班长指挥调度营业和机线维护部门；技术维护端的站点值班班长指挥调度各增音站、线务站、微波枢纽站、市内电话、农村电话和各电信分支机构，在处理长途电话业务上，都应接受电话值班班长的业务领导和指挥调度。

本章小结

生产管理是研究如何将生产要素组织成现实生产力，以有效地创造出产品和服务。企业进行生产管理的目标是使生产效率和效果俱佳，达到提高企业竞争力的目的。有效率的过程意味着以最小的资源投入生产出最好的产品。有效性是指通过正确的途径为企业创造最大的价值。企业生产管理的核心就是运用各种方法，包括生产计划的制订、生产计划的执行、生产过程的组织、管理等，使生产过程有序、均衡、减少资源及人力浪费，实现准时生产。

复习思考题

1．企业生产系统由哪些主要部分构成？

2．生产管理的基本原则是什么？

3．生产类型的概念是什么？

4．组织生产过程的基本要求是什么？

5．企业生产过程的时间组织如何实现？

6．企业生产计划体系的概念与内容是什么？

7．生产管理的新理论是什么？

案例分析

日本丰田公司的看板管理

日本丰田公司不仅创造性地提出了准时生产的思想，而且还创造性地摸索出一套独特的富有成效的管理工具——看板。看板管理也可以说是JIT生产方式中最独特的部分，因此也有人将JIT生产方式称为“看板方式”。但是严格地讲，JIT生产方式的本质是一种生产管理技术，而看板只不过是一种管理工具。

1．看板的种类

日本丰田公司所使用的看板的主要分类如下。

（1）在制品看板。包括工序内看板、信号看板。

（2）领取看板。包括工序间看板、对外订货看板。

（3）临时看板。

2．看板的使用方法

在JIT生产方式中，公司的计划部门集中制订生产的月度计划，同时传达到各个工厂以及协作企业。而与此相应的日生产指令只下达到最后一道工序或总装配线，对其他工序的生产指令通过看板来实现。即后工序“在需要的时候”用看板向前工序去领取“所需的量”时，同时就等于向前工序发出了生产指令。

（1）后工序领取。看板中记载着生产量、时间、方法、顺序以及运送量、运送时间、运送目的地、放置场所、搬运工具等信息，从装配工序逐次向前工序追溯。当工人使用了装配线上的某个零部件，就将所使用的零部件上所带的看板取下，拿着该看板再去前工序领取。这样，看板成了生产以及运送的工作指令，通过“后工序领取”准则实现了“适时适量生产”的要求。

（2）适量运送。在丰田公司的看板管理中，规定看板必须按照既定的运用规则来使用。其中一条规则是：“没有看板不能生产，也不能运送。”根据这一规则，看板数量增多了，则前道工序的生产量就相应增加；看板数量减少了，则前道工序的生产量也相应减少。由于看板所表示的只是必要的量，因此通过看板的运用，就能够做到自动防止过量生产，保证了适量运送。

（3）根据看板进行现场管理。看板的另一条运用规则是：“看板必须在实物上存放”，“前工序按照看板取下的顺序进行生产”。根据这一规则，作业现场的管理人员对生产的优先顺序能够一目了然，易于管理，并且只要瞧一瞧看板，就可知道后工序的作业进展情况、库存情况等。看板成了生产管理人员进行“目视管理”的有力工具。

思考：

1．如何看待丰田公司的看板管理？

2．看板管理反映了准时生产制的哪些管理思想？

质量管理 第4章

学习目标

- 了解质量、质量管理、全面质量管理的概念、内容及特点
- 了解ISO质量标准与质量体系认证
- 熟悉全面质量管理的主要内容及基本方法
- 重点掌握质量控制七种工具的原理及应用
- 重点掌握质量控制新七种工具的原理及应用

开篇案例

中国电信加强服务质量管理体系建设

质量管理体系是以客户为关注焦点，以质量标准、管理规程、操作流程等为内容的质量控制系统。质量管理体系的建设与运行，对确保电信企业为客户提供优质满意的服务产品起着决定性的作用。

电信企业的生产服务具有全程全网和生产服务同时实现两大特点，因此任何一个环节出现质量问题，都会在客户端得到反映。从对客户投诉和客户满意度调查中反映出的问题看，很多问题不是资金投入不足带来的，而是没有按照质量管理体系实施有效管理，存在违反管理规程和作业流程的问题，其中包括现有的流程不够完善。

质量管理体系的运行和管理最简便易行的办法就是从客户投诉所反映的问题入手。在查找投诉原因的时候，首先要看被投诉的单位是不是按照质量管理体系实施管理，被投诉的人员是不是按照规定的流程去操作。如果没有，就要在执行流程上加强管理；如果按照流程做，客户所反映的问题还是没有解决，就要查找我们的流程是不是有与客户需求不适应的地方，并按照客户的需求加以改进。因此，抓服务质量管理，是中国电信提升竞争力的必经之路。

（资料来源：人民邮电报）

4.1 质量与质量管理的发展

质量管理是指为保证和提高产品质量和工作质量进行的质量调查、计划、组织、协调、控制和信息反馈等各项工作的总称。加强质量管理，对于保证和提高产品质量，更好地满足社会需要，提高经济效益，具有重要的意义。

4.1.1 质量的概念

在质量管理中，质量是一种广义的概念，按照国际标准和我国国家标准的定义，质量是产品、过程或服务满足规定要求的特征和特性总和。这里，质量不仅指产品的质量，也包括过程质量、服务质量。过程是指若干个程序或环节的连贯整体。例如，影响产品质量的设计、工艺、制造、检验、维修等合起来可作为大过程；而制造工序可看作小过程。服务既包括企业内的服务，也包括对社会

用户的服务。

质量的狭义概念就是产品质量，包括产品结构、性能、精度、纯度、物理性能、化学成分等内在质量特性和产品的外观、形状、手感、色泽、气味等外部质量特性。产品的种类繁多，质量特性是各不相同的，概括起来可包括性能、寿命、可靠性、安全性、经济性五个方面，总的来说还可概括为一个“适用性”。适用性就是产品在使用过程中成功地满足用户需求的程度。

产品质量特性需要加以数量化，有些难以直接定量的特性，如外观、使用性能等，也可以进行分析比较，并根据用户意见来评价。对产品质量特性，以一定尺度、技术参数或技术经济指标规定必须达到的水平，形成技术文件，即形成质量标准，它是检验产品是否合格的技术依据。产品质量归根结底是指满足用户使用要求的程度。有时用户使用要求并不能完全在质量标准中反映出来，因此企业不能只满足于达到现行质量标准，而应该根据用户要求不断提高产品质量。质量标准仅是根据一定时期的科学技术水平而制定的。以国家标准或部颁标准而言，由于程序等原因，不能随便修改。企业应从实际出发，根据用户要求，制定更完善的质量标准，并瞄准国际标准，赶超世界先进水平，向更高的质量目标迈进。1990 年世界质量年会提出，质量应能满足用户的全部需要和潜在要求。由此可知，质量水平是一种不断向上移动的需求，不是任何标准可以长期加以限制的。

4.1.2 质量管理的发展阶段

质量管理作为企业管理的一个重要部分，大体经历了质量检验、统计质量控制、全面质量管理和 ISO9000 质量管理体系认证四个发展阶段。

1. 质量检验阶段

在 20 世纪 20～40 年代，企业生产规模迅速发展，机器逐步代替了手工操作，出现了大批量生产，因而对零部件互换性、标准化、通用化的要求越来越高，开始建立了质量检验的专职管理，以防止废次品的出厂。但是，这种质量管理只是事后检验，而且在产量大幅度增长或是当产品需要进行破坏性试验的情况下，根本难以全数检验。为解决这些矛盾，质量管理方法作了相应的改进，随之进入了统计质量控制阶段。

2. 统计质量控制阶段

这是 20 世纪 20 年代中期，由美国贝尔电话公司工程师休哈特（W.A.Shewhart）提出了运用数理统计图表控制生产中产品质量的一种方法。这一方法虽然具有科学性，可以预防生产中废品的发生，但由于当时美国处在经济危机时期，主要矛盾是商品滞销积压，因而未得到广泛的采用。直到 20 世纪 40 年代第二次世界大战时期，军队对大量生产的军火产品，迫切要求保证产品质量和按期交货，这一统计质量控制的办法才得到重视和应用，而且还形成了专门的学科。统计质量控制主要是保证生产过程中的产品质量，但不能提高产品本身的质量。随着科学技术的发展，对精密复杂产品的质量提出了更高的要求，加以市场竞争日趋激烈，促使各个企业把改善产品的经济性和技术服务作为提高产品质量的重要内容，这就使得许多企业认识到，仅靠质量控制的统计方法还不能满足需要。于是自 20 世纪 50 年代末期起，进入了全面质量管理阶段。

3. 全面质量管理（简称 TQM）阶段

20 世纪 50 年代末 60 年代初，美国通用电器公司的阿曼德・费根堡姆（A.V.Feigenbuam）和美国质量管理专家约瑟夫・朱兰博士（J.M.Juran）提出了全面质量管理概念。所谓全面质量管理指的是从用户需要出发，全员参加、综合运用组织管理、专业技术和数理统计方法，实现从调研设计到销售服务全过程的管理，形成一套保证和提高产品质量的管理工作体系。全面质量管理贵在一个“全”

字，具体体现为以下四个特点：①全过程的质量管理；②全面的质量管理；③全员参加的质量管理；④全面地综合运用统计质量控制及其他多种方法进行管理。

全面质量管理与过去质量检验、统计质量控制相比，在管理的对象、范围、参加人员以及方法上都有很大的发展。这一方法在美国、欧洲广泛推广，日本在学习应用这一方法时，更注意吸收广大职工参加。例如质量管理小组，就是其首创的。

随着科技的发展和管理水平的日益提高，全面质量管理不断地向前推进。80 年代以来，日本在这方面的进展尤为突出，提出了对质量管理的新要求。这些要求大致分为三个方面：一是在提高产品质量方面，重点抓新产品开发的质量管理。要求创造适应于消费者需要的具有新优点的产品，占领新市场；对产品质量作多元评价。二是在保证产品质量方面，要建立“高可靠性的质量保证体系”，即“ppm 质量保证体系”。所谓“ppm”是百万分之一的意思，就是要求产品的不良率不超过百万分之一，实际上是要求建立不出废品的质量保证体系。三是在质量概念方面强调提高人的质量，称为“软件的质量管理”，日本人认为人的质量是全面质量管理的核心。

事实表明，日本质量管理已走在世界前列。1996 年日本科学技术联盟作为日本全国性质量组织，从整个国际范围的形势发展考虑，为了适应企业所处环境的变化和提高企业的经营管理水平，认为要赋予 TQC 更广泛的内涵。决定从 1996 年 4 月开始，将 TQC 改称为 TQM（Total Quality Management），用汉字表示，仍为“综合质量管理”，我国则仍称为全面质量管理。TQM 与 TQC 相比较，有以下变化：①更为重视企业经营战略的制定和实施；②确立挖掘市场潜在需求和依靠技术进步的新产品开发措施；③提高信息质量，积极应用与发展信息技术；④以尊重人为根本，重视培养有创造性的人才；⑤强化产品责任预防措施；⑥与国际标准（ISO9000）的结合。

4. ISO9000 质量管理体系认证阶段

20 世纪 60 年代后，国际经济交流蓬勃发展，贸易交往日趋增加，有关国际间产品质量保证和产品责任的问题引起了世界各国的普遍关注，而世界各国间贸易竞争的日益加剧也使不少国家把提高进口商品质量作为执行贸易保护主义的重要手段，迫使出口国不得不用提高质量的办法来对付贸易保护主义。这就加速了 ISO9000 族标准的产生和推广。ISO9000 族标准是国际标准化组织（ISO）颁布的在全世界范围内通用的关于质量管理和质量保证方面的一系列国际标准的统称，已被百余个国家或地区等同或等效采用。该系列标准在全球具有如此广泛深刻的影响，有人称之为“ISO9000 现象”。

1987 年 ISO9000 系列国际质量管理标准问世，质量管理与质量保证开始在世界范围内对经济和贸易活动产生影响。1994 年 ISO9000 系列标准改版——新的 ISO9000 标准更加完善，为世界绝大多数国家所采用。第三方质量认证普遍开展，有力地促进了质量管理的普及和管理水平的提高。质量管理专家朱兰博士提出：“21 世纪是质量的世纪。”2000 年 12 月 15 日，ISO9001：2000 标准发布，标志着质量管理体系发展到一个新的阶段。

4.1.3 我国质量管理的发展

我国工业企业的质量管理从 50 年代开始，长期以来基本上实行的是产品检验制。但是在多年实践中，也积累了许多成功的、具有自己特点的经验。在质量检验上，不少企业为解决检验与生产的矛盾，鼓励质量检验员同时负起质量宣传员、生产技术辅导员的职责，实行“卡、防、帮、讲”四字工作法，把事后检验把关同生产中预防质量事故发生、帮助工人提高生产技术、宣讲产品质量结合起来，曾取得显著效果。在“工人参加管理”的基础上，开展自检、互检和专职检验相结合，领导干部、技术人员和工人群众相结合的质量攻关小组活动，使群众性的质量管理有了进一步的发展。

在“质量第一”的方针指导下，不少工厂对产品质量一丝不苟，并且实行质量回访制度，征求用户对产品质量的意见，积极组织技术服务。有的企业还主动加强对原材料供应单位和协作厂的联系，共同为保证产品质量而努力。所有这些经验表明，我国不少企业在质量管理上已经超越了质量检验阶段。但是从总体来看，我国质量管理工作的开展是不平衡的。

从 1978 年开始，广大企业开展了提高产品质量、改善企业管理的工作；同时开始通过与国外的交流，引进了全面质量管理的理论和方法，在一些企业中进行了试点。同一年我国举行了第一个“质量月”活动，诞生了第一批质量管理小组。1979 年中国质量管理协会宣告成立，从 1980～1985 年开始了全面质量管理的推广阶段，国家经委颁发了《工业企业全面质量管理暂行办法》，并在全国范围内举办了“全面质量管理电视广播讲座”。从 1986 年起，我国企业质量管理进入了巩固深化与普遍推广阶段，在若干大中型企业中取得稳步进展。质量观念、质量管理组织体系、全面质量管理科学方法、质量管理骨干队伍都有很大发展。特别是 1990 年，在中国质量协会召开的“质量与效益交流会”上，提出了质量效益型的发展道路，这是指坚持社会主义方向，以质量求效益、求发展，建立以质量为核心的经营管理体系，实现企业整体素质提高的道路。这对 90 年代建立有中国特色的社会主义企业管理起了巨大的推进作用。面对 21 世纪，为贯彻我国国民经济和社会发展《“九五”计划和 2010 远景目标纲要》，政府特制定《质量振兴纲要（1996～2010)》，主要目标为：经过 5～15 年的努力，从根本上提高我国主要产业的整体素质和企业的质量管理水平，使我国的产品质量、工程质量和服务质量跃上一个新台阶，这对我国企业管理水平的提高无疑有重大意义。

4.2 全面质量管理

4.2.1 全面质量管理的概念及其特点

国际标准 ISO8402 中对全面质量管理的定义是：“一个组织以质量为中心，以全员参与为基础，目的在于通过让顾客满意和本组织所有成员及社会受益而达到长期成功的管理途径。”全面质量管理象征着质量管理到了一个较高的层次。最早提出全面质量管理概念的菲根堡姆给全面质量管理的定义是：全面质量管理是为了能够在最经济的水平上，考虑到充分满足用户需求的条件下，进行市场研究、设计、生产和服务，把企业内各部门的研制质量、维持质量和提高质量的活动构成为一体的一种有效体系。显然上述定义表明：第一，全面质量管理要讲究经济效益；第二，全面质量管理中所要求的是全面的、全过程的质量管理，是一个整体有效的活动；第三，全面质量管理的质量是根据用户的需求来确定的，是以用户的需求得到满足为评定依据的；第四，全面质量管理涉及研制质量、维持质量和提高质量三个方面。因此，所采用的管理方法必须是多种多样的，不仅仅局限于统计方法。综上所述，全面质量管理（TQM）是企业为了保证和提高产品质量，以全体成员互相合作为重点，运用一整套质量管理体系、手段和方法所进行的系统的质量管理活动。与一般的质量管理相比，全面质量管理的特点表现为两个方面：其一是“三全”的管理思想，其二是“四个一切”的观点。

所谓“三全”管理思想，即全面的质量管理、全过程的质量管理和全员参与的质量管理。就全面质量管理而言，管理的对象——质量是广义的质量，它包括产品质量，也包括工程质量、工作质量和服务质量。就全过程而言，是指质量管理渗透产品的产生、形成的各个环节，贯穿于生产经营全过程，是包括设计过程（主要包括试验、研制、产品设计、工艺设计、试制、鉴定等）、产品制造过程、产品生产辅助过程（主要指物资供应、工具准备、设备维修等环节及辅助生产部门的质量管理）和产品使用过程等全过程的质量管理。就全员参与而言，是指在企业生产经营过程中从领导到一般干部、普通职工都对质量管理有着足够的认识，以自觉的行为维护质量规划和质量目标的实现。

所谓"四个一切"的观点，是指在质量管理中一切为用户服务、一切以预防为主、一切用数据说话、一切按 PDCA 循环办事。全面质量管理以社会和市场需求为依据，以用户满意为标准，提倡一切为用户服务。为了确保产品质量，全面质量管理中的用户不仅指产品的最终消费者，而且还包括下道工序，企业遵循"下道工序就是上道工序的用户"的观念。全面质量管理强调一切以预防为主，认为产品质量是设计、制造出来的，检验仅能起到事后把关的作用。因此，质量管理的重点要从对产品质量的事后检验转变为控制生产全过程的质量，从抓结果转变为抓原因，以预防为主并且将预防、控制和严格把关结合起来，以保证质量的稳定和水平的不断提高。全面质量管理提倡深入实际、深入生产现场掌握第一手资料，对质量和现场质量管理存在的问题不仅要作定性研究，还要进行定量分析；不仅要明确对产品质量形成的因素有哪些，而且还要明确各种因素的影响程度，通过分析论证寻找质量变化的规律性，并采取有效措施解决问题。

4.2.2 全面质量管理的主要内容

全面质量管理是从市场调研开始对产品形成全过程的管理，在具体工作中应明确各环节的质量工作重点。全面质量管理的主要内容介绍如下。

1. 市场调研质量管理

企业由生产型转向生产经营型，管理职能向市场延伸，质量管理也渗透到市场调研中。为了了解生产需求，对售后的产品进行客观评价，以便改进和提高产品质量。市场调研质量管理应重视做好如下两方面的工作。

（1）把握市场对拟开发的新产品的需求情况。要安排熟悉营销和产品的人员从事市场调研，在广泛调查的基础上分析整理、预测市场对拟开发的新产品的需求；同时还要明确对新产品需求的地区和范围，明确用户对产品质量的具体要求和期望，明确对新产品价格的承受能力，并且注意对其他企业同类产品的市场状况进行必要的调查，通过详细、全面的一系列调查，掌握第一手资料。

（2）提出产品建议报告和建立用户信息反馈制度。在取得市场调研第一手资料的基础上，将用户对产品的需求和期望转化为相应的规范，明确产品的性能、感观特征、安全结构、适用标准和法规、包装和质量保证，形成正式的产品建议报告；同时，建立起质量跟踪控制和信息反馈系统，制定质量信息的收集、分析、归类和传递程序，与用户形成正常的信息反馈，为有效的管理提供依据。

2. 设计和规范质量管理

产品设计决定产品的固有质量，如果产品设计质量不符合用户需要，就会形成产品质量的"先天不足"。因此，必须采用相应措施严格控制设计质量，要在明确设计质量基本要求的基础上做好如下工作。

（1）编制设计计划和制定检验测试规范。在设计计划中一般应明确规定产品的质量要求、各项设计的职责和设计完成应提交的技术文件，还要安排好分阶段的设计进度计划并且考虑有关安全、环境保护和其他法规的要求；同时，还要规定相应的检验测试方法并制定验收准则。

（2）进行设计评审和样品的试制、鉴定。为了顺利完成高质量的产品设计，要从满足顾客需求、产品规范和服务要求、工艺规范和服务要求等方面进行评审，做好设计的可靠性和安全性评价，做好验证计算和验证实验。另外，还要组织好对样品的试制和鉴定，如促使样品试制所需的物资和技术条件满足设计规定的技术要求，对样品进行全面试验，组织好技术鉴定等。

（3）做好正式投产和销售的准备工作以及控制设计文件的更改。在正式投产之前，要对现有设备、工序能力、公用设施、备件供应、检验测试手段、人员培训等情况进行审查，确保其得到落实，并对设计文件的更改制定严格的审批程序。

3. 采购质量管理

采购质量管理直接关系到企业购进的原材料和备品配件等的质量水平，其管理是针对采购活动而进行的，要解决好采购前期和采购形成两方面的工作。

（1）采购前期准备工作。为了保证采购物资的质量，要明确各项外购物资的质量要求，如型号、规格、等级、式样、性能、指标、检验方法等，要通过“货比三家”和对供货方进行现场评定和访问用户、检验样品等方式，选择合格的供货单位；同时，还要在采购合同中明确规定由供货单位负责的质量保证。

（2）制定和严格贯彻实施进货检验计划。要根据进货的重要性和供货单位的质量保证能力，确定各种进货的检验项目和检验方式；严格按技术规范和供货合同选择检验方法，并对不合格品进行规范化处理；要研究确定以备验证的保留样品，并且按审批程序对进货检验计划进行调整。

4. 生产过程质量管理

生产过程是产品质量形成的重要基地，也是容易产生质量问题的环节。因此，生产过程的质量管理在质量管理中处于重要地位。

（1）制定工艺方案、作业指导书和关键工序质量控制计划。制定的工艺方案应明确工艺原则，提出要件目录，明确工序控制点等。编制的作业指导书要明确作业内容，使用的材料、设备、专用工艺装备，作业准备和检验方法等。制订关键工序质量控制计划，目的在于保证关键工序处于受控状态。

（2）验证工序能力。要通过实际调查鉴定相应工序作业指导书的正确性和可行性，鉴定其生产能力是否符合规范。要在工艺流程中设置必要的检验工序，以便对工序、零件和产品进行质量检验，同时还要规定辅助材料、公用设施和环境条件的控制标准。

（3）进行生产过程的控制。生产过程的控制是指从原材料入厂到制成成品的整个制造过程的质量控制，即按照图样、设计和工艺等技术文件的规定，控制影响质量的各项因素，以保证制造质量符合设计质量的要求。生产过程的控制一是要建立仓库管理制度，保证不合格的物资不会流入生产第一线；二是要严格规范设备的维护保养和计划维修；三是要认真执行工艺，严格工艺纪律；四是要加强对特殊工序的控制；五是要有效地进行验证状态的控制；六是要控制现场使用的技术文件，严防技术文件的混淆造成误用，并且控制工艺文件的修改。

（4）质量检验和验证。质量检验和验证是生产过程中的必要和正常工序，通过检验把关，有利于防止不合格品流入市场。质量检验和验证包括外购物资验证、工序检验和成品检验与验证。为了有效地进行质量检验和验证，应当对测量和试验设备进行有效控制，包括建立计量器管理制度，实行计量器具检定制度，保证量值溯源（即各计量单位的量值能够通过计量标准逐级由下而上溯源到国家或国际计量基准，或者能够达到鉴定标准），并且具有相应的失准或失控纠偏措施。

（5）不合格的纠正。对于不合格品，首先应鉴别并隔离，由有关的技术人员和检验人员对不合格品和可疑的不合格品进行评审，确定质量问题的性质，并作出处理决定，慎重对待回用。与此同时，还要采取相应的管理措施，如明确责任制度（明确一个职能部门负责企业质量管理的组织工作），调查分析质量问题产生的原因，进行质量问题严重性评价，编制和实施纠正措施并组织鉴定措施的效果等。

5. 产品形成后的质量管理

产品形成之后（含购进物资和在制品、半成品在各工序的移动），搬运和贮存等也会对质量产生影响，甚至会因管理不善造成很大浪费。因此，这个过程的质量管理与用户利益和企业利益也有密切联系，必须引起高度重视。

（1）创造良好的搬运和贮存条件。为了保证搬运质量，避免磕碰、划伤、撞挤、磨损等，应配备必要的器具，如货盘、容器、输送设备等；要建立仓库管理制度，防止损坏变质，做好从入库到发至最终目的地都能够保持完整无缺的识别标记，并制定包装规范，确保包装质量。

（2）组织好售后服务。追求良好的售后服务，是全面质量管理的一项必要工作。售后服务一是要做到保质、保量、按期交付产品，并且制定正确安装的指导文件；二是要为用户提供专用工具和产品使用说明书；三是要做好后勤保障工作，如提供技术咨询、修理能力和备件供应等；四是要正确对待和处理质量申诉，根据不同情况分门别类地处理，争取用户的信任。

（3）收集市场信息和进行质量跟踪。为了评价产品质量满足消费者和用户需求的程度和进一步改进产品质量，要建立收集市场质量信息的反馈系统，采用多种多样的方式收集用户和消费者的意见和要求。为了及时掌握产品质量情况，预测产品市场竞争前景，可定期选择有代表性的产品或原有产品进行质量跟踪，以便及早采取纠正措施。另外，还要对质量文件和质量记录进行科学管理，并对人员进行相应培训。

6. 质量成本管理

研究质量管理问题，有时会使人们产生一种误解，认为质量管理的目的就是提高产品质量，产品质量越高越好。其实，从满足用户需要出发，产品质量过高或过低都不是用户所期望的，这就需要研究质量成本问题。

所谓质量成本，是指企业为了稳定、提高产品质量进行质量活动所支付的费用和由于质量故障造成损失的总和。一般情况下，质量成本分为运行质量成本和外部质量保证成本两类。在运行质量成本中，包括预防成本、鉴定成本、内部故障成本和外部故障成本。对于企业而言，应当把握好协调与用户利益关系的度。应当明确，提高质量水平（产品质量对标准的符合程度）意味着降低故障成本和增加预防成本与鉴定成本，企业要通过质量成本管理生产出质量符合用户要求并且成本较低的产品，就要认真调查研究、分析论证，寻求各种成本的最佳结合，形成适宜的质量水平，以获取理想的质量效益。

4.2.3 全面质量管理的基本方法

全面质量管理的基本方法有多种，此部分重点介绍PDCA循环和朱兰三部曲。

1. PDCA循环

（1）PDCA循环的含义。PDCA循环是美国质量管理专家休哈特博士首先提出的，由戴明采纳、宣传，获得普及，从而也被称为“戴明环”。它是全面质量管理所应遵循的科学程序。

PDCA是英语单词Plan（计划）、Do（执行）、Check（检查）和Action（处理）的第一个字母，PDCA循环就是按照这样的顺序进行质量管理，并且循环不止地进行下去的科学程序。

① P (Plan) 计划，包括方针和目标的确定，以及活动规划的制定。

② D (Do) 执行，根据已知的信息，设计具体的方法、方案和计划布局；再根据设计和布局，进行具体运作，实现计划中的内容。

③ C (Check) 检查，总结执行计划的结果，分清哪些对了、哪些错了，明确效果，找出问题。

④ A (Action) 处理，对检查的结果进行处理，对成功的经验加以肯定，并予以标准化；对于失败的教训也要总结，引起重视。对于没有解决的问题，应提交给下一个 PDCA 循环中去解决。

（2）PDCA 循环的基本步骤与所用方法。PDCA 循环作为全面质量管理体系运转的基本方法，其实施需要收集大量数据资料，并综合运用各种管理技术和方法。一个 PDCA 循环一般都要经历以下 4 个阶段（见图 4-1）、8 个步骤（见图 4-2 所示）。

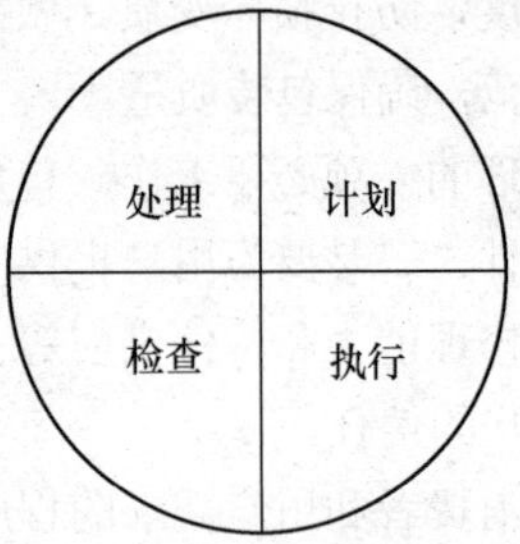

图 4-1　PDCA 循环的 4 个阶段

图 4-2　PDCA 循环的 8 个步骤

（3）PDCA 循环的优点。

① 适用于日常管理，且同时适用于个体管理与团队管理；

② PDCA 循环的过程就是发现问题、解决问题的过程；

③ 适用于项目管理；

④ 有助于持续改进提高；

⑤ 有助于供应商管理；

⑥ 有助于人力资源管理；

⑦ 有助于新产品开发管理；

⑧ 有助于流程测试管理。

（4）PDCA 循环的基本特点。质量保证体系按照管理循环运转时，一般有下列特点。

① 整个企业的质量保证体系构成一个大的管理循环，而各级、各部门的管理又都有各自的 PDCA 循环。上一级循环是下一级循环的依据，下一级循环是上一级循环的组成部分和具体保证，大环套小环，小环保大环，一环扣一环，推动大循环（见图 4-3）。

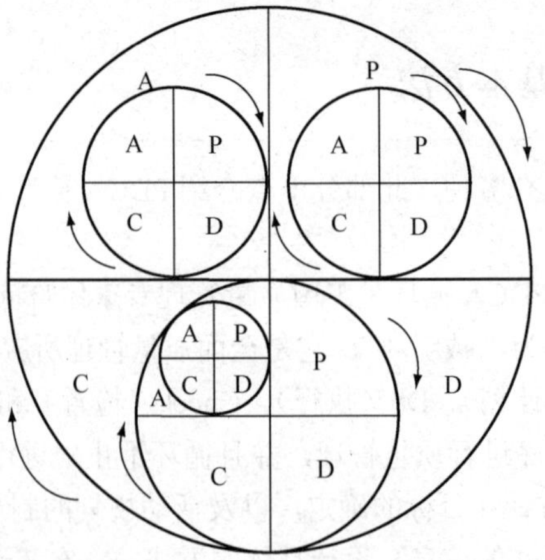

图 4-3　大环套小环示意图

② 管理循环每转一周就提高一步。管理循环如同爬扶梯一样，逐级升高，不停转动，质量问题

不断得到解决，管理水平、工作质量和产品质量就能达到新的水平（见图 4-4）。

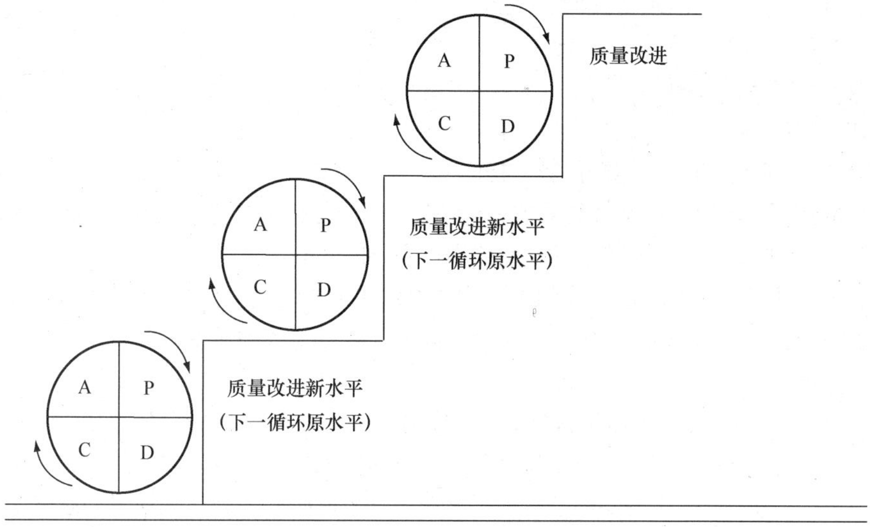

图 4-4　PDCA 循环逐级上升图

③ 关键在于“处理”这个阶段。“处理”就是总结经验，肯定成绩，纠正错误，以利完善。为了做到这一点，必须加以“制度化”、“标准化”、“程序化”，以便在下一循环进一步巩固成绩，避免重犯错误，同时也为快速地解决问题奠定了基础。

（5）PDCA 循环运作的问题处理方法

① 抓住事实。建立数据，做好统计分析。

② 解决方案。必要的有关人员会商解决方案及其利弊分析。

③ 问题处理。运用各种手法处理、组织相关人员实施处置措施。

④ 检讨结果。

（6）PDCA 循环的地位。PDCA 循环实际上是有效进行任何一项工作的合乎逻辑的工作程序。在质量管理中，PDCA 循环得到了广泛的应用，并取得了很好的效果，因此有人称 PDCA 循环是质量管理的基本方法。之所以将其称为 PDCA 循环，是因为这四个过程不是运行一次就完结，而是要周而复始地进行。一个循环完了，解决了一部分问题，可能还有其他问题尚未解决，或者又出现了新的问题，再进行下一次循环。PDCA 循环的四个阶段，“策划—实施—检查—改进”的 PDCA 循环的管理模式，体现着科学认识论的一种具有管理手段和一套科学的工作程序。PDCA 管理模式的应用对我们提高日常工作的效率有很大的益处，不仅在质量管理工作中可以运用，同样也适用于其他各项管理工作。

2. 朱兰“三部曲”

朱兰博士认为：“质量是一种合用性，而所谓‘合用性’指使产品在使用期间能满足使用者的需求。”“事实证明，TQM 带给企业一个强烈的呼声，一个新的工作动力，一种全新的管理方法。为此，我们对 TQM 必须全力以赴，再接再厉。因为，TQM 给我们的企业经营提供了一种新的管理方法和体系。”朱兰所倡导的质量管理理念和方法始终影响着世界企业界以及世界质量管理的发展。他的“质量计划、质量控制和质量改进”被称为朱兰“三部曲”。其中朱兰理论的核心：管理就是不断改进工作。朱兰提出质量不仅要满足明确的需求，也要满足潜在的需求。

（1）质量计划（Quality Planning）。质量计划由以下步骤加以实现。

① 确定顾客。

② 明确顾客要求。

③ 开发具有满足顾客需求特征的产品。

④ 建立产品目标。

⑤ 开发流程满足产品目标。

⑥ 证明流程能力。

现实中存在的质量差距又主要分为以下几类。

① 设计的差距，即便是对顾客的需求完全理解了，但是由于各方面的原因，比如设备、技术等方面，很多企业还是很难设计出理想的产品或提供完善的服务。

② 过程的差距，由于企业对产品的生产或者提供的服务过程中存在差异达不到设计上的要求，使得许多优秀设计达不到预期的效果，这种过程能力的缺乏是各种质量差距中最持久、最难缠的问题之一。

③ 运作的差距，也就是用来运作和控制过程的各种手段在最终产品或服务的提供中会产生副作用。

（2）质量控制（Quality Control）。质量控制可以为掌握何时采取必要措施纠正质量问题提供参考和依据，是“三部曲”中的重要环节。为了掌握何时采取必要措施纠正质量问题就必须实施质量控制，其步骤如下。

① 选择控制点。

② 选择测量单位。

③ 设置测量。

④ 建立性能标准。

⑤ 测量实际性能。

⑥ 分析标准与实际性能的区别。

⑦ 采取纠正措施。

朱兰强调，质量控制并不是优化一个过程，而是对计划的执行。总体来讲，质量控制就是在经营中达到质量目标的过程控制，关键在于何时采取这种措施，最终结果是按照质量计划开展经营活动。

（3）质量改进（Quality Improvement）。

更合理和有效的管理方式往往是在质量改进中被挖掘出来的。质量改进有助于发现更好的管理工作方式，其步骤如下。

① 确定改进项目。

② 组织项目团队。

③ 发现原因。

④ 找出解决方案。

⑤ 证明措施的有效性。

⑥ 处理文化冲突。

⑦ 对取得的成果采取控制程序。

朱兰认为，美国存在质量危机的根源之一，就是忽视了“质量改进”而一味强调“质量控制”，这样就会使公司的质量目标固定在原有的水平上。

3. PDCA 循环与朱兰“三部曲”的联系与区别

PDCA 循环反映了全面质量管理的全面性，说明了质量管理与改善并不是个别部门的事，而需要由最高管理层领导的推动才可奏效。PDCA 循环的核心可以概括为：高层管理的决心及参与，群策群力的团队精神，通过教育来提高质量意识，质量改良的技术训练，制定衡量的尺度标准对质量成本的认识及分析，不断改进活动，促进各级员工的参与。

PDCA 循环的第一步是制订计划，通过分析某一过程，找出需要改进的问题。也许会找出很多问题，这时应当根据轻重缓急，确定先后次序，找出特定问题，然后根据问题设计理想目标，以及达到这个目标的方法，需要做哪些工作等；第二步是着手实施这个计划；第三步是将计划实施情况与原计划进行核对，看是否一致，有无偏颇；第四步是采取措施，从而达到预期目标。完成这一循环后，探究所得到的结果，看看从中能得到什么，利用上次循环累积的知识，开始下一轮循环，通过不断重复，达到不断改进的目的。以上四个过程不是运行一次就结束，而是周而复始地进行，一个循环完了，解决一些问题，未解决的问题进入下一个循环，这样阶梯式上升的。PDCA 循环实际上是有效进行任何一项工作的合乎逻辑的工作程序，并且全面质量管理活动的运转离不开管理循环的转动。这就是说，改进与解决质量问题，赶超先进水平的各项工作，都要运用 PDCA 循环的科学程序。

朱兰“三部曲”中的三个步骤既有各自的目标，又相互联系。它作为一个实现质量管理目标的成功阶梯，还需要一些其他条件才能有效地施行，例如要有积极向上的领导力和环境以及对质量的有力支持等。朱兰的《质量策划》一书中可能是对他的思想和整个公司质量策划的构成方法明确的向导。朱兰的质量策划是公司内部实现质量管理方法三部曲中的第一部。除此还有质量控制，它评估质量绩效用已经制定的目标比较绩效，并弥合实际绩效和设定目标之间的差距。朱兰将第三部质量改进作为持续发展的过程，这一过程包括建立形成质量改进循环的必要组织基础设施。他建议使用团队合作和逐个项目运作的方式来努力保持持续改进和突破改进两种形式。并且他对实行组织内部质量策划的主要观点包括：识别客户和客户需求；制定最佳质量目标；建立质量衡量方式；设计策划在运作条件下满足质量目标的过程；持续增加市场份额；优化价格，降低公司或工厂中的错误率。

朱兰认为大部分质量问题是管理层的错误而并非工作层的技巧问题。总的来说，他认为管理层控制的缺陷占所有质量问题的 80%还要多。于是在注重人力与质量的关系上，他首创将人力与质量管理结合起来。如今，这一观点已包含于全面质量管理的概念之中。朱兰观念的发展过程是逐步进行的。最高管理层的参与，质量知识的普及培训，质量实用性的定义，质量改进逐个项目的运作方法，“重要的少数”与“有用的多数”及“三部曲”（质量策划、质量控制、质量改进）之间的区别——朱兰就是以这些观点而闻名的。其至理名言：质量是一种合用性，即产品在使用期间能满足使用者的要求。所以想要解决管理层的质量问题首先必须确立一种普遍适用的质量方法，即一种适用于公司集团中各个层次和各种职能，从行政领导、办公室人员到普通工人的方法。不仅如此，要达到这一目标还需要以积极向上的领导力和环境，以及对质量的有力支持作为其基础。没有这样的质量文化为根基，它也不能充分发挥作用，因为这些因素对公司的各层人员都有影响。即使朱兰“三部曲”已十分完善但也不能充分发挥它的作用，因为在复杂的企业管理中，一个小小的因素都可能对公司的各层人员产生影响，更何况“领导力”和“环境”等并不是可被任意忽视的小因素。

PDCA 循环和朱兰“三部曲”两者都是讲质量提升过程方法，先有计划，然后按照计划去做，检查执行效果并分析，根据对前一阶段的改善行动和效果分析，给出进一步的改善计划。发现问题、分析问题并及时改进，一切从顾客出发。企业内所有人都必须直接参与，并作出承诺。正是这种牵一发而动全身的性质制约了全面质量管理的实施，使得近半数努力开展质量控制的公司以失败告终。它们遇到的最大困难是改造公司文化，克服人们消极态度。但无论存在多少障碍，管理者都必须清楚：在全球化经济的今天质量是非常重要的，如果没有质量一切都将无从谈起。不过在朱兰“三部曲”里，没有强调执行过程，没有强调改善行动是不断的、逐步地改善，现实中一步到位的品质改善活动很少存在。

4.3 ISO质量标准与质量体系认证

4.3.1 ISO 9000族标准

1. ISO9000族标准的产生

1987年ISO9000族国际质量管理标准问世，即ISO9000：1987系列标准。1987版ISO9000族标准来源于英国标准BS5750。为了在质量管理领域推广这一行之有效的管理方法，国际标准化组织第176技术委员会（ISO/TC176）的专家和该组织的成员国经过卓有成效的努力和辛勤劳动，1987年制定并发布了首版ISO9000族标准，使之成为衡量企业质量管理活动状况的一项基础性国际标准。自此，ISO9000族标准就如同一本全球畅销书，在欧洲、美洲、亚洲以及全球逐步推广开来。这种质量管理模式在给企业管理注入新的活力和生机、给世界贸易带来质量可信度、给质量管理体系提供评价基础的同时，也随着全球经济一体化、客观认知的提高和标准自身的需要不断发展和完善。1994年ISO9000族标准改版——新的ISO9000：1994标准更加完善，为世界绝大多数国家所采用。2000年12月15日，ISO9001：2000标准发布，标志着质量管理体系发展到一个新的阶段。

ISO9000族标准主要是为了促进国际贸易而发布的，是买卖双方对质量的一种认可，是贸易活动中建立相互信任关系的基石。众所周知，对产品提出性能、指标要求的产品标准包括很多企业标准和国家标准。但这些标准还不能完全解决客户的要求和需要。客户希望拿到的产品不仅要求当时检验是合格的，而且在产品的全部生产和使用过程中，对人、设备、方法和文件等一系列工作都提出了明确要求，通过工作质量来保证产品实物质量，最大限度地减少它隐含的缺陷。

现在许多国家把ISO9000族标准转化为自己国家的标准，鼓励、支持企业按照这个标准来组织生产，进行销售。而作为买卖双方，特别是作为产品的需方，希望产品的质量不仅购买的是好的，且在整个使用过程中故障率也能降到最低程度。即使有了缺陷，也能为用户提供及时的服务。在这些方面，ISO9000族标准都有规定。符合ISO9000族标准已经成为在国际贸易上需方对卖方的一种最低限度的要求，就是说要做什么买卖，首先看你的质量保证能力，也就是你的水平是否达到了国际公认的ISO9000质量体系的水平，然后才继续进行谈判。现代的企业，为了使自己的产品能够占领市场并巩固市场，能够把自己产品打向国际市场，无论如何都要不断提高自己的质量管理水平。同时基于客户的要求，很多企业也都高瞻远瞩地主动把工作规范在ISO9000这个尺度上，逐步提高实物质量。可以说，通过ISO9000认证已经成为企业证明自己产品质量、工作质量的国际通行“护照”。

2. ISO9000的特点和组成

从ISO9000族标准的演变过程可见，1987版ISO9001标准从自我保证的角度出发，更多关注的是企业内部的质量管理和质量保证；1994版ISO9001标准则通过20个质量管理体系要素，把用户要求、法规要求及质量保证要求纳入标准的范围中；2000版ISO9001标准在标准构思和标准目的等方面出现了具有时代气息的变化，过程方法的概念、顾客需求的考虑、持续改进的思想贯穿于整个标准，把组织的质量管理体系满足顾客要求的能力和程度体现在标准的要求之中。

随着ISO9000族标准应用的普及和标准用户的增加，ISO9000族标准中过多的标准数量、标准在不同经济技术领域中应用的难易程度、质量管理体系的有效性成为标准使用中普遍关注的焦点。为解决1994版标准使用过程中出现的问题并考虑到标准未来的发展，充分满足顾客的需求，ISO/TC176于1997年进行了一项有1120位用户和顾客参与的全球性采用ISO9000族标准情况书面调查，征集标准用户的意见和建议，以便在标准的修订中更准确地理解标准用户的需求，在新版标准的内容中更确切地体现质量管理体系的综合功能和效能。书面征求意见的内容也包括修订标准的意愿、ISO9001 标准与 ISO9004 标准的各自特点和相互关系、质量管理体系标准与环境管理体系标准的关系等。2000 年 12 月 15 日正式由国际标准化组织颁布实施，ISO9000、ISO9001、ISO9004 和 ISO19011 四项标准构成新版 ISO9000：2000 族标准的核心标准。

2000 版 ISO9001 标准在结构、内容、构思等方面与 1994 版标准相比发生了明显的变化。新版标准采用了以过程为基础的质量管理体系机构模式，这与 1994 版 ISO9001 标准以 20 个要素为基础的机构模式完全不同。以过程为基础的结构模式比以要素为基础的结构模式更切合实际，被更多地运用在当今的管理活动中。过程模式的使用实现 2000 版 ISO9001 标准内容与 ISO14001 标准中 PDCA 循环相统一的目的，并把 1994 版 ISO9001 标准的 20 个要素全部容纳到新版标准中。

2000 版 ISO9000 族标准的文件组成结构为：

（1）核心标准 4 个。

ISO9000：2000《质量管理体系—基本原理和术语》

ISO9001：2000《质量管理体系—要求》

ISO9004：2000《质量管理体系—业绩改进指南》

ISO19011：2000《质量和环境管理审核指南》

（2）其他标准 1 个。

ISO10012《测量控制系统》

（3）技术报告若干份。

ISO/TR10005 《质量计划编制指南》

ISO/TR10006 《项目管理指南》

ISO/TR10007 《技术状态管理指南》

ISO/TR10013 《质量管理体系文件指南》

ISO/TR10014 《质量经济性指南》

ISO/TR10015 《教育和培训指南》

ISO/TR10017 《统计技术在 ISO9001 中的应用指南》

（4）作为指导性文件的宣传小册子若干份。

《质量管理原理》

《选择和使用指南》

《ISO9001 在小型企业中的应用指南》

另外，为防止将 ISO9000 族标准发展为“质量管理的百科全书”，ISO/TC176 将与其他委员会或相关行业合作，以扩大 ISO9000 族标准的使用范围。例如，ISO/TC176 与国际汽车行业合作，制定了汽车行业的国际标准：ISO/DTR16949《质量体系—汽车业供应方》（草案），以取代美国、德国、法国和意大利的汽车行业标准 QS9000、VDA-6.1、EAQF 和 AVSQ。ISO/TC176 和医学行业合作制定了 ISO/FDIS13485《质量体系—ISO9001 在医疗器械中的应用》等国际标准。

3. ISO9000 族标准的质量管理原则

早在 1995 年 ISO/TC176 在策划 2000 版 ISO9000 族标准时，就准备针对组织管理者编制一套有关质量管理的文件，其中最重要的就是质量管理原则。为此还成立了一个专门的工作小组（WG15），这个小组专门负责征集世界上著名质量管理专家的意见，在汇集这些意见的基础上编写了 ISO/CD19004-8《质量管理原则及其应用》。此文件在 1996 年 TC176 的特拉维夫年会上受到普遍欢迎。WG15 为了确保此文件的权威和广泛一致性，又在 1997 年的哥本哈根年会上对八项质量管理原则进行投票确认，获全体通过。所以说八项质量管理原则在 2000 版 ISO9000 族标准草案发表前就已得到全球质量管理方面专家的认同，成为 2000 版新标准的理论基础。下面对八项质量管理原则进行剖析。

原则 1：以顾客为中心，组织依存于顾客。因此，组织应理解顾客当前的和未来的需求，满足顾客要求并争取超越顾客期望。顾客是每一个组织存在的基础，顾客的要求是第一位的，组织应调查和研究顾客的需求和期望，并把它转化为质量要求，采取有效措施使其实现。这个指导思想不仅领导要明确，还要在全体职工中贯彻。

原则 2：领导作用。领导必须将本组织的宗旨、方向和内部环境统一起来，并创造使员工能够充分参与实现组织目标的环境。领导的作用，即最高管理者具有决策和领导一个组织的关键作用。为了营造一个良好的环境，最高管理者应建立质量方针和质量目标，确保关注顾客要求，确保建立和实施一个有效的质量管理体系，并随时将组织运行的结果与目标进行比较，根据情况决定实现质量方针，目标的措施决定持续改进的措施。在领导作风上还要做到透明、务实和以身作则。

原则 3：全员参与。各级人员是组织之本，只有他们的充分参与，才能为组织带来最大的收益。全体职工是每个组织的基础。组织的质量管理不仅需要最高管理者的正确领导，还有赖于全员的参与。所以要对职工进行质量意识、职业道德、以顾客为中心的意识和敬业精神的教育，还要激发他们的积极性和责任感。

原则 4：过程方法。将相关的资源和活动作为过程进行管理，可以更高效地得到期望的结果。过程方法的原则不仅适用于某些简单的过程，也适用于由许多过程构成的过程网络。在应用于质量管理体系时，2000 版 ISO9000 族标准建立了一个过程模式。此模式把管理职责，资源管理，产品实现，测量、分析和改进作为体系的 4 大主要过程，描述其相互关系，并以顾客要求为输入，提供给顾客的产品为输出，通过信息反馈来测定顾客满意度，评价质量管理体系的业绩。

原则 5：管理的系统方法。针对设定的目标，识别、理解并管理一个由相互关联的过程所组成的体系，有助于提高组织的有效性和效率。这种建立和实施质量管理体系的方法，既可用于新建体系，也可用于现有体系的改进。此方法的实施可在三方面受益：一是提供对过程能力及产品可靠性的信任；二是为持续改进打好基础；三是使顾客满意，最终使组织获得成功。

原则 6：持续改进。持续改进是组织的一个永恒的目标。在质量管理体系中，改进指产品质量、过程及体系有效性和效率的提高。持续改进包括：了解现状；建立目标；寻找、评价和实施解决办法；测量、验证和分析结果，把更改纳入文件等活动。

原则 7：基于事实的决策方法。对数据和信息的逻辑分析或直觉判断是有效决策的基础。以事实为依据作决策，可防止决策失误。在对信息和资料作科学分析时，统计技术是最重要的工具之一。统计技术可用来测量、分析和说明产品及过程的变异性，为持续改进的决策提供依据。

原则 8：互利的供方关系。通过互利的关系，增强组织及其供方创造价值的能力。供方提供的产品将对组织向顾客提供满意的产品产生重要影响，因此处理好与供方的关系，影响到组织能否持续稳定地提供顾客满意的产品。对供方不能只讲控制不讲合作互利，特别是对关键供方，更要建立互利关系，这对组织和供方都有利。

4.3.2 ISO 14000族标准

1. ISO14000 系列标准

ISO14000 系列标准是国际标准化组织 ISO/TC207 负责起草的一份国际标准。ISO14000 是一个系列的环境管理标准，它包括了环境管理体系、环境审核、环境标志、生命周期分析等国际环境管理领域内的许多焦点问题，旨在指导各类组织（企业、公司）取得和表现正确的环境行为。标准的使用方法与其他环境质量标准、排放标准完全不同。首先它是自愿性的标准；其次它是管理标准，为各类组织提供了一整套标准化的环境管理体系和管理方法。现在已成为国际标准的 ISO14001 标准是 ISO14000 系列标准的核心，企业实施一套标准化的环境管理体系，并由第三方认证机构依照标准及各国的法律法规要求进行环境管理体系审核，符合标准要求的即为通过认证，取得认证证书。ISO 该 14000 系列标准共预留 100 个标准号，共分七个系列，其编号为 ISO14001～14100。

ISO14000 作为一个多标准组合系统，按标准性质分为三类。

第一类：基础标准——术语标准。

第二类：基本标准——环境管理体系、规范、原理、应用指南。

第三类：支持技术类标准（工具），包括：①环境审核；②环境标志；③环境行为评价；④生命周期评估。

如按标准的功能，可以分为两类。

第一类：评价组织。①环境管理体系；②环境行为评价；③环境审核。

第二类：评价产品。①生命周期评估；②环境标志；③产品标准中的环境指标。

国际标准化组织（ISO）已于 2004 年 11 月 15 日颁布了 ISO14001：2004 标准的正式版本。国际标准化组织经与国际认证论坛协调，决定 ISO14001：1996 转换为 ISO14001：2004 的时间为 18 个月。也就是说，在 2006 年 5 月 15 日之后，ISO14001：1996 的证书将失效，已经通过 ISO14001：1996 的组织必须在 2006 年 5 月 15 日之前转换为 ISO14001：2004。ISO14001：2004 的颁布实施，进一步增强了 ISO14001 标准与 ISO9001：2000、OHSAS18001：1999 的兼容性，更加方便了各类组织对 ISO14001 标准的采用。同时，随着我国经济融入全球经济一体化进程的加快，一些国家和组织对环境保护越来越重视，公众的环保意识越来越强烈，获得 ISO14001 认证已经成为企业跻身于国际市场的通行证，必将有更多的企业投入到 ISO14001 认证的队伍中来。

2. 实施 ISO14000 的特点和益处

（1）特点。

① 范围广。它适用于所有国家所有类型的组织机构，不论是在企业、社会团体、金融机构、服务行业还是政府部门，不论是公立还是私营，均可采用这种标准。

② 可用于各种类型的审核与注册。ISO14000 不仅是建立环境管理体系的指南和标准，而且也可用作进行内审、外审和认证注册的标准依据，同时也可用于第二方审核或合同审核。

③ 不增加贸易壁垒。制定 ISO14000 的目的不仅在于不使其自身成为新的贸易壁垒，而且努力消除贸易壁垒，使之对国内、国外一致。

④ 非强制性。同 ISO9000 一样，企业或组织是否按 ISO14000 标准建立环境管理体系是完全自愿的。但作为当地环境法规的要求，企业应有自己的环境管理制度。ISO14000 与现有的环境管理体系并不矛盾。实施 ISO14000 会对完善或加强现有环境管理体系有所帮助。

⑤ 方法与试验方法具有标准性。不论企业进行环境评价还是进行环境检测，都没有完全认可的技术标准为国际标准、地区标准、国家标准或行业技术标准。而 ISO14000 为各类企业推行环境管理体系制定了一套可普遍接受和认同的标准，使之在评价方法上达到统一。

⑥ 产品或服务环境影响的评价方法具有可测性。企业在进行环境评价或环境因素分析时所用的信息、数据、资料等及制定的目标和指标应有意义、准确和可测性。

⑦ 强调持续改进。不同于 ISO9000 对持续符合的要求，ISO14000 强调组织通过对环境管理体

系的不断评审，取得不断改进和提高的客观证据。

（2）实施ISO14000的益处。

① 企业实施ISO14000系列标准，可以提高企业形象，增强企业的市场竞争力。因为在今后的市场竞争中，消费者不仅会关心产品的价格与质量，并且随着他们的环境保护能力，价格、质量与环境保护能力将成为产品适销对路的基本条件。

② 为企业提供了加强基础管理、环境管理的首要工具。根据ISO14000的要求，企业需对产品生产的各个环节（从进料到销售，甚至到产品回收与废物利用）加以控制，从而提高企业的生产效率、预防污染的能力与经济效益，进一步改善企业的经营管理状况。

③ 提高企业产品在国际市场上的竞争能力和信誉。ISO14000为企业参与公平竞争创造了良好的外部环境，企业拥有良好的生产、销售循环系统，就可以增强企业自身的可信度。

④ 减少非关税贸易壁垒，加快我国经济与世界经济接轨的步伐。供世界各国共同使用的ISO14000系列标准，可以消除各国对环境保护的壁垒，发展对外贸易，对所有贸易伙伴都是有利的。

3. ISO14000与ISO9000的关系

ISO9000与ISO14000标准均为管理标准。ISO14000是环境管理标准，都是对企业进行过程管理，同时对组织也没有规模和服务性质的要求。ISO9000（2000版）标准已经充分考虑到与ISO14000标准的协调和兼容。因此，同时采用两个标准体系是完全可行的，并可减少组织各方面的投入。

两者共同之处如下。

① ISO14000与ISO9000具有共同的实施对象：在各类组织建立科学、规范和程序化的管理系统。

② 两套标准的管理体系相似：ISO14000某些标准的框架、结构和内容参考了ISO9000中某些标准规定的框架、结构和内容。

两者不同之处有以下几点。

① 承诺对象不同。ISO9000标准的承诺对象是产品的使用者、消费者，它是按不同消费者的需要，以合同形式进行体现的。而ISO14000系列标准则是向相关方的承诺，受益者将是全社会，是人类的生存环境和人类自身的共同需要，这无法通过合同体现，只能通过利益相关方，其中主要是政府来代表社会的需要，用法律、法规来体现。所以，ISO14000的最低要求是达到政府的环境法律、法规与其他要求。

② 承诺的内容不同。ISO9000系列标准是保证产品的质量；而ISO14000系列标准则要求组织承诺遵守环境法律、法规及其他要求，并对污染预防和持续改进作出承诺。

③ 体系的构成模式不同。ISO9000的质量管理模式是封闭的，而环境管理体系则是螺旋上升的开环模式，要求体系不断地有所改进和提高。

④ 审核认证的依据不同。ISO9000标准是质量管理体系认证的根本依据；而环境管理体系认证除符合ISO14001外，还必须结合本国的环境法律、法规及相关标准。如果组织的环境行为不能满足国家要求，则难以通过体系的认证。

⑤ 对审核人员资格的要求不同。对从事ISO9000认证工作人员并没有特别的专业背景要求，而从事ISO14000认证工作的人员则必须具备相应的环境知识和环境管理经验，否则难以对现场存在的环境问题做出判断。

4.3.3 质量体系与质量体系认证

1. 质量体系认证的基本概念

“认证”一词的英文原意是一种出具证明文件的行动。ISO/IEC指南2：1986中对“认证”的定义是:“由可以充分信任的第三方证实某一经鉴定的产品或服务符合特定标准或规范性文件的活动。”举例来说，对第一方（供方或卖方）生产的产品甲，第二方（需方或买方）无法判定其品质是否合格，而由第三方来判定。第三方既要对第一方负责，又要对第二方负责，不偏不倚，出具的证明要能获得双方的信任，这样的活动就叫“认证”。这就是说，第三方的认证活动必须公开、公正、公平，才能有效。这就要求第三方必须有绝对的权力和威信，必须独立于第一方和第二方之外，必须与第一方和第二方没有经济上的利害关系，或者有同等的利害关系，或者有维护双方权益的义务和责任，才能获得双方的充分信任。这个第三方的角色应该由谁来担当呢？显然，非国家或政府莫属。由国家或政府的机关直接担任这个角色，或由国家或政府认可的组织去担任这个角色，这样的机关或组织就叫“认证机构”。

我国质量标准工作从1981年起步，目前已经颁布了《中华人民共和国标准化法》、《中华人民共和国产品质量法》和《中华人民共和国产品质量认证管理条例》等一系列法律法规，明确了国家技术监督局是统一管理我国认证工作的职能部门。现在，各国的认证机构主要开展如下两方面的认证业务。

（1）产品质量认证。

产品质量认证是指依据产品标准和相应的技术要求，经认证机构确认并通过颁发认证证书和认证标志证明某一产品符合相应的标准和相应的技术要求的活动。产品质量认证是随着现代工业的发展作为一种外部质量保证的手段逐步发展起来的。在此之前，企业间进行贸易活动，为取得对方对产品质量的信任，往往采用“合格声明”的方式，但有很大的局限性。因此，为顺应供方树立其产品信誉、社会保障消费者利益以及安全和立法的需要，由第三方证实产品质量的现代质量认证制度便随之而生。从20世纪30年代开始，质量认证得到了较快的发展；到50年代，基本上已在所有工业发达国家普及。

随着时间的推移，质量认证制度本身也得到了较大的发展。起初，各认证机构只对产品本身进行检验和试验，仅能证明供方的产品设计符合规范要求，并不能担保供方以后继续遵守技术规范。后来质量认证机构增加了对供方质量保证能力的检查和评定以及获证后的定期监督，从而证明了供方生产的产品持续符合标准。到70年代，质量认证制度又有了新的发展，出现了单独对供方质量体系进行评定的认证形式。

（2）质量体系认证。

质量体系认证是指由公正的第三方体系认证机构，依据正式发布的质量体系标准（即采用ISO9000族标准），对被认证企业的质量体系进行审核，并以颁发认证证书和发布注册名录的形式，向公众证明企业的质量体系符合某一质量体系标准，有能力按规定的质量要求提供产品，可以相信企业在产品质量方面能够说到做到。

质量体系认证的目的是要让公众（消费者、用户、政府管理部门等）相信企业具有一定的质量保证能力，其表现形式是由体系认证机构出具体系认证证书的注册名录，依据的条件是正式发布的质量体系标准，取信的关键是体系认证机构本身具有的权威性和信誉。

质量体系认证中使用的基本标准不是产品技术标准，因为体系认证中并不对认证企业的产品实物进行检测，颁发的证书也不证明产品实物符合某一特定产品标准，而是证明企业有能力按政府法规、用户合同、企业内部规定等技术要求生产和提供产品(服务)。目前世界上质量体系认证通用的质量体系标准即ISO9000族国际标准。

2. 企业推行ISO9000质量体系认证的一般步骤

简单地说，推行ISO9000质量体系认证有如下五个必不可少的过程：知识准备－立法－宣传贯彻－执行－监督和改进。在具体实施时，可以根据公司的具体情况，对上述五个过程进行规划，按照一定的推行步骤，引导公司逐步建立 ISO 9000 的质量管理体系。以下是企业推行 ISO 9000 质量体系认证的典型步骤，从中可以看出，这些步骤中完整地包含了上述五个过程。

① 企业原有质量体系识别、诊断；

② 任命管理者、组建 ISO 9000 推行机构；

③ 制定目标及激励措施；

④ 各级人员接受必要的管理意识和质量意识训练；

⑤ ISO 9001 标准知识培训；

⑥ 质量体系文件编写；

⑦ 质量体系文件大面积宣传、培训、发布、试运行；

⑧ 内审员接受训练；

⑨ 若干次内部质量体系审核；

⑩ 在内审基础上的管理者评审；

⑪ 质量管理体系完善和改进；

⑫ 申请外部认证。

企业在推行 ISO 9000 之前，应结合本企业实际情况，对上述各推行步骤进行周密的策划，并给出时间上和活动内容上的具体安排，以确保得到更有效的实施。企业经过若干次内部审核并逐步纠正改进后，若认为所建立的质量管理体系已符合所选标准的要求（具体体现为内审所发现的不符合项较少时），便可申请外部认证。

3. 推行 ISO 9000 质量管理体系认证的作用

（1）强化品质管理，提高企业效益；增强客户信心，扩大市场份额。负责 ISO 9000 质量管理体系认证的认证机构，都是经过国家认可机构认可的权威机构，对企业质量管理体系的审核是非常严格的。这样对于企业内部来说，可按照经过严格审核的国际标准化的质量管理体系进行质量管理，真正达到法治化、科学化的要求，极大地提高工作效率和产品合格率，迅速提高企业的经济效益和社会效益。对于企业外部来说，当顾客得知供方按照国际标准实行质量管理，拿到了 ISO 9000 质量管理体系认证证书，并且有认证机构的严格审核和定期监督，就可以确信该企业是能够稳定地生产合格产品乃至优秀产品的信得过的企业，从而放心地与企业订立供销合同，扩大了企业的市场占有率。可以说，在这两方面都收到了立竿见影的功效。

（2）获得了国际贸易“通行证”，消除了国际贸易壁垒。许多国家为了保护自身的利益，设置了种种贸易壁垒，包括关税壁垒和非关税壁垒。其中非关税壁垒主要是技术壁垒，技术壁垒中又主要是产品质量认证和 ISO 9000 质量管理体系认证的壁垒。特别是在“世界贸易组织”内，各成员国之间相互排除了关税壁垒，只能设置技术壁垒，所以获得认证是消除贸易壁垒的主要途径。

（3）节省了第二方审核的精力和费用。在现代贸易实践中，第二方审核早就成为惯例，又逐渐发现其存在很大的弊端：一个供方通常要为许多需方供货，第二方审核无疑会给供方带来沉重的负担；另外，需方也需支付相当的费用，同时还要考虑派出或雇佣人员的经验和水平问题，否则花了费用也达不到预期的目的。ISO 9000 认证可以排除这样的弊端。因为作为第一方的生产企业申请了第三方的 ISO 9000 认证并获得了认证证书以后，众多第二方就不必要再对第一方进行审核，这样不管是第一方还是第二方都可以节省很多精力或费用。如果企业在获得了 ISO 9000 认证之后，再申请 UL、CE 等产品品质认证，还可以免除认证机构对企业的质量管理体系进行重复认证的开支。

（4）在产品品质竞争中永远立于不败之地。国际贸易竞争的手段主要是价格竞争和质量竞争。

由于低价销售的方法不仅使利润锐减，如果构成倾销还会受到贸易制裁，所以价格竞争的手段越来越不可取。20 世纪 70 年代以来，质量竞争已成为国际贸易竞争的主要手段，不少国家把提高进口商品的质量要求作为限入奖出的贸易保护主义的重要措施。实行 ISO 9000 国际标准化的质量管理，可以稳定地提高产品质量，使企业在产品质量竞争中永远立于不败之地。

（5）有效地避免产品责任。各国在执行产品质量法的实践中，由于对产品质量的投诉越来越频繁，事故原因越来越复杂，追究责任也就越来越严格。尤其是近年来，发达国家都在把原有的“过失责任”转变为“严格责任”的法理，对制造商的安全要求提高很多。例如，工人在操作一台机床时受到伤害，按“严格责任”法理，法院不仅要看该机床机件故障之类的质量问题，还要看其有没有安全装置，有没有向操作者发出警告的装置等。法院可以根据上述任何一个问题判定该机床存在缺陷，厂方便要对其后果负责赔偿。但是按照各国产品责任法，如果厂方能够提供 ISO 9000 质量体系认证证书，便可免除赔偿责任。

（6）有利于国际间的经济合作和技术交流。按照国际间经济合作和技术交流的惯例，合作双方必须在产品（包括服务）质量方面有共同的语言、统一的认识和共同遵守的规范，才能进行合作与交流。ISO 9000 质量体系认证正好提供了这样的相互信任，所以有利于双方迅速达成协议。

4.4 质量控制

企业要在激烈的市场竞争中生存和发展，仅靠方向性的战略性选择是不够的。任何企业间的竞争都离不开“产品质量”的竞争，没有过硬的产品质量，企业终将在市场经济的浪潮中消失。而产品质量作为最难以控制和最容易发生的问题，往往让供应商苦不堪言，小则退货赔钱，大则客户流失，关门大吉。因此，如何有效地进行过程控制是确保产品质量和提升产品质量，促使企业发展、赢得市场、获得利润的核心。

1. 质量控制的概念

为达到质量要求所采取的作业技术和活动称为质量控制。这就是说，质量控制是为了通过监视质量形成过程，消除质量环上所有阶段引起不合格或不满意效果的因素，以达到质量要求，获取经济效益，而采用的各种质量作业技术和活动。

2. 质量控制方法

（1）质量控制方法的概念。质量控制方法是保证产品质量并使产品质量不断提高的一种质量管理方法。它通过研究、分析产品质量数据的分布，揭示质量差异的规律，找出影响质量差异的原因，采取技术组织措施，消除或控制产生次品或不合格品的因素，使产品在生产的全过程中每一个环节都能正常、理想地进行，最终使产品能够达到人们需要所具备的自然属性和特性，即产品的适用性、可靠性及经济性。

（2）质量控制方法的特点与作用。质量控制方法是由美国贝尔电话研究所休哈特在 1924 年首先提出，后于 1931 年由他与同一研究所的道奇和罗米格两人一起研究并进一步发展。它有三个特点：一是运用数量统计方法；二是着重于对生产全过程中的质量控制；三是广泛运用各种质量数据图。

质量控制方法的主要作用是：可以使设计、制造和检验三方面的人员在质量管理中得到协调和配合；可以使质量管理从单纯的事后检验发展成为对生产全过程中产品质量的控制；可以观察记录在管理图上的数据，及时分析生产过程中的质量问题，以便迅速采取措施，消除造成质量问题的隐患，使生产处于稳定状态。

（3）质量控制方法运用的步骤。运用质量控制方法控制产品质量的全过程分为以下三个步骤。

① 订立质量标准。这是进行质量控制的首要条件。质量标准，一般分为质量基础标准、成品质量标准、工艺质量标准、工艺装备质量标准、零部件质量标准、原材料和毛坯质量标准六类。

② 收集质量数据。这是进行质量控制的基础。任何质量都表现为一定的数量，同时任何质量的特性、差异性都必须用数据来说明。进行质量控制离不开数据，质量数据分为两大类，即计量数据和计件数据。计量数据是可以连续取值的，或者可以用测量工具具体测量出来，通常可以获得在小数点以下的数值数据；计件数据则是不能连续取值的，或者即使用测量工具也得不到小数点以下的数据，而只能得到 0、1、2、3、4……的整数数据。

③ 运用质量图表进行质量控制。这是控制生产过程中产品质量变化的有效手段。控制质量的图表有以下几种，即分层图表法、排列图法、因果分析图法、散布图法、直方图法、控制图法，以及关系图法、KJ 图法、系统图法、矩阵图法、矩阵数据分析法、PDPC 法、网络图法。这些图表在控制产品质量的过程中相互交错，应灵活运用。

3. 七种常用的质量控制方法

（1）分层法。分层法又称层别法、分类法或分组法，是质量管理中用来分析影响质量因素的重要方法。它是将不同类型的数据按照同一性质或同一条件进行分类，从而找出其内在统计规律的统计方法。常用分类方式有按时间分（如季、月、日、班次等）、按操作者分（如性别、年龄、技术水平）、按使用设备分（如设备的类型、新旧程度、不同生产方式和工具等）、按原材料分（如产地、制造厂、成分规格、领料时间、批量等）、按操作方法（如不同操作条件、工艺要求、生产快慢、操作环境等）、按检测（如测量者、测量仪器、取样方法和条件等）以及按其他方面来分（如按地区、气候、使用条件、缺陷部分、不良品的内容等）。这是分析影响产品质量原因及责任的一种基本方法，经常与质量管理中的其他方法一起使用，如将数据分层之后再加工整理成排列图、直方图、控制图及散布图等。

【例题 4-1】 汽车发动机装配厂的汽缸与汽缸盖之间经常发生漏油现象，为解决这一质量问题，必须调查密封不好的原因。通过现场调查发现，被调查的 100 台柴油机中，有 38 台漏油，漏油率为 38%。经专家分析，得知这一问题由两个原因造成：一是涂密封剂的 3 位师傅操作方法不同；二是供应原材料的两家厂生产的汽缸垫不同。

为了弄明白造成漏油的原因，采用分层法进行分析。首先按操作者分，得到情况统计表 4-1；其次按材料供应商分，得到统计表 4-2。

表 4-1　按操作者分层统计表

操作者	漏油	不漏油	发生率
工人 A	12	26	32%
工人 B	6	18	25%
工人 C	20	18	53%
总计	38	62	38%

表 4-2　按材料供应商分层统计表

供应商	漏油	不漏油	发生率
供应商 A	18	28	39%
供应商 B	20	34	37%
总计	38	62	38%

从表4-1中可以看出，工人B的漏洞发生率低；从表4-2中可以看出，供应商B的汽缸垫的漏油发生率低。因此得出结论：选用供应商B的汽缸垫，采用工人B的操作方法。如果我们按照这一结论来安排，看看事实是否真的如此。若考虑两者是相关的，则得如表4-3所示的漏油分层表。

表4-3　　综合分层统计表

供应商/操作者			汽缸垫		共计
			供应商A	供应商B	
操作者	工人A	漏油	12	0	12
		不漏油	4	22	26
	工人B	漏油	0	6	6
		不漏油	10	8	18
	工人C	漏油	6	14	20
		不漏油	14	4	18
共计		漏油	18	20	38
		不漏油	28	34	62
共计			46	54	N=100

从表4-3中可以看出，如果选用供应商B的汽缸垫，采用工人B的操作方法，漏油率为：6/14=43%，而原来的是38%，这说明漏油率不但没下降反而增加了，这是为什么呢?原因在于这种分层方法存在错误，认为操作者与供应商两者是没有联系的。所以，在单独运用分层法时，不能简单地按单一因素各自分层，应考虑到各因素之间的相关性。

（2）调查表。调查表又称检查表、核对表。它是利用图表记录、搜集和积累数据，并能整理和粗略分清原因的一种工具。

由于它用起来简便、易行，而且能同时整理数据、便于分析，因此在推行全面质量管理中得到了广泛的应用。调查表的形式多种多样，可以根据调查质量的目的不同而灵活设计适用的调查表，常用的调查表有以下4种。

① 缺陷位置调查表。缺陷位置调查表是将产品零件、产品的形状画在图上，将实物的缺陷按分布位置相应地在图形上进行统计。

② 不良原因调查表。要弄清各种不良品发生原因，就需要按设备、操作者、时间等标志综合起来进行调查，填写不良原因检查表。

【例题4-2】 表4-4是塑料制品不良原因调查表，工人甲在2号设备上加工塑料水杯时发生不良品较多（有71个），星期五那天不良品较多（有56个）。经过进一步调查分析后发现是工人在设备上更换模具不及时造成的，星期五则是原料成分不符合质量要求所产生的。

表4-4　　料制品不良原因调查表

操作者	设备	星期一		星期二		星期三		星期四		星期五		星期六		合计
		上午	下午	上午	下午	上午	下午	上午	下午	上午	下午	上午	下午	
甲	1	AAA	AA	A C	AA C	AAAA C	A BB	AA B C	A BB	AAA BBBB	AAAA BBBB	AAAA B CC	A CC	50
	2	AAAA BB C	AAAA	AA B	AAA BB	AAAA BB	AAA BBB	A BB C	AA A BB CC	AAAA A BBB CC	AAAA B	AAAA CC	AA A B	71

续表

操作者	设备	星期一		星期二		星期三		星期四		星期五		星期六		合计
		上午	下午	上午	下午	上午	下午	上午	下午	上午	下午	上午	下午	
乙	3	AA B	AA D	AA E	A E	AAA	DD	AA B	A B	AAAA A	AAAA A B	AA	AA A	37
	4	AAA BB C	AA BB E	A BBB	AA BB	D	AAA A	AA B	A B	AAAA A DD	AAAA B CC	AA D	AA DD	50
合计		19	14	12	14	15	15	14	14	29	27	18	17	208

表中：A 表示缺陷不良，B 表示尺寸不良，C 表示材料不良，D 表示加工不良，E 表示其他。

③ 不合格品项目调查表。不合格品项目调查表主要用来调查生产现场不合格品项目频数和批次不合格品率，以便粗略掌握造成废品的原因和操作者、班组、原材料、工艺等方面的差异。

④ 工序质量特性值调查表。表 4-5 是对质量特性分布状况的记录和调查统计。

表 4-5　　轴径测定数据（单位：0.01mm）

测定数据										最大	最小
46 41	43 41	79 77	42 46	49 45	50 81	80 59	76 60	49 54	89 53	89	41
44 78	88 47	77 46	49 90	48 52	90 76	52 82	45 70	49 73	59 79	90	44
45 53	74 83	90 55	64 55	83 72	73 88	50 44	50 84	76 83	58 79	90	44
79 87	56 51	74 68	63 52	86 84	70 48	86 51	48 76	74 51	77 74	87	48
42 62	44 55	69 88	43 87	74 75	69 89	74 79	45 85	70 47	84 70	89	42
46 62	43 55	79 88	42 87	49 75	50 89	80 79	76 85	49 47	89 70	89	42

（3）因果图

① 因果图概念。

因果图又叫鱼刺图、石川图（日本石川磐发明），是一种用于分析影响产品质量的因果关系，以一个发生质量问题结果去寻找影响产品质量原因的分析图。在图 4-5 中，大枝对应大原因，中枝对应中原因，细枝对应小原因。通过对生产现场人员收集到的信息进行分类，同时必须将这些原因细化到可采取措施的程度。

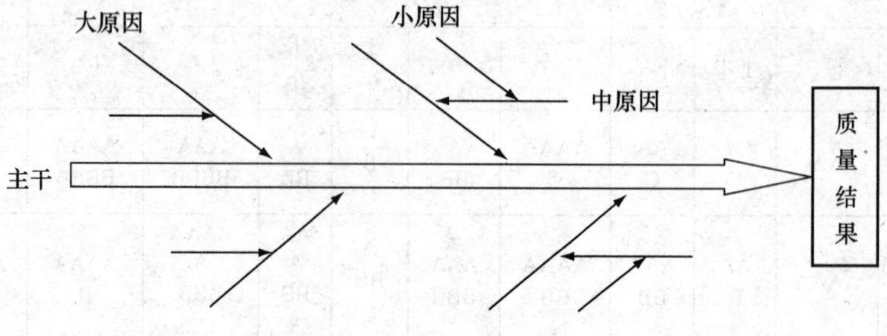

图 4-5　因果图示意图

② 因果图作图步骤。

(a) 确定要分析的质量问题，将其写在图的右边，画出主干，箭头指向右端。

(b) 确定造成质量问题的因素分类项目。

(c) 将上述项目展开，一直到能够提出问题的措施为止。

(d) 确定因果图中的主要原因，并用方框框起来，作为制定质量问题改进措施的重点对象。

作因果图的注意事项主要有四个。

(a) 要充分发挥民主，把各种意见都记录下来。

(b) 原因分析尽可能深入细致，细到直接采取措施为止，原因表达要简练、明确。

(c) 主要原因的确定采用排列图等专业技术进行分析。

(d) 画出因果图，确定主要原因后，还要到现场进行调查研究、核实，并落实到主要原因的项目上，然后制定对策加以解决。

【例题 4-3】 某印刷企业的复印质量未到预定的标准，希望通过因果图找出复印机印刷不清楚的原因，以便采取针对性措施加以解决。

解：

① 画出自左向右的大箭头。

② 找出可能的原因种类（箭头）。

③ 在每类原因中细分深层原因，逐类细分，并用长短不一、粗细各异的箭头来表示。

最后分析是由于复印机使用时间还是由于复印方法中干燥时间不够造成印刷不清楚，两项原因用黑框框起来（见图 4-6）。

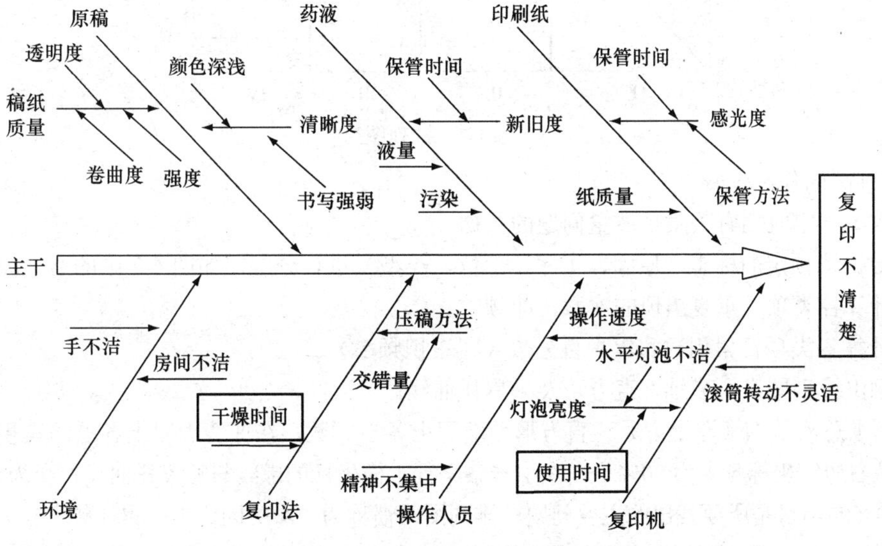

图 4-6　某印刷产品缺陷因果图

(4) 排列图。

① 排列图的概念。排列图最早是由意大利经济学家帕累托用来分析社会财富分布状况而提出的，他发现少数人占有大量财富这一现象，即所谓“关键的少数和非关键的多数”的关系。这适用许多领域，如市场销售中，20%的主要顾客占用 80%的销售量；人事方面，职员中的少数人构成缺勤的多数；在质量控制方面，大量质量不合格品消耗的费用，可归结于极其重要的少数因素。美国的朱兰加将其引进 QC 中用以寻找关键因素。

在质量管理活动中，人们常感到质量问题非常多，如果一起抓，恐怕办不到，也解决不了。要集中精力打歼灭战就要分清主次，这样才能很快收到效果。

排列图是寻找影响产品质量的主要问题，确定质量改进关键项目的图，也叫主次因素图、ABC分析法。排列图的应用范围主要在以下几个方面。

（a）分析项目主要缺陷。

（b）分析造成不合格品的主要工序原因。

（c）分析产生不合格品的关键工序。

（d）分析各种不合格品的主次地位。

（e）分析经济损失的主次因素。

（f）用于对比采用措施前后的效果等。

排列图是由两个纵坐标、一个横坐标、若干个直方形和一条累积曲线（帕累托曲线）组成的（见图 4-7）。

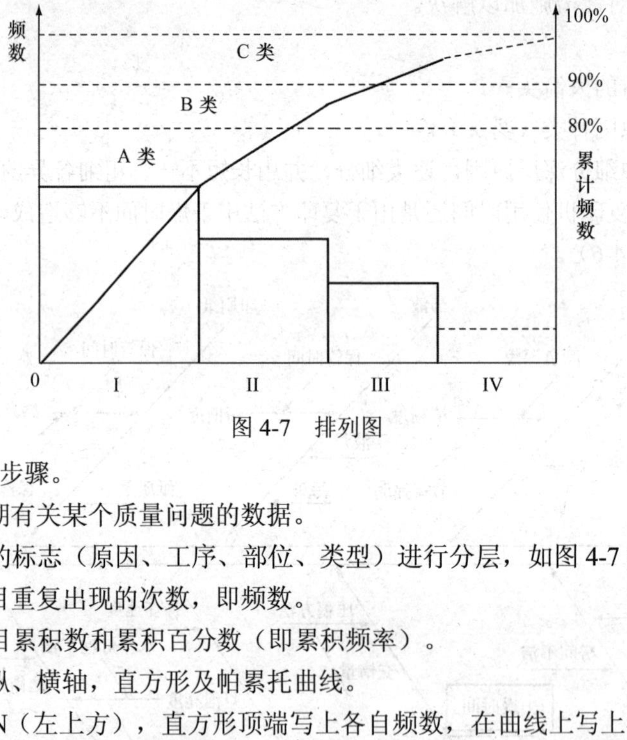

图 4-7　排列图

② 排列图的作图步骤。

（a）收集一定时期有关某个质量问题的数据。

（b）数据按预定的标志（原因、工序、部位、类型）进行分层，如图 4-7 中的 A、B、C…

（c）计算各类项目重复出现的次数，即频数。

（d）计算各类项目累积数和累积百分数（即累积频率）。

（e）画出排列图纵、横轴，直方形及帕累托曲线。

（f）写上总次数 N（左上方），直方形顶端写上各自频数，在曲线上写上各点的累积百分数。

（g）从右边纵坐标频率为 80%处向左引一条平行于横坐标的虚线与帕累托曲线相交为止。累积频率在 0～80%的项目是所要找出的主要问题，排列图习惯称为“A 类因素”；累计频率在 80%～90%称为“B 类因素”，是次要问题；累积频率在 90%～100%称为“C 类因素”，即一般问题。

【要点提示】 排列图应注意如下事项。

（a）一般情况下，主要原因的数量不宜过多，一般不超过 3 个，以免分散注意力。

（b）左侧纵坐标可以是金额、件数、时间等，选择的依据是，不良品件数要与价值成正比，造成损失大的项目放在前面。

（c）有时能找出很多影响产品质量的因素，这时可将那些相对不重要的因素归并成一类，标以“其他”类。

（d）通过画排列图，找出主要因素，解决以后，必然能将质量提高一大步，而后循此方法，最终能使质量达到十分完美的境界。

【例题 4-4】 某机械加工企业主轴颈的不合格品统计见表 4-6，试找出主要问题。

表 4-6　　主轴颈的不合格品统计表

项目	代号	数量/件	频率/%	累计频率/%
轴颈刀痕	I	153	71.8	71.8
开挡大	II	29	13.6	85.4
轴颈小	III	25	11.8	97.2
弯曲	IV	6	2.8	100
	总计	213	100	100

解：

（a）收集主轴颈质量问题的数据（见表 4-6）。

（b）将数据按 I 轴颈刀痕、II 开挡大、III 轴颈小、IV 弯曲进行分层，每一层为一个项目（见图 4-8）。

（c）计算各类项目重复出现的次数（见表 4-6）。

（d）计算各类项目累积数和累积频率（见表 4-6）。

（e）画出排列图纵、横轴，直方形及帕累托曲线（见图 4-8）。

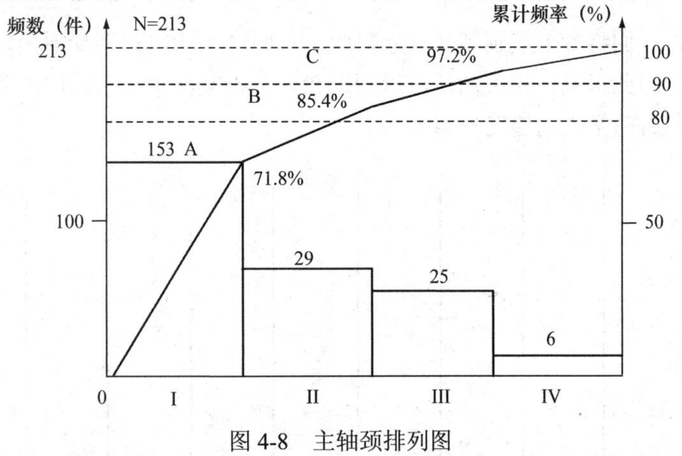

图 4-8　主轴颈排列图

（f）写上总次数 N，直方形顶端写上各自频数，在曲线上写上各点的累积百分数。

（g）从右边纵坐标频率为 80%处向左引一条平行于横坐标的虚线与帕累托曲线相交为止，其所包括的轴颈刀痕为“A 类因素”；累计频率 80%～90%所包括的开挡大为“B 类因素”；累积频率在 90%～100%所包括的轴颈小，弯曲为“C 类因素”。

（5）相关图。

① 相关图的概念。相关图又称散布图，在质量控制中它是用来显示两种质量数据之间关系的一种图形。质量数据之间的关系多属相关关系，一般有三种类型：一是质量特性和影响因素之间的关系；二是质量特性和质量特性之间的关系；三是影响因素和影响因素之间的关系。

可以用 y 和 x 分别表示质量特性值和影响因素，通过绘制散布图，计算相关系数等。分析研究两个变量之间是否存在相关关系，以及这种关系密切程度如何，进而对相关程度密切的两个变量，通过对其中一个变量的观察控制，去估计控制另一个变量的数值，以达到保证产品质量的目的。

② 相关图的功能。用相关图法，可以应用相关系数、回归分析等进行定量的分析处理，确定各种因素对产品质量影响程度的大小。如果两个数据之间的相关度很大，那么可以通过对一个变量的控制来间接控制另外一个变量。因此，对相关图的分析，可以帮助我们肯定或者是否定关于两个变量之间可能关系的假设。

③ 两个变量的相关类型。在相关图中，两个要素之间可能具有非常强烈的正相关，或弱的正相关。这些都体现了这两个要素之间不同的因果关系。一般情况下，两个变量之间的相关类型主要有六种：强正相关、弱正相关、不相关、强负相关、弱负相关以及非线性相关。

【例题 4-5】 某一种材料的强度和它的拉伸倍数是有一定关系的，为了确定这两者之间的关系，我们通过改变拉伸倍数，然后测定强度，获得了一组数据（见表 4-7 所示）。

表 4-7　　拉伸倍数与强度的对应数据

编号	拉伸倍数 x	强度 y	编号	拉伸倍数 x	强度 y	编号	拉伸倍数 x	强度 y
1	1.9	14	7	3.0	30	13	5.2	35
2	2.0	13	8	3.5	27	14	6.0	55
3	2.1	18	9	4.0	40	15	6.3	64
4	2.5	25	10	4.5	42	16	6.5	60
5	2.7	28	11	4.6	35	17	7.1	53
6	2.7	25	12	5.0	55	18	8.0	65

根据上表数据，我们将各个点画到二维象限中。从图 4-9 中可以明显看出，拉伸倍数和强度几乎是呈线性关系的。由此可见，相关图法可以帮助我们分析某两个要素之间的关系是否存在，这对于问题的最终解决具有非常大的启发作用。

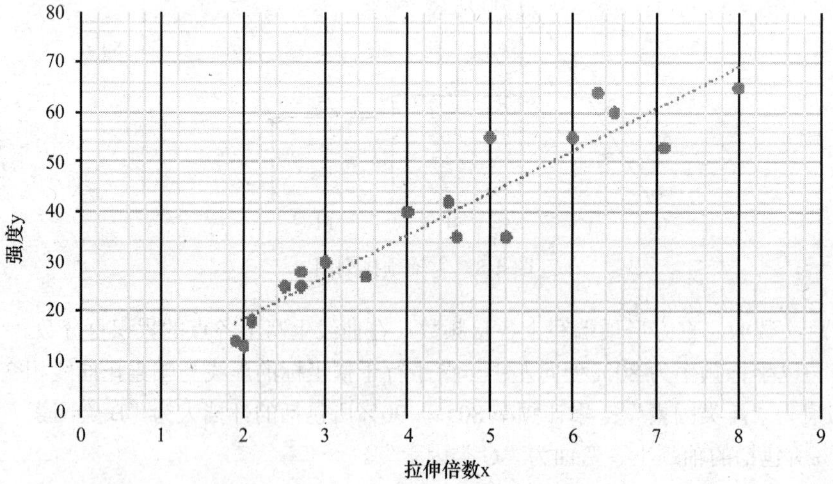

图 4-9　相关图实例

（6）直方图。直方图即频数分布直方图，它是将收集到的质量数据进行分组整理，绘制成频数分布直方图，用以描述质量分布状态的一种分析方法，所以又称质量分布图法。

直方图是用横坐标标注质量特性值，纵坐标标注频数或频率值，各组的频数或频率的大小用直方柱的高度表示的图形。

① 直方图的绘制步骤。直方图绘制主要有以下几个步骤。

a. 收集数据；

b. 找出数据中最大值 L、最小值 S 和极差 R；

c. 确定数据的大致分组数 K，分组数可以按照经验公式 $K=1+3.322\lg N$ 确定；

d. 确定分组组距 h；

e. 计算各组上下限，首先确定第一组下限值，应注意使最小值 S 包含在第一组中，且使数据观测值不落在上、下限上，然后依次加入组距 h，便可得各组上下限值；

f. 计算各组中心值 b_i、频数 f_i 和频率 p_i，b_i=(第 i 组下限值+第 i 组上限值)/2，频数 f_i 就是 N 个数据落入第 i 组的数据个数，而频数 $p_i=f_i/N$；

g. 绘制直方图，以频数（或频率）为纵坐标，数据观测值为横坐标，以组距为底边，数据观测值落入各组的频数 f_i（或频率 p_i）为高，画出一系列矩形，这样就得到图形为频数（或频率）直方图。

② 直方图的观察与分析。从直方图可以直观地看出产品质量特性的分布形态，便于判断过程是否处于控制状态，以决定是否采取相应对策措施。直方图从分布类型上来说，可以分为正常型和异常型。正常型是指整体形状左右对称的图形，此时过程处于稳定（统计控制状态）。如果是异常型，就要分析原因，加以处理。常见的异常型主要有五种。

a. 双峰型：直方图出现两个峰。主要原因是观测值来自两个总体，两个分布的数据混合在一起造成的，此时数据应加以分层。

b. 锯齿型：直方图呈现凹凸不平现象。这是由于作直方图时数据分组太多，测量仪器误差过大或观测数据不准确等造成的，此时应重新收集和整理数据。

c. 偏态型：直方图的顶峰偏向左侧或右侧。当公差下限受到限制时或某种加工习惯，容易造成偏左；当公差上限受到限制时，直方图呈现偏右形态。

d. 平台型：直方图顶峰不明显，呈平顶型。主要原因是多个总体和分布混合在一起，或者生产过程中某种缓慢的倾向在起作用（如工具磨损、操作者疲劳等）。

（7）控制图。控制图又称质量管理图，是美国工程师休哈特在 1924 年创立的一种科学的管理工具，也是判断生产工序质量是否稳定，有无异常原因存在，预防废、次品产生的一种有效工具。控制图的数学理论依据是统计假设检验理论，它表示为带有控制界限的一种坐标图。图中的控制线是根据统计学原理，并考虑经济因素后确定的，应用时从生产过程中定期抽样、测量并在图中标点。控制图可以用来分析和判断生产过程是否处于稳定状态，能起到加强预防、稳定生产、保证质量的作用。控制图一个很大的优点就是只需对产品质量进行抽查，就可对生产过程进行控制。虽然会冒一定风险，但这是十分经济有效的。

4. 新七种常用的质量控制方法

（1）关联图法。关联图是为了谋求解决那些有着原因与结果、目的与手段等关系复杂而互相纠缠的问题，并将各因素的因果关系逻辑地连接起来而绘制成的，这种方法适用于有几个人的工作场地，经过多次修改绘制关联图，使有关人员澄清思路，认清问题，促进构思不断转换，最终找出以至解决质量问题。

图 4-10 中各种因素 A、B、C、D、E、F、G 之间有一定的因果关系。其中因素 B 受到因素 A、C、E 的影响，它本身又影响到因素 F，而因素 F 又影响着因素 C 和 G，……这样，找出因素之间的因果关系，便于统观全局、分析研究以及拟定出解决问题的措施和计划。

在绘制关联图时，箭头的指向通常是：

对于各因素的关系是原因—结果型的，则是从原因指向结果（原因→结果）；

对于各因素间的关系是目的—手段型的，则是从目的指向手段（目的→手段）。

关联图的绘制形式一般有以下四种。

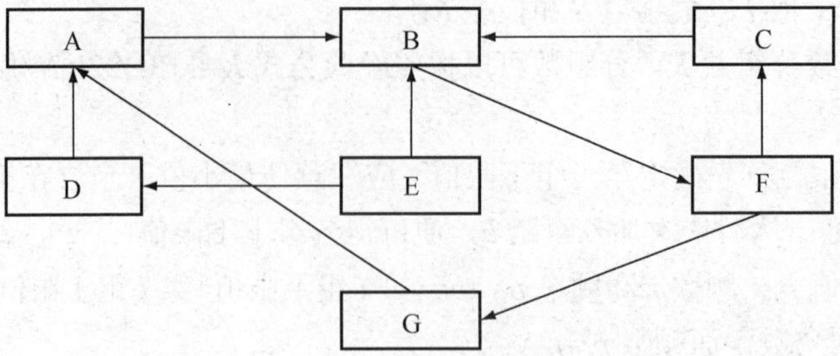

图 4-10　关联示意图

① 中央集中型的关联图。它是尽量把重要的项目或要解决的问题，安排在中央位置，把关系最密切的因素尽量排在周围。

② 单向汇集型的关联图。它是把重要的项目或要解决的问题，安排在右边（或左边），把各种因素按主要因果关系，尽可能地从左（从右）向右（向左）排列。

③ 关系表示型的关联图。它是以各项目间或各因素间的因果关系为主体的关联图。

④ 应用型的关联图。它是以上三种图形为基础而使用的图形。

（2）KJ 法。KJ 法是日本川喜二郎提出的。“KJ”二字取的是川喜（KAWAJI）英文名字的第一个字母，又称亲和法。就是从未知、未经历的领域或将来的问题等杂乱无章的状态中，把与之有关的事实或意见、构思等作为语言资料收集起来，根据亲和性加以整理，绘制成图，然后找出所要解决的问题及各类问题相互关系的一种方法。KJ 法通常适用于那些非解决不可，且又允许用一定时间去解决的问题。对于要求迅速解决的问题，不宜用 KJ 法。KJ 法一般主要用于制定质量管理方针、计划等。

KJ 法不同于统计方法（见表 4-8），统计方法强调一切用数据说话，而 KJ 法则主要靠用事实说话、靠“灵感”发现新思想、解决新问题。KJ 法认为许多新思想、新理论，往往是灵机一动、突然发现。但应指出，统计方法和 KJ 法的共同点，都是从事实出发，重视根据事实考虑问题。

表 4-8　　统计方法与 KJ 法的不同点

	统计方法	KJ 法
1	验证假设型	发现问题型
2	现象数量化，收集数值性资料（数据）	不需数量化，收集语言、文字类的资料（现象、意见、思想）
3	侧重于分析	侧重于综合
4	用理论分析（即数理统计理论分析）	凭“灵感”归纳问题

KJ 法的工作步骤如下。

① 确定对象（或用途）。KJ 法适用于解决那种非解决不可，且又允许用一定时间去解决的问题。对于要求迅速解决、“急于求成”的问题，不宜用 KJ 法。

② 收集语言、文字资料。收集时，要尊重事实，找出原始思想（“活思想”、“思想火花”）。

收集这种资料的方法有三种：A．直接观察法，即到现场去看、听、摸，吸取感性认识，从中得到某种启发，立即记下来。B．面谈阅览法，即通过与有关人谈话、开会、访问、查阅文献、集体 BS 法（Brain Storming，“头脑风暴”法）来收集资料。集体 BS 法，类似于中国的开“诸葛亮会”，“眉头一皱，计从心来”。C．个人思考法（个人 BS 法），即通过个人自我回忆，总结经验来获得资料。

通常，应根据不同的使用目的对以上收集资料的方法进行适当选择（见表 4-9）。

③ 把所有收集到的资料，包括“思想火花”，写成卡片。

④ 整理卡片。对于这些杂乱无章的卡片，不是按照已有的理论和分类方法来整理，而是把自己感到相似的归并在一起，逐步整理出新的思路来。

⑤ 把同类的卡片集中起来，写出分类卡片。

⑥ 根据不同的目的，选用上述资料片段，整理出思路，写出文章来。

表 4-9　　使用目的与收集方法之间的关系

收集方法 / 使用目的	直接观察	面谈阅览	查阅文献	BS	回忆	检讨
认识新事物	◎	△	△	△	○	×
归纳思想	○	◎	○	○	○	◎
打破现状	◎	○	○	◎	◎	◎
脱胎换骨	△	◎	◎	×	○	○
参与计划	×	×	×	◎	○	○
贯彻方针	×	×	×	◎	○	○

（符号说明：◎常用；○使用；△不大使用；×不使用）

在应用 KJ 法时，若要认识新事物，打破现状，就要用直接观察法；若要把收集到的感性资料，提高到理论的高度，就要查阅文献。

（3）系统图法。系统图法是指系统地分析、探求实现目标的最好手段的方法。

在质量管理中，为了达到某种目的，就需要选择和考虑某一种手段；而为了采取这一手段，又需考虑它下一级的相应手段。这样，上一级手段就成为下一级手段的行动目的。如此把要达到的目的和所需要的手段，按照系统来展开，按照顺序来分解，做出图形（见图 4-11），就能对问题有一个全面的认识。然后，从图形中找出问题的重点，提出实现预定目的的最理想途径。它是系统工程理论在质量管理中的一种具体运用。

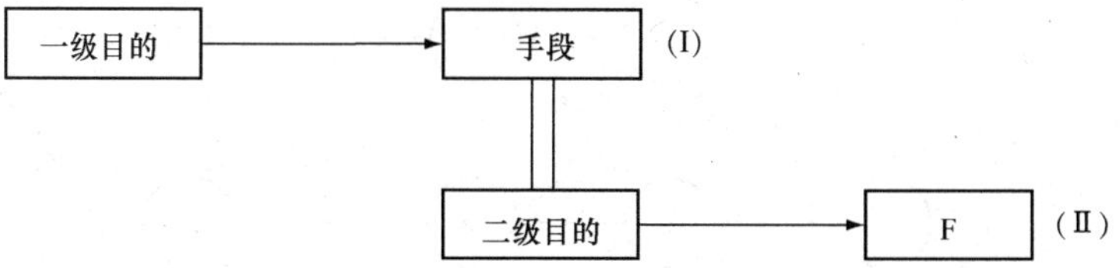

图 4-11　系统图形式

（4）矩阵图法。矩阵图法是指借助数学上矩阵的形式，把与问题有对应关系的各个因素，列成一个矩阵图；然后，根据矩阵图的特点进行分析，从中确定关键点（或着眼点）的方法。矩阵图法与系统图法之间既有区别，又相互联系。当研究对象的最终目标只有一个时，可以应用系统图法展开后进行分析研究；若研究对象包括两个以上的目标时，则需要用矩阵图法展开。在许多情况下，矩阵图可与系统图联合使用。

运用矩阵图法，先把要分析问题的因素分为两大群（如 R 群和 L 群），把属于因素群 R 的因素（R1、R2…Rm）和属于因素群 L 的因素（L1、L2…Ln）分别排列成行和列。在行和列的交点上表示着 R 和 L 各因素之间的关系，这种关系可用不同的记号予以表示（如用“○”表示有关系等）。表 4-10 表示 L 与 R 之间的关系。

这种方法，用于多因素分析时，可做到条理清楚、重点突出。它在质量管理中，可用于寻找新产品研制和老产品改进的着眼点，寻找产品质量问题产生的原因等方面。

表 4-10　　L 与 R 之间的关系

		R				
L	L1	R1	R2	R3	R1	Rm
	L2		○			
	L3	△		◎		
	Li				○	
	Ln	△				

（符号说明：◎密切相关○有关系 △可能有关系）

（5）矩阵数据分析法。矩阵数据分析法与矩阵图法类似。它区别于矩阵图法的是：不是在矩阵图上填符号，而是填数据，形成一个分析数据的矩阵。该方法的主体是主成分分析法，利用主成分分析法整理矩阵数据可以从这些原始数据中获得许多有益的矩阵数据。矩阵数据分析法可广泛用于市场调查、由复杂因素组成的工序分析、新产品设计与开发，对复杂的质量评价等。矩阵数据分析法是质量管理新七种方法中唯一利用数据分析的方法，但其结果仍可以用图形表示。进行矩阵数据分析可利用现成的计算机程序。因此，只要掌握方法本身及计算机的使用，即使对这一方法的数据基础不熟悉，也可以用来解决实际问题。

（6）过程决策程序图法（PDPC）。过程决策程序图法（process decision program chart, PDPC）是在制定达到研制目标的计划阶段，对计划执行过程中可能出现的各种障碍及结果作出预测，并相应地提出多种应变计划的一种方法（见图 4-12）。这样，在计划执行过程中，遇到不利情况时，仍能有条不紊地按第二、第三或其他计划方案进行。在图 4-12 中，假定 A0 表示不合格品率较高，计划通过采取种种措施，要把不合格品率降低到 Z 水平。

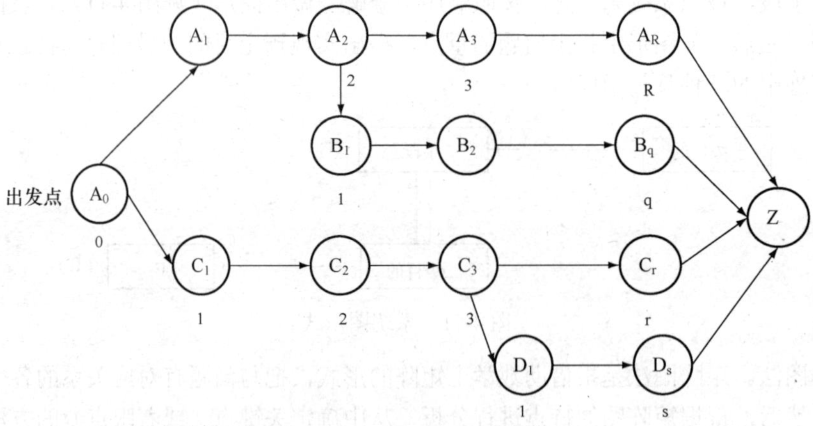

图 4-12　过程决策程序图

先制定出从 A0 到 Z 的措施是 A1、A2、A3……Ap 的一系列活动计划。在讨论中，考虑到技术上或管理上的原因，要实现措施 A3 有不少困难。于是，从 A2 开始制订出应变计划（即第二方案）经 A1、A2、B1、B2……Bq 到达 Z 目标。同时，还可以考虑同样能达到目标 Z 的 C1、C2、C3……Cr 或者 C1、C2、C3、D1……Ds 另外两处系列的活动计划。这样，当前面的活动计划遇到问题、难以实现 Z 水平时，仍能及时采用后面的活动计划，达到 Z 的水平。

当在某点碰到事先没有预料到的问题时，就以此点为起点，根据新情况，重新考虑和制订新的 E、F 系列的活动计划，付诸实施，以求达到最终目标 Z。

（7）网络图法。网络图法又称为矢线图法、计划评审法（PERT）、关键路线法（CPM）。即把推进计划所必须的各项工作，按其时间顺序和从属关系，用网络形式表示的一种矢线图，运用网络图对有关质量问题进行计算、分析与处理的综合方法。在质量管理活动中，必须搞好日程计划和进度安排管理，网络图是选择最佳工期和实施有效进度管理的一种极其有效的方法。相关理论细节可参见生产运营管理方面的书籍及文献。

本章小结

本章介绍了质量的概念、质量管理的发展阶段、我国质量管理的发展历程以及质量管理的概念及其特点，系统阐述了全面质量管理的主要内容以及全面质量管理的基本方法，还全面论述了经典的质量控制七种工具和新七种工具。经典的质量控制七种工具强调一切用数据说话，强调“基于事实的决策方法”。通过样本数据的分析，有助于发现质量问题，找到解决问题的正确途径。“新七种工具”是整理、分析语言文字资料（非数据）的方法，着重用来解决全面质量管理中 PDCA 循环的 P（计划）阶段的有关问题。因此，“新七种工具”有助于管理人员整理问题、展开方针目标和安排时间进度。

复习思考题

1. 简答题

（1）企业的全面质量管理的含义是什么?

（2）全面质量管理的基本观点是什么?

（3）举例说明排列图、因果图、相关图、直方图的画法及应注意的事项。

（4）试述质量管理常用分析统计方法在企业质量管理中的作用。

（5）全面质量管理在我国实施的现状、问题、对策各是什么？

2. 绘图分析题

（1）在钢筋工程检查中，检查了 6 项，不合格点数一共 200 个，整理如下，试用排列图法找出影响钢筋工程的主次因素。

序号	检查项目	不合格点数
1	钢筋间距	6
2	抗拉强度	2
3	焊接长度	98
4	焊接饱满度	22
5	绑扎情况	61
6	保护层厚度	11
总计		200

（2）根据下表数据做出直方图。

	1	2	3	4	5	6	7	8	9	10
1	1.1	1.4	1.5	1.2	1.9	1.1	1.5	1.7	1.4	1.7
2	1.1	1.3	1.2	1.1	1.4	1.9	1.1	1.7	1.1	1.6
3	1.9	1.9	1.8	1.6	1.4	1.2	2.0	1.4	1.8	2.0

续表

	1	2	3	4	5	6	7	8	9	10
4	1.7	1.7	1.5	1.2	1.0	1.1	2.0	1.6	1.7	1.9
5	1.5	1.5	1.9	1.6	1.8	1.4	1.1	1.6	1.6	1.6
6	1.8	1.4	2.0	1.6	1.1	1.1	1.4	1.3	1.1	1.6
7	1.5	1.9	1.9	1.9	1.9	1.5	1.4	1.6	1.7	1.8
8	1.9	1.0	1.6	1.1	1.7	1.9	1.8	1.2	1.4	2.0
9	1.2	1.1	1.2	1.0	1.3	1.6	1.8	1.4	1.9	2.0
10	1.2	1.6	1.3	1.5	1.1	1.5	1.2	1.1	1.5	1.5

人力资源管理　第5章

学习目标

- 掌握人力资源管理的含义、特点和职责
- 熟练掌握人力资源管理的内容
- 熟练掌握工作分析的基本术语、过程和作用
- 掌握绩效管理的方法及流程
- 了解绩效目标、绩效内容与绩效标准的关系
- 熟练掌握绩效考评的方法及主要内容

开篇案例

马云谈人力资源管理的核心

北京时间19日晚（纽约时间19日上午9时30分），阿里巴巴集团正式登陆纽交所。借助公司上市，马云的身家达到1500亿美元，超过王健林和马化腾，成为中国内地新首富。马云对管理的深刻认识和实践让我们有理由相信，阿里巴巴的文化管理绝不是一句虚言。

1. 小企业：培养文化也是关键

管理绝不是简单的1+1。俗话说，大企业靠文化，中型企业靠规章，“小企业靠老板自己来管”。当众多中小企业经营者抱怨“管人太难”，抱怨公司员工“对待遇总不满足，人心不齐，没有为企业考虑得失”的时候，马云却提出不同的意见。他说，“小企业也要讲文化，不能到大了以后才开始讲文化，到了中型企业才开始讲制度”。他告诫小企业经营者，第一天当老板，要培养的就是一种文化，才有可能把企业做“大”，“大”了以后，文化才有作用。马云认为，小企业老板也要多去倾听员工的想法，使员工基本生活保障得到满足，让员工工作得到荣耀和成就感。

2. 人性化管理：HR管理的核心内涵

“抓住人性的本真！”这并不是一个空泛的口号，而是阿里巴巴自创立来一直自上而下践行的HR管理精神内核。对于员工，马云曾有段话这样表述：“我们对进来的员工都给予他们三样东西，一是良好的工作环境（人际关系），二是钱（今天是工资，明天是资金，后天是每个人手中的股票），三是个人成长。第三点是非常重要的，公司要成长首先要让员工成长，人力资源不是人力总监一个人的事，而是从CEO到每个员工都要认真对待的事。让员工成长是件很困难的事，要很长的一段时间，我们还要做到的是帮助外面刚进来的员工怎样融入我们这个团队。”

3. 校园文化和教学相长

阿里巴巴最早的价值观只需6个字便可概括：可信、亲切、简单，最突出的企业文化就是校园文化和教学相长。在这里，员工、上下级之间和同事之间都像同学一样相称，除了中英文名之外，阿里巴巴的每一位员工还有一个“花名”，比如马云的“花名”就是“风清扬”。这样一种文化使得学生从学校进入公司后没有那种巨大的落差。阿里巴巴组织的一些培训让刚刚走出象牙塔的学生有了一个很好的过渡，能够在工作中学习，并且关注员工的心理，关注他们的情绪变化。正是这样的文化氛围让更多毕业生不断涌入阿里巴巴。对阿里巴巴18000多名员工来说，学习发展从来都是自

己的事，公司只是平台与工具的提供者。所以在这里，员工自己要想清楚要什么、困难是什么。

（资料来源：http://www.boleme.com/art/58403/.）

人力资源是现代企业求得生存、发展并获得盈利的重要资源。进行人力资源管理是一项复杂的系统管理工作。成功的企业家都有一个共同的体会，即他们的企业之所以能取得骄人的业绩，最根本的是两个字“重才”。所谓重才就是充分认识人才对企业发展的重要性，善于吸引和保持人才、开发和使用人才、培养和造就人才。

当今，人力资源已成为企业取得和维系竞争优势的关键性资源。但是，要将人力资源从潜在的生产能力转化为现实的生产力，进而转化为人力资本，就必须加强人力资源的开发与管理。

5.1 人力资源管理概述

5.1.1 人力资源的概念

1. 人力资源

企业是置身于经济、社会这个大系统中的一个独立系统，人力资源遍布于企业的各个层面。因此，人力资源也应该是具有不同层次并彼此区别的。要做好人力资源管理工作，首先要弄清人力资源的基本概念及企业人力资源的界限、范围。

什么是人力资源？经济学家们从不同的角度给出了不同的定义。

（1）广义的定义

人力资源是指一切具有正常智力的人。

（2）狭义的定义

人力资源是指能够推动国民经济和社会发展的具有智力劳动和体力劳动能力的人的总和，包括数量和质量两个方面。

2. 人力资源的特征

与其他物质资源相比较，其基本特征如下。

（1）人力资源的能动性。主观能动性是人力资源区别于其他资源最根本的地方。人力资源具有主观能动性，它在经济建设和社会发展中起到了积极的和主导的作用，其他资源则处于被动使用的地位。另外，人力资源还是唯一能起到创造作用的因素。

（2）人力资源的再生性。人力资源在使用过程中，有一个可持续开发、丰富再生的独特过程，使用过程也是开发过程。人在工作以后，可以通过不断地学习更新自己的知识，提高技能；而且，通过工作可以积累经验，充实提高。

（3）人力资源的二重性。人力资源的二重性表现为：一方面形成人力资源需要投资（这是一个耗费的过程）；另一方面人力资源具有创造物质和精神财富的能力（这是一个产出的过程）。人力资本投资主要由个人和社会双方对人力资源用于对教育的投资、用于对卫生健康的投资和用于对人力资源迁移的投资。人力资本投资的程度决定了人力资源质量的高低。

（4）人力资源的时效性。所谓人力资源的时效性是指它的形成、开发和利用都要受到时间的限制。从个人成长角度来看，人才的培养有幼稚期、成长期、成熟期和退化期 4 个阶段。相应的，人才的使用则经历培训期、适用期、最佳使用期和淘汰期4个阶段。这是由于随着时间的进程，社会在进步，科学技术也在不断地发展，这就使得人的知识或技能相对老化。

（5）人力资源的社会性。每一个民族（团体）都有其自身的文化特征，每一种文化都是一个民族（团体）共同的价值取向，但是这种文化特征是通过人这个载体而表现出来的。由于每个人受自身民族文化和社会环境影响的不同，其个人的价值观也不相同，他们在生产经营活动、人与人交往等的社会性活动中，其行为可能与民族（团体）文化所倡导的行为准则发生矛盾，可能与他人的行为准则发生矛盾，这就要求人力资源管理注重团队的建设，注重人与人、人与群体、人与社会的关系及利益的协调与整合。

3. 人力资源的构成

人力资源的构成有数量和质量两个方面。

（1）人力资源数量。人力资源数量又分为绝对数量和相对数量两种。人力资源绝对数量的构成，从宏观上看，是指一个国家或地区中具有劳动能力、从事社会劳动的人口总数，它是一个国家或地区劳动适龄人口减去其中丧失劳动能力的人口，加上劳动适龄人口之中具有劳动能力的人口。它包括以下几个方面。

① 处于劳动年龄之内、正在从事社会劳动的人口，它占据人力资源的大部分，可称为“适龄就业人口”。

② 尚未到达劳动年龄、已经从事社会劳动的人口，即“未成年劳动者”或“未成年就业人口”。

③ 已经超过劳动年龄、继续从事社会劳动的人口，即“老年劳动者”或“老年就业人口”。

以上三部分构成了就业人口的总体。

④ 处于劳动年龄之内、具有劳动能力并要求参加社会劳动的人口，这部分可以称作“求业人口”或“待业人口”，它与前三部分一起构成经济活动人口。

⑤ 处于劳动年龄之内、正在从事学习的人口，即“就学人口”。

⑥ 处于劳动年龄之内、正在从事家务劳动的人口。

⑦ 处于劳动年龄之内、军队服役的人口。

⑧ 处于劳动年龄之内的其他人口。

前四部分是实现的社会劳动力供给，这是直接的、已经开发的人力资源；后四部分并未构成现实的社会劳动力供给，它们是间接的、尚未开发的、处于潜在形态的人力资源。

所谓人力资源相对量即人力资源率，是指人力资源的绝对量占总人口的比例，是反映经济实力更重要的指标。一个国家或地区的人力资源率越高，表明该国家的经济有某种优势。影响人力资源数量的因素主要有三个方面：其一，人口总量及其再生产状况。其二，人口的年龄构成。其三，人口迁移。

（2）人力资源的质量。人力资源的质量是人力资源所具有的体质、智力、知识和技能水平，以及劳动者的劳动态度。它一般体现在劳动者的体制水平、文化水平、专业技术水平、劳动的积极性上。它们往往可以用健康卫生指标、教育状况、劳动者的技术等级状况和劳动态度指标来衡量。

与人力资源数量相比较，其质量方面更为重要。人力资源质量的重要性还体现在其内部替代性方面。一般来说，人力资源的质量对数量的替代性较强，而数量对质量的替代性较差，有时甚至不能替代。人力资源开发的目的在于，提高人力资源的质量,为社会经济的发展发挥更大的作用。

影响人力资源质量的因素有以下几个方面：一是遗传和其他先天因素，二是营养因素，三是教育方面的因素。

图 5-1 是人力资源质量的几个构成要素。

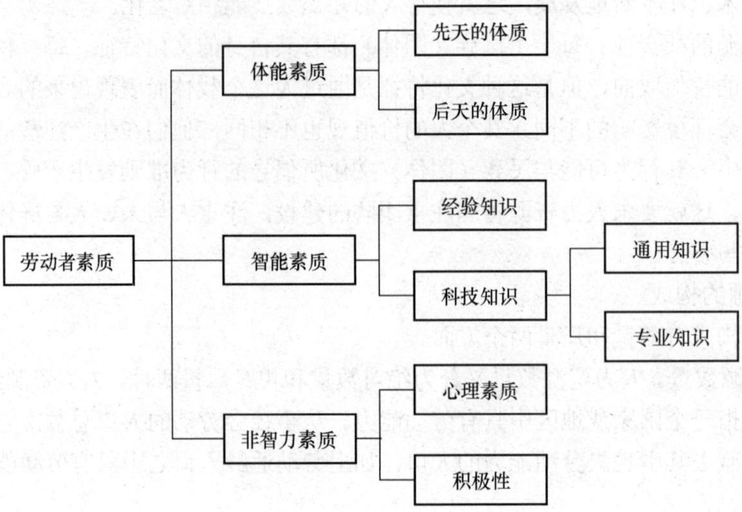

图 5-1 人力资源质量的构成

教育因素和营养因素都是后天因素。教育是人为传授知识、经验的一种社会活动，是一部分人对另一部分人进行多方面影响的过程，这是赋予人力资源质量的一种最重要、最直接的手段，它能使人力资源的智力水平和专业技能水平都得到提高。

5.1.2 企业人力资源管理

1. 人力资源管理的含义

人力资源管理，就是运用现代化的科学方法，对与一定物力相结合的人力进行合理的招聘、开发培训、组织和调配，使人力、物力经常保持最佳比例；同时对人的思想、心理和行为进行恰当的诱导、控制和协调，充分发挥人的主观能动性，使人尽其才、事得其人、人事相宜，以实现组织目标。

根据定义，可以从两个方面来理解人力资源管理。

（1）对人力资源外在要素——量的管理

量的管理是指根据人力和物力及其变化，对人力进行恰当的组织和协调，使二者经常保持最佳比例和有机结合，使人和物都充分发挥出最佳效应。

（2）对人力资源内在要素——质的管理

所谓质的管理就是指对人的心理和行为的管理。就人的个体而言，主观能动性是积极性和创造性的基础，而人的思想、心理活动和行为都是人的主观能动性的表现。当在一个群体中时，每一个个体的主观能动性并不一定能形成群体功能的最佳效果。这就需要用到质的管理。对人力资源质的管理主要是指采用现代化的科学方法、对人的思想、心理和行为进行有效的管理，包括对劳动者个体和群体的思想、心理和行为的协调、控制和管理，以利于充分发挥劳动者积极性、主动性和创造性，共同实现组织目标。

传统劳动人事管理与生产、营销、财务等管理一样，是企业的基本管理功能之一。它是在一定管理思想和原则的指导下，以从事社会劳动的人和相关的事为对象，运用组织、协调、控制、监督等手段，形成人与人之间、人与事之间相互关系的某种状态，以实现一定目标的一系列管理行为的总和。人力资源管理与传统人事管理之间是一种继承和发展的关系，人力资源管理又不同于人事管理，可以说是一种全新视角下的人事管理。两者之间的区别如表 5-1 所示。

表 5-1　　现代人力资源管理与传统劳动人事管理的区别

管理涉及的项目	现代人力资源管理	传统劳动人事管理
观念	员工是具有主观能动作用的资源	员工是投入的成本负担
内容	不仅是人员与劳动力的管理，而且是人力资本的管理	人员与劳动力的简单管理
范围	扩大到非正式组织、团队乃至组织外的人力资源	正式组织内
组织结构	树形、矩阵型扩大到网络型	树形或矩阵型
视野	广阔、远程性	较狭窄
性质	战略、策略性	战术、业务性
深度	主动、注重开发	被动、注重“管人”
功能	系统、整合	单一、分散
地位	从决策层到全员	人事部门执行层
作用	决定企业前途	提高效率与工作生活质量
工作方式	参与	控制、隐秘
协调关系	合作、和谐	监督、对立
角色	挑战性、动态性	例行性、记载式
导向	组织目标与员工行为目标一致	组织目标与员工行为目标分离

资料来源：葛秋萍，现代人力资源管理与开发[M]. 北京：北京大学出版社，2012。

2. 人力资源管理的特点

现代人力资源管理强调对人力资源的开发和利用，是在人事管理的基础之上发展而的。除了保留人事管理所做的基本工作（如招聘选拔新员工、管理员工的日常事务）之外，其主要特点就是采取一切方式和方法吸引、保留、激励和开发组织所需要的人力资源。

（1）现代人力资源管理具有战略性。现代人力资源管理是站在企业发展的宏观层面上进行的人事管理，所以它具有战略性、整体性和未来性等特点，重视对人的能力、创造力和指挥潜力的开发和发挥。

（2）现代人力资源管理重视发挥人力资源的创造性。现代人力资源管理将人力视为一种资本，将员工看成是有价值并且还能创造价值的资源，是动态的、对人力资源进行调节和开发的一种创造性管理。

（3）现代人力资源管理具有科学的管理机制。现代人力资源管理的标志就是建立科学的管理机制，包括合理的薪酬分配制度、竞争上岗和晋升制度、激励约束机制、绩效考核制度、人才流动机制、教育培训机制等。这些科学管理机制的建立，正是为了发挥企业中人的重要性，营造“以人为本”的企业文化，构建事业有成的职业环境，树立正确的企业文化观念。

3. 人力资源管理的职责

（1）人力资源的获取。人力资源的获取主要包括人力资源规划、招聘与录用。为了实现组织的战略目标，人力资源管理部门要根据组织结构确定职务说明书与员工素质要求，制定与组织目标相适应的人力资源需求与供给计划，并根据人力资源的供需计划而开展招募、考核、选拔、录用与配置等工作。

（2）人力资源的整合。现代人力资源管理强调个人在组织中的发展，个人的发展势必会引发个人与个人、个人与组织之间的冲突，产生一系列问题，如何整合就显得至关重要。整合的主要内容有：①组织同化，即个人价值观趋同于组织理念、个人行为服从于组织规范，使员工与组织认同并产生归属感；②群体中人际关系之和谐，组织中人与组织的沟通；③矛盾冲突地区的调解与化解。

（3）人力资源的奖酬。人力资源的奖酬是指为员工对组织所做出的贡献而给予奖酬的过程，是人力资源管理的核心。其主要内容为：根据对员工工作绩效进行考评的结果，公平地向员工提供合理的、与他们各自的贡献相称的工资、奖励和福利。设置这项基本功能的根本目的在于提高员工劳动积极性和劳动生产率，增加组织的绩效。

（4）人力资源的调控。人力资源的调控是指对员工实施合理、公平的动态管理，体现了人力资源管理中的控制与调整职能。它包括：①科学、合理的员工绩效考评与素质评估；②以考绩与评估结果为依据，对员工使用动态管理，如晋升、调动、奖惩、离退、解雇等。

（5）人力资源的开发。人力资源的开发包括人力资源数量与质量的开发。

以上五项基本职能是相辅相成，彼此互动的。图 5-2 所示的是人力资源管理五项职能的影响关系。

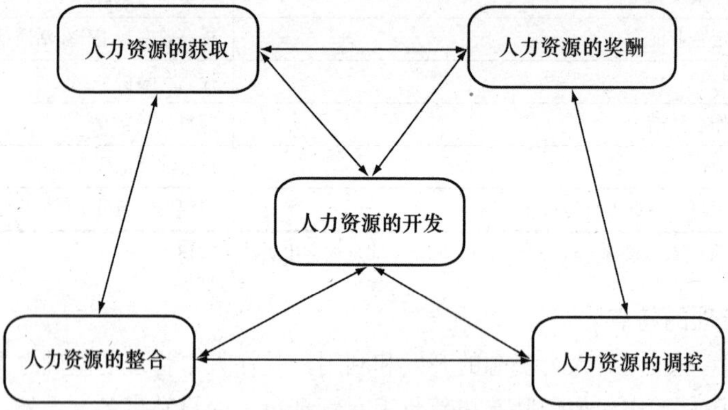

图 5-2　人力资源管理职能的影响关系

5.1.3　人力资源管理的发展

1. 国外人力资源管理的发展历程

（1）人事管理阶段（19 世纪末以前）。人事管理阶段科学的管理理论还没有出现，强调强权的管理，雇主具有至高无上的权力，劳动者处于服从的地位。组织主要关心的是确保员工按企业规定的生产程序工作，以及他们的劳动成果。工业革命后期，工厂规模扩大，企业为了更好地发展，开始关注员工本身，注意改善劳动条件，提高员工福利，以提高劳动生产率，改变工人的劳动态度。

（2）科学管理时期（20 世纪初至 30 年代）。20 世纪初，美国的工业蓬勃发展，但是当时的工厂管理仍然是家长式的行政化管理，工人怠工现象比比皆是，生产效率低下。弗雷德里克·泰勒对劳工对抗与效率低现象进行分析，他与韦伯等管理学家把组织看成是一个封闭的系统，做了许多试验，对管理理论进行研究，提出了科学管理理论。他们强调层级管理，严格按章办事，用科学方法筛选、训练员工，注意人与工作的适当配合，把人看成是经济人。在这个时期，组织开始注意合理的人事管理。

（3）人际关系——行为科学时期（20 世纪 30～60 年代）。20 世纪 30 年代以后，以梅奥为代表的人际关系学派通过霍桑实验发现，改善人际关系有利于劳动生产率的提高。该学派一改传统管理理论——把人看成经济人的观点，认为人是社会人，在组织中要强调人际的相互作用、相互尊重，注重员工的合作，管理者应重视员工的需要，和员工建立和谐的人际关系。

（4）管理科学时期（20 世纪 60～70 年代）。20 世纪 60 年代，西方社会数学和电子计算技术得到了很大的发展。钱德勒等人将组织看作开放的系统，把数学和计算机技术引入管理领域，忽视人的工作经验，把人看成是机器人。虽然该理论流派把人看成机器人，却促进了人力资源管理理论的现代化。

（5）综合化管理时期（20 世纪 70 年代～现在）。20 世纪 70 年代以后，马奇等人综合以往的管理理论，把组织看成是开放的社会系统，以系统理论和权变观点研究和处理组织与人的管理的各种问题，认为人力是一种资源，人力资源管理应注意内外环境的变化，并适应这种变化。这一时期强调权变理论在管理中的应用，认为人力资源管理是在许多因素的影响下进行的，并不存在放之四海而皆准的管理作业，组织必须根据自身的状况采取适合的管理理论和管理作业。这一时期，传统的人事管理完全转变为人力资源管理。

国外人力资源管理的发展历程如表 5-2 所示。

表 5-2　　国外人力资源管理的发展历程

发展阶段	时间	学派	代表人物	人力资源管理的特征
第一阶段	19 世纪末以前	无	无	强权的管理，后欧文提出温情的管理，出现人事管理的萌芽
第二阶段	1900～1930	科学管理学派	泰勒 韦伯	组织开始注意合理的人事管理
第三阶段	1930～1960	人际关系行为科学学派	梅奥 麦克雷格	注重人的社会性需要，人事管理的发展期
第四阶段	1960～1970	管理科学学派	钱德勒 劳伦斯	采用数字和计算机作决策，促进了人力资源管理技术的现代化
第五阶段	1970～现在	综合性的现代管理	马奇 维克	采用权变观点，传统的人事管理完全转变为人力资源管理

2. 我国人力资源管理的发展过程

自十一届三中全会以来，我国改革开放不断深入，社会主义市场经济体制不断完善。回首三十多年来的发展历程，无论是企（事）业还是政府，都在经历着来自“人力资源管理”这一新理念的冲击，并积极探索更有利于组织持续、健康发展的创新性人力资源管理模式和方法。我国人力资源管理的发展过程共包含以下 4 个阶段。

（1）人事管理阶段（1978～1992 年）。人事管理与我国长期的计划经济体制密切相关。在计划经济体制下，人才流动受到了严格的政策限制，企业用人年功制、竞争选拔凭资历、工资分配平均化，致使员工的积极性、主动性难以被完全调动。从事人力资源管理工作的人事部也大多只是做一些流程性极强的事务性工作，甚至被人们看作企业不折不扣的“总后勤”。

（2）唤起人力资源管理意识的阶段（1993～1998 年）。随着市场经济的迅速发展，如何招人、用人、留人成为企业关注的焦点。在这一阶段，高层管理者主导着企业人力资源管理的发展方向，而人事部则处于被动听从的地位。但此时我国的人力资源管理意识已经被唤起，许多企业将人事部的门牌换成了人力资源部，人事管理开始向人力资源管理转型。

（3）人力资源管理的形成阶段（1999～2002 年）。随着人事管理到人力资源管理的转换，人力资源管理初步形成了相对完整的理论体系，企业初步建立了以招聘、培训、绩效等为内容的人力资源管理构架。但受到人力资源管理的技能水平、企业管理者的素质等条件限制，人力资源管理基本上还处于初步形成和摸索的过程，这一时期是形成未来人力资源管理的重要阶段。

（4）人力资源的战略管理阶段及国际人力资源管理阶段（2003 年至今）。随着我国加入 WTO，国外跨国公司进入我国，战略人力资源管理和国际人力资源管理成了关键问题，人力资源管理者“名正言顺”地进入企业的战略管理层。至此，人力资源经理就完成了从高级办事员到战略合作伙伴的角色转换。

3. 知识经济时代人力资源管理的发展趋势

当前，知识经济作为一种崭新的经济形态正在悄然兴起，并对人力资源管理提出了新的要求。知识经济是指建立在知识和信息的生产分配和使用基础上的经济形态，它是和以物质能源原材料和劳动力为经济增长基础的农业经济、工业经济相对而言的一个概念。知识经济时代的人力资源管理体现出以下新特点。

（1）人力资源管理要适应以人才为主导的知识经济环境。在知识经济时代，“真正控制资源和决定性的生产要素既不是资本，也不是土地或劳动力，而是知识”（彼得·德鲁克）。人才的稀缺性、巨大的增值空间和高回报性，使资本疯狂地追逐人才。为此，要求人力资源管理者尊重人才的选择权和工作自主权，并站在人才内在需求的角度，为人才提供支撑与服务，从而赢得人才的满意与忠诚。

（2）人力资源管理应通过对人才的差异化投资，实现人力资本价值的增值。人力资源管理重点是要关注那些关键员工，按照对价值创造的贡献，形成组织的核心层、中坚层、骨干层的“价值创造梯次型”员工队伍，通过有效的价值评价机制，实现公平而具有竞争力的价值分配与投资机制，以此激励人才、培养人才、留住人才。

（3）人力资源管理要适应员工与组织关系模式的新变化。知识经济时代员工与组织的关系模式已经演化为以劳动契约和心理契约为双重纽带的战略合作伙伴型。一方面要依据市场法则确定员工与组织双方的权利、义务关系，另一方面组织与员工一起建立共同愿景，在此基础上就核心价值观达成共识，在推动组织战略实施的同时，鼓励员工自我发展与自我管理。

（4）人力资源管理应以知识型员工的管理为核心。企业核心竞争力来源于知识，知识创新来自于核心人才，即知识型员工。因此，人力资源管理的核心任务应该是开发与管理知识型员工。知识型员工具有以下特点：①知识的拥有者；②流动意愿很强；③工作过程难以直接监控，工作成果难以直接衡量；④能力与贡献差异大；⑤在知识创新型企业中知识取代了权威。知识型员工的特点要求领导与被领导者之间建立信任、沟通的管理方式。为此，人力资源管理应建立知识管理体制和创新机制，实现科学化的管理。

（5）人力资源管理必须适应信息化和全球化趋势。随着互联网和信息技术的发展，信息化已成为国家和组织增强自身竞争力的重要手段。人力资源管理也要通过计算机与网络技术，改变工作方式、提高工作效率、规范业务流程，并向组织与员工提供增值服务。同时在经济全球化大背景下，人力资源管理还要适应人才流动、国际化人才市场竞争、国际化跨文化管理等要求。

5.1.4 人力资源管理的内容和重要性

1. 人力资源管理的内容

简单地说，人力资源管理的对象是人力资源管理和开发的客体，即企业中的人以及人与组织、环境、事件生产工具的相互联系。人力资源管理就是对人力这一资源进行有效开发、合理利用和科学管理。这其中包含的内容很多，但概括起来就是四大项：选人、育人、用人、留人（见图 5-3）。

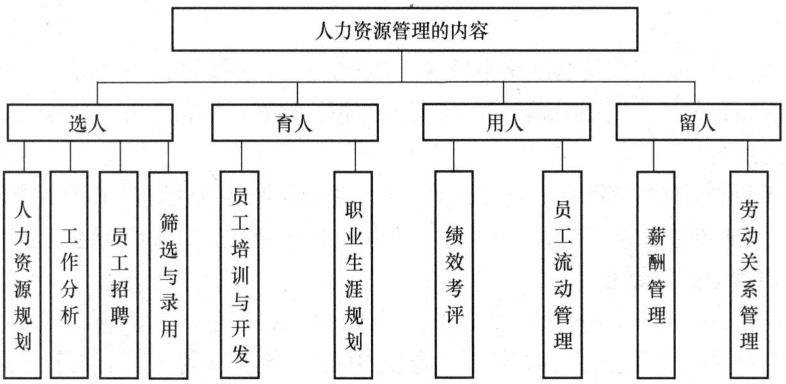

图 5-3　人力资源管理的内容

（1）选人。

① 人力资源规划。把企业人力资源战略转化为中长期目标、计划和政策措施，包括对人力资源现状分析、未来人员供需预测与平衡，确保企业能获得所需要的人力资源。

② 工作分析。对组织中某个特定工作职务的目的、任务或职责、权力、隶属关系、工作条件、任职资格等相关信息进行收集与分析，以便对该职务的工作作出明确的规定，并确定完成该工作所需要的行为、条件、人员。

③ 员工招聘。根据上述人力资源规划和工作分析的要求，为企业招聘、选拔所需要人力资源，并及时录用安排到需求的岗位上。

④ 筛选与录用。根据企业的要求，在众多应聘的人员中筛选，选择最适合企业价值观与文化的员工，予以录用。

（2）育人。

① 员工培训与开发。通过培训提高员工个人、群体和整个企业的知识、能力、工作态度和工作绩效，进一步开发员工的智力潜能，以增强人力资源的贡献率。企业进行培训时必须注意四点，否则只能事倍功半。

a．培训具有针对性。

b．培训内容专业化。

c．培训方式多样化。

d．注重培训效果的评价。

② 职业生涯规划。鼓励和关心员工的个人发展，帮助员工制订个人发展规划，以进一步激发员工的积极性、创造性。企业帮助员工制定职业生涯规划不仅不会增加企业成本，反而会减少员工跳槽以后造成的损失与再招聘的成本。

（3）用人。

① 绩效考评。对员工在一定时间内对企业的贡献和工作中取得的绩效进行考核和评价，及时做出反馈，以便提高和改善员工的工作绩效，并为员工培训、晋升、计酬等人事决策提供依据。通过合理公正的考核制度，实现“人尽其才”的最终目的。

② 员工流动管理。从社会资本的角度出发，对人力资源的注入、内部流动和流出进行计划、组织、协调和控制。企业不同的岗位需要的知识和技能不同，同一岗位不同的级别要求也不同，每个员工所掌握的知识和技能也在不断地发展变化，所以企业应对职位和工作进行分层细化，变单一的层级制为多级制。

（4）留人。

① 薪酬管理。这是在组织发展战略指导下，对员工薪酬支付原则、薪酬策略、薪酬水平、薪酬结构、薪酬构成进行确定、分配和调整的动态管理过程。薪酬、福利作为一种激励措施，无疑从根本上影响着员工的行为。

② 劳动关系管理。通过规范化、制度化的管理，协调和改善企业与员工之间的劳动关系，进行企业文化建设，营造和谐的劳动关系和良好的工作氛围，保障企业经营活动的正常开展。

2. 人力资源管理的重要性

一个企业能否健康发展，在很大程度上取决于员工素质的高低与否，取决于人力资源管理在企业管理中的受重视程度。现代人力资源管理对企业的意义，至少体现在以下几个方面。

（1）人力资源管理对企业管理人员的要求。人力资源管理将人作为一种重要资源加以开发、利用和管理，作为管理人员首先要合理地处理好人与事的关系，确保人事匹配；其次要恰当地解决员工之间的关系，使其和睦相处；再次要充分调动员工的积极性、创造性，使员工为企业努力工作；最后要对员工进行充分的培训，以提高员工的综合素质，保证企业的最好效益。

（2）人力资源管理能够提高员工的工作绩效。根据企业目标和员工个人状况，企业运用人力资源管理创造理想的组织气氛，为员工做好职业生涯设计；通过不断培训，量才使用，发挥个人特长，促使员工将企业的成功当成自己的义务；鼓励其创造性，营造和谐向上的工作氛围，培养员工积极向上的作风，使员工变被动为主动，自觉维护并完善企业的产品和服务，从而提高业绩。

（3）人力资源管理是企业发展的需要。人是企业生存和发展的最根本要素。只有恰当地选用员工，才能圆满地实现企业预定的目标。人力资源管理能够创造灵活的组织体系，为员工充分发挥潜力提供必要的支持，让员工各尽其能，共同为企业服务，从而确保企业反应的灵敏性和强有力的适应性，协助企业实现竞争环境下的具体目标。

（4）人力资源管理是企业核心竞争力的重要要素。人是企业拥有的重要资源，也是企业的核心竞争力所在。目前人力资源管理逐渐被纳入企业发展战略规划中，成为企业谋求发展壮大的核心因素，也是企业在市场竞争中立于不败的至关重要的因素。

5.2 工作分析

5.2.1 工作分析的相关概念

企业的建立会带来一系列工作的出现，这些工作具有特定的任务与职责，并且需要由具备特定素质的人员来承担。基于此，企业要想实现其战略目标，提升其经营管理水平，就必须确定企业内工作的性质、任务和职责是什么，以及哪些类型的人力资源能够胜任这一工作岗位。这一过程就是工作分析。

1. 工作分析的定义

工作分析又称岗位分析、职位分析，是对组织中某个特定工作职务的目的、任务或职责、权力、隶属关系、工作条件、任职资格等相关信息进行收集与分析，以便对该职务的工作作出明确的规定，并确定完成该工作所需要的行为、条件、人员的过程。工作分析的结果是形成工作描述和工作说明书。

工作分析解决的是每项工作中 6W1H 的问题，即：谁来做（Who）、做什么（What）、何时做（When）、在哪做（Where）、为何做（Why）、为谁做（Whom）和如何做（How）。

2. 基本术语

“工作”一词常常因它被怎样使用、什么时候使用或由谁来使用而有不同的含义，常常与职位和任务这两个词互换使用。因此在进行工作分析和工作设计中必须对所遇到的术语进行定义，一一明确它们之间的关系。

（1）工作要素（Job Element）。它是工作中不能再继续分解的最小工作单位，包括涉及非常基本的动作如触及、抓起、安置或放下一个物体，以及几个基本动作构成的整体如拾起、运送和安置一个对象。

（2）任务（Task）。任务是指工作活动中为达到某一目的而由相关要素直接组成的集合，是对员工所从事的事情做的具体描述。任务是工作分析的基本单位，并且它常常是对工作职责的进一步分解。任务可以由一个或多个工作要素组成。

（3）职责（Responsibility）。职责是由某人在某一方面承担的一项或多项任务组成的相关任务集合。如可规定打字员的责任包括打字、校对、机器维修等。

（4）职位（Position）。职位也叫岗位，是指由一个人在一定时间和空间里完成的一项或多项相关职责组成的集合。例如，人力资源部经理这一职位，他所承担的职责有以下几个方面：员工的招聘录用、员工的培训开发、企业的薪酬管理、员工关系的管理等。

（5）职权（Authority）。职权是指赋予的特定权力，甚至特定的职责等同于特定的职权，它常常用“具有批准某某事项的权限”来表达。

（6）工作（Job）。一组重要责任相似或相同的职位，或有着相同或相似重要责任的一系列职位。职位和工作的区别是工作可以容纳一个以上的人，而职位不能。

（7）工作族（Occupation）：工作族指企业内部具有非常广泛的相似内容的相关工作群，又称为职位族。例如，企业内所有从事销售工作的职位组成销售类工作族，所有从事人力资源管理的职位组成人事工作族。

（8）职业（Profession）。职业是由在不同时间内、不同组织中从事相似的工作活动的一系列工作总称，如工程师、教师、会计、采购员等就是不同的职业。工作(或职务)与职业的区别主要在于其范围的不同。工作所指的范围较窄，主要是指在组织内的，而职业则是指跨组织的。

以上工作分析相关术语间的关系如图 5-4 所示。

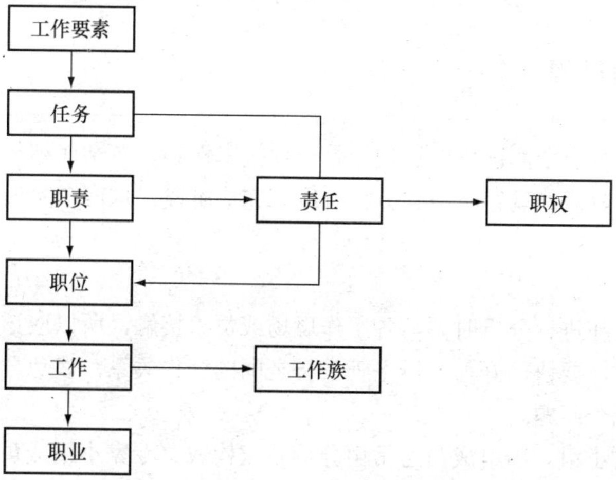

图 5-4　工作分析相关术语间的关系

职位的分类是将所有的工作岗位（职位），按其业务性质分为若干职组、职系（横向）；按责任的大小、工作难易，所需教育程度及技术高低分为若干职级、职等（纵向）。表 5-3 是对我国专业技术职务的分类，说明了职系、职组、职级、职等之间的关系。

表 5-3　　职系、职组、职级、职等

职组 \ 职系 \ 职级 \ 职等		Ⅴ 员级	Ⅳ 助级	Ⅲ 中级	Ⅱ 副高职	Ⅰ 正高职
高等教育	教师		助教	讲师	副教授	教授
	科研人员		助工	工程师	高级工程师	
	实验人员	实验员	助理实验师	实验师	高级实验师	
	图书、资料、档案	管理员	助理馆员	馆员	副研究馆员	研究馆员
企业	工程技术	技术员	助理工程师	工程师	高级工程师	
	会计	会计员	助理会计师	会计师	高级会计师	
	统计	统计员	助理统计师	统计师	高级统计师	
	管理	经济员	助理经济师	经济师	高级经济师	
科学研究	研究人员		研究实习员	助理研究员	副研究员	研究员
新闻	记者		助理记者	记者	主任记者	高级记者
	广播电视播音	三级播音员	二级播音员	一级播音员	主任播音指导	播音指导
出版	编辑		助理编辑	编辑	副编审	编审
	技术编辑	技术设计员	助理技术编辑	技术编辑		
	校对	三级校对	二级校对	一级校对		
农业	农业技术人员	农业技术员	助理农艺师	农艺师	高级农艺师	
医疗卫生	医疗、保健、预防	医士	医师	主治医师	副主任医师	主任医师
	护理	护士	护师	主管护师	副主任护师	主任护师
	药剂	药士	药师	主管药师	副主任药师	主任药师
	其他	技士	技师	主管技师	副主任技师	主任技师

5.2.2　工作分析的过程

工作分析是对工作做出全面评价的过程，是一项技术性强、复杂而细致的工作。其工作程序主要包括四个阶段：准备阶段、调查阶段、分析阶段和完成阶段。这四个阶段关系十分密切，它们相互联系、相互影响。

1. 准备阶段

由于工作分析人员在进行分析时要与各工作现场或员工接触，所以应该先行在办公室内研究该工作的书面资料。同时，要协调好与工厂主管人员之间的合作关系，以免导致摩擦或误解。在这一阶段，主要解决以下几个问题。

（1）建立工作分析小组。小组成员通常由分析专家构成。专家小组成员确定之后，赋予他们进行分析活动的权限，保证分析工作的协调和顺利进行。

（2）明确工作分析的总目标、总任务。根据总目标、总任务，对企业现状进行初步了解，掌握各种数据和资料。

（3）明确工作分析的目的。有了明确的目的才能正确确定分析的范围、对象和内容，规定分析的方式、方法，并理清收集的资料、地点和方法。

（4）明确分析对象。为保证分析结果的正确性，应选择有代表性、典型性的工作。

（5）建立良好的工作关系。为了搞好工作分析，还应做好员工的心理准备工作，建立起友好的合作关系。

2. 调查阶段

调查阶段包括确定工作进度，收集相关信息资料等。

（1）确定收集信息的内容。工作分析中所收集的信息是否全面决定了工作的整体质量，一般情况下要全面了解一个岗位需要收集9个方面的信息：①职务基本信息；②工作目标；③工作内容；④工作特征；⑤完成工作所需的设施或设备、工具；⑥任职资格；⑦培训与开发要求；⑧绩效考核标准；⑨法律、法规强制要求的条件。

（2）选择收集信息常见的方法包括访谈法、问卷法、观察法、工作日志法等。在企业实际开展工作分析的过程中必须考虑收集信息的质量与效率。访谈法所收集信息的质量最高，能够将所需信息进行深入挖掘；问卷法是工作效率最高的收集信息的方法之一，可以在短时间内获得大量的数据。

（3）开展信息收集工作阶段，需要做好以下3项工作。

① 工作分析小组负责人必须按照事先的分析计划，全面推进工作计划。

② 要求直线部门主管做好协调工作，预先安排好被调查者的工作，全力配合分析小组按照原计划开展工作。

③ 分析小组与直线部门主管密切配合，正确选择调查对象。

3. 分析阶段

分析阶段的主要任务是对有关工作特征和工作人员的调查结果进行深入全面的分析。具体工作如下。

① 仔细审核已收集到的各种信息。

② 创造性地分析、发现有关工作和工作人员的关键成分。

③ 归纳、总结出工作分析的必需材料和要素。

在工作分析阶段，如现有的工作概念、内容、方法已经不尽合理，应该改善，或者需要做部分更换；如原有的一套已经过时，必须淘汰，以全新的方法代替，否则就不能提高工作质量和附加值。对各项工作描述的条款可采取“删除——简化——合并——改善——创新”办法进行分析。

4. 完成阶段

完成阶段是工作分析的最后阶段，前三个阶段的工作都是为了达到此阶段目标的，完成阶段的任务是根据规范和信息编制工作描述和工作说明书，有以下具体工作。

① 根据工作分析规范和经过分析处理的信息草拟“工作描述”和“工作说明书”。

② 将草拟的“工作描述”与“工作说明书”与实际工作对比。

③ 根据对比结果决定是否需要进行再次调查研究。

④ 修正“工作描述”与“工作说明书”。

⑤ 若需要，可重复（2）～（4）的工作，例如对特别重要的岗位，其“工作描述”和“工作说明书”就应多次修订。

⑥ 形成最终的“工作描述”和“工作说明书”。

⑦ 将“工作描述”和“工作说明书”应用于实际工作中，并注意收集应用的反馈信息，不断完善“工作描述”和“工作说明书”。

对工作分析本身进行总结评估，注意将“工作描述”与“工作说明书”归档保存，为今后的工作分析提供经验与信息基础。

5.2.3 工作分析的内容

一个企业要有效地进行人力资源管理，一个重要的前提就是要了解各种工作的特点以及能胜任各种工作的人员的特点，对某特定的工作做出明确规定，并确定完成这一工作需要有什么样的行为的过程。这就是工作分析的主要内容。

我们一般把工作分析的内容分成两部分，即工作描述与工作说明书。

工作分析用于研究这项工作本身到底需要做什么。在工作分析过程中，还要考虑从事这项工作的人需要具备什么特点。当然，如果分析的是一项已然存在的工作，应该尽量忘记当前做这项工作的人的特点。工作分析的目的在于确认任何人从事该项工作时的职责是什么，需要完成哪些任务，并明确说明该工作的条件，如上下级报告关系、出差要求等。

1. 工作描述（Job Descriptions）

工作描述具体说明了工作目的与任务、工作内容与特征、工作责任与权力、工作标准与要求、工作时间与地点等问题。由于组织的不同，工作描述的内容也不相同。工作描述没有标准的格式，然而规范的工作描述书一般应包含以下内容。

（1）职位名称：指组织对从事一定工作活动所规定的职位名称或职位代号，以便对各种工作进行识别、登记、分类以及确定组织内外的各种工作关系。

（2）工作活动和工作程序：包括所要完成的工作任务、工作责任、使用的原材料和机器设备、工作流程、与其他人的正式工作关系、接受监督以及进行监督的性质和内容。

（3）工作条件和物理环境：包括工作地点的温度、光线、湿度、噪声、安全条件、地理位置等。

（4）社会环境：包括工作群体中的人数、各部门之间的关系、工作地点内外的文化设施、风俗等。

（5）聘用条件：包括工时数、工资结构、工资支付、福利待遇、晋升机会、进修机会等。

下面的例子是关于公司销售部经理的工作描述（见表 5-4）。

表 5-4　企业销售部经理的工作描述

工作名称：销售经理	部　　门：公司销售部
工作代号：X-1	工作地点：公司总部
在职者：	时　　间：2012 年 3 月
工作活动和工作程序 通过对下级的管理和监督，实施企业产品的销售、计划、组织、指导和控制；指导销售部的各种活动；就全面的销售事务向分管的销售副总汇报；根据对销售区域、销售渠道、销售定额、销售目标的初步认可，协调销售分配功能；批准对销售员的区域分派；评估销售员的业务报告；组织销售员的培训等。审查市场分析，以确定顾客需求、潜在的销售量、折扣率、竞争活动；亲自与大客户保持联系；可与广告机构就广告事宜进行谈判；可根据有关规定建议或实施对本部门员工的奖惩；可以调用小汽车两辆、送货车十辆	
工作条件和物理环境 65%以上时间在市内工作，一般不受气候影响；湿度适中，无严重噪声，无个人生命或严重受伤危险，无有毒气体。有外出要求，一年中 30%～35%的工作日出差在外；工作地点：本市	

续表

社会环境 有一名副手，销售部工作人员数为 50～60 人，直接上级是销售副总；需要经常交往的部门是生产部、财务部
聘用条件 每周工作 40 小时，国定假休息；基本工资每月 3500 元，职务津贴 500 元，每年完成任务奖金 10000 元，超额部分按千分之二提取奖金；本岗位是企业的中层干部岗位，可晋升为销售副总。每月的通信费、因公请客出差按级别标准报销，每三年有一次出国考察机会

2. 工作说明书（Job Specifications）

工作说明书又称任职要求，是指要求从事某项工作人员必须具备的生理要求和心理要求。主要包括以下内容。

（1）一般要求：主要包括年龄、性别、学历、工作经验等。

（2）生理要求：主要包括健康状况、力量和体力、运动的灵活性、感觉器官的灵敏度等。

（3）心理要求：主要包括观察能力、集中能力、记忆能力、理解能力、学习能力、创造能力、数学计算能力、语言表达能力、决策能力、性格、气质、态度、事业心、合作性、领导能力等。

下面仍以某公司销售部经理为例编制工作说明书（见表 5-5）。

表 5-5　企业销售部经理的工作说明书

职务名称：销售部经理		年龄：26～35 岁	
性别：男女不限		学历：大学本科以上	
工作经验：从事相同或相近产品销售四年以上			
生理要求和心理要求			
生理要求：无严重疾病；无传染病；能胜任办公室工作，有时需要站立和走动；平时以说、听、看、写为主。			
(心理要求等级划分: A——全体员工中最优秀的 10%之内。以总分为 100 分，即 90 分以上，下类同。 B——70～89 分; C——30～69 分; D——10～29 分; E——9 分以下。			
心理要求：			
一般智力：A	观察能力：B	记忆能力：B	理解能力：A
学习能力：A	解决问题能力：A	创造能力：A	知识面：A
数学计算能力：A	语言表达能力：A	决策能力：A	
性格：偏外向。	气质：多血质或胆汁质。		
兴趣爱好：喜欢与人交往，爱好广泛。态度：积极、乐观。			
事业心：十分强烈。	合作性：优秀。		
领导能力：卓越。			
其他特点： 有驾驶执照			

5.2.4 工作分析的作用

工作分析是人力资源管理非常重要的工作，它被认为是人力资源管理工作者所从事的所有各种活动的基石。人力资源管理的各种计划或方案——人员的甄选与任用、绩效管理、员工培训与开发、工作评价与设计、薪酬管理、职业生涯规划与管理及人力资源规划等均需要通过工作分析获得一些信息。因此，工作分析在人力资源管理中具有十分重要的作用（见图 5-5）。

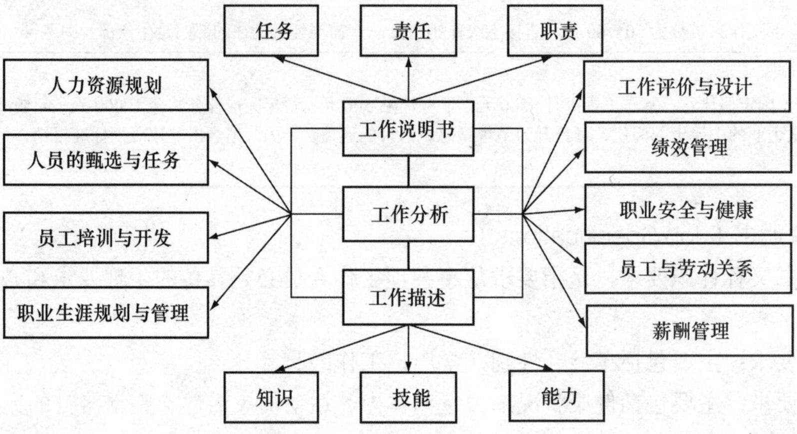

图 5-5　工作分析的作用图

（1）工作分析为人力资源规划提供了必要的信息。通过工作分析可以对企业内部各个职位的工作量进行科学的分析判断，从而为职位的增减提供必要的信息。工作分析对各个职位任职资格的要求也有助于企业进行人力资源的内部供给预测。

（2）工作分析为人员的招聘录用提供了明确的标准。由于工作分析对各个职位的性质、特征以及担任此类职位所必需的任职资格条件做出了详尽的说明和规划，因此在招聘录用过程中就有了明确的标准，避免了盲目性，有利于提高招聘录用的质量。

（3）工作分析为人员培训开发提供了明确的依据。工作分析对各个职位的工作内容和任职资格都做出了明确的规定，可以据此对新员工进行上岗前培训，让他们了解自己的工作；还可以根据员工与职位任职资格要求的差距进行相应的培训，提高员工与职位的匹配度。

（4）工作分析为科学的绩效考核提供了帮助。通过工作分析，每一职位从事的工作以及所要达到的标准都有了明确的界定，这就为绩效考核提供了明确的标准，减少了评价的主观因素，提高了考核的科学性。

（5）工作分析为制定公平合理的薪酬政策奠定了基础。按照公平理论的要求，企业在制定薪酬政策时必须保证公平合理，而工作分析则对各个职位承担的责任、从事的活动、资格的要求做出了具体的描述，这样企业就可以根据各个职位在企业内部重要性的大小给予不同的薪酬，从而确保薪酬的内部公平。

（6）工作分析可加强职业生涯管理。通过工作分析，在明确工作的职责、权限、任职资格等的基础上，形成该项工作的基本范围，从而为员工职业生涯的发展提供牵引与约束机制。

（7）工作分析为员工安全和健康提供帮助。工作分析信息有助于确定工作中有可能带来的危害和工作环境。通过信息的收集，管理人员和人力资源专家能够一起确定必要的安全、健康设备。

（8）工作分析是企业文化建立的基础。对一个企业而言，企业文化是人本管理的一个核心体现，公司一方面通过制度建设来明确员工做事的规范；另一方面通过企业文化建设来弥补制度建设的空白。其中关键的一点是，价值评价体系中奖惩的行为是企业文化的根基，而这种评价体系的基础就是工作分析的信息。

总之，工作分析对于人力资源管理具有非常重要的作用。研究表明，通过工作分析，企业内部大量不同类型的工作所产生的效益如表 5-6 所示。

表 5-6　　工作分析带来的效益表

增加高附加值的工作（加）	减少低效益的工作（减）	创造整体性合成效益的工作（乘）	利用外部资源优化效益的工作
• 采用具有竞争力的先进方法 • 强化有效的工作培训、改善工作质量 • 提高整体生产力，争取扩大市场和顾客群	• 去掉不合理的工作，删除不必要的工序 • 清理重复的工作 • 合并同性质的工作，降低资源消耗	• 从大局出发改善整体工作系统，减少并防止内部消耗和内部阻力，创造合成的经营效益	• 尽量利用供应商、社会机构和客户共同分担企业的相关任务或风险，提高企业的经济效益

5.3 绩效管理

5.3.1 绩效管理概述

1. 绩效概述

（1）绩效的概念。

绩效是指员工的知识、技能、能力等一切综合因素，在一定的环境影响下，通过一系列的行为表现后产生的结果。绩效也是个体或群体工作表现、直接成绩和最终贡献的统一体。绩效包括两个方面的含义：一是指员工个体或群体的工作结果，也就是员工个体或群体所完成工作或履行职务的结果；二是指影响员工个体或群体工作结果的行为、表现及素质等。

从企业经营管理的层面来看，可以将绩效分为组织绩效和个人绩效。组织绩效是企业运营的最终价值；个人绩效是员工对组织的贡献。个人绩效构成组织绩效，组织绩效对员工又有激励作用，两者相辅相成、密不可分。

（2）绩效的形成过程。

组织要做好绩效管理，必须对绩效产生的因素进行分析，员工的知识和技能等综合素质是实现绩效的前提，在一定的外因作用下，内因才能发挥作用（见图 5-6）。绩效管理的任务就是为员工创造一个良好的外部条件，使其潜能能够充分发挥出来，为企业发展作出更大贡献。

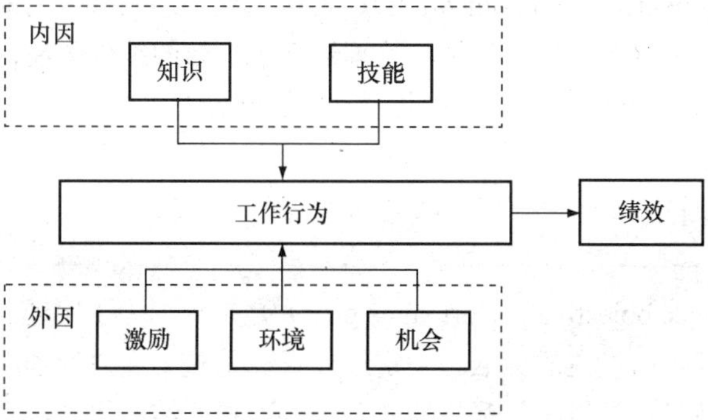

图 5-6　绩效的形成过程

2. 绩效管理概述

（1）绩效管理的概念。绩效管理是指为了实现组织的发展目标，通过有效的绩效计划及辅导，采用科学的方法对员工个人或团队的综合素质和工作业绩进行全面的衡量，分析存在的问题，提出解决方案，调动员工或团队的工作积极性，不断提升工作绩效的一系列管理活动。

（2）绩效管理的流程。从时间的维度看，绩效管理是在整个绩效期间不间断的绩效沟通，通过绩效计划、绩效考核、绩效面谈和绩效改进 4 个环节周而复始地螺旋式上升实现组织或个人目标的过程（见图 5-7）。

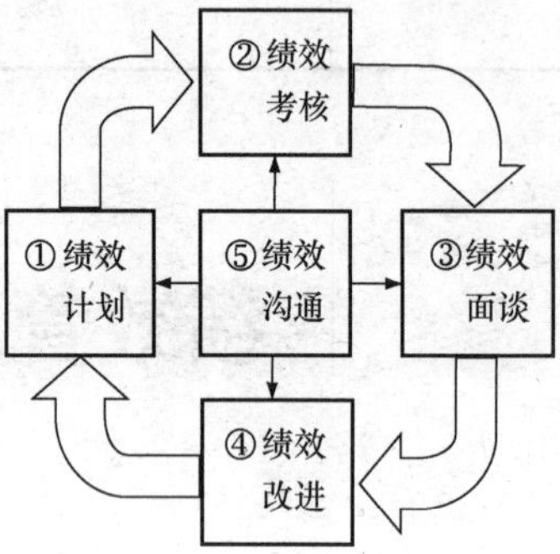

图 5-7　绩效管理的流程

① 绩效计划（Performance Plan），一般在新绩效时间开始时，是整个绩效管理过程的起点，管理者和员工经过一起讨论，就员工将要做什么、为什么做、需要做到什么程度、何时应做完等问题进行识别、理解并达成协议的过程。

② 绩效考核（Performance Assessment），一般在绩效时间结束时，这个环节需要选择合理的评价方法与衡量技术进行评价。

③ 绩效面谈（Performance Interview），一般在绩效时间结束时，绩效面谈双方要合理地对绩效结果进行分析，并且上级主管对下属在绩效周期间的业绩、工作表现等进行全面回顾、总结和评估，并将结果及相关信息反馈给员工。

④ 绩效改进（Performance Improvement），这个阶段的主要任务就是制订有针对性的改进计划和策略，不断提高员工的能力。绩效改进是绩效考核的后续应用阶段，是连接绩效考核和下一循环计划目标制定的关键环节。绩效考核的目的不仅仅是作为确定员工薪酬、奖惩、晋升或降级的标准，员工能力的不断提高以及绩效的持续改进才是其根本目的，而实现这一目的的途径就是绩效改进。

⑤ 绩效沟通（Performance Communication），贯穿于整个绩效管理周期，在整个绩效管理中占据相当重要的地位。可以说，要是企业的绩效管理缺乏了有效的绩效沟通，那企业的绩效管理就不能称之为绩效管理，至少在某种程度上讲是不完整的绩效管理。

5.3.2　绩效目标的确定

绩效目标（performance objective/performance goal）是指组织为了实现其战略目标，对组织中各项作业所需完成的具体任务所设定的标准。确定绩效目标是整个绩效管理的起点，同时也是制订绩效计划的首要任务。绩效目标是组织目标与绩效管理实践相联结的纽带，在具体的绩效管理实践中得以贯彻和体现。绩效目标在绩效管理中也称为目的或责任，它为绩效评价提供了基本的评价标准和评价依据。制定明确的绩效目标不仅有助于员工理解自己工作的角色、价值和贡献，同时也能促进员工自我管理、自我发展的能力和意识。因此，制定一个明确的、与组织目标相一致的绩效目标是非常重要的。

1. 绩效目标的来源

绩效目标的设立主要来源于组织的战略目标、经营理念，同时还要受到部门与岗位职责、工作流程及外部市场状况的影响。在设定绩效目标时，管理者一般应该根据组织总体目标或上级部门的目标，围绕本部门业务重点或职责，制订本部门的工作目标计划，保证部门工作目标与组织的总体目标相一致。然后在部门内部，管理者根据各个职位应负的责任，将部门目标层层分解到具体的责任人，形成每个岗位的绩效目标。具体而言，绩效目标有三种主要来源：源于组织战略目标或部门目标、源于部门及岗位职责、源于客户的需要。

2. 绩效目标的组成

绩效目标作为绩效管理的基础，主要由绩效内容和绩效标准组成。

（1）绩效内容。绩效内容界定了员工的工作任务，即员工在绩效评价期间应当做什么样的事情，它包括绩效项目和绩效指标两个部分。绩效项目是指绩效的维度，即要从哪些方面来对员工的绩效进行评价，一般组织绩效评价项目包括工作业绩、工作能力和工作态度等。绩效指标则是指绩效项目的具体内容，是对绩效项目的分解和细化。通常对工作业绩设定指标时，可从数量、质量、成本和时间四个方面考虑；对于工作能力和工作态度，则因部门或岗位的差异而有所不同。绩效项目分解、细化为绩效指标，有助于保证绩效评价的客观性。

（2）绩效标准。绩效标准是指与其相对应的每项目标任务应达到的基本绩效要求。绩效标准明确了员工的工作要求，即对于绩效内容所界定项目和指标，员工应当怎样来做或做到什么样的程度。绩效标准的确定，有助于保证绩效评价的公正性。

绩效标准通常是针对特定职务工作而言的，目标是针对个人或团队设定的，而标准则是针对工作和岗位制定的。绩效标准反映了职务本身对员工的要求，主要受制于职务标准与职能标准。职务标准与职能标准共同规定了该职务的工作内容、任职者素质等方面的要求。其中，职务标准对应的是在工作中表现出来的工作绩效，这种绩效可能直接反映在工作业绩上，也可能间接反映在工作能力和工作态度上；实际上是一种任职资格，因此，往往用于对员工工作能力和工作潜力的评价，多用在对部门及部门负责人的评价上。绩效目标、绩效内容与绩效标准的关系如图 5-8 所示。

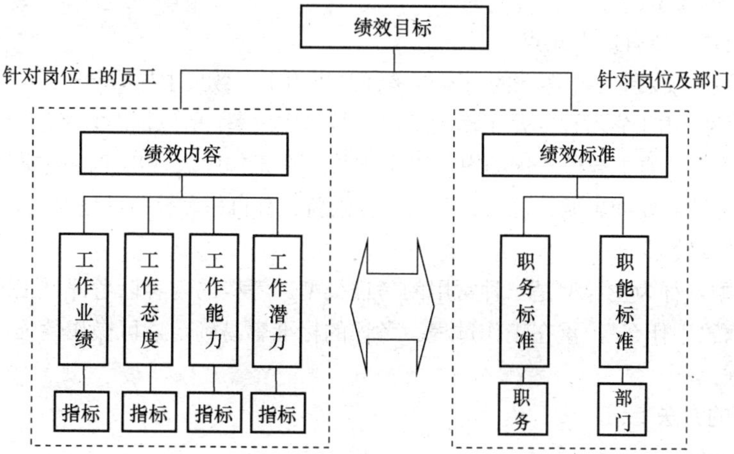

图 5-8　绩效目标与绩效内容和绩效标准的关系

3. 确定绩效目标的原则

（1）SMART 原则。SMART 原则主要包括：①明确的（Specific），即绩效目标的描述要具体明确，切忌笼统含混；②可衡量的（Measurable），设定的绩效目标应该是可以衡量和评估的，评价的数据或者信息是可以获得的；③可实现的（Attainable），所制定的绩效目标在付出适当的努力后是可以实现的，而不是遥不可及的；④相关的（Relative），绩效目标必须是与具体工作密切相关的；⑤限时的（Time-bound），绩效目标应当有明确的时间限制。

（2）FEW 原则。绩效目标的制定除了满足 SMART 原则要求以外，还必须遵守 FEW 原则。F 代表的是 Focus on Main Area，即指员工的目标应该集中在主要方面，而不必面面俱到，尤其是例行工作应该排除在目标之外。一般来讲，员工的绩效目标不应超过 6 条。E 代表的是 Employee Join in，即指在制定目标时，必须有员工的参与，这样的目标才有实现的可能。W 代表的是 Weight Grade，即指在员工不同的目标之间，应该有不同的权重，应该突出重点目标。

（3）责权一致原则。设置的绩效目标应当是在本人职责范围内可以控制的事项，如果不是则要征得主管的同意和支持，否则会导致绩效目标无法完成和实现。例如，许多组织的成本控制往往都是由预算严格控制的，不在员工本人控制的范围。因此，成本控制就不宜作为绩效目标。又比如有些企业的定价权由市场部门统一控制，销售人员只能对销售量负责，销售收入就不能作为销售人员的绩效目标。

5.3.3 绩效考评

1. 绩效考评概述

（1）绩效考评的概念。

绩效考评也叫业绩考评，是企业人力资源管理的重要内容，是通过系统的方法、原理来评定和测量员工在职务上的工作行为、工作成果以及对企业的贡献或价值。考评包括考核和评价两个方面。考核为评价提供事实依据，只有基于客观的考核基础上的评价才是公平合理的；考核的结果也只有通过评价才能得以进一步运用。

绩效考核是指用定性和定量的方法对员工绩效进行客观描述的过程。而绩效评价则是在考核的基础上，根据描述来确定员工绩效的高低，作出评价。

（2）绩效考评的类型。

绩效考评的类型主要有以下几点。

① 效果主导型。效果主导型考评的内容以考评结果为主，效果主导型着眼于“干出了什么”，重点在结果而不是行为。由于它考评的是工作业绩而不是工作效率，所以标准容易制定，并且容易操作。

② 品质主导型。品质主导型考评的内容以考评员工在工作中表现出来的品质为主，着眼于“他怎么干”，由于其考评需要如忠诚、可靠、主动、有创新、有自信、有协助精神等，所以很难具体掌握。可操作性与效度较差。

③ 行为主导型。行为主导型是一种常用的考评类型。考核的内容以考评员工的工作行为为主，着眼于“如何干”、“干什么”，重在工作过程。考评的标准容易确定，可操作性强，适用于管理性、事务性工作的考评。

2. 绩效考评的方法

（1）业绩评定表法。

所谓业绩评定表就是将各种评估因素分优秀、良好、合格、稍差、不合格（或其他相应等级）

进行评定。其优点在于简便、快捷，易于量化。其缺点在于容易出现主观偏差和趋中误差；等级宽泛，难以把握尺度，大多数人高度集中于某一等级。

量表绩效考评法使用得最为普遍，它通常做维度分解，并沿各维度划分等级，设置量表（即尺度）实现量化考评，而且操作简捷。

混合标准量表法：这是一种测评精度更高绩效考评工具。设计时先分解出若干考评维度，为每一维度的好、中、差三等拟定出一条典型表现的陈述句，然后把它们打乱，混杂无序排列，使考评者不易觉察各陈述句是考评哪一维度或表示哪一等级，因而使其主观成分难以掺入。考评只需根据实际表现与标准绩效陈述句对照评判：相符画“0”号；优于画“+”号；不及画“-”号。评分规则如图 5-9 所示。

可能的分数组合

- - - - - 0 +

- - - 0 + + +

- 0 + + + + +

得分 1 2 3 4 5 6 7

其三维得分为：

工作效率： + + 0 …… 6

…………

工作自信心： - 0 + …… 4

…………

工作汇报质量： + + + …… 7

三维度考评分

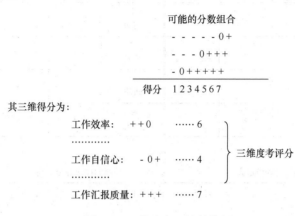

图 5-9 三维度考评计算结果

（2）交替排序法。

交替排序法根据某些工作绩效考评要素将员工们从绩效最好的人到绩效最差的人进行排序。通常由于从员工中挑选出最好和最差的要比绝对对他们的绩效进行评价容易得多，因此交替排序法是一种运用得非常普遍的工作绩效考评方法（见表 5-7）。

表 5-7 交替排序表

评价所依据的要素：__________。	
评价等级最高的员工	
1. __________。	11. __________。
2. __________。	12. __________。
：	：
：	：
：	：
9. __________。	19. __________。
10. __________。	20. __________。
评价等级最低的员工	

（3）硬性分布法。

硬性分布法是将限定范围内的员工按照某一概率分布划分到有限数量的几种类型上的一种方法。例如，假定员工工作表现大致服从正态分布，评价者按预先确定的概率把员工划分到不同类型中。使用这种方法就意味着要提前确定准备按照一种什么样的比例将被评价者分别分布到每一个工作绩效等级上去。

（4）配对比较法。

配对比较法是将每一位员工按照所有的评价要素与所有其他员工进行比较（见图 5-10）。如将员工 1 与员工 2、员工 3、员工 4 比较，员工 2 与员工 3、员工 4 比较等。在比较中获胜次数最多的员工接受最高等级。

就工作质量所做的评价

被评员工姓名

比较对象	1 马丽	2 郑通	3 曲明	4 高天
1 马丽		+	-	-
2 郑通	-		-	-
3 曲明	+	+		
4 高天	+	+	+	
		↑ 郑通的评价等级最高		

就工作数量所做的评价

被评员工姓名

比较对象	1 马丽	2 郑通	3 曲明	4 高天
1 马丽		-	-	-
2 郑通	+		-	-
3 曲明	+	+		+
4 高天	+	+	-	
	↑ 马丽的评价等级最高			

图 5-10　配对比较图

（5）关键事件法。

关键事件指那些对部门效益产生重大积极或消极影响的行为。在关键事件法中，考绩者需要将员工在考核期间内所有的关键事件作出书面记录。记录的这些事件应该是有关说明被评价员工令人满意和令人不满意绩效的工作行为。随着时间的推移，记录的事件成为考评绩效和向员工提供反馈的基础。

（6）行为锚定等级评价法。

行为锚定等级评价法将关于特别优良或特别劣等绩效的叙述加以等级性量化，从而将描述性关键事件评价法和量表评价法的优点结合起来。这些代表从最劣到最佳典型绩效的、有具体行为描述的锚定说明词，不但使被考评者能较深刻而信服地了解自身的现状，还可找到具体的改进目标。需要注意的是，说明词须是行为实例，不是“优”、“劣”等行为的评价。其倡导者宣称，它比我们所讨论过的所有其他工作绩效考评工具都具有更好和更公平的评价效果。

（7）叙述法。

考评者以一篇简洁记叙文形式来描述员工的业绩。这种方法集中描述员工在工作中的突出行为，而不是日常每天的业绩。不少管理者认为，叙述法不仅简单，而且是最好的一种评估方法。然而，叙述法的缺点在于评估结果在很大程度上取决于评估者的主观意愿和文字水平。此外，由于没有统一的标准，不同员工之间的评估结果难以比较。

（8）目标管理法。

目标管理法是指通过使每个员工都为完成组织使命和战略目标而努力来实现组织的有效性。主要包括以下两个方面的重要内容。

① 目标设定。设定目标开始于组织的最高层，他们提出组织使命概念和战略目标。然后通过组织层次往下传递至员工个人。个人目标如果完成，则表明最有助于该组织战略目标实现结果。

② 定期考评。考评就是根据原来设置的绩效标准来评价员工目标完成情况，一般是每年进行一次考评，作为对员工绩效有效性的某种测量。

5.3.4 绩效反馈与改进

1. 绩效反馈

（1）绩效反馈及其内容。

所谓绩效反馈，主要是指通过评价者与被评价者之间的沟通，就被评价者在评价周期内的绩效情况进行面谈，在肯定成绩的同时，找出工作中的不足并加以改进。

绩效反馈的内容概括起来主要有：通报员工当期绩效评价结果、分析员工绩效差距并确定改进措施、沟通协商下一个绩效评价周期的工作任务与目标、确定与任务和目标相匹配的资源配置。

（2）绩效反馈的形式。

① 根据沟通方式分类。根据沟通方式，可把绩效反馈分为语言沟通、暗示以及奖惩等方式。

语言沟通是指评价者将绩效评价结果通过口头或书面方式反馈给被评价者，对其良好的绩效加以肯定，对不好的绩效给予批评。语言沟通主要包括口头方式和书面方式两种。

暗示方式是指评价者以间接的形式对被评价者的绩效给予肯定或否定，比如可以通过与下属接近或疏远的方式暗示对下属工作绩效的评价。

奖惩方式是指通过货币（如加薪或罚款等）及非货币（如晋升或降级等）形式对被评价者的绩效进行反馈。

② 根据反馈对象的参与程度分类。根据反馈对象的参与程度，绩效反馈可分为指令式、指导式和授权式。

指令式是最接近传统的反馈模式，大多数管理者习惯于这种方式。其主要特点是以管理者为中心，员工更多的是倾听和接受。

指导式是以教和问相结合，这种方式同时以管理者和员工为中心，管理者与员工之间有较为充分的互动沟通过程。

授权式则是以问为主，以教为辅，完全以员工为中心，管理者主要对员工的回答感兴趣，而很少发表自己的观点，而且注重帮助员工独立地找到解决问题的方法。

③ 根据反馈信息的内容分类。根据绩效反馈的内容，可把绩效反馈分为负面反馈、中立反馈和正面反馈。负面反馈和中立反馈主要针对错误的行为，而正面反馈则是针对正确行为。

④ 360度绩效反馈。360度绩效反馈，就是指帮助一个组织的成员（主要是管理人员）从与自己发生工作关系的所有主体那里获得关于本人绩效信息反馈的过程。360度绩效反馈如图5-11所示。

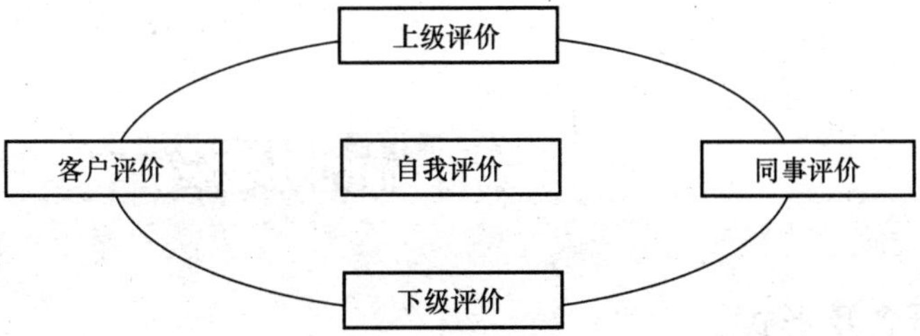

图5-11 360度绩效反馈示意图

2. 绩效改进

（1）列表法。列表法是指将所有可能帮助员工改进绩效的方法列在一张表中，并分为下属该做的、主管该做的以及应改善的环境等内容。

美国威斯康星大学推广教育管理学院的诺曼·阿里瑟基于对主管人员成长与发展的广泛研究发现，主管所立的榜样是下属成长发展最重要的因素，工作之外的活动也是绩效改进计划中的重要内容，最常见的是参加各种活动、读书、积极参与专业组织。

（2）Dayton-Hudson 法。Dayton-Hudson 公司针对个人发展研究出了一套实际的方法，用过此法的公司普遍反映较好。该公司编制了一本名为《个人发展计划》的小册子，供主管参考。这套个人发展计划有两个目的：一是帮助下属在现有工作中改进绩效；二是帮助下属发展潜力，经由一系列预先安排的学习阶段，为未来可能的升迁做准备，但重点仍放在改进下属现有的工作绩效上。

这套个人发展计划直接从绩效评价延伸出来。从表 5-8 中可以看出绩效与这套个人发展计划之间的关系，也可以看出这套个人发展计划是专为改进现阶段的工作绩效而设计的，它可以帮助一个人克服缺点并培养优点。表 5-9 是准备升迁所用的表格。Dayton-Hudson 公司所用的个人发展计划包括三条改进绩效的途径：组织外活动、组织内活动和个人自我改进活动（见表 5-10）。

表 5-8　　为改进现有工作绩效所用的个人发展表

应用项目	个人发展计划	达成与否
A. 过去 12 个月未尽的职责或其弱点		
B. 计划培养的个人优点		

表 5-9　　为升迁准备所用的个人发展计划表

理想职位	准备步骤	达成与否
1. 2. 3. 4.		

表 5-10　　个人发展计划改进方案表

改进事项：		
组织外活动	组织内活动	个人自我改进活动

5.4 薪酬制度设计

5.4.1 薪酬的概念及形式

薪酬（Compensation）本质上是劳动者和雇主之间公平的交易价格，劳动者提供劳动，雇主向员工支付薪酬。广义薪酬可定义为企业依据员工对企业所作的贡献付给的相应回报，包括直接经济性薪酬、间接经济性薪酬和非经济性薪酬（见图 5-12）。狭义薪酬指的是其中的经济性薪酬。

① 直接经济性薪酬（Direct Financial Compensation），即直接以现金的形式支付的工资，包括基本工资、绩效工资、津贴和各种奖金。

② 间接经济性薪酬（Indirect Financial Compensation），主要指福利和服务，以间接的方式提供外在的薪酬，与劳动者的能力和绩效没有什么关系的收入，如社会基本保险、各类休假、企业补充保险、其他福利、培训发展等。

③ 非经济性薪酬（Nonfinancial Compensation），主要指工作本身、工作环境、身份标志、组织特征几个方面带来的心理效应。

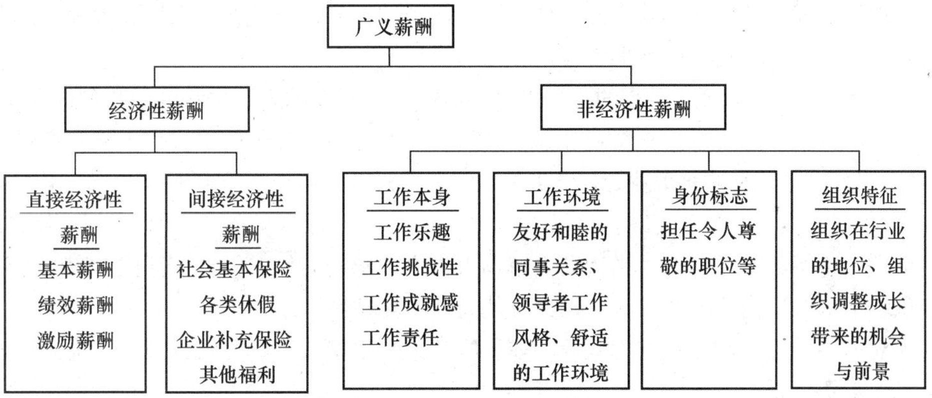

图 5-12　广义薪酬的构成

薪酬是一个集合概念，通常情况下，仅指经济性薪酬，包括基本薪酬、绩效薪酬、激励薪酬以及福利与津贴。下面针对经济性薪酬的几个方面分别加以介绍。

1. 基本薪酬（basic pay）

基本薪酬是根据员工所在职位或所具备完成工作的技能而向员工支付的稳定性薪酬。它常以货币形式足额、按时支付。按员工所在职位支付薪酬，实际上企业执行的是职位薪酬制度。

2. 绩效薪酬（Performance-based）

绩效薪酬是对员工超额完成工作部分或工作绩效突出部分而支付的一种奖励性薪酬，旨在鼓励员工提高工作效率和工作质量。绩效薪酬与员工的业绩挂钩，通常随着员工的工作业绩变化而调整，可以是短期的，也可以是长期的。常见的绩效薪酬形式有：绩效加薪（merit pay）、一次性奖金以及个人特别绩效奖。

3. 激励薪酬（incentive pay）

激励薪酬也称可变薪酬（variable pay），是企业预先将利益分享方案告知员工的方法。雇主根据雇员目标达成情况而给予员工奖励性薪酬。从定义可以看出，激励薪酬对员工具有未来导向性，而绩效薪酬仅仅反映员工业已完成的工作情况。激励薪酬按时间，可分为短期激励薪酬和长期激励薪酬；按支付对象，可分为个体激励薪酬和群体激励薪酬。

4. 福利与津贴（benefits）

福利是指企业为了保障员工的基本生活而对员工提供经济上的帮助、生活上的便利以补充员工基本的、经常的、共同的或特殊的生活而采取的福利措施和举办的福利事业的总称。福利分为强制性福利和企业自愿福利。强制性福利主要包括社会保险、法定假日以及劳动安全三大模块。企业自愿福利是指企业根据自身特点，有目的、有计划、有针对性设计的福利项目。

津贴是对员工在非正常情况下工作所支付额外劳动消耗和生活费用以及对员工身心健康所给予

的补偿，其中与员工生活相关的称为补贴。非正常工作环境包括高温高空作业、矿下水下作业、有毒有害环境下作业等。

5.4.2 影响薪酬的因素分析

薪酬水平（pay level）是企业与企业之间的一种薪酬比较关系，是一个企业相对于其竞争对手薪酬数额的高低。影响薪酬的主要因素可分为以下三大类。

1. 宏观因素

（1）当地经济发展状况的影响。一般情况下，当地的经济发展处在一个较高水平时，企业员工的薪酬会较高；相反，则员工的薪酬会较低。

（2）生活费用与物价水平。员工的工资水平一般与企业所在的地区生活费用和物价水平成正比。

（3）地区和行业的工资水平。企业如果处于较发达的城市，员工的工资水平就要高些。企业如果属于“好行业”，比如石油化工业等，员工的工资就会较高；如果属于制造行业，员工工资可能就要低些。

（4）劳动力市场的供求状况。当劳动力市场上供大于求的时候，就会使岗位对应的工资降低；反之，当供小于求时，岗位人才稀缺，则工资就会被市场拉高。

（5）宏观调控政策。国家的宏观政策，如税收政策、出口政策、财政政策等，也会在很大程度上影响员工的工资水平。

（6）国家有关法规。国家以法律形式对工资水平的影响，主要是通过制定最低工资标准来实现的。政府的许多法规政策影响企业的薪酬决定，如对员工最低工资的规定；企业或雇主支付员工工资方式的规定；员工的所得税比例；企业安全卫生的规定；男女同工同酬的规定；女职工的特殊保护；员工的退休、养老、医疗保险等。

2. 企业因素

企业因素决定了企业之间薪酬水平的差异，具体包括以下几个方面。

（1）企业的薪酬政策。不同企业的薪酬政策都不相同，薪酬政策通常由高层主管组成的人力资源部门予以确定。薪酬政策是支付标准与规模相当的竞争性公司的相对高低和差异，包括工资等级和工资幅度、加薪基础、晋升、降级、调职、小时工资率、加班、休假、工作时数、付薪的机密性和工作时间等。

（2）公平因素。公平是企业薪酬制度的基础，通常员工认为薪酬制度是公平的，才会产生满意感，才能起到激励作用。因此，公平可能是决定工资率最重要的因素，包括外部公平和内部公平。所谓外部公平性，就是指企业的薪酬标准或工资水平同其他公司相比要有竞争力，否则难以吸引和留住人才。所谓内部公平性，是指与组织内部其他人员相比，应让每位员工感到自己在付出劳动和获得薪酬的关系上是合理的。

（3）企业的劳动生产率。员工的薪酬水平是由企业的经济效益决定的，企业的劳动生产率就是反映企业综合经济效益的重要指标。企业间劳动生产率的不同，使得可提取作为工资的数量必然不同，从而员工的工资水平就会不同。

（4）企业的工资支付能力。员工工资对企业来说，就是人工成本。如果企业没有工资支付能力、缺少资金，那么员工的薪酬也无法兑现。

（5）企业文化。企业的文化与企业的价值观紧密相连，因此影响薪酬制度。比如，有的企业推崇个人英雄主义，因此薪酬差别很大；有些企业提倡集体主义，因此薪酬差别较小；有些企业鼓励冒险，因此工资很高，福利较差；有些则比较保守，因此工资较低，但福利较好。

（6）工会对薪酬的影响。企业中的工会有一项主要工作就是保护工人的权益。因此，工会的强弱也对企业薪酬决定产生影响，因为薪酬是工人的主要利益之一。

3. 员工个人因素

员工个人因素决定了在同一企业中员工之间的工资差异，具体包括五个方面。

（1）工作绩效。企业通过绩效评价考核员工的业绩，如果评价结果好，则工资提高；如果评价结果差，则工资降低。

（2）岗位（或职务）。不同的岗位有不同的工作内容和工作性质，这使得员工承担的责任、面临的风险、所处的工作环境也不同，因而对企业的贡献价值就不同。

（3）教育背景、技术和培训水平。员工进入企业时，会有各自不同的技术能力、教育及培训经历，这就决定了不同的人在企业中有不同的发展起点，不同的人有不同的工资水平。

（4）工作条件。工作条件对薪酬水平的影响主要体现在津贴上。不同岗位的工作条件不同、员工承受的工作压力不同，导致收入也不同。

（5）年龄与工龄。员工在企业工作时间越长，表明其在企业的积累劳动越多，对企业的贡献越大、忠诚度越高。工龄工资就是对员工长期服务于企业的奖励。

5.4.3 员工工资设置的基本过程

1. 制定企业的付酬原则与策略

企业薪酬的原则与策略是企业文化的一部分，它包括对员工本性的认识，对员工总体价值的评价，对管理骨干及高级专业人才所起作用的估计等企业核心价值观；企业对员工福利负有义务，真正实现了按贡献分配才是最大公平道德观，以及由此衍生的有关工资分配的政策与策略，如工资拉开差距的尺度标准、工资、奖励与福利费用的分配比例等。

2. 薪资调查

企业薪酬确定的高低不仅关系到外部竞争力，同时也关系到企业的经济效益。企业通过薪酬调查，就可以了解同行和相关劳动力市场的流行工资率，而直接用同行的薪酬标准作为给付标准，也可以通过调查确定某些基本工作的给付标准，然后按照相对价值为其他工作确定薪酬，还可以了解同行的相关福利措施。

3. 岗位设计与分析

这是薪酬体系建立的依据，这一活动将产生企业组织结构系统图及其中所有岗位的说明与规范等文件。岗位分析是公司人力资源管理的基础，也是薪酬管理的重要依据，根据岗位分析所标明的工作内容、责任大小、层级关系而确定其基本薪酬和岗位薪酬。

4. 职位评价

职位评价的目的在于判定一个职位的相对价值。包括为确定一个职位相对于其他职位的价值所作的正式、系统的比较，并最终确定该职位的工资或薪酬等级。其基本程序是对每一个职位所包含的内容进行相互比较。

5. 薪酬结构设计

所谓薪酬结构，是指企业的组织结构中各岗位的相对价值与对应的实际薪酬间的关系。将企业所有岗位的薪酬都按统一的贡献原则定薪，保证企业薪酬体系的内在公平性。找出这种理论上的价值后，还必须据此转换成实际的薪酬值，才具有实用价值，这就需要进行薪酬结构设计。

6. 工资曲线设计

工资曲线是某个企业的工资构成的形象直观的表现形式，利用工资曲线能显示出企业中各职位的相对价值与其实付工资之间的对应关系。图 5-13 就是一个常见的工资曲线的例子。

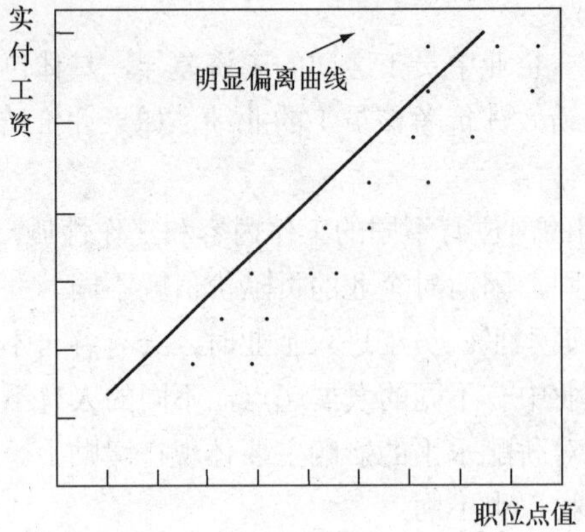

图 5-13 工资曲线图

工资曲线是两维的，纵轴表示工资率；横轴表示根据职位点值确定的工资等级。

企业设计工资曲线出于两种目的，其一是开发出组织的工资体系，使每个职位的工资都能和该职位的相对价值或职位点值相对应，这在一定意义上体现了组织的管理理念和价值判断。其二用来检查现行工资率的合理性，以作为调整的依据。

7. 工资等级划分与定薪

在职位评价确定了每个职位的相对价值后，企业根据所确定的工资曲线，将众多类别的职位工资归并组合，形成若干个等级。这样做的目的也是简化工资管理工作。因此，可能期望将类似职位（例如在序列或点值上相近）归入同一个工资等级，这样企业就无须处理几百种工资率，可能只要关注比如 10 个或者 12 个工资等级。

8. 薪酬体系的运行控制与调整

最后，要对所有工资等级的工资率进行调整。这包括调整偏差工资率并设计一套新的工资率系列（payrate ranges）。企业薪酬体系一经建立，如何投入正常运作并对其实行有效的控制与管理，使其发挥应有的功能，是一个相当复杂的问题，也是一项长期的工作。

5.4.4 职位评价

职位评价又称岗位评价或工作评价，是指在工作分析或职位分析的基础上，采取科学的方法，对企业内部各职位的责任大小、工作强度、工作环境、工作难度、任职条件等因素进行评价，以确定各职位在组织中的相对价值，并据此建立职位价值序列。

企业的付酬水平对内是否具有公平性，需要在确定各职位内容的基础上对其付酬因素进行相互比较。所谓付酬因素就是指工作的重要程度、责任、工作技能、对组织目标实现的相对贡献大小等。企业注重哪些付酬因素取决于职位的特点和所使用的职位评价方法。

在职位评价中确定付酬因素是关键的步骤，在进行职位评价时，每个职位都要就相同的付酬因素同所有可比职位进行比较。

1. 排列法

排列法又称排级法或排序法，它是逐步地比较两个职位之间的重要程度，然后根据职位的相对规模，采用顺序性方式，将所有的职位加以排列。排列法是最简单、易懂也最为省时的职位评估方式，但是也有明显的不足，其缺点是在职位顺序的排列方面，并没有任何理论基础，而主要是依据评价者的主观判断，很难达到在评价上的客观性。同时，使用排列法将无法解释评估后的结果，以及说明各个职位差异性程度。这种方法的主要优点在于能尽快确立新的职位等级，因此有时也用作鉴别工资差异是否合理的初步措施。

2. 分类法

分类法即归类法，它是把所有职位分成几组，如果每组包含的职位相同就称为类；如果每组包含的职位除复杂度相似外，其他方面都不同，就称为级。它是事先进行总体职位分类和职务等级描述，建立一套职位“等级标准体系”后，再把所评价职位与事先设定的一个标准进行比照，从而确定该职位相应级别。所以，又把它称为“套级法”。

分类法是以职位为对象、以事件为中心的职位评估方法，它是在职位分析的基础上对每个职位的工作性质、任务、要求及完成该项工作的人员所需资格条件进行全面、系统、深入的研究之后，按照工作性质的相似性将企业职位划分为不同的族，再根据职责大小和任职要求划分出若干层级，由此搭建好职位族平台；在此基础上，运用通用要素及个性要素，对各职位族及其层级进行价值评估。

3. 点数法

点数法又被称为要素计点法、点值法等，是目前应用最广泛、最精确、最复杂的职位评估方法。要素计点法，就是在职位分析的基础上，选取若干关键性付酬要素，并对每个要素的不同水平进行界定，同时给各个水平赋予一定的分值，这个分值也称作“点数”。然后按照这些关键的付酬因素对职位进行评价，得到每个职位的总点数，以此决定职位的薪酬水平。点数法与排列法和分类法的明显差异是：计点法为职位评价确定了明确的标尺——付酬要素，而且是根据企业业务活动的战略方向以及工作对战略的贡献为基础来定义付酬因素的。

4. 因素比较法

因素比较法又称要素比较法，是一种量化的职位评估方法，实际上是对职位排列法的一种改进。这种方法与职位排列法的主要区别是：职位排列法是从整体的角度对职位进行比较和排序，而因素比较法则是选择多种付酬因素，按照各种因素分别进行排序。

因素比较法是运用可以比较的付酬要素来评价不同职位的价值，并以这些与工作有关的付酬要素来作为制定工资待遇的基础，打破了工作岗位的界限，能够较好地解决外部公平与内部公平问题。因素比较法可以看成是一种比较复杂的排列法。排列法只是从一个综合的角度比较各种职位，而因素比较法选取了多种付酬要素，并按每一种因素分别排序一次，根据每一种付酬因素得到的评估结果，设置一个具体的薪酬金额，然后再计算出每种职位在各种付酬因素上的薪酬总额，把它作为这种职位的付酬标准或薪酬水平。

5. 海氏（HAY）职位评价系统

美国薪酬设计专家艾德华·海于1951年沿着点数法的思路，进一步研究开发出海氏职位评价系统，又叫“指导图表—形状构成法”。它有效地解决了不同职能部门不同职务之间相对价值的相互比较和量化的难题，被企业界广泛接受。

海氏评价法实质上是将付酬因素进一步抽象为具有普遍适用性的三大因素，即知能水平、解决问题能力和风险责任，相应设计了三套标尺性评价量表，最后将所得分值加以综合，算出各个工作职位的相对价值。

海氏评价法对所评价的岗位按照以上三个要素及相应的标准进行评价打分，得出每个职位评价分，即职位评价分=知能得分+解决问题得分+应负责任得分。其中知能得分和应负责任评价分和最后得分都是绝对分，而解决问题的评价分是相对分（百分值），经过调整为最后得分后才是绝对分。

利用海氏评价法在评价三种主要付酬因素方面不同的分数时，还必须考虑各职位的“形状构成”，以确定该因素的权重，进而据此计算出各职位相对价值的总分，完成职位评价活动。所谓职务的“形状构成”主要取决于知能和解决问题的能力两因素相对于职位责任这一因素影响力的对比与分配。

6. 美世国际职位评估法

职位（岗位）评估是通过“因素提取”并给予评分的职位价值测量工具。早在20世纪七八十年代，职位评估就风靡欧美，成为内部人力资源管理的基础工具。但是当美国逐渐将人力资源管理重点从“职位”转至“绩效”以后，作为总部在美国的全球最大的人力资源管理咨询公司——美世咨询公司却始终没有抛弃这个工具，而是将其进一步开发，使其适合全球性企业，尤其是欧洲和亚洲国家的企业使用。2000年美世咨询公司兼并了全球另一个专业人力资源管理咨询公司CRG（Corporate Resources Group，国际资源管理咨询集团）后，将其评估工具升级到第三版，成为目前市场上最为简便、适用的评估工具——国际职位评估系统（International Position Evaluation，IPE）。

这套职位评估系统共有4个因素、10个维度、104个级别，总分为1225分。评估的结果可以分成48个级别。这套评估系统的4个因素是指：影响（impact）、沟通（communication）、创新（innovation）和知识（knowledge）。

与其他职位评价方法比较，IPE方法的独特之处表现在：考虑了组织规模因素，这一点是其他绝大多数职务计点方法所没有的。在进行具体职位的评估之前，首先要确定企业的规模。在这个特殊的因素中，需要考虑企业的销售额、员工人数和组织类型（制造型、装配型、销售型还是配送型），来放大或缩小组织规模。另外，员工人数也是一个重要的规模因素，借助这个因素进行调整，美世系统可以把不同规模不同类型的企业置于同一个比较平台之上。当然，IPE方法如此考虑组织规模因素有多大合理性还有待于进一步的讨论。本书认为，与IPE采用的通过组织规模变量来衡量大企业与小企业之间同样职务不同价值差异比较，通过不同价值人才之间的供求比来量化可能更合理。

5.4.5 高层管理人员的薪酬确定

高层管理人员主要是对整个组织的管理负有全面责任，他们的主要职责是制定组织的总目标、总战略，掌握组织的大政方针并评价整个组织的绩效。高层管理人员工作的特殊性导致了其薪酬管理的差异性。而高管人员对企业发展的重要性，突出了对其薪酬管理的重要性。建立激励并约束高管人员行为的薪酬主要涉及三方面内容：薪酬构成、薪酬结构变化对高管行为的影响及最优的薪酬结构确定；薪酬数量与高管人员积极性的关系及最优薪酬数量确定；高管人员的薪酬与何种企业业绩指标“挂钩”、如何“挂钩”，才能更好地衡量其能力和努力程度等。高管人员的薪酬体系主要由基本薪酬、短期激励、长期激励和福利四个部分组成。

（1）基本薪酬。基本薪酬是高管人员的基本收入，一般会占到薪酬总额的1/3至2/3不等。基本薪酬对高管人员来说属于固定收入，虽然在激发其积极性方面所起的作用并不是很明显，但能为他们提供可靠的收入。

（2）短期激励。对高层管理人员的短期激励主要是奖金。奖金是企业高层管理人员薪酬的重要组成部分。通常意义上的奖金都是以组织的经营绩效为基础的。由于高管人员对于企业总体经营绩效的达成情况有着比普通员工更大的影响力，因此给予他们的奖金与企业总体经营业绩之间的关系更为紧密，使高层管理人员能够在企业经营绩效的改善中获得自己应得的薪酬。

（3）长期激励。近年来，以各种股票计划为主要内容的长期激励方案越来越受到欢迎。究其原因主要有三点：第一，高层管理者的绩效表现对于组织经营状况的重要性已日益显露出来，高层管理人员在企业当中的作用越来越大，然而所有者对其工作和努力程度进行有效监管的难度较大，而长期激励是对其进行有效激励的最佳途径之一；第二，长期激励方案与组织的长期经营绩效具有紧密的联系，通过经济上的利益关系促使高管人员和企业的经营目标保持一致，从而激励他们关注企业的长期发展以及持续性地达到更高的绩效水平；第三，长期激励计划给企业提供了一种合理避税的机会。

（4）福利。高层管理人员通常都享受到名目众多的福利和服务。除了针对普通员工的福利以外，还有特别针对高层管理人员的福利。留住管理者对于组织而言是至关重要的，而特定内容的福利和服务在吸引和挽留这些核心员工方面又有着不可低估的功效。针对高层管理人员的福利，主要包括在职福利和退休福利。

总的来说，在高层管理人员的总体薪酬中，基本薪酬所占的比重相对较小，短期激励和长期激励所占的比重往往非常大，福利也起着不可忽视的作用。

5.4.6 专业人员的薪酬确定

专业技术人员是指在企业内部从事专业技术工作，利用专业知识和经验来解决企业经营中的各种技术和管理问题的人员。企业中的专业技术人员遇到的一个非常大的挑战是知识和技术的更新问题，因为专业领域的知识更新速度非常快。由于专业技术人员对自身所掌握的知识先进程度非常关心，因此在企业对技术人员提供的薪酬中，除了货币性薪酬外，能否为专业技术人员提供学习新知识和技能的机会，也是对专业技术人员来说非常有吸引力的一种薪酬。

由于专业技术人员从事的科技活动的性质，专业技术人员和企业内一般的员工相比，有一些独特的特点：较强的自主意识；独立的价值观；潜在流动能力较强；注重能力的持续提高等。因此对于专业技术人员的薪酬，要着重从以下几个方面来考虑：合理设计薪酬标准，体现出企业的发展战略；专业技术成长与薪酬增长挂钩；薪酬的设计要体现出内部公平；短期激励和长期激励相结合，关注员工的长期发展；合理设计薪酬结构，满足专业技术人员的个性化需求。

（1）专业技术人员的薪酬构成

专业技术人员的薪酬结构主要由以下几方面组成。

① 基本薪酬

专业技术人员的基本薪酬往往取决于他们所掌握的专业知识与技术的广度和深度以及他们运用这些专业知识与技术的熟练程度，而不是他们所从事的具体工作岗位的重要性。

② 奖金

由于专业技术人员主要是靠知识和技能的存量及其运用获得薪酬，而在很多情况下，他们的这种专业知识和技能本身是有明确的市场价值的。因此，专业技术人员通常获得较高的基本薪酬，即使有一定的奖金发放，奖金所占的比重通常也非常小。

一种可能的例外是针对从事技术和产品研发的专业技术人员，对于研发出为企业带来较多利润的新产品的专业技术人员或团队，企业往往给予一定金额的一次性奖励，或者是让他们分享新产品上市后一段时期内所产生的利润。

③ 福利

由于专业技术人员工作的特点，使得他们更看重继续教育和接受培训的机会。与其他员工相比，企业往往通过提供更多进修学习的机会作为专业技术人员的福利。

（2）几种典型薪酬模式。

① 单一化高工资模式

这种模式即给予高的年薪或月薪，一般不发给奖金。其较适合于从事基础性研究的专业人员。他们的工作成果不易量化，而且短期内较难规定准确的工作目标。

② 较高工资+奖金模式

该模式以职能资格（职位等级和能力资格）为基础，给予较高的固定工资，奖金仍以职位等级和固定工资为依据，依照固定工资的一定比例发放。

③ 较高工资+科技成果提成模式

这是指除给予较高的固定工资外，还可按研究开发成果为组织创造的经济效益的一定比例提成。该模式激励功能很强，很适用于新产品研发人员。

④ 科研项目承包模式

这种模式即将专业人员的薪酬列入其从事的科研项目经费中，按任务定薪酬，实行费用包干。该模式有利于激励专业人员快出成果，也有利于组织对专业人员人工成本的控制。如果再有配套的后续激励措施，如成果提成、科研业绩奖金等，效果会更好。

⑤ 工资+股权激励模式

该模式工资水平一般，股权激励的力度加大，如对专业人员实现期权制、技术入股、赠送干股、股份优先购买权等。它的优点是长期激励机制强，激励机制与约束机制并存，一旦组织发展迅速会给专业人员带来丰厚的回报，尤其适用于高新技术产业组织和上市公司。

本章小结

人力资源管理（HRM）是指运用现代化的科学方法，对与一定物力相结合的人力进行合理的招聘、开发培训、组织和调配，使人力、物力经常保持最佳比例；同时对人的思想、心理和行为进行恰当的诱导、控制和协调，充分发挥人的主观能动性。人力资源管理的发展经历了人事管理阶段、科学管理时期、行为科学时期、管理科学时期、综合化管理时期五个阶段。

工作分析被认为是人力资源管理工作者所从事的所有各种活动的基石，工作分析的结果是形成工作描述和工作说明书。绩效管理是通过有效的绩效计划及辅导，采用科学的方法对员工个人或团队的综合素质和工作业绩进行全面的衡量，不断提升工作绩效的一系列管理活动。薪酬本质上是劳动者和雇主之间公平的交易价格，劳动者提供劳动，雇主向员工支付薪酬。职位评价是在工作分析或职位分析的基础上，采取科学的方法，对企业内部各职位的责任大小、工作强度、工作环境、工作难度、任职条件等因素进行评价，以确定各职位在组织中的相对价值，并据此建立职位价值序列。

复习思考题

1. 什么是人力资源管理？传统的人事管理和现代人力资源管理有哪些区别？

2．人力资源管理的内容包含哪几个部分？
3．简述工作描述和工作说明书的基本内容。
4．绩效目标、绩效内容与绩效标准有何联系？
5．绩效考评的类型和原则有哪些？
6．员工工资设置的基本过程是什么？
7．职位评价主要有哪几种方法？各种方法的主要内容是什么？

案例分析

联通工资套改方案引发内部巨大争议

2009年4月28日对于经历重组脱胎换骨的新联通而言或许是一个值得长久记忆的日子，当日中国联通高调发布全业务品牌“沃”吸引了全社会的目光，而这一天对于很多联通员工而言也意味深长，或许他们的职位和薪酬将就此改变。根据联通集团《关于启动职位薪酬体系试点工作的通知》和《关于全面启动职位薪酬体系实施工作的通知》，各省公司定于4月28～29日组织对各单位的职位薪酬实施结果统一审批。联通内部融合的重要一步——定职级、定酬在月底将有定论。

根据联通职位体系实施标准的要求，此次工资套改方案的基本原则是实现岗位序列、职位等级和职衔称谓的统一，员工按照统一套改方法进入新职位体系，逐步优化。也就是说，原网通公司与联通公司在员工岗位定级和薪酬方面有着较大的差异力争通过此次改革完善新联通的薪酬制度，实现融合后的同工同酬，为今后的发展奠定坚实的基础。但是，就是这两份旨在加速融合的通知却随着各省分公司工资套改方案的出台在联通内部引起了强烈的反响和巨大的争议。

一位北方联通员工向记者表示，鉴于重组前两个公司各自的历史原因，原联通和网通的管理模式和薪酬体系存在较大不同。原联通省分公司不存在省分机关和二级部门之分，一概是扁平化管理的模式，是管理+生产的模式，原联通省分公司业务主管和业务主办既是业务管理者，同时也兼顾着具体工作执行事宜；而原网通公司存在省分机关和直属中心，即省分机关只做业务管理，而直属中心负责具体工作和执行。按上述员工说法，从意义上讲原联通的省分各部门员工即相当于原网通省分机关员工，现将原联通省分公司员工直接定位到原网通直属中心的做法有欠公平。

该员工进一步指出，通俗地讲，重组之前其在原联通省分本部职称序列相当于管理职位；原网通省分本部员工职称序列也相当于管理职位，但原网通省分直属中心员工职称序列则相当于一线员工。套改方案实施后原联通省分本部员工职称序列调整至与原网通省分直属中心员工持平，而网通省分本部员工则保持原职位序列不变。“这种转变不是工资升降和职级调整的问题，而是同工不同酬的本质问题。”该员工说。

2009年是新联通成立后的开局之年，在3G上马在即、全业务竞争异常激烈的今天，公司内部的稳定对于联通的发展显得弥足珍贵。正如业界评价：融合刚刚开始，融合的代价还没有体现。在数十年的分分合合之后，在无数原联通和网通员工交织着兴奋、惆怅等无数情感的感叹之后，新联通要走出一条新路还将面临更多的考验。

（资料来源：杨伟国，陈玉杰.薪酬经济学[M].上海：复旦大学出版社，2013。）

思考题：

1. 结合材料内容及本章所学知识，谈谈你对职位薪酬公平性问题的认识。
2. 联通工资方案为什么会引起员工的反对？你怎样看待这个工资方案？

企业财务管理　第6章

学习目标

- 理解企业财务管理的基本概念、内容，树立财务管理的有效观念
- 掌握企业资金筹集的种类和渠道
- 通过企业财务报表对财务状况进行分析
- 理解收益分配管理和全面预算管理

开篇案例

中兴通讯财务管理模式

中兴通讯是全球领先的综合性通信制造业上市公司，是近年全球增长最快的通信解决方案提供商之一。1985年，中兴通讯成立。1997年，中兴通讯A股在深圳证券交易所上市。2004年12月，中兴通讯作为中国内地首家A股上市公司成功在香港上市。近年来中兴通讯跻身于美国《商业周刊》“中国十大重要海外上市公司”和“中国最佳品牌20强”。中兴通讯以满足客户需求为目标，为全球客户提供创新性、客户化的产品和服务，帮助客户实现持续赢利和成功，构建自由广阔的通信未来。凭借有线产品、无线产品、业务产品、终端产品等四大产品领域的卓越实力，中兴通讯已成为中国电信市场最主要的设备提供商之一，并为全球120多个国家的500多家运营商提供优质的、高性价比的产品与服务。中兴通讯财务管理模式有以下特点。

1. 分散的独立财务组织制度

所谓分散式的独立财务组织是在各个研究所、代表处及子公司分别配置一套完整的财务人员，包括财务经理、会计和出纳。这些独立的财务组织按各自的意愿、标准行事，相互之间没有经常性的沟通。分散式的财务组织无法在不同单元实现负载均衡。当一个业务单元工作量突发加大时，其他单元的闲置能力无法进行及时的支援和补充；同时，由于无法形成专业化分工，每个人要求掌握全面的技能，对人员素质的要求相对较高。产能不均，以及对人员素质的高要求带来了必然高昂的成本。

2. 业务的支持和战略推进能力有限

分散式的财务组织一方面必须面对低效和成本的压力，另一方面也严重地制约了其本应发挥的业务支持和战略推进能力。这种能力的制约来源于无法摆脱的基础业务。由于会计核算等基础业务是由当地的财务团队自行完成的，他们一方面要面对集团总部，实时学习最新的制度政策，按时出具各项报表、报告；另一方面基层业务单位的报销、支付都必须经过当地财务团队实现，他们必须面对频繁的点对点沟通。这种情况下，有限的能力和精力被频繁重复的琐碎事务所占领，深入业务进行业务支持和协助集团进行战略推动变成一句空话。在这种内外交困的局面下，彻底地摆脱基础业务，释放基层财务人员的能力和精力才能够发挥他们本应发挥的作用，实现真正的财务与业务一体化。

3. 集团对基层业务单位及子公司的监控有限

分散式的财务组织削弱了集团对基层业务单位及子公司的监控能力。在分散式财务组织形式下，基层财务团队具有相对的自主性和灵活性。集团的政策下发到各基层单位是否能够得到有效地落实和执行成为一个值得怀疑的问题。对基层业务单位而言，财务人员与其长期共同工作，当地的

环境和人际关系会对其造成潜移默化的影响，当集团政策和基层业务单元意愿发生冲突时，财务人员会陷入一个两难的局面，而很多时候，他们会选择向基层业务单位妥协。对子公司而言，由于它本身是独立法人，具有自主经营、自负盈亏的法律地位，它甚至拥有对财务人员的考核和薪资发放的权力。这种情况下，要求财务人员坚定不移地落实集团政策显然存在极大的困难。这些因素，也最终导致集团对基层业务单位及子公司财务管理、财务监控能力的下降或丧失。

（资料来源：根据网络资料整理。）

6.1 企业财务管理概述

6.1.1 企业财务管理的涵义

企业财务是指企业为了达到既定目标所进行的筹集资金、运用资金和收益分配的活动。财务管理就是组织财务活动和处理财务活动中所发生的财务关系的一项经济管理，是企业管理的一个重要组成部分。随着经济的发展和改革开放的深入，财务管理在企业管理中的地位和作用也越来越重要，有时甚至成为企业生存和发展的关键所在。

企业的资金运动表现为企业的财务活动，是组织生产和经营的必要条件。在生产经营中，企业必须用各种方式，通过不同的渠道，以最低的代价，筹集一定数量的资金，用于各项必要的投资和生产经营的各个方面，谋求最大限度的资金运用效果，并对实现的利润进行合理的分配，以保证资金积累和股东的合法收益。所以，资金筹集、项目投资和收益分配是企业财务管理的主要内容。

6.1.2 企业财务活动所形成的财务关系

在企业财务活动的实践中，综合体现着企业与各方面发生的经济关系，这种经济关系也称为财务关系。企业必须在严格执行国家法规和制度的前提下处理好各种财务关系，它既要符合国家利益和企业利益，又要保护利益关系人和股东的合法权益，使企业有一个良好的经济环境，以调动各方面的积极因素，促使企业资产不断地增值保值。

1. 企业与投资者之间的财务关系

国有独资企业的投资者是国家授权投资的机构或部门。股份制企业的投资者是各个股东。投资者对企业的净资产拥有所有权，享有法律规定的权益，而企业则拥有包括国家在内出资者投资形成的全部法人财产权，通过自主经营，努力提高经济效益，实现企业财产的保值与增值，给投资者提供更多的投资收益。

2. 企业与债权人、债务人之间的财务关系

企业的债权人是借给企业资金或购买企业债券的金融单位或非金融单位，以及在经济往来中赊欠货物或预付款项给企业的单位或个人。债权人有按约定期限收回债款、取得利息的权利，企业有按期还本付息的义务。企业的债务人是在经济往来中应付或预收企业款项的单位或个人。企业有权按期索债，债务人则应按期还款。在社会主义市场经济体制下，企业与其他单位之间相互融通资金和发生必要的商业信用是健康正常的经济行为，它有助于市场经济的运转，但必须及时结算，要重信誉、守信用、建立良好的资金结算关系。

3. 企业与国家调控、监督部门之间的财务关系

国家财政、税务、物价、金融、审计、工商管理部门是代表国家运用经济、法律、行政手段进行宏观调控或行使检查、监督职能的部门，企业应遵守各项财经法规，按章办理工商登记，依法申报缴纳税金，积极配合物价审计部门实施监督检查，促使企业生产经营健康发展。

4. 企业与内部各单位之间的财务关系

企业对内部各部门应健全经济责任制，使内部各单位的责、权、利有机结合起来，形成良好的机制。企业应开展内部经济核算，内部单位相互之间的经济往来要按照等价交换原则计价核算，企业对内部单位的生产经营任务、技术指标的完成情况要客观公正考核评价，按贡献大小进行奖励确保企业经营总目标的实现。

5. 企业与职工之间的财务关系

企业与职工之间的财务关系，应坚持按劳分配为主体、多种分配方式并存的原则。把按劳分配和按生产要素分配结合起来，坚持效率优先、兼顾公平、有利于优化资源配置，促进企业经济发展。在国有独资企业，制定劳动分配办法并搞好与职工的货币结算；在混合制经济成分的企业，允许和鼓励资本、技术等生产要素参与收益分配。

6.1.3 财务管理是企业管理的中心

企业的各项管理工作是相互联系、密切配合的，同时又有科学的分工，具有各自的特点。对企业资金运动所进行的组织、监督和调节，就是企业的财务管理。财务管理利用资金、成本、收入等价值指标，来组织企业中价值的形成、实现和分配，并处理这种价值运动中的财务关系。所以财务管理区别于其他管理之处，在于它是一种价值管理，是对企业生产经营过程中的价值运动所进行的管理工作。

但是在企业生产经营活动中，物质运动和资金运动是相辅相成、相互促进的两个方面，生产经营活动的实质就是通过各种管理手段，加速物质和资金的运动，取得最好的经济效果。从某种意义上说，企业管理要以财务管理为中心，财务管理要以资金管理为中心。作为通信运营企业，各种管理都应讲效率、讲效益，都要围绕着资金、资本的增值开展工作；不仅做财务工作的同志要研究资本的运动和增值，企业的主要领导人更要增强以资本运作管理为核心的观念，切实抓好资金管理工作。

企业管理为什么要以财务管理为中心？第一，企业的一切生产经营活动，最终都要反映到财务成果上来。第二，财务管理涉及企业产、供、销各个环节，通过对资金的管理，以达到对企业生产经营活动全过程的管理。企业财务部门对企业开展生产经营活动的决定、决策起着重要作用。第三，财务管理是企业管理的基础，可以为企业的生产管理、经营管理、质量管理、技术管理和设备管理提供准确完整的基础资料，同时也从资金上保证这些管理活动的有效开展。抓好财务管理，就能带动企业的全面科学管理，就是抓住了企业管理的“牛鼻子”，企业管理也就落到了实处。

资金管理又是企业财务管理的中心，主要是资本金的管理。资本金即通常讲的企业注册资金，是企业经营的本钱，也是企业存在和发展的基本条件。资金运动贯穿于企业整个生产经营过程。财务管理主要是通过预算管理、收入管理、成本管理和利润管理，对资金运动进行计划、控制、调节，从而确保资本金在资金运动过程中保值增值。因此，抓好了企业资金的管理，也就是抓住了企业财务管理的核心。

6.1.4 企业财务管理的基本内容

企业财务管理是以企业财务活动为对象，对企业资金实行决策、计划和控制。财务管理的主要内容包括资金筹集管理、投资管理、收支差额（利润）及其分配管理以及成本费用管理。管理的基本点是在社会主义市场经济条件下，按照资金运动的客观规律，对企业的资金运动及其引起的财务关系进行有效的管理。其中，以资金运作、决策为管理的中心。

1. 资金的筹集管理

企业的资金包括权益资金和负债资金。企业筹集资金的基本要求是遵照国家法律和政策的要求，从不同渠道，采用不同方式，按照经济核算的原则筹集资金，从数量上满足生产经营的需要，同时要考虑降低资金成本，减少财务风险，提高筹资效益，以实现财务管理的目标。

资金筹集是企业财务管理中一项最基本的管理内容，而筹资决策又是筹资管理的核心。因为筹资预测是为筹资决策服务的，而筹资计划则是筹资决策的具体化。筹资决策所要解决问题是筹资渠道、筹资方式、筹资风险和筹资成本等问题，要求确定最佳的资本结构，选择最合适的筹资方式，并在风险和成本之间权衡得失。

筹资决策的内容应包括以下几个方面。

① 预测企业资金的需要量，估计筹资额度；

② 规划企业的筹资渠道和资本结构，合理筹集和节约使用资金；

③ 规划企业的筹资方式，使筹集的资金符合实际的需要；

④ 确定企业的资金成本和资金风险，使企业获得最佳收益，并防止因决策失误而造成的损失；

⑤ 保持一定的举债余地和偿债能力，为企业的稳定和发展创造条件。

2. 投资管理

企业投资包括固定资产投资、证券投资和对其他企业的直接投资。投资管理的基本要求是建立严密的投资管理程序，充分论证投资在技术上的可行性和经济上的合理性。在收益和风险同时存在的条件下，力求做好预测和决策，以减少风险，提高收益。

企业筹集的资金必须投入到生产经营中去，并收回现金，取得盈利。在做出投资项目时需要考虑的问题，主要是投资的对象和投资的时期，投资的报酬和投资的风险，力求选择收益大、风险小的投资方案。

投资项目的主要内容应该包括下列几个方面。

① 预测企业投资的规模，使之符合于企业需求和偿债能力；

② 确定企业的投资结构，分散资金投向，提高资产流动性；

③ 分析企业的投资环境，正确选择投资机会和投资对象；

④ 研究企业的投资风险，把风险控制在一定限度内；

⑤ 评价投资方案的收益和风险，进行不同的投资组合；

⑥ 选择最佳的投资方案，为实现企业整体目标而服务。

3. 利润（收支差额）及其分配管理

包括企业营业收入管理、利润（收支差额）及其分配管理。其基本的管理要求是认真做好业务预测和财务决策，开拓市场，扩大销售，确保欠款回笼；做好利润预测和利润计划，确保利润目标的实现，并合理分配盈利，确保各方面的利益。

企业收益的分配，影响到企业的长远利益和股东的收益。一方面，企业应通过降低成本、减小风险，扩大企业内部的积累，保留更多的盈余进行各种新的投资；另一方面，也要考虑股东的近期利益，发放一定的股利，以调动股东的积极性。

收益分配决策主要内容应该包括下列几个方面：①分析企业盈利情况和资金变现能力，协调好企业近期利益和长远发展的关系；②研究全网与本企业的生产协作关系，使利润分配贯彻利益兼顾的原则；③确定企业发展基金增长幅度，使利润分配有利于增强企业的发展能力；④筹集股利资金，按期进行利润分配。

财务管理中的筹资决策、投资项目和利润分配决策三个方面是互为因果、相互联系的。有了较好的筹资决策，就会有较多的投资机会和较低的投资成本，以及有较多的收益提供分配；有较好的投资项目，就会实现较多的利润，提供较多的资金；而有了较好的利润分配决策，就能调动投资各方的积极性，创造更多的筹资途径和投资机会。所以，在进行财务管理时，必须把几个方面内容联系起来加以统筹安排。

4. 成本费用管理

成本费用反映了生产经营过程中的资金耗费。合理降低成本费用，对节约资金使用、扩大利润具有决定性意义。它的管理内容包括成本费用的目标管理、成本费用的计划管理和成本费用的控制。

成本费用管理是财务管理的一个重要部分，但它是一项财务管理、生产管理和技术管理相并列的综合性管理工作。所以，在财务管理中仅作为一个方面加以阐述，不能把全部成本管理包括在内。

成本费用管理内容主要着重于下列几个方面：①加强业务成本的预测。作为降低成本决策的前提，并为编制成本计划进行技术经济分析提供数据。②编制业务成本计划，反映单位业务成本结构及其在计划期内应达到的成本水平，并提出降低成本的主要措施。③按照企业的成本计划或目标成本进行控制和考核，纠正实绩与计划、目标的偏离，或作必要的调整，从而对企业生产经营活动进行指导、调节和监督。④从严抓好通信质量，把质量指标和成本费用指标落实到每个部门和基层单位，成为生产经营活动中的目标管理任务之一，努力实现增收与效益的同步增长。

6.1.5 财务管理的基本观念

在社会主义市场经济条件下，人们必须改变一些旧的传统观念，树立新的观念，才能适应市场经济的发展。这些观念主要是市场观念、经济效益观念、资本保值增值观念、资金时间价值观念和投资的风险价值观念等。

1. 市场观念

企业的一切工作必须以市场为导向，面向市场，参与市场竞争，在竞争中求生存、求发展。在当前经济体制转换过程中，财务干部不仅要懂得市场经济的基本理论和一般知识，而且还要应用这些基本理论和知识。价值规律、供求规律、市场竞争和建立现代企业制度都是社会主义市场经济的重要理论，只有学习它、掌握它、应用它，才能树立起正面的市场观念。

2. 经济效益观念

经济效益是指企业在经济活动中所取得的有效成果与劳动消耗相比较，力争以尽量少的活动和物质的消耗和占用，生产出更多符合社会需要和产生经济效益的产品。提高经济效益是一切工作的出发点，也是经济体制改革的根本要求。我国提出以提高经济效益为中心的目标，已有十年以上，取得了一定效果。但总的来说，经济效益差的状况还没有根本扭转，今后仍然要牢固地树立经济效益观念，下工夫提高经济效益。要明确以建立提高经济效益指标作为检查考核的目标；以技术改造作为提高经济效益的主要手段，并把加强管理作为提高经济效益的重要途径。

3. 资本的保值增值观念

企业所有者权益必须得到保障，使投入的资本不受任何侵犯。如不得随意冲减资本，不得随意转移资本，除依法转让外不得以任何方式抽走资本。企业在生产经营过程中，其成本补偿和利润分配必须在保证资本完整性的前提下进行，保证资本权益不受任何形式的侵蚀。国家公布国有资产保值增值考核指标，企业法人代表对企业全部法人财产及其净资产的保值增值状况承担经营责任，对无特殊原因连续两年未完成核定考核指标的经营者要按有关规定负担经济和行政责任。

4. 资金的时间价值观念

资金的时间价值是指资金在运动中由于时间因素所增加的价值。由于不同的时间，资金的价值并不相等，一般要以利率为计算依据，将货币收支换算到相同时间基础上进行比较，衡量其实际价值。如果离开了时间价值因素就无法正确地计算不同时期的财务收支，也不能进行正确的财务决策。因此，必须牢固地树立资金时间价值观念。

在资金时间价值基础上建立起来的终值和现值的计算，在财务管理上起着重要的作用。随着财务问题日益复杂，资金的时间价值在存贷管理、养老保险、租赁决策、资产、负债估价以及长期筹资、投资项目等方面的应用在增加。因此，时间价值观念的意义也逐渐扩大。

5. 投资的风险价值观念

企业的财务活动，都是在有风险的条件下进行的。少冒险、多获利，是人们处理风险的基本原则。在风险不可避免的情况下，投资者由于冒险而进行投资时，必须争取获得超过时间价值以外的额外收益，这种额外收益称为投资的风险价值，也称风险报酬。为了做好财务工作，财务工作者必须研究风险、计算风险，并设法控制风险，这是财务管理的基本观念和基本原理。离开风险，就无法正确评价企业的收益，也无法进行融资和投资的决策。

风险能给企业带来收益，也可能给企业带来损失。因此，控制风险便成为财务工作的重点，计算风险也成为经常性的工作。

6.2 企业资金筹集

企业资金筹集即企业筹资，是指企业通过广泛的筹资渠道，运用一定的筹资方式，为其筹集全部所需资金的财务活动。

6.2.1 企业资金筹集的种类

1. 按所筹资金的性质分权益资本和负债资金

权益资本主要包括实收资本、资本公积、盈余公积和未分配利润等，它是通过一定的筹资渠道筹集、永久性占用、自主支配的资本；负债资金主要包括各种长短期借款、应付债券、应付票据等，是企业运用一定的筹资方式筹集、按约定使用、按期偿还的资金。按规定某些负债资金可转换为权益资本，而权益资本一般不能转换为负债资金。

2. 按所筹资金的期限分长期资金和短期资金

长期资金是通过直接吸收投资、发行股票和债券、融资租赁、长期借款等形式筹集，用于企业创建固定资产投资等方面的资金，使用期限在一年以上；短期资金是通过短期借款、商业信用等形式筹集，用于企业运营或弥补流动资金不足的资金，使用期限一般在一年以内。

6.2.2 企业资金筹集的原则

企业在筹资过程中，无论通过什么渠道，采取何种方式，必须遵循如下原则。

（1）合理性原则。指筹资规模和结构要合理。筹资规模合理是指在筹资过程中，应按资金最低需要量，适度筹集，防止资金不足，也防止资金过剩；资金结构合理指企业的权益资本和借入资金应保持一个较为合理的结构，防止负债过多，造成财务风险，也防止未充分利用负债，使企业失去发展时机或权益资本收益水平下降。

（2）效益性原则。指企业筹资应以综合成本最低为前提，合理选择和确定筹资渠道和方式。

（3）合法性原则。指企业必须依照国家有关法律法规进行筹资，并依法履行约定责任，维护投资者权益。

6.2.3 企业资金的筹集渠道

随着我国市场经济的不断发展与完善，企业资金的筹集渠道和方式呈现出多种多样的局面。在此情况下，企业必须不失时机地根据其内外部环境，在不同时期针对不同的建设项目和企业状况，选择与之相适应的资金渠道和方式，及时足额地筹集资金，以确保企业的创建与生产建设顺利实施。

企业资金的筹集渠道指企业的资金来源，主要包括以下两个方面。

1. 企业创建及资本结构调整所需资本金的筹资渠道

（1）来自国家的资金。即国家资本金，亦即有权代表国家投资的政府部门或机构以国有资产投入的资金。它是企业，特别是国有企业资本金的一项重要来源和渠道。

（2）来自法人单位的资金，即法人资本金。它包括由其他法人单位以资产投入而形成的资金。

（3）来自个人的闲散资金，即个人资本金。随着我国经济的繁荣与发展，社会个人闲散资金日益增多。其中一部分形成银行存款，另一部分则通过日益开放的金融市场，成为企业资本金的重要来源和渠道。

（4）来自外商的资金，即外商资本金。我国的改革开放和一系列优惠政策，为外商来华投资创造了宽松的环境。因而大批外商纷纷前来办实业，他们所投入的这部分资金形成了外商资金，包括港、澳、台及其他境外投资者的投资。

2. 企业其他借入资金的筹资渠道

（1）来自国内金融机构的资金。一是我国商业银行和各专业银行，有着雄厚的资金实力，因此企业可以从中获得各类贷款，形成企业生产建设所需资金；二是其他金融机构，如信托投资公司、租赁公司、信用社等。这些金融机构可以通过更灵活更快捷的方式，为企业解决资金的不足，是企业运营资金筹集渠道的一个补充。

（2）企业内部资金及社会闲散资金。某些企业特别是个别大型企业，因其较多的分支机构常常在结算过程中，形成较大数额的银行存款，从而成为企业筹集资金的又一个重要来源和渠道；即企业从全局的角度，利用各分支机构使用资金的时间差，充分调度和运营好这部分资金。对于其他法人单位来说也是一样，在生产经营活动中，经常有较多的闲置资金，如果能将这些单位联合起来，通过集团的方式，互相协调、调剂资金的余缺，也能形成巨大规模的资金来源。对于个人闲散资金，可通过发行企业债券或股票的方式集中起来，这也是一个不可忽视的资金来源和渠道。

（3）来自境外的资金。境外资金投入企业，除了可以形成资本金以外，也可形成企业运营所需资金。因此，它也是企业借入资金的重要来源和渠道，并且越来越多地被我国所利用。

6.2.4 企业资金的筹集方式

企业有了各种筹措资金的渠道，也就有了筹集资金的客观可能性。而筹资方式就是如何把这种可能性变为现实，具体地说应该运用如下的筹资方式：银行贷款、发行企业债券、发行股票、融资租赁、买方信贷、利用外资等。

1. 银行贷款（指国内银行贷款）

银行贷款是指银行（贷款人）按照人民银行总行公布的贷款利率，在一定期限内把资金提供给企业（借款人）的一种经济活动。通过这一活动，银行将其集中的资金提供给企业，使企业解决了生产建设资金的暂时困难，银行也借以获取较好的收益——利息。

短期贷款指使用期限在一年以内（含一年）的贷款，一般为一年期和六个月期两种。短期贷款主要用于缓解企业流动资金的不足和生产建设期限较短的、小型固定资产投资项目。其特点是操作手续简便、灵活，利率相对较低。

中期贷款为1～5年（含5年）的贷款。3年期的中期贷款较为常见，主要用于建设期限相对较长的固定资产投资项目。特点是操作手续相对复杂，利率也稍高些。

长期贷款指使用期限在5年以上的贷款，主要用于建设周期长的大型项目，手续复杂、利率最高。

2. 发行企业债券

债券是表明债权、债务关系的一种凭证。企业债券是企业为筹措资金向投资者出具按规定利率支付利息，到期偿还本金的债权、债务关系的凭证。企业债券持有者为债权人，发行债券的企业为债务人。发行企业债券在我国始于20世纪80年代中期，并逐步形成投资资金的正式来源和渠道，受国家计划控制和宏观管理。到目前为止，我国已发行的企业债券大体分两类，一是中央企业债券（用于国家重点建设项目），如电力债券、通信债券、铁路债券、三峡工程债券及国家投资债券等。二是地方企业债券（用于地方建设项目）。

理论上债券的票面价值就是它的价格，而实际当中由于受市场供求关系变化的影响，其价格与票面价值常常背离。另外因发行之初有三种发行方式，折价发行（其价格低于票面价值）、溢价发行（其价格高于票面价值）、平价发行（其价格等于票面价值），故也会出现价格与票面价值不一致的状况。

债券的偿还期限，即从发债之日起至偿还本息之日止的时间。企业债券有短期债券（1年以内）、中期债券（1～10年）、长期债券（10年以上），企业应根据自身状况确定发债的期限。一般应考虑的因素是：首先应考虑资金周转期的长短，以保证到期有充足的资金偿还来源，维护企业的信誉；其次应分析预测利率变化的趋势，控制利率风险，降低筹资成本。当利率呈下降趋势时，应考虑增发短期债券，当利率上升时，应考虑发行长期债券；最后应考虑债券流通市场的发育状况，只有在发育的市场条件下，债券才有较强的变现能力，此时长期债券受投资者的欢迎；反之则相反。

债券的利率，即债券利息与票面价值的比率。它受同期银行利率、发债人资信状况、资金供求等因素的影响。因此，发债企业在确定债券利率时，应尽量与银行利率同步升降，同时考虑企业的资信状况、市场资金供求状况及长短期债券的变现能力。

3. 发行股票

股票是股份有限公司签发的证明投资者持有股份的凭证，并据以获取股息和红利的有价证券。

股份公司将其资本划分成等额的股份，通过定向募集和社会募集方式，向投资者筹集企业资本金。持有股份的投资者即为股东，有权参加股东大会，并具有表决权等。

股票的分类有两种，即普通股和优先股。普通股股东所拥有的权利是：经营管理参与权，出席股东大会并行使表决权的权利；股息红利的分配权；剩余财产的分配权；认购新股优先权，即当公司增发新股时，有优先认购的权利。优先股股东拥有的权利：股息红利优先分配的权利，即按约定的股利率优先获得股利，如果本年所得股利因企业利润问题不足，可在今后年度内优先补足；优先分配剩余财产的权利。当公司破产清偿时，优先股股东可优先分配到剩余财产。但优先股股东一般不享有表决权，只有当公司连续三年不分配优先股股利时才有表决权。优先股股东也不享有公积金的权益。

发行股票应具备的条件。设立股份有限公司申请公开发行股票，按照《股票发行与交易管理暂行条例》的规定，应当符合下列条件：①其生产经营符合国家产业政策；②其发行的普通股限于一种，同股同权；③发起人认购的股本数额不少于公司拟发行的股本总额的35%；④在公司拟发行的股本总额中，发起人认购的部分不少于人民币3000万元，但是国家另有规定的除外；⑤向社会公众发行的部分不少于公司拟发行的股本总额的25%，其中公司职工认购的股本数额不得超过拟向社会公众发行的股本总额的10%，公司拟发行的股本总额超过人民币4亿元的，证监会按照规定酌情降低向社会公众发行的部分比例，但是最低不少于公司拟发行的股本总额的10%；⑥发起人在近三年内没有重大违法行为；⑦证监会规定的其他条件。

股票发行，必须按已定发行价格和发行方式通过股票发行市场来进行。股票发行价格是指股份公司将股票公开出售给特定或非特定投资者所采用的价格，通常由发行人依据其收益状况、资信水平、市场潜力、股市行情及政治因素等来确定。目前，我国主要采用溢价价格发行股票。

为了遵守“公开、公正、公平”的股票发行原则，自我国股份制改革以来，在股票发行上曾采用过多种方式，如申请表、认购证方式、存单方式、上网竞价、定价发行方式、上柜发行方式等，但目前普遍采用的是上网定价的发行方式。股票发行市场，是随着股份公司的兴起和发展而发展起来的。股票发行市场是以股票形式将社会闲置资金转化为资本的市场。这就客观地决定了股票发行市场必须由股票发行人（发行股票的企业）、股票承销商（各证券金融机构）、股票认购人（购买股票的法人和个人投资者）所组成，缺一不可。

4. 租赁

租赁是指出租人和承租人依据租约，以出租人收取一定的租金为条件，将租赁物的使用权让渡给承租人的一种经济活动。租赁是企业筹资的一种方式，企业可因此获得所需设备的使用权，实际相当于获得购置设备的资金。正因如此，才说它是企业筹资的一种方式。一般来说租赁有如下形式。

（1）融资性租赁。指企业需要筹集某项生产设备资金时，向出租人提出租赁申请，而后由出租人按承租人的要求（设备规格技术要求、指定的厂商）购入该种设备，并将该设备租给承租人再向承租人收取租金的一种租赁方式。表面上是“融物”，而实际上是“融资”。因此，融资租赁也叫资金租赁。在租赁期内，出租人享有租赁物的所有权，承租人拥有租赁物的使用权。租赁期满后，租赁物按双方约定的方式处理。但多数是承租人购入所承租的设备继续使用。需要提及的是，融资性租赁不但适合国内，也适合国际市场，即通过国内租赁公司购入国外设备租给国内承租人。融资租赁还可细分为如下几种形式：①直接购买租赁。即出租人出资购入设备并租给承租人使用。②转租赁。即出租人将租来的设备再租给承租人使用。③回租。指承租人将购置的设备售给出租人，再租回使用。④杠杆租赁，也叫参与租赁或平衡租赁。指几家出租人联合出资购入设备再租给承租人使用。

（2）经营性租赁，又称服务性租赁。它指由出租人向承租人提供设备及保养维修等服务。设备所有权一般不转移。

5. 买方信贷

买方信贷属于银行贷款的范围，但又与银行贷款不完全相同，故此简述。买方信贷是指我国商业银行为支持现阶段国家优先扶持的行业、产业的商品生产企业的扩大再生产，而直接向该商品的购买方提供的贷款。其关键在于购买方必须用该项贷款购买商业银行指定的商品（设备等）。因此，它可以是企业筹集资金的一种方式。目前买方信贷方式在我国刚刚采用，正处于初级阶段，许多问题尚需进一步分析和探讨。

6. 利用外资

利用外资包括利用国外银行贷款、外国政府贴息贷款、国际性融资租赁及国际性合资、合作和补偿贸易等方式。这些方式都可作为我国企业筹资的方式和渠道加以充分利用，为企业生产建设服务。

以上我们对企业筹集资金的渠道和筹资方式进行了分析，不过这些渠道和方式是以充分利用和挖掘企业内部资金为前提的。通过分析我们认为，企业筹资最终不是形成一定的所有权（如发行股票），就是形成一定的债权。这通过企业资本金制度与资本结构的分析会更加明确。因此，企业的筹资决策必须从分析企业资本金制度与资本结构开始。

6.3 财务报表与分析

6.3.1 财务报表概述

企业是一个盈利性组织，经营则是其盈利的基础或源泉。企业经营过程中的盈利情况如何，支撑企业经营的资产及其运作状况如何，这些资产又是怎样取得和怎样配置的，诸如此类肯定是企业经营者以及与企业有着利益关系的其他利益相关者应当关心的问题。基于对这些问题的回答，产生了财务这个信息系统以及财务报表。换句话说，财务报表提供了这些问题的答案。

应该说，企业经营者和利益相关者关心或想了解什么问题，信息系统就要提供有关这些问题的信息或答案。然而，经营者和利益相关者所关心的问题很多，有些问题是财务性的，即是能够用货币计量的，如利润目标的实现程度等；有些问题则是非财务性的，如产品的技术或质量状况等。这些问题，并非都是由财务这个信息系统来解决。换句话说，会计所编制的财务报表并不能满足经营者和利益相关者所需要了解的所有信息。会计是个特殊的信息系统，至少到现在为止，会计这个信息系统还具有以下两个特征：一是财务性。凡是纳入会计系统和财务报表的事项一般均是可以用货币计量的事项，不能用货币计量的事项如品牌、技术等，不管多么重要都难以由会计这个信息系统提供。二是历史性。即凡是纳入会计系统和财务报表的事项，一般都是已经发生的或具有发生真实性的事项，没有实现的事项或经济业务如签订合同等，不管有多重要也不会在报表上体现出来。这些特征限制了会计系统和财务报表所提供信息的范围。也就是说，报表阅读者和分析者借助财务报表所了解的信息，主要就是历史性的财务信息，这是报表阅读分析者首先应当注意的问题。

但这并不是说报表的阅读分析者通过财务报表就只能观察企业财务方面的情况，一些非财务方面的情况有时也可以透过财务报表来观察和了解。因为财务是综合性的，企业内部甚至外部的所有非财务方面的事项如技术、员工的素质和企业经营者的责任心等，这些非财务事项的发展或演变情况，它们的好坏都会在财务上得到反映。例如，如果企业产品质量出了问题，结果就会在主营业务收入和利润等财务指标上体现出来；企业产品所处的寿命周期阶段，也会通过主营业务收入的增长状况反映出来。所有这些方面都说明一个问题，借助财务报表可以观察和了解企业财务和非财务的很多情况，它是企业经营和理财等所有方面好坏的晴雨表或指示器。明确了这一点，才不会低估财务报表的作用。

现在，由会计所编制的财务报表主要由两部分组成，即基本财务报表和财务报表附注。在今后的发展中，还会出现一些其他的报告形式，如物价变动对企业财务影响的报告、财务预算报告、盈利预测报告、社会责任履行情况的报告、人力资源成本和价值的报告、增值表等。这些其他的报告形式，西方发达国家的企业从20世纪70年代以来就已经开始编制并向社会公开披露。我国的企业现在还没有编制这方面的报告，但它确实代表今后的发展方向。

1. 基本财务报表

企业所处的经济和社会环境是变化的，企业会计所编制的财务报表也是发展变化的。就基本财务报表而言，最早产生的是资产负债表和损益表。现代化大工业出现以后，才有资金表，现在这张资金表被称为现金流量表。现代化电信业之所以要编制现金流量表，主要原因是通信运营产业是资金密集型行业。资金成为企业生存和发展的重要条件，也是企业经营和盈利的基本前提条件。至少到现在为止，资金这种资源还是极为稀缺的。资金的稀缺性特征表明：首先，资金的流量和存量对一个企业来说是极为重要的；其次，有限的资金需要企业在内部合理有效地安排或配置；最后，对资金的有效管理控制需要会计提供有关资金流量和存量的信息，这是经济现代化出现以后的会计新功能和新任务。正是在这样的形势下，才产生了资金表或现金流量表。追溯历史，其实早在19世纪，美国和英国的有些企业就已开始编制资金表了，反映企业资金的流量信息。发展到现代，现代化企业基本的财务报表就是三张，即资产负债表、损益表和现金流量表。

资产负债表，是由三部分内容组成的。第一部分是资产。就是企业所控制的能够给企业带来经济利益的资源，包括流动资产、长期投资、固定资产、无形资产和其他资产。不同的资产有不同的功能与作用，各自在总资产中的比重状况能够反映企业资产配置结构是否合理有效。第二部分是负债。就是企业承担的能用货币计量的现时债务，履行该债务预期会导致经济利益流出企业，包括流动负债和长期负债。不同的负债有不同的偿还期限和利息要求，各自在总负债的比重可以反映企业债务的结构和风险程度。第三部分是所有者权益。就是企业所有者在企业资产中享有的经济利益，其金额为资产减去负债后的余额，包括实收资本、资本公积金、盈余公积金和未分配利润。所有者对不同部分的要求权有差别，各自在总权益中的比重可以观察企业所有者要求权的结构及特征。以上三个部分的关系是：资产=负债+所有者权益。

损益表的基本功能，是反映企业在一定时期内的经营收入、经营费用和经营效益的总量和结构及其相互关系。损益表也是由三部分组成的。第一部分是收入。就是企业在业务经营、提供劳务和让渡资产使用权等日常活动中所形成的经济利益的总流入，包括主营业务收入和其他业务收入等。收入是企业盈利的基础，同时也是企业持续经营的前提。从各种主营业务收入的对比关系中，还可以观察企业经营结构的合理性、稳定性和可持续性。第二部分是费用。就是企业为业务经营、提供劳务等日常活动中所发生的经济利益的流出，包括主营业务成本、营业费用和税金、管理费用和财务费用等。费用是收入的扣减因素，导致经济利益的外流，因而是越少越好。对企业来说，保持一个较低的成本费用水平，以及使成本费用的结构更加合理，是盈利的前提。这些情况是可以从损益表中所能观察得到的。第三部分是净利润。企业主要的经营目标就是盈利，而这个目标的实现程度，需要用损益表中所列净利润的数字反映出来。利润总额（收支差额总额）与净利润（收支差额净额）

的关系是：净利润=利润总额-所得税。

现金流量表的基本功能，就是反映企业在一定期间由于经营、投资和理财等原因产生的现金流入、现金流出和现金净流量的总量、构成及相互关系。现金流量表也是由三部分组成的：第一部分是经营活动的现金流量。包括因销售商品和其他营业活动所产生的现金流入和因购买材料、支付费用、工资和税金等原因发生的现金流出。经营活动是企业盈利的源泉；当企业各项活动处于稳定性较好时，经营活动产生的现金流入是否适应经营活动的现金需求，对企业经营活动的正常进行有着直接的影响。第二部分是投资活动的现金流量。包括由于收回投资等原因形成的现金流入和由于对外投资、对内投资等原因发生的现金流出的数量。在现金数量一定的情况下，投资的现金净流出越多，就越会影响经营活动的现金需要，在筹资不及时的情况下，就有可能造成经营上的困难甚至中断。第三部分是筹资活动的现金流量。包括用借款、发行债券和股票等方式取得的现金流入和由于归还借款等原因发生的现金流出的数量。全部现金净流量=经营活动的+投资活动的+筹资活动的现金净流量；或全部现金净流量=全部现金流入-全部现金流出。

2. 财务报表附注

基本财务报表是对企业财务状况和经营情况最简明的总结和反映，仅有基本财务报表将不能全面反映企业财务状况和经营成果的情况，特别是不能准确反映企业财务状况和经营情况变化的原因。这是因为，任何财务上的变化都有可能由多种原因引起，有的原因在性质上属于经营或理财性的，体现企业经营者的主观努力程度；而有的原因纯粹是由于会计政策的变更引起的，这部分对企业财务指标的影响不论有多大，都不会体现企业经营者的实际努力水平。然而这个情况是从财务报表项目中不能直接体现出来的，这就需要对财务报表组成项目的情况及其变动原因等进行必要的说明，于是就形成了财务报表的附注。一般由以下几部分内容组成：①会计政策和会计估计；②会计政策和会计估计的变更；③期后事项、或有事项和承诺；④关联事项说明；⑤重要项目的明细说明；⑥非经常性项目。

此外，由于特殊原因引起的非经常性事项，如自然灾害损失、保险赔款等，也要在报表的附注中说明。

6.3.2 企业财务分析的基本要求

企业财务分析，是以企业的财务报告等会计资料为基础，对企业的财务状况和经营成果进行分析和评价的一种方法。财务分析是财务管理的重要方法之一，它是对企业一定期间的财务活动的总结，为企业进行下一步的财务预测和财务决策提供依据。因此，财务分析在企业的财务管理工作中具有重要的作用。

通过财务分析，可以评价企业一定时期的财务状况，揭示企业生产经营活动中存在的问题，总结财务管理工作的经验教训，为企业生产经营决策和财务决策提供重要的依据。可以为投资者、债权人和其他有关部门和人员提供系统的、完整的财务分析资料，便于他们更加深入地了解企业的财务状况、经营成果和现金流量情况，为经济决策提供咨询服务。也可以检查企业内部各职能部门和单位完成财务计划指标的情况，考核各部门和单位的工作业绩，以便揭示管理中存在的问题，总结经验教训，提高管理水平。

企业进行财务分析所依据的资料是客观的，由于不同的人员所关心问题的侧重点不同，因此财务分析的目的也有所不同。企业经营管理者，必须全面了解企业的生产经营状况和财务状况，他们进行财务分析的目的和要求是全面的；企业投资者的利益与企业的经营成果密切相关，他们更关心企业的资本盈利能力、企业生产经营的前景和投资风险；企业的债权人则主要关心企业能否按期还本付息，他们一般侧重于分析企业的支付能力。综合起来，进行财务分析主要目的有：①评价企业的支付能力。可以了解企业资产的流动性、负债水平以及偿还债务的能力，从而评价企业的财务状况和经营风险，为企业经营管理者、投资者和债权人提供财务信息。②评价企业的资产管理水平。资产的管理水平直接影响到企业的收益，它体现了企业的整体素质。分析企业资产的管理水平、资金周期、现金流量情况等，可以了解到企业资产的保值和增值情况，为评价企业经营管理水平提供依据。③评价企业的盈利能力。获取利润是企业的主要经营目标之一，它也反映了企业的综合素质。企业要生存和发展，必须争取获得较高的利润，这样才能在竞争中立于不败之地。

对企业的财务状况和经营成果的评价与分析，主要是通过财务比率分析指标来实现的。所谓财务比率是指财务报表等会计核算资料中各项有关指标进行对比，得出一系列财务比率指标，以此来说明企业的财务资金运行状况及其财务能力表现。

6.3.3 企业支付能力分析

支付能力是指企业偿还各种到期债务（含本金和利息）的能力。通过对企业支付能力的分析，可以揭示企业财务风险的大小。企业财务管理人员、企业债权人及投资者都十分重视企业的支付能力分析，以便及时掌握企业偿债能力的动态。

1. 企业的短期支付能力分析

企业的短期支付能力是指企业偿付流动负债的能力。流动负债是指在一年内或超过一年的一个营业周期内需要偿付的债务，这部分负债如果不能及时偿还，会影响到企业生产经营活动的正常进行，严重的甚至可能使企业面临破产的危险。通常评价企业短期支付能力，可以通过一系列财务比率指标来进行分析。

（1）流动比率。流动比率是企业流动资产与流动负债的比率。其计算公式为：

$$流动比率=\frac{流动资产}{流动负债}$$

流动资产主要包括现金、短期投资、应收及预付款项、存货、待摊费用和一年内到期的长期债券投资等，一般用资产负债表中的期末流动资产总额；流动负债主要包括短期借款、应付及预收款项、各种应交款项、一年内即将到期的长期负债等，通常也用资产负债表中的期末流动负债总额。根据国际理财经验，流动比率在2∶1左右比较合适。实际上，对流动比率的分析应该结合不同的行业特点、企业流动资产结构及各项流动资产的实际变现能力等因素。有的行业流动比率较高，有的行业较低，不可一概而论。

（2）速动比率。在流动资产中，短期有价证券、应收票据、应收账款的变现力均比存货强，存货需经过销售才能转变为现金。如果存货滞销，则其变现就成问题，所以存货是流动资产中流动性相对较差的。一般来说，流动资产扣除存货后的资产称为速动资产。速动资产与流动负债的比率称为速动比率。其计算公式为：

$$速动比率=\frac{速动资产}{流动负债}=\frac{流动资产-存货}{流动负债}$$

速动比率越高，说明企业的短期支付能力越强。根据国际理财经验，一般认为速动比率为1∶1时比较合适。但在实际分析时，应该根据企业性质和其他因素来综合判断。

2. 企业的长期支付能力分析

企业的长期支付能力是指企业支付长期债务的能力。企业长期债务的支付能力，与企业的盈利水平、资金结构有着密切的关系。评价企业长期支付能力，可以通过下列财务比率指标来进行分析。

（1）资产负债率。资产负债率是企业负债总额与资产总额的比率，也称为负债比率或举债经营比率，它反映企业的资产总额中有多少是通过举债而得到的。其计算公式为：

$$资产负债率=\frac{负债总额}{资产总额}$$

资产负债率反映企业偿还债务的综合能力。从债权人角度来看，他们最关心的是其贷给企业资金的安全性，总是希望企业的负债比率低些。从企业经营的立场来看，既要考虑资金盈利的规模水平，也要顾及企业所承担的负债风险。该指标一般以不超过50%为宜。不同的行业、不同类型的企业都是有较大差异的。一般而言，处于高速成长时期的企业，其负债比率可能会高一些，这样企业会得到更多的财务杠杆利益。

（2）利息保障倍数。利息保障倍数也称利息所得倍数，是税前利润加利息费用之和与利息费用的比率。其计算公式为：

$$利息保障倍数=\frac{税前利润+利息费用}{利息费用}$$

公式中的税前利润是指缴纳所得税之前的利润总额，利息费用不仅包括财务费用中的利息费用，还包括计入固定资产成本的资本化利息。利息保障倍数反映了企业的经营所得支付债务利息的能力。如果这个比率太低，说明企业难以保证用经营所得来按时按量支付债务利息，这会引起债权人的担心。一般来说，企业的利息保障倍数至少要大于 1，否则就难以偿付债务及利息。若长此以往，甚至会导致企业破产倒闭。

6.3.4 企业运营能力分析

企业的运营能力反映了企业资金周转状况，对此进行分析可以了解企业的营业状况及经营管理水平。资金周转状况好，说明企业的经营管理水平高，资金利用效率高。企业的资金周转状况与供、产、销各个经营环节密切相关。任何一个环节出现问题，都会影响到企业的资金正常周转。资金只有顺利地通过各个经营环节，才能完成一次循环。在供、产、销各环节中，营销有着特殊的意义。因为只有业务发展，才能实现其价值，收回最初投入的资金，顺利地完成一次资金周转。这样，就可以通过业务经营状况与企业资金占用量来分析企业的资金周转状况。

评价企业运营能力的财务比率指标主要有：

（1）应收账款周转率。应收账款周转率是企业一定时期的主营业务收入与应收账款平均余额的比率。它反映了企业应收账款的周转速度。其计算公式为：

$$应收账款周转率=\frac{主营业务收入}{应收账款平均余额}$$

$$应收账款平均余额=\frac{期初应收账款+期末应收账款}{2}$$

在市场经济体制条件下，商业信用被广泛应用，应收账款成为一项重要的流动资产。应收账款周转率是评价应收账款流动性大小的一个重要财务比率，它反映了企业在一个会计年度内应收账款的周转次数，可以用来分析企业应收账款的变现速度和管理效率。这一比率越高，说明企业应收账款的速度越快，可以减少坏账损失；而且资产的流动性强，企业的短期支付能力也会增强，在一定程度上可以弥补流动比率低的不利影响。但是，如果应收账款周转率过高，可能是因为企业奉行了比较严格的信用政策、信用标准和付款条件过于苛刻的结果。这样会限制企业业务量的扩大，从而会影响企业的盈利水平，这种情况往往表现为存货周转率同时偏低。如果企业的应收账款周转率过低，则说明企业催收账款的效率太低，或者信用政策十分宽松，这样会影响企业资金的利用率和正常周转。

也可以用应收账款平均收账期来反映应收账款的周转情况。其计算公式为：

$$应收账款平均收账期=\frac{360}{应收账款周转率}=\frac{应收账款平均余额\times 360}{主营业务收入}$$

应收账款平均收账期表示应收账款周转一次所需天数。平均收账期越短，说明企业的应收账款周转速度越快。

（2）流动资产周转率。流动资产周转率是主营业务收入与流动资产平均余额的比率，它反映的是全部流动资产的利用效率。其计算公式为：

$$流动资产周转率=\frac{主营业务收入}{流动资产平均余额}$$

$$流动资产平均余额=\frac{期初流动资产+期末流动资产}{2}$$

流动资产周转率表明在一个会计年度内企业流动资产周转的次数，它反映了流动资产周转的速度。该指标越高，说明企业流动资产的利用效率越好。该指标没有一个确定的标准，通常分析应比较企业历年的数据并结合行业特点来确定。

（3）固定资产周转率。固定资产周转率也称固定资产利用率，是企业主营业务收入与固定资产平均净值的比率。其计算公式为：

$$固定资产的周转率=\frac{主营业务收入}{固定资产的平均净值}$$

$$固定资产的平均净值=\frac{期初固定资产净值+期末固定资产净值}{2}$$

这项比率主要用于分析对机房、设备等固定资产的利用效率。该比率越高，说明固定资产的利用率越高，管理水平越好。如果固定资产周转率与同行业平均水平相比偏低，说明企业的生产效率较低，可能会影响企业的盈利能力。

（4）总资产周转率。总资产周转率也称总资产利用率，是企业主营业务收入与资产平均总额的比率。其计算公式为：

$$总资产周转率=\frac{主营业务收入}{资产平均总额}$$

$$资产平均总额=\frac{期初资产总额+期末资产总额}{2}$$

总资产周转率可用来分析企业全部资产的使用效率。如果这个比率较低，说明企业利用其资产进行经营的效率较差，会影响企业的盈利能力。企业应该采取措施提高主营业务收入或处置资产，以提高总资产利用率。

6.3.5 企业盈利能力的分析

盈利是企业的重要经营目标，是企业生存和发展的物质基础，它不仅关系到企业所有者的利益，也是企业偿还债务的一个重要来源。因此，企业的债权人、所有者以及管理者都十分关心企业的盈利能力。

盈利能力是指企业赚取利润的能力。盈利能力的分析是企业财务分析的重要组成部分，也是评价企业经营管理水平的重要依据。这里主要介绍以下几项财务分析指标。

（1）资产报酬率。资产报酬率也称资产收益率，是企业在一定时期内的税后净利润与资产平均总额的比率。其计算公式为：

$$资产报酬率=\frac{净利润}{资产平均总额}\times100\%$$

该指标主要用来衡量企业利用资产获取利润的能力，它反映了企业总资产的利用效率。这一比率越高，说明企业的盈利能力越强。在分析时，通常要与该企业前期、与同行业平均水平和先进水平进行比较，这样才能判断其变动趋势以及在同行业中所处的地位，从而可以了解企业的资产利用效率，发现经营管理中存在的问题。

（2）收入净利率。收入净利率是企业税后净利润与主营业务收入的比率。其计算公式为：

$$收入净利率=\frac{净利润}{主营业务收入}\times100\%$$

收入净利率说明了企业净润占主营业务收入的比例，它可以评价企业通过业务经营赚取利润的能力。收入净利率表明企业每百元主营业务收入可实现的净利润是多少。该比率越高，企业通过扩大业务经营获取收益的能力越强。该项指标受行业特点影响较大，还应结合不同行业的具体情况，来比较企业历年来的指标，从而判断评价其变化趋势。

（3）成本费用净利率。成本费用净利率是企业税后净利润与成本费用总额的比率。它反映企业生产经营过程中发生的耗费与获得的收益之间的关系。其计算公式为：

$$成本费用净利率=\frac{净利润}{成本费用总额}\times100\%$$

公式中，成本费用是企业为了取得利润而付出的代价，主要包括业务成本、营业费用、营业税金、管理费用、财务费用和所得税等。这一比率越高，说明企业为获取收益而付出的代价越小，企业的盈利能力越强。因此，通过这个比率不仅可以评价企业盈利能力的高低，也可以评价企业对成本费用的控制能力和经营管理水平。

（4）每股利润。每股利润也称每股收益或每股盈余，是股份公司税后利润分析的一个重要指标，主要是针对普通股而言的。每股利润是税后净利润扣除优先股股利后的余额，除以发行在外的普通股平均股数。其计算公式为：

$$每股利润=\frac{净利润-优先股股利}{发行在外的普通股平均股数}$$

每股利润是股份公司发行在外的普通股每股所取得的利润，它可以反映股份公司盈利能力的强弱。每股利润越高，说明股份公司的盈利能力越强。

在分析该项指标时，还应结合流通在外的股数及其他利润指标来分析公司的盈利能力。

（5）每股净资产。每股净资产也称每股账面价值，是所有者权益总额除以发行在外的股票股数。其计算公式为：

$$每股净资产=\frac{所有者权益总额}{发行在外的股票股数}$$

每股净资产并没有一个确定的标准，但是投资者可以比较分析公司历年的每股净资产的变动趋势，来了解公司的发展趋势和盈利能力。

（6）市盈率。市盈率也称价格盈余比率或价格与收益比率，是指普通股每股市价与每股利润的比率。其计算公式为：

$$市盈率=\frac{每股市价}{每股利润}$$

市盈率是反映股份公司盈利能力的一个重要财务比率，投资者对这个比率十分重视。这一比率是投资者作出投资决策的重要参考因素之一。一般来说，市盈率高，说明投资者对该公司的发展前景看好，愿意出较高的价格购买该公司股票，所以一些成长性较好的高科技公司股票的市盈率通常要高一些。但是也应注意，如果某一种股票的市盈率过高，则也意味着这种股票具有较高的投资风险。

6.4 企业收益分配管理

企业财务管理是在满足社会需求的基础上，以“利润最大化”和“财富最大化”为目标的。而它们在企业经营活动中的主要表现之一是收入与利润最大化。因为业务收入与利润是企业经营的财务成果，也是企业财务管理的重要内容。现以通信企业为例，分析与探讨企业的财务收益分配管理。

6.4.1 通信业务收入管理

1. 业务收入管理的意义和要求

通信企业的业务收入，是指企业为社会提供通信服务而实现的资费收入。

通信业务收入具有三个特点：①由于通信生产成果不是新的实物产品，而是为社会提供的通信服务，因此通信业务收入属于劳务性收入。②通信生产具有企业的生产过程与用户的消费过程紧密结合在一起，没有完全单独的产品销售过程，企业在进行生产的同时就实现了产品销售。在实际资金运动中，业务收入有预收的（如电话卡收入），也有事后收回的（如用户欠费）等。③通信业务具有全程全网、联合作业的特点，其业务收入一般都是全网通信企业来实现并共有的。所以，通信业务收入需要在全网中按照经济核算方法进行再分配，才可形成企业的自有收入。

有计划、有组织地为通信用户提供高质量、高效率的通信业务，正确及时地实现和管理好收入，是企业生产经营的重要环节。业务收入是补偿企业通信生产消耗、保证通信运营再生产的重要资金来源，同时也是企业及时向国家缴纳税收，保证国家财政收入的前提条件。从这两方面来讲，业务收入是社会财富最大化和企业财富最大化的前提条件，业务收入管理具有重要意义，其在企业财务管理中也具有重要地位。

企业在加强业务收入管理时，要求做好以下几项工作。

（1）正确编制和执行业务收入计划。企业要根据市场需求和通信能力，编制本企业的业务收入计划，作为企业全年的经营目标。同时，还要将业务收入计划层层分解到各部门、各分公司及班组，使收入计划落实到最基层；并定期对各部门、各单位的计划完成情况进行考核分析，以保证收入计划的完成和及时完成。

（2）做好业务收入的稽核工作。由于通信业务种类繁多，新业务多、量大面广、价格不一，因此企业业务部门要经常对各个收入部门执行的资费标准、计费规定及计时、计量、计重的计量工具等进行检查核对，并对计费凭据进行稽核，财务部门则要做好会计检查。财务部门和业务部门双方要明确分工、密切配合，认真审核有关业务收入报账资料，做到业、会账目相符，以保证业务收入的正确收取和核算。

（3）做好业务收入款项的管理工作。企业所属营业部门和分公司收取的各项业务收入款项，均应及时正确地送存开户银行或本企业的资金结算中心，并按规定时限上划至财务部门。对于用户欠费，则需及时做好清理催收工作，以保证业务收入的实现。企业财务部门要加强对业务收入款的监督检查，以防截留、贪污、挪用收入款的事件发生。

（4）加强空白收据的管理。营业人员在给用户办理通信业务时，常开给计费收据或通信专用发票。因此，空白收据和通信专用发票在某种意义上说就等于是现金，要指定专人管理，统一发放、使用。领用空白收据和通信专用发票，要按规定手续办理，顺号开据，收据（发票）存根联和注销作废的各联要退回财务部门。

2. 业务收入的计划管理

业务收入计划是企业财务计划的重要组成部分。编制业务收入计划的基本步骤如下。

（1）调查预测。

市场调查是通过一定的方法，了解、搜集、记录整理和分析市场情况，研究市场现状和未来发展趋势，掌握市场变化规律，为业务收入预测提供客观、可靠资料的前期工作。市场调查的内容主要包括：①调查市场对该业务的需求情况；②调查市场竞争情况；③调查区域经济发展趋势。

收入预测是指在充分考虑价格政策等政策性因素的情况下，运用一定的方法对社会在未来一定时期内对通信业务的需求进行预测，并结合企业通信能力现状和发展预测出企业相应的可能达到的业务收入数额。业务收入预测的基本方法分为定性预测和定量预测两类，在应用中应当相互补充、结合运用，使预测的结果更科学，更接近实际。在实际工作中，常用的预测方法有专家判断法、趋势分析法、量本利分析法、回归分析法等。

上述调查预测要结合实际情况，由财务、业务、技术部门共同进行。

（2）拟订并下达计划控制数。

在调查预测的基础上，拟定业务收入计划控制数，并分别下达各部门、单位。

（3）基层单位上报业务收入计划草案。

各部门、各单位根据下达的业务收入计划控制数，结合本部门、本单位的实际情况，编制上报本部门、本单位的业务计划草案上报财务部门。

（4）编制企业业务收入计划并正式下达。

财务部门根据各部门、单位的业务收入计划草案，进行综合平衡后，正式编制企业的业务收入计划，并分解下达到各部门、单位。

业务收入计划的内容纵横两个方面。就纵向而言，不仅要有企业计划，还要层层分解，下达到各部门和各单位，甚至要分解到个人。就横向而言，要制定每个专业、每项业务的营业收入计划指标。

业务收入计划编制下达以后，还要对计划完成情况及时进行检查、监督、考核，以发现问题并采取措施，确保业务收入计划的完成。同时，要将业务收入计划完成情况的考核和企业内部经济责任制结合起来。不仅要和部门、单位的经济利益挂钩，还要和个人（特别是部门、单位负责人）的经济利益挂钩。

3. 业务收入的日常管理

通信企业在制订业务收入计划以后，一要分解落实到各责任单位，二要做好业务收入的日常管理工作，建立健全正常的管理秩序，保证各项业务收入准确收进，及时足额上缴。通信营业收入的性质和特点决定了业务收入的日常管理，要由财务部门、专业部门、营业部门分工负责，共同管理。由于各通信运营企业的经营规模和通信生产组织方式都不尽一致，因此对业务收入日常管理的分级归口和职责分工，要由企业结合本公司实际情况具体确定。一般而言，业务收入缴款报账前的工作，由营业、专业部门管理；缴款报账后的工作，由财务部门管理；财务部门对各专业、各部门业务收入管理情况进行监督、检查和考核；营业、专业部门之间的分工，按照“干什么、管什么”的原则进行。总之，既要分工协作，又要密切配合，做好通信业务收入的日常管理工作。

业务收入日常管理的基本内容包括以下几方面：监督、检查通信资费政策、标准的执行情况，并贯彻执行资费的不变标准；及时收进业务收入款项并缴款报账，进行业务收入稽核和检查；及时记欠并收回用户欠费；管理通信计费收据和计费戳记；对业务收入完成情况进行考核等。其中主营业务收入稽核和检查与及时记欠并收回用户欠费是关键环节。

业务收入日常管理的工作很多，也很烦琐，但它是保证通信业务收入实现的重要手段，一定要认真细致地做好这项工作。

6.4.2 企业收益分配管理

1. 企业收益分配的含义

企业收益分配就是根据企业所有权的归属及各权益者占有的比例，对企业生产成果进行划分，是一种利用财务手段确保生产成果的合理归属和正确分配的管理过程。简单地讲，企业收益分配就是对企业一定生产成果的分配。

在企业收益分配的对象上，中外财务管理理论界有不同看法。国外财务管理研究的分配对象是税后利润，即主要探讨税后利润如何在企业和股东之间分配，重点是探讨这种分配对企业价值的影响。从我国财务管理实践来看，研究的分配对象是利润总额，即研究利润总额如何在国家、企业、企业所有者和企业职工之间进行分配。因此，通信运营企业的收益分配对象是指企业的利润总额。

2. 利润（收支差额）及其构成

利润（收支差额）是企业在一定时期内通信生产经营活动的最终成果，也就是所取得的全部收入用于补偿全部支出费用和上缴税金后的差额。如果收入小于支出费用，其净额表现为企业亏损。

由于通信企业具有全程全网联合作业的生产特点，因此每个通信企业的利润（收支差额），构成企业集团的利润。从实务操作上，经过调整后的收支差额方能构成各个通信企业的利润总额。

通信企业的利润（收支差额），既是国家财政收入的一项重要来源，又是保证通信发展和职工生活改善的重要资金来源。为此，企业要加强利润（收支差额）的核算与管理，开拓经营，增收节支；挖掘潜力，增强通信能力；深化改革，提高经济效益；在为国家多作贡献的同时，为通信建设增强自我积累和自我发展的资金来源。

企业的利润（收支差额）计算公式为：

收支差额总额=营业收支差额+投资净收益+营业外收支差额+以前年度损益调整+附属企业利润

其中：

（1）营业收支差额=通信业务收支差额+其他业务利润-管理费用-财务费用-营业费用

通信业务收支差额=通信业务收入-通信业务成本-营业税金及附加

其他业务利润=其他业务收入-其他业务支出

（2）投资净收益，是指企业对外投资收益扣除投资损失后的数额。投资收益包括投资股票分得的股利，投资债券取得的利息收入，投资于其他企业，从被投资企业分得的利润，以及投资到期收回的款项或者中途转让取得的款项高于投资账面价值的差额。投资损失是指投资到期收回的款项或者中途转让取得的款项低于投资账面价值的差额。

（3）营业外收支差额，是指与企业生产经营无直接联系的收入与支出的差额。营业外收入有固定资产盘盈净收入、出售固定资产净收益、对方违约的赔款收入和无法支付的应付款等。营业外支出项目一般包括：固定资产盘亏、报废毁损和出售的净损失、非常损失、公益救济性捐款、赔偿金、违约金等。

3. 企业分配的原则

任何一种实践活动都必须遵循一定的原则，企业分配也不例外。企业分配原则是企业分配活动中所必须遵循的行为准则，其目的是规范企业分配行为。不同的经济模式，分配所遵循的原则不完全一样。下面讲的就是社会主义市场经济条件下企业分配的原则。

（1）发展优先原则。企业的分配应有利于提高企业的发展能力。从长期来看，只有企业不断发展，各方面利益才能最终得到满足。为此在进行分配时，必须正确处理积累与消费的关系，保证企业的健康成长。在进行分配时，要防止两种错误倾向：一是积累的比例太大，有关利益各方得不到实惠，积极性受到伤害，影响企业的长远发展；二是消费比例过大，积累能力削弱，不利于企业自我发展和提高承担风险的能力，难以在市场竞争中获胜。这样，有关方面虽然在近期得到实惠，却难以为继，实际上将损害他们的长远利益。

（2）注重效率原则。在规范的市场经济条件下，企业将在市场竞争中求生存、求发展，在市场竞争中实现优胜劣汰，这就必然要求企业重视效率，视效率为生命。效率的实质是最大限度地发挥企业潜力，实现各种资源的有效配置，不断提高企业竞争能力。在分配中体现注重效率的原则，主要应处理好以下几个方面的问题：一是要充分调动出资者的积极性，其所投资本的贡献会被合理评价，并在企业分配中得到合理的体现；二是要调动企业管理者的积极性，其管理才能以及所面临的风险会被合理评估，并在企业分配中得到合理体现；三是为调动企业一般职工的积极性，其劳动技能能够被合理评估，并在企业分配中得到合理体现。这样，能够有效地调动各方面的积极性，从而有利于企业的长期稳定发展。

（3）制度约束原则。企业分配涉及多个利益集团的利益，各方面的利益虽然有统一的一面，但矛盾冲突却时刻存在，这就要求在分配时必须遵循相关制度，以便合理地规范各方面的行为。这里所说的制度是广义的制度概念，它可以包括以下三个层次：一是国家的法律，如公司法、税法等都对企业分配提出了相应的要求；二是政府的各种规定，如企业财务通则、企业财务制度等也对企业分配提出了相应的要求；三是内部的各种制度或规定，如企业奖励办法等也对分配问题提出了相应的要求。有了制度的约束，才能保证分配的合理合法，才能协调各方面的矛盾，才能保证企业的长期稳定发展。

4. 企业利润分配的一般程序

企业实现的利润总额，要在国家、企业的所有者、企业法人和企业职工之间进行分配。利润分配的程序就是按照国家有关法规的规定实现上述分配过程的步骤。根据《企业财务通则》的规定，企业可供分配的利润，除国家另有规定外，分配程序为：

（1）依法缴纳企业所得税。企业所得税是对企业纯收益征收的一种税，体现了国家与企业的分配关系。缴纳所得税是企业利润分配的第一步，是国家参与企业利润分配的主要形式和手段。

所得税的多少主要取决于纳税人应纳税所得额和税率的高低，其计算公式为：

应纳所得税额=应纳税所得额×所得税率

按现行税法规定，所得税率为33%。应纳税所得额的计算方法主要有两种。

A．直接计算法。直接计算法是指用纳税人每一纳税年度的收入总额减去准予扣除项目后的余额来确定应纳税所得额的一种方法。其计算公式为：

应纳税所得额=纳税人的收入总额-准予扣除项目

B．利润总额调整法。利润总额调整法是根据会计算出的利润总领，经过适当调整，来计算应纳税所得额的一种方法。其计算公式为：

应纳税所得额=利润总额+纳税调增项目-纳税调减项目-弥补以前年度的亏损（5年内）

（2）税后利润分配。企业实现的利润，缴纳所得税后，一般按如下顺序进行分配。

A．被没收的财务损失，支付各种税收的滞纳金和罚款。企业因违反法律法规而被没收的财务损失，因违反税收征管条例而被税务部门处以滞纳金和罚款，只能由企业的税后利润承担，而不能在税前预支。

B．弥补企业以前年度的亏损。企业以前年度内的亏损，如果未能在5年内用税前利润补完，就要用税后利润弥补。以前年度亏损未弥补前，企业不能提取公积金和公益金，也不能向投资者分配利润。

C．提取法定盈余公积金。法定盈余公积金是指按国家法律的规定，从企业利润中提取的公积金。其目的是防止企业把利润分净吃光，降低企业经营风险，提高企业应付意外事件的能力，保护债权人的利益。按《企业财务通则》的规定，法定盈余公积金要按弥补亏损后的利润的10%来提取。当累计的法定盈余公积金达到注册资本的50%时，可不再提取。法定盈余公积金可用于弥补亏损或者转增资本金，但转增资本金后，企业的法定盈余公积金一般不能低于注册资本的25%。

D．提取公益金。公益金是企业从税后利润中提取的用于集体福利的资金。在我国，用于职工福利的资金来自两块：一是从成本中按职工工资总额的14%提取职工福利费；二是按税后利润的5%～10%提取的用于职工集体福利的公益金。

E．提取任意盈余公积金。任意盈余公积金是由企业董事会来决定的，从税后利润中提取的公积金。任意盈余公积金的提取不受法律限制，可以多提，也可以少提，还可以不提。任意盈余公积金可以用于弥补亏损、转增资本金、购置固定资产、增补流动资金等。

F．向所有者分配利润。企业税后利润按上述顺序分配后，可向投资者分配。企业能否向投资者分配利润，不仅仅取决于当年是盈利还是亏损，还要看企业是否拥有可供分配的利润。即使在亏损年度，如果企业年初有较多未分配利润，并且已通过合法途径弥补了亏损，仍可进行利润分配。

企业可供分配的利润是全部分掉，还是提取任意公积金或形成未分配利润留待以后各年分配，应由企业董事会根据企业的具体情况来定。

通信企业属于国有企业，因此利润分配应由国务院国有资产监督管理委员会有关规定来定。

6.5 全面预算管理

6.5.1 全面预算管理的含义

预算是一种系统的方法，用来分配企业的财务、实物及人力等资源，以实现企业既定的战略目标。企业可以通过预算来监控战略目标的实施进度，有助于控制开支，并预测企业的现金流量与利润。

全面预算管理（Total Budget Management）反映的是企业未来某一特定期间（一般不超过一年或一个经营周期）的全部生产、经营活动的财务计划，它以实现企业的目标利润（企业一定期间利润的预计额，是企业奋斗的目标，根据目标利润制定作业指标，如销售量、生产量、成本、资金筹集额等）为目的，以销售预测为起点，进而对生产、成本及现金收支等进行预测，并编制预计损益表、预计现金流量表和预计资产负债表，反映企业在未来期间的财务状况和经营成果。

全面预算管理作为对现代企业成熟与发展起过重大推动作用的管理系统，是企业内部管理控制的一种主要方法。这一方法自从 20 世纪 20 年代在美国的通用电气、杜邦、通用汽车公司产生之后，很快就成了大型工商企业的标准作业程序。从最初的计划、协调，发展到现在的兼具控制、激励、评价等诸多功能的一种综合贯彻企业经营战略的管理工具，全面预算管理在企业内部控制中日益发挥核心作用。正如著名管理学家戴维·奥利所说的，全面预算管理是为数不多的几个能把企业的所有关键问题融合于一个体系之中的管理控制方法之一。

6.5.2 全面预算管理的特点和内容

1. 全面预算管理的特点

（1）以提高企业整体经济效益为根本出发点。全面预算管理将企业管理的职能化整合为企业管理的整体化，讲究联合管理、联合行动，大大提高了管理效率，从而增进企业经济效益。

（2）以市场为导向。在企业全面预算的编制、监督、控制与考核中必须始终牢牢树立以市场为导向的管理意识，注意把握市场的特点和变动，揣摩市场规律，并在实际工作中较好地运用规律为企业创造效益。

（3）以企业全员参与为保障。只有企业全体人员重视并积极参与预算编制工作，企业制定的预算才易于被员工接受，才能减少企业管理层和一般员工之间的信息不对称造成的负面影响，为顺利实现企业全面预算管理目标提供保障。

（4）以财务管理为核心。预算的编制、执行、控制和考评等一系列环节，以及众多信息的搜集、传递工作都离不开财务管理工作，财务管理部门是全面预算管理的中坚力量，具有不可替代的重要作用。

2. 全面预算管理的内容

（1）业务预算。又称营业或经营预算，是反映企业预算期间日常供应、生产、销售、管理等实质性经营活动的预算。

（2）专项预算。专项预算是为企业不经常发生的长期投资项目或一次性专项业务所编制的预算，它包括资本支出预算和一次性专门业务预算。

（3）财务预算。财务预算是反映企业预算期内预计的现金收支、经营成果和期末财务状况的预算，它包括现金预算、预计利润表和预计资产负债表。

6.5.3 全面预算的编制方法

全面预算制定实质是一个自上而下地下达目标任务和自下而上地确认业务目标的交互过程。

1. 业务预算的编制

（1）销售预算。销售预算是安排预算期销售规模的预算。它是编制全面预算的关键和起点，其他预算均以销售预算为基础。通常销售预算是在销售预测的基础上，根据企业年度目标利润确定的销售量和销售额来编制。

（2）生产预算。生产预算是安排预算期生产规模的预算。它是按“以销定产”的原则，在销售预算的基础上编制的。

（3）直接材料预算。又称直接材料采购预算，是用来确定预算期材料采购数量和采购成本的预算。它是以生产预算为基础编制的。

（4）直接人工预算。直接人工预算是用来确定预算期内直接人工工时的消耗水平和人工成本水平的预算。直接人工预算的编制也是以生产预算为基础的，其主要内容包括预计的生产量、单位产品工时、总工时、每工时人工成本（小时工资率）和人工总成本。

（5）制造费用预算。制造费用是指生产成本中除了直接材料、直接人工以外的间接生产费用项目。其编制依据是预算期的生产业务量（如直接人工小时数或机器小时数）、基期制造费用的实际开支水平、上级管理部门下达的成本降低率以及预算期间费用明细项目的性质等。

（6）产品成本预算。产品成本预算是生产预算、直接材料预算、直接人工预算、制造费用预算的汇总。它既是这些预算的继续，也是编制预计损益表和预计资产负债表的根据之一。

（7）销售及管理费用预算。销售及管理费用预算包括销售费用及管理费用两部分，是为产品销售活动和一般行政管理活动及有关的经营活动编制的费用预算。

2. 专项预算的编制

专项预算是为企业不经常发生的长期投资项目和一次性专门业务所编制的预算，它包括资本支出预算和一次性专门业务预算两种类型。

（1）资本支出预算。资本支出预算是企业在投资项目可行性研究的基础上编制的反映长期投资项目投资的时间、规模、收益以及资金筹措方式等内容的预算。

（2）一次性专门业务预算。一次性专门业务预算是为财务部门在日常理财活动中发生的一次性业务而编制的预算。

3. 财务预算的编制

（1）现金预算。现金预算是为了反映企业在预算期间预计的现金收支的详细情况而编制的预算。现金预算的内容包括四部分：现金收入、现金支出、现金余缺与现金融通、期末现金余额。

（2）预计损益表。预计损益表是反映预算期间预计的全部经营活动的最终财务成果的预算，又称利润预算，是控制企业经营活动和财务收支的主要依据。

（3）预计资产负债表。预计资产负债表是为反映企业在预算期期末那一天预计的财务状况而编制的预算。

本章小结

本章介绍了企业财务管理的主要内容，从基本的财务管理含义和概念入手，指明企业财务管理是企业管理工作的中心，树立财务管理的基本观念。企业财务管理之所以谈到管理，需要开展资金筹集活动。资金筹集的种类、原则、渠道和方式是企业资金筹集过程中重要的考虑因素。企业财务管理的活动通过企业财务报表得到呈现，财务报表是分析企业财务的基础资料。本章介绍了企业支付能力、运营能力和盈利能力。企业收益分配管理和全面预算管理也是企业财务管理的重要组成内容。

复习思考题

1．分析企业偿债能力的指标有哪几个，如何表示？

2．什么是企业的财务关系？主要包括哪些关系？

3. 进行财务分析的主要目的有哪些，并分别举出其中一个相应指标。

4. 某企业的销售收入为 800 万元，销售成本 350 万元，销售费用 50 万元，管理费用 35 万元，财务费用 20 万元，营业税金 35 万元，投资收益 7 万元，营业外收入 5 万元，营业外支出 3 万元，若企业所得税税率为 33%，试求企业的税后利润。

案例分析

华为上市吗

2013年，华为构筑的全球化均衡布局使公司在运营商网络、企业业务和消费者领域均获得了稳定健康的发展，全年实现销售收入人民币239025百万元，同比增长8.5%。中国电信设备制造商华为（Huawei）的创始人任正非拒绝让华为上市，称上市公司的股东既贪婪又短视。任正非在伦敦新闻发布会上向西方记者表示："事实上，（公众）股东是贪婪的，他们希望尽早榨干公司的每一滴利润。而拥有这家公司的人则不会那么贪婪……我们之所以能超越同业竞争对手，原因之一就是没有上市。"华为到底会上市吗？上市对各方会带来什么影响？

华为员工

华为持股员工每年的分红可观，但相比Facebook等公司上市后持股员工的一夜暴富，分红又显得微不足道。华为员工，尤其是高层们积极购买公司内部虚拟股票，分红自然是原因之一，但另外一个原因就是对上市后一夜暴富的渴求。据华为离职高层透露，为了牵引中高层的积极性，任老板每隔一段时间就会放出上市的风声。

华为不上市，意味着其股票是"虚拟股"，只有分红权而无所有权，相关法律规定的股东权利也无从谈起。另一个更急切的压力是，近两年华为的规模增长放缓，依靠分红驱动的内部股票吸引力逐步下降。一旦华为利润下滑甚至亏损，不但股票分红无法保证，股票净资产还可能缩水。

破解内部股问题的唯一手段，其实是公开上市，将业绩下滑风险转嫁到外部投资者身上，同时员工还可以享受上市带来的股票溢价。

外部客户

虽说华为近年来在模仿上市公司做一些信息公开的尝试，但相比上市公司IPO申报材料以及例行财务报表的披露，华为年度披露的财务报表更像一份市场宣传彩页。

外部客户不希望自己的合作对象是一个"黑盒子"。毕竟其真实的财务状况、所有权等信息直接影响自身的供应链安全。从这个角度看，一些智囊机构也纷纷认为华为在美上市是突破美国市场的有效途径。

但在华为看来，两害相权取其轻，放弃美国市场与放弃神秘性比较，前者对公司的危害似乎更小。因此，继在分析师大会上宣布"放弃美国市场"后，"从未考虑上市"的承诺与前者也形成了呼应。

金融机构

华为不上市，对金融机构的影响首当其冲是投资银行。近年来，华为不断与金融机构开始接触，例如2002年摩根斯坦利入住华为坂田总部筹划上市已成公开的秘密，而且据华为高层透露，从在那之后华为还曾与多家投行接触研究上市事宜。

Facebook的IPO向33家承销商支付的承销费用高达1.8亿美元，其中主承销商摩根斯坦利获取的承销费用就高达6700万美元。华为这种体量庞大的公司上市，绝对是投资银行的盛宴。而现在，华为宣布5～10年不上市，不仅意味着承销费用落空，还意味着前期投资银行的公关投入都打了水漂。

另外，华为不上市带来的监管缺失，信息披露不规范，也会给向华为提供融资的金融机构带来风险。举例来说，近几年来华为一直将有追索权的应收保理业务，作为表外融资的主要手段。但在其年报中，却将相应的应收账款当成“无追索”直接核销，导致资产负债率指标虚假，误导金融机构。笔者曾获悉2012年华为共偿还银行保理款74.3亿美元，其中客户正常回款70.8亿美元，客户到期未付导致回购3.54亿美元，全球保理回购率4.8%。既然客户到期未付会导致华为回购，那就一定是带追索权的应收账款保理。

思考题：

1．请对华为上市的利弊进行分析。

2．华为如果未来实现上市，在财务管理方面还需要注意哪些？

第7章 企业物资与设备管理

学习目标

- 掌握物资管理概念及其分类
- 理解物资消耗定额概念，库存管理的概念以及物流的概念
- 掌握物资储备的定量分析方法
- 掌握设备的磨损规律
- 了解设备的使用和更新
- 了解设备的综合管理

开篇案例

戴尔公司的“零库存”管理

有专家说：“戴尔的‘零库存’是基于供应商‘零距离’之上。”供应商承担了戴尔公司的库存风险，而且还要求戴尔与供应商之间要有及时、频繁的信息沟通与业务协调。戴尔所谓要“摒弃库存”其实是一种导向，绝对的零库存是不存在的。库存问题的实质是：既要千方百计地满足客户的产品需求，同时又要尽可能地保持较低的库存水平，只有在供应链居于领导地位的厂商才能做得到，戴尔就是这样的企业。与联想相比，戴尔在库存管理方面具有优势；在与零部件供应商的协作方面，也具有优势。“以信息代替存货”，在很多其他厂商看来是不可能的，但在戴尔却是实际存在的。

在微利时代，订单与低库存的匹配也是很难的。订单掌握在客户手里，能不能产生这样的需求，产生的需求能不能为戴尔公司掌握，这是很难确定的。经常的情况是，戴尔保持着零库存，而客户的订单是波动的，订单的成长性也具有淡季和旺季之分，如淡季戴尔一个月可能只卖80万台PC，旺季一个月可能要卖200万台。戴尔的库存管理能力必须适应从80万台到200万台的变化。这对讲求零库存的戴尔是一个很大的挑战。订单与低库存相匹配的按需定制方式是戴尔的优势，需要有经验的积累和供应商关系的磨合等。成本控制、节约开支等措施是戴尔日常管理的核心，这不能妨碍订单与供应商库存的协调。戴尔是如何做到这种匹配的呢？主要的方法有：一是戴尔的强势影响力，使供应商认同戴尔的潜力，它们会千方百计地满足戴尔的订单变化；二是强大的信息沟通机制能够通过迅速的沟通来满足配件、软件的需求；三是有力度的流程管理方式，使戴尔能够精确地预估未来的需求变化。

（资料来源：根据网络资料整理。）

7.1 企业物资管理

7.1.1 物资管理概述

1. 物资与物资管理

所谓物资是物质资料的总称。企业的物资是进行生产的重要物质条件，通常是指企业生产经营

过程中所消耗的原材料、辅助材料、燃料、动力、配件和工具等属于生产性消费的生产资料。

物资管理是企业管理的重要组成部分，它是对企业所需的各种物资的计划、采购、验收、保管、投放、回收利用等一系列组织工作的总称。现代企业要使生产不间断地、有节奏地、均衡地进行，需要经常不断地供应生产、建设、科研、维修、技术改造等方面所需的各种物资。显然，有效地进行物资管理工作，将有利于正确地制订物资供应计划、确定物资消耗与使用定额、合理地使用和节约物资，有利于提高物资采购决策的科学性。因此，有效地进行物资管理对于促进企业生产的发展，降低产品成本，加速资金周转，增加企业盈利，具有极其重要的意义。

2. 物资消耗定额

（1）物资消耗定额

物资消耗定额是指在一定时期内和在一定的生产技术组织条件下，为制造单位产品或完成单位生产任务所必须消耗的物资数量的标准。由于时期的不同以及生产技术条件等的变化，在同一单位或不同单位内，物资消耗定额的水平是不完全相同的。

制定先进合理的物资消耗定额对企业物资管理有着十分重要的作用。物资消耗定额不仅是编制物资供应计划的重要依据，而且是科学地组织物资供应的重要基础和促进企业控制使用和节约物资的标准和尺度。有了先进合理的物资消耗定额，才能严格按生产进度、按质、按量、按时地组织物资供应，并对消耗情况实现控制，从而保证企业生产正常地、均衡地进行。

（2）主要原材料消耗定额的制定

① 物资消耗构成。企业主要原材料消耗是由三部分构成的，即有效性的消耗、工艺性的消耗和非工艺性的消耗。有效性的消耗是指构成产品或零件净重部分的材料消耗，它是保证产品达到规定的功能和技术要求所必需的材料消耗；工艺性损耗是指产品在生产准备过程和加工过程中由于工艺技术等方面的原因而产生的原材料损耗；非工艺性损耗是指由于技术上和非技术上的原因而造成的材料损耗，如废品损失、运输损耗、保管损耗等。

② 物资消耗定额形式。企业的物资消耗定额，根据不同的用途，可分为工艺消耗定额和材料供应定额两种形式。其中，工艺消耗定额是对车间和班组发料和考核的依据；材料供应定额是核算物资的需用量和采购量的依据。

（3）辅助材料消耗定额的制定

辅助材料消耗定额，可根据不同用途，分别采用按单位产品确定、按工作量确定、按设备的开始时间确定、按工种确定、按其和主要原材料消耗定额的比例确定等不同的方法。

（4）燃料、动力消耗定额的确定

① 工艺用燃料，一般是按新产品（或零件和毛坯）来计算消耗定额，如一吨铸件需要多少焦炭、一吨锻件需要多少煤炭。

② 动力用燃料，以生产企业需要的动力所消耗的燃料来确定定额。

③ 取暖用燃料，可按取暖厂房的面积来确定。

（5）制定物资消耗定额的主要方法

物资消耗定额通常是按物资用途的类别分别制定的，其方法归纳起来主要有三种，即技术计算法、统计分析法和经验估算法。

① 技术计算法。它是根据产品设计和生产工艺等技术资料在进行工艺计算和技术分析的基础上确定物资消耗定额的方法。此法精确可靠，但计算的工作量较大，而且要求具备完整的技术文件和资料，所以主要用于产品定性、产量较大、技术资料健全的产品。

② 统计分析法。它是根据物资消耗统计资料经过分析研究，并考虑到计划期间内生产技术组织

条件的变化等因素来制定物资消耗定额的方法。此法简单，计算工作量小，但存在着重复过去物资消耗不合理的因素的影响，因而定额的准确性和可靠性较差。

③ 经验估算法。它是根据定额人员的实际工作经验，并参考有关技术文件和产品实物，考虑到计划期内生产技术条件的变化等因素来制定物资消耗的一种方法。这种方法简便易行，但准确性较差，一般只在缺乏必要技术资料的情况下采用。

3. 物资储备定额

（1）物资储备定额。物资储备定额，是指企业在一定的生产技术组织条件下，为保证生产顺利进行所需要的、经济合理的物资储备数量的标准。

物资储备定额是企业管理的一项重要的基础工作，是编制物资供应计划和组织采购供应的重要依据，是企业经常监督库存动态，使物资库存经常保持在合理水平上的工具，是核算企业流动资金、确定物资储备仓库面积和储备设施数量及人力的主要依据。

（2）物资储备定额的构成。物资储备定额，一般包括经常储备定额和保险定额两个部分。在某些企业里，由于物资有季节性，还需要建立季节性储备定额。

① 经常储备定额。它是指企业在前后两批物资进厂之间的供应间隔期内，为保证生产正常进行所必需的、经济合理的储备数量。这个储备数量是有周期性变化的，当前一批物资进厂时，企业的物资储备数量达到最高峰，随着生产的消耗，物资储备逐渐减少，直到后一批物资进厂前，物资储备达到最低值。如此循环，周而复始，使企业的物资储备经常在最大值与最小值之间变动，故又称周转储备定额。

② 保险储备定额。是指为防止物资供应发生中断，或来料品种规格不符合需要等而建立的物资储备数量。它是一种保险性质的储备，在正常情况下不动用。只有在发生意外情况，如交货拖期、运输延误、到货质量不符合要求等，使经常储备不能满足生产需要时，才可动用，动用后须及时组织进货，以补足定额。对于供应稳定和易于就近采购的物质，一般可不建立这种储备。

③ 季节性储备定额。是某些企业由于某种物资来源受到季节性的影响，而需要建立物资储备的数量。

（3）经常储备定额的确定

确定企业物资的经常储备定额有供应间隔期法和经济订购批量法两种。

① 应间隔期法。即以确定物资供应间隔天数（也就是物资的储备天数）和每日平均物资需用量为依据，确定物资经常储备量的方法。

$$经常储备量定额=供应间隔天数\times平均每日物资需用量$$

这里，物资的供应间隔天数指的是前后相邻两批物资之间的供应间隔天数。由于物资的供应间隔天数受供应条件、供应距离、运输方式、订购批量以及有关的采购费用和保管费用等诸多因素的影响，可根据历年的统计资料加权平均进行确定。

$$平均供应间隔天数=\frac{\sum(每次入库数量\times每次进货间隔天数)}{\sum每次入库数量}$$

考虑到某些物资在投产前需要经过一定的准备时间，在经常储备定额计算时，应把这部分准备时间包括在内，即

$$经常储备量定额=（供应间隔天数+物资使用前准备天数）\times平均每日物资需用量$$

② 经济订购批量法。上述供应间隔期法较多地考虑企业的外部条件，而较少地考虑企业本身的经济效果。用经济订购批量的方法来确定物资的经常储备定额，则是侧重从企业本身费用的角度来考虑物资储备的一种方法。

与物资储备有关的费用主要有两类，即订购费用和保管费用。订购费用是指为取得存货所发生的费用，如订货和采购所用的差旅费、行政管理费、验收和搬运费等；保管费用，则是指存货存放期间所发生的各项费用，如物资占用资金和利息，仓库和运输工具的维修、折旧费用，物资储备的损耗等。物资的订购费用与订购和采购的次数成正比，而与每次订购的物资数量多少关系不大。而物资的保管费用则与每次订购的数量成正比，而与订购次数无关。在全年物资需用量一定的情况下，每次订购量增加，订购费用则减少，保管费用则增加；反之，每次订购量减少，全年订购次数会增加，保管费用会减少，而订购费用则增加。

保管费用、订购费用和总费用之间的关系可用图 7-1 表示。经济订购批量的方法，就是求出一个恰当的订购批量，使所需的总费用（订购费用与保管费用之和）为最少。

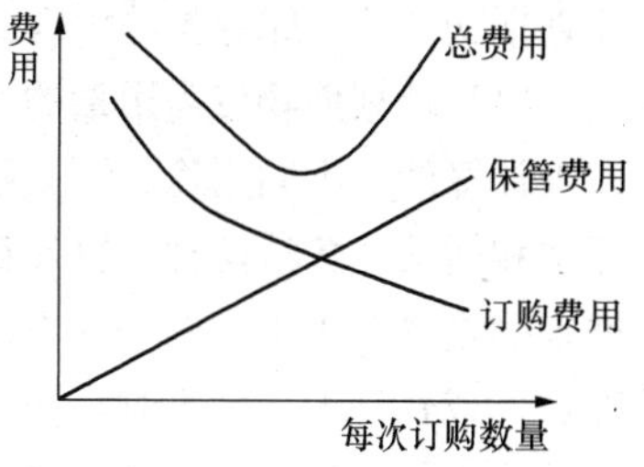

图 7-1 经济订购批量

从图中可以看出，保管费用是随订购批量增大而增大，而每次订购费用则是随订货批量增大而减少，将两者加起来所形成的总费用曲线之最低点，即为最经济的订购批量。

采用经济订购批量法制定经常储备定额充分考虑了物资储备的经济效益，对企业来说是一种较理想的方法。但运用这种方法，需具备一定的条件，即企业要能自行决定采购批量和采购时间，如果订购批量和订购时间主要取决于供货单位和运输条件，则企业只能用供应间隔期法。

（4）保险储备定额的确定。保险储备定额主要取决于保险储备天数和平均每日物资需用量两个因素。

$$\text{保险储备定额}=\text{保险储备天数}\times\text{平均每日物资需用量}$$

在保险储备天数确定时，若物资消耗规律性较强、临时需要少而到货时间变动大，可按上期统计资料中实际到货平均误期天数来确定；也可按临时订购所需天数确定保险储备天数；还可以采用概率方法，根据企业确定的保证供应率要求和过去各供应期需要量率动值，来确定保险储备定额。

企业的物资储备定额，一般是由经常储备和保险储备两部分组成。因此，在确定经常储备定额和保险储备定额后，即可求出该种物资的最高储备量和最低储备量。

$$\text{最高储备量}=\text{保险储备定额}+\text{经常储备定额}$$
$$\text{最低储备量}=\text{保险储备定额}$$

各种储备量之间的关系如图 7-2 所示。

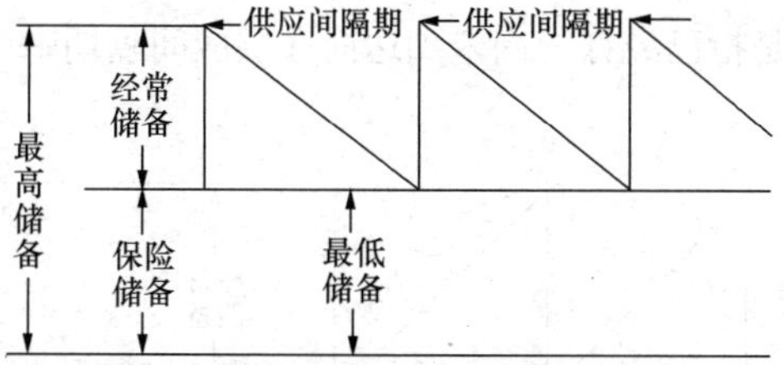

图 7-2 各种储备量之间的关系

（5）季节性储备定额的确定。季节性储备定额一般是根据季节性储备天数和平均每日需用量来确定的。

$$\text{季节性储备定额}=\text{季节性储备天数}\times\text{平均每日需用量}$$

季节性储备天数一般根据经验统计资料，并考虑到计划期的具体情况加以确定。

7.1.2 物资储备计划与实施

1. 物资储备计划的制订

企业物资储备计划的目的是确定和提出企业计划期的物资采购量计划。

一般来说，计划年度的物资采购量可用下述公式计算：

某种物资申请量=该种物资的需求量+期末库存量-期初库存量-企业内部可用资源

从上可以看出，物资储备计划主要包含确定各种物资计划期的需用量、期末预计的库存量以及计划期初预计的库存量等内容。

（1）计划期物资需用量的确定。物资需用量的确定，是按照每一类物资，每种具体品种规格分别来计算的。不同用途、不同种类的物资，需用量的计算方法可能不同。概括起来，可分为直接计算法和间接计算法两种。直接计算法又称定额计算法，它是以物资消耗定额和工作任务的大小为依据来确定物资需用量的一种方法。间接计算法又称比例计算法，它是指当某种物资的消耗定额尚未确定，或暂时无法确定时，按一定的比例系数（如某种物资需用量占主要产品用料的百分比，平均每千元产值的材料消耗等）来估计物资需用量的方法，它可分为动态分析法、类比计算法和经验估计法三种。下面为直接计算法物资需用量的计算公式：

某物资需用量=（计划产量+废品产量）×单位产品消耗定额-计划回用废料数量

（2）计划期末物资库存量、计划期初物资库存量以及企业内部可利用资源的确定期末物资库存量，通常就是储备定额，即

期末物资库存量=经常储备定额＋保险储备定额

计划期初库存量=编制计划时的实际库存量+期初前的到货量-期初前的耗用量

企业内部可利用的资源，指通过改制、代用和综合利用等方面的物资数量，应根据实际情况确定。

2. 物资储备计划的实施

物资储备计划制订以后，企业为实现其各项内容，切实保证生产需要，就必须选择物资的订货和采购策略。在实际工作中，物资订购的具体方式有定期订购和定量订购两种。

(1) 定期订购方式。定期订购方式是事先确定订货时间，例如每月、每季、每旬采购一次，到达订货日就组织订货，至于每次订购数量并不固定，可按下列公式计算确定：

订货数量=平均每日需要量×（采购天数+供应间隔天数）+保险储备定额-实际库存-已订未到数量

上式中，采购天数是指发出订单到货物验收入库为止的时间，供应间隔天数是指两次到货之间的间隔时间，已订未到数量是指已经订货尚未到达而在供应间隔期中可以到货的物资数量。定期订购方式如图 7-3 所示。

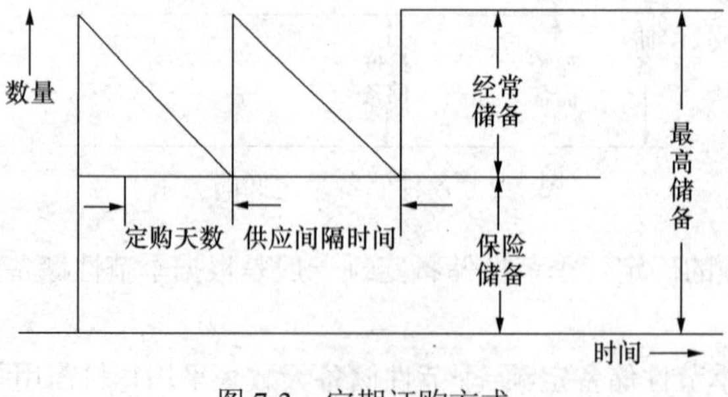

图 7-3　定期订购方式

（2）定量订购方式。定量订购方式是一种不定期订购方式，它是在库存物资由最高储备量降到最低储备量之前的某一储备水平时，就提出订货。订货的数量是一定的，一般以经济订购批量为依据。提出订货时的储备量称为订货点。订货点可按下式计算：

订货点=平均每日需要量×订购时间＋保险储备量

定量订购方式如图 7-4 所示。

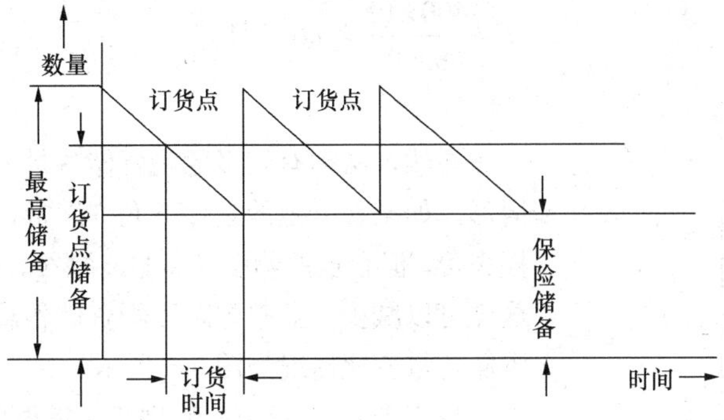

图 7-4 定量订购方式

以上两种订购方式各有其优点。就定量订购方式来说，其优点是：能经常掌握库存动态，及时提出订购要求，不易出现缺货；保险储备量可减少；每次订购量固定，可采用经济订购批量；盘点和订购手续较简便，便于用电子计算机进行控制。其缺点是：订购时间不定，难以作周密的采购计划，未能突出重点物资管理；不易及时调整订购数量，不能得到多种物资合并订购的益处。定期订购方式的优缺点恰好与此相反。

7.1.3 物资储备的定量分析

1. 单一物资订购问题的定量分析

（1）不允许缺货情形。

假定企业的物资订购量固定不变，企业发出订货单后物资可立即到达，不允许缺货。

我们令 Q 表示企业的物资阶段需求量，q 表示企业每一次的物资订购量，C_r 表示企业每一次的订购费，C_h 表示企业单位物资的保管费用，则企业整个阶段内的总费用为

$$C=\frac{Q}{q}C_r+\frac{1}{2}qC_h$$

从上式不难发现，物资储备总费用随着每一次的物资订购量的变化而变化（见图 7-1），变化曲线的最低点对应的订货量，就是总费用最小的的订货量，通常称为经济订货量。从上式可得

$$q^*=\sqrt{\frac{2C_rQ}{C_h}} \tag{7.1}$$

可以看出，经济订购批量与企业整个阶段的物资需求量及每次的订购费成正比关系，与物资保管费用成反比关系。当物资的订购量比经济订购批量减少一半时，物资储备总费用最多只增加 25%。若企业物资需求阶段数目为 N，物资订购间隔期为 t^*，则最优物资订购间隔期为

$$t^*=\frac{qN}{Q}=\sqrt{\frac{2C_rN^2}{QC_h}} \tag{7.2}$$

【例题 7-1】 某企业物资年需求量为 8000 千克，一次订购费为 5 元，单位物资的年保管费用为 0.5 元，则这种物资的经济订购批量为

$$q=\sqrt{\frac{2\times5\times8000}{0.5}}=400\text{（千克）}$$

最优物资采购间隔期为

$$t=\frac{400\times12}{8000}=0.6\text{（月）}$$

（2）允许缺货情形。

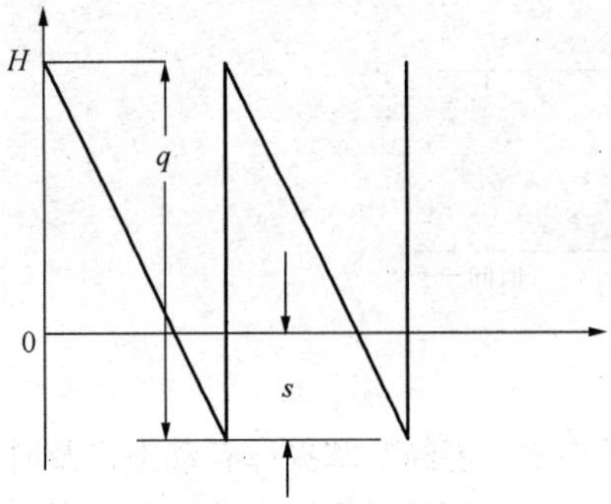

图 7-5　允许缺货情形

显然，必须有较多的物资储备量才能满足不允许缺货的情形。如果在一定的条件下允许缺货，虽然支付一定的缺货损失费，但企业的物资储备量将减少，供应间隔期可以延长，这样可以减少企业整个阶段物资储备总费用。允许缺货的物资储备量变化情况如图 7-5 所示。

我们令 C_s 表示企业的物资缺货损失费，S 为企业最大的允许缺货量，H 为企业的最初物资储备量，则企业整个阶段 S 的物资储备总费用为

$$C=\frac{Q}{q-S}C_r+\frac{1}{2}(q-S)C_h+\frac{1}{2}SC_s$$

利用多元函数求极值的方法，可以求出企业的物资储备策略(q，S)为

$$q^*=\sqrt{2QC_r(\frac{1}{C_h}+\frac{1}{C_S})} \tag{7.3}$$

$$S^*=\sqrt{\frac{2QC_rC_h}{C_S(C_h+C_S)}} \tag{7.4}$$

即当企业物资缺货量为 S^*时，可以订购，每一次物资订购批量为 q^*，此时企业的物资储备总费用最少。由此可以得出最优的物资订购间隔期为

$$t^*=\frac{(q+S)N}{Q} \tag{7.5}$$

【例题 7-2】 某企业物资年需求量为 8000 千克，一次订购费为 5 元，单位物资的年保管费用为 0.5 元。若允许缺货，缺货的年损失费为 4 元。则这种物资的经济订购批量和缺货量为

$$q=\sqrt{2\times8000\times5\times(\frac{1}{0.5}+\frac{1}{4})}\approx424\text{（千克）}$$

$$S=\sqrt{\frac{2\times8000\times5\times0.5}{4\times(4+0.5)}}\approx47\text{（千克）}$$

最优的物资订购间隔期为

$$t=\frac{(424+47)\times12}{8000}=0.7\text{（月）}$$

允许缺货与不允许缺货比较，每次的订购量增加了，订购的间隔期变长了，所得出的物资储备总费用减少了。因此对于某些企业来说，如果缺货损失不十分严重，允许缺货在经济上是合算的。此外在某些企业，由于物资需求的不确定性以及订货不可能瞬时到达，因此在确定企业的物资订购

批量时，还需要考虑一定的保险储备量、随机需求对其的影响，以保证企业整个阶段的物资储备费用最少。

（3）具有数量折扣的情形。

在前面的讨论中，我们假定企业订购的物资单价是不变的，物资订购的数量与物资的单价无关。实际上，订货量的大小与物资的单价存在一定的关系，订货量越大，物资单价越低。在这里，我们仅考虑不允许缺货的情形，并假定物资一次订购数量单价折扣等级共有 n 级，不同的等级对应不同的物资单价折扣，由此我们得出单价折扣与物资一次订货量之间具有如下形式：

物资单价	一次订购量
C_1	$q \in (0, q_1)$
C_2	$q \in (q_1, q_2)$
....	
C_n	$q \in (q_{n-1}, \infty)$

在这种情形下，我们不仅要考虑企业的物资储备费用，还需要考虑物资的单价所带来的企业总费用的变化。由此，企业一次订购量为 q_i 时所产生的总费用为

$$TC_i = \frac{Q}{q_i}C_r + \frac{1}{2}q_iC_h + QC_i(q_i) \qquad i = 1, 2, \cdots, n$$

由于 $C_i(q_i)$ 与一次订购量 q_i 有关，且成分段函数形式，难以按照以前的思想得出物资的最优订购批量。但我们可利用前面经济批量公式求得一个初始订购量，然后再根据总费用大小确定企业最佳的物资订购量。

【例题 7-3】 某企业物资年需求量为 8000 千克，一次订购费为 5 元，单位物资的年保管费用为 0.5 元，在不允许缺货的情况下，试确定该种物资的一次订购批量。该种物资的产品价格如表 7-1 所示。

表 7-1 物资数量与单价表

订购数量（千克）	物资单价元/千克
0～300	3.0
301～500	2.96
500 以上	2.92

在该问题中，我们可先不考虑产品价格，利用公式（7.1）求出此时这种物资的经济订购批量，即

$$q = \sqrt{\frac{2 \times 5 \times 8000}{0.5}} = 400 \text{（千克）}$$

对于 $i = 1$，我们设批量规模 $q_1 = 300$，此时企业总的物资费用为

$$TC_1 = \frac{Q}{q_1}C_r + \frac{1}{2}q_1C_h + QC_1 = 24208.3 \text{（千克）}$$

对于 $i = 2$，我们设批量规模 $q_1 = 400$，此时企业总的物资费用为

$$TC_2 = \frac{Q}{q_2}C_r + \frac{1}{2}q_2C_h + QC_2 = 23880 \text{（千克）}$$

对于 $i = 3$，我们设批量规模 $q_1 = 500$，此时企业总的物资费用为

$$TC_3 = \frac{Q}{q_3}C_r + \frac{1}{2}q_3C_h + QC_3 = 23565 \text{（千克）}$$

我们发现，当一次采购量为 500 千克时，企业总的物资费用最低，此时采购间隔期变长。因此，物资数量折扣将促使企业增加批量规模，以取得价格折扣的好处，同时也增加了物资的保管费。

2. 多种物资订购问题的定量分析

对于企业来讲，所需要采购的物资不是单一的，而是多种多样，且每种物资的需求量、价格、订购费用是不同的，此时需要考虑多种物资的订购问题。以下我们仅考虑两种情形。

（1）不允许缺货，集中订购全部需求物资的情形。

在不允许缺货，集中订购全部需求物资的情形下，不同物资的订购费可以合并起来，称之为共同订购费用。我们令 N 为所采购物资种类的数目，Q_i,C_i 分别表示第 i 种物资的阶段需求量和单位储备费用，C_{00} 表示企业物资的一次共同订购费，$C_{0i}, i=1,2,\cdots,N$ 表示企业第 i 种物资的一次特殊订购费，n 表示每年的订购次数，则企业集中订购的总费用为

$$TC = nC_0 + \frac{1}{2n}\sum_{i=1}^{N}(Q_iC_i)$$

式中，$C_0 = C_{00} + \sum_{i=1}^{N} C_{0i}$，则最佳物资订购量应使企业的全部费用最低，此时最佳订购次数为

$$n^* = \sqrt{\frac{\sum_{i=1}^{N} Q_iC_i}{2C_0}} \tag{7.6}$$

每种物资的最佳订购量为

$$q_i = \frac{Q_i}{n^*} \tag{7.7}$$

【例题 7-4】 某企业需要采购三种不同的物资。三种物资的年需求量分别为 8000 千克、4000 千克和 1000 千克；相应的物资保管费用分别为 0.5 元、1 元和 1.6 元。企业的共同订货费为 30 元/次。三种不同物资的特殊订货费分别为 5 元/次、15 元/次、25 元/次。不允许缺货的情况下，企业的最佳采购数为

$$n^* = \sqrt{\frac{8000\times0.5+4000\times1+1000\times1.6}{2\times75}} = 8$$

相应的采购量分别为 1000 千克、500 千克和 125 千克。

（2）不允许缺货，选择性组合订购物资的情形。

上述集中采购全部物资便于操作，但物资采购上没有足够的选择性，为此我们可考虑按照每种物资需求量的大小或需求时间等选择性地采购各种物资，此时共同订货费将分摊到各种物资的采购费用中。我们首先需要找出订货最多的物资类型；再确定其他物资类型的订货次数和订货量。

【例题 7-5】 依据例 7-4 的数据，我们研究各个物资的最佳订货量。

① 利用经济批量公式（7.1），确定订货次数最多物资

$$n_1 = \sqrt{\frac{8000\times0.5}{2\times(30+5)}} = 7.5$$

$$n_2 = \sqrt{\frac{4000\times1}{2\times(30+15)}} = 6.7$$

$$n_3 = \sqrt{\frac{1000\times1.6}{2\times(30+25)}} = 3.8$$

显然，第一种物资的订购次数最多。选择订购次数 $n_0 = 7.5$

② 确定其他物资与最频繁订购物资在一起的次数。由于必须每次订购第一种物资，所以我们可

考虑另外两种物资的选择性订购问题。两种物资的订购次数分别为

$$\overline{n}_2=\sqrt{\frac{4000\times 1}{2\times 15}}=11.5$$

$$\overline{n}_3=\sqrt{\frac{1000\times 1.6}{2\times 25}}=5.7$$

计算第二种、第三种物资的订购次数与最频繁订购次数的相关系数 $m_i(i=2,3)$ 并取整。则

$$m_2=\frac{n_1}{\overline{n}_2}=\frac{7.5}{11.5}=0.65\approx 1$$

$$m_3=\frac{n_1}{\overline{n}_3}=\frac{7.5}{5.7}=1.3\approx 2$$

③ 重新计算最频繁订购产品的订购次数

$$n=\sqrt{\frac{\sum_{i=1}^{3}Q_iC_i}{2(C_{00}+\sum_{i=1}^{3}\frac{C_{0i}}{m_i})}}=\sqrt{\frac{8000\times 0.5+4000\times 1+1000\times 1.6}{2(30+\frac{5}{1}+\frac{15}{1}+\frac{25}{2})}}=8.8$$

在实际中，最频繁订购的物资每次都要订购，而其他物资只订购 m_i 次，因此每种物资占单位订购成本 $\frac{1}{m_i}$ 。

④ 由公式 $n_{0i}=\frac{n}{m_i}$ 计算每种物资的订购次数。

从而得第二种、第三种物资的订购次数为 8.8 次和 4.4 次。由每种物资的订购次数就可以算出企业总的费用。

7.1.4 仓库管理

仓库是存放和保管物资的主要场所，仓库管理是对仓库所保管的各种物资进、出、存的组织、监督、控制与核算。它是企业物资管理的一个重要环节。仓库管理工作的具体内容包括：物资的验收、保管、发放、清仓盘点工作。

1. 物资的验收

物资的验收是对进厂的物资，按照规定的程序和手续，严格地进行检查和验收工作。物资验收主要是从两个方面进行：一是数量、品种、规格的验收，即检查运到的物资数量、品种、规格是否与运单、发标及合同的规定相符；二是质量的验收，即检查运到的物资在质量方面是否符合规定的标准。质量的验收，凡是仓库能验收的，由仓库负责；凡是需要技术部门或专门单位检验的，应由技术部门或专门单位负责，并具有相应的检验合格证明才能点收入库，或送到现场使用。

物资验收工作，一要做到全面准确；二要做到迅速及时。一批物资进厂后必须在短期内全部验收完毕，并登记有关账户。验收中如发现数量不足、规格不符或技术资料不符要求等情况，就必须在规定期限内提出拒付货款或向供货方提出索赔要求。

2. 物资的保管

物资验收入库后，就应根据物资的种类，物资的物理性能、化学成分、体积大小、包装情况的不同要求，分别予以妥善保管。物资保管工作应做到物资不短缺、不损坏、不同物资品种规格不混合，同时物资的存放要便于发放、检验、盘点和清仓。

为了达到上述要求，仓库管理应实行“分区分类、四号定位、立牌、立卡、五五摆放”等科学的物资管理方法。

（1）分区分类。根据物资的类别，合理规划物资摆放的固定区域。物资分类划区的粗细程度，应根据企业的具体情况和条件来决定。

（2）四号定位。库号、架号、层号、位号四者统一编号，并和账页上的编号统一对口，也就是把各仓库内的物资进一步按种类、性质、体积、重量等不同情况，分别合理地堆放在固定的仓位上，然后用四位编号标出来。这样，只要知道物资名称、规格，翻开账本核实，就可迅速、正确地发料。

（3）立牌立卡。对定位、编号的各类物资建立料牌和卡片。料牌上应写明物资的名称、编号、到货日期和涂色标志。卡片上填写记录物资的进出数量和结存数量等。

（4）五五摆放，就是根据各种物资的性质和形状，以“五”为计量基数，做到“五五成行，五五成方，五五成串，五五成层等”。这样既能使物资整齐美观，又便于清点、发放。

物资保管过程中必须建立和健全账卡档案，及时掌握和反映产、需、供、耗、存的情况，充分发挥仓库对企业生产过程中的耳目作用。财会部门和供应部门应与仓库建立定期的对账制度，以保证账、卡、物相符。

3. 物资的发放

物资的发放是企业保证生产和节约使用物资的重要环节。仓库要及时、齐备、按质、按量地向用料单位发放物资。在发料中坚持限额发料和先进先出的原则。所谓限额发料，就是依据一定时期的生产任务，按物资消耗定额核算的限额数量，向生产车间、班组等使用部门供应物资的方法。它能起到保证供应及节约消耗的作用。“先进先出”的发料原则就是指物资的出库应按照其进库时间顺序发放，先进库的物资先发放，后进库的物资后发放，以免物资变质损坏。

物资发放出库，必须严格检查有关单据和审批手续，如领料单、送料单、转库单、外拨加工和对外销售的单据及审批手续，经核查无误后才能发货。物资发放后，应及时登记账卡，整理原始凭证，统计有关基础资料。

4. 清仓盘点

企业仓库物资流动性很大，为了及时掌握物资的变动情况，避免物资的短缺、丢失、超储和积压，保证张、卡、物相符，每一个企业都必须进行经常的和定期的清仓盘点工作。

经常的清仓盘点，主要是由仓库管理人员进行的。仓库管理人员应每日检查库存物资的账、卡、物是否相符，每月对库存物资进行一至二次的复查或轮番抽查，年中或年末还应对物资进行逐项、逐件全面的清点。

定期的清仓盘点，是由物资供应部门、财会部门和仓库部门等共同组成清仓盘点小组，按制度规定的时间对仓库物资进行全面清点。在清点工作中，如发现盘盈盘亏，必须在分析原因的基础上追究责任，对于清查出来的超储、呆滞物资，必须及时处理解决。

7.1.5 物料需求计划

物料需求计划（Material Requirement Planning，MRP）是以物料计划人员或存货管理人员为核心的物料需求计划体系，它的涵盖范围仅仅为物料管理这一块。主要用于非独立性需求[①]（相关性需

① 来自用户对企业产品和服务的需求称为独立需求。独立需求最明显的特征是需求的对象和数量不确定，只能通过预测方法粗略地估计。相反，企业内部物料转化各环节之间所发生的需求称为非独立需求或相关需求。非独立需求可以根据对最终产品的独立需求精确地计算出来。

求）性质的库存控制。企业怎样才能在规定的时间、规定的地点，按照规定的数量得到真正需要的物料，换句话说，就是库存管理怎样才能符合生产计划的要求，这是物料需求计划所解决的。MRP是20世纪60年代发展起来的一种计算物料需求量和需求时间的系统。

MRP是以计算机为基础的编制生产与实行控制，它不仅是一种新的计划管理方法，也是一种新的组织生产方式。MRP的出现和发展，引起了生产管理理论和实践的变革。MRP是根据总生产进度计划中规定的最终产品的交货日期，规定必须完成各项作业的时间，编制所有较低层次零部件的生产进度计划，对外计划各种零部件的采购时间与数量，对内确定生产部门应进行加工生产的时间和数量。一旦作业不能按计划完成，MRP系统可以对采购和生产进度的时间和数量加以调整，使各项作业的优先顺序符合实际情况。

1. MRP的基本思想

MRP的基本思想是围绕物料转化组织制造资源，实现按需要准时生产。

在产品结构与制造工艺基础上，利用制造工程网络原理，根据产品结构各层次物料的从属与数量关系，以物料为对象，以产品完工日期为时间基准，按照反工艺顺序的原则，根据各物料的加工提前制定物料的投入出产数量与日期。这样就可以围绕物料的转化过程组织制造资源，实现按照需要准时生产。

按照MRP的基本思想，从产品销售到原材料采购，从自制零件的加工到外协零件的供应，从工具和工艺装备的准备到设备维修，从人员的安排到资金的筹措与运用，都要围绕MRP的基本思想进行，从而形成一整套新的方法体系。它涉及企业的每一个部门、每一项活动。因此可以说，MRP是一种新的生产方式。

2. MRP的基本组成

MRP系统的基本组成如图7-6所示，主要分为输入、计算处理、输出三部分。

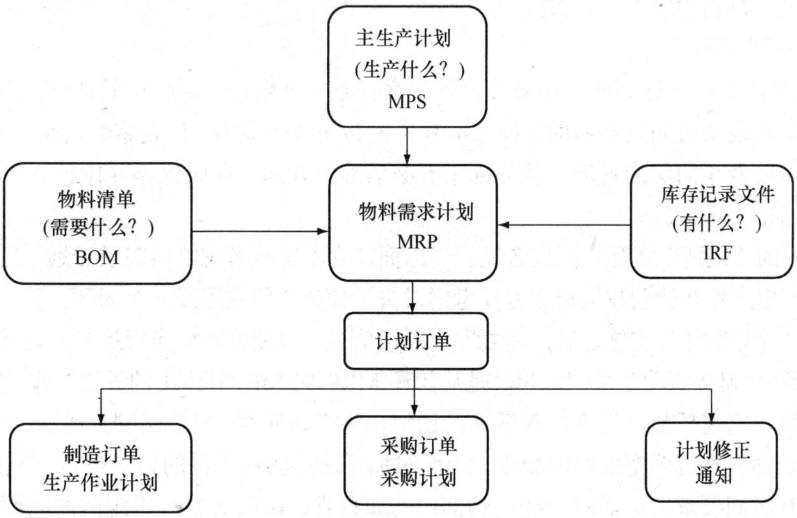

图7-6 MRP流程

（1）MRP的输入。

MRP的输入主要有三个数据来源，即主生产计划、物料清单和库存记录文件。

① 主生产计划（Master Production Schedule，MPS）是在一定时间段内企业将要生产的产品品种和数量。

② 物料清单（Bills of Materials，BOM）通常称为产品结构文件或产品结构树，物料清单不仅

反映了物料、零部件的数量组成，而且反映了产品的制造顺序。物料清单中物料的层次码反映了物料在整个产品中的位置。当一个零部件有一个以上层次码时，应以它的最底层码（）其中数字最大者为其低层码，这称为低层码处理。

③ 库存记录文件（Inventory Record File，IRF），又称库存状态文件。库存记录文件提供成品、半成品、在制品、原材料等物料项目的订货信息和用量信息。一般每种物料的库存记录文件由物料数据段、库存状态段和辅助数据段三部分组成。

（2）MRP 的输出。MRP 系统（计算机处理系统）依据主生产计划、物料清单和库存信息进行物料需求计划计算后，再通过能力需求计划等系统进行企业资源能力和生产能力平衡，最后输出计划报告。MRP 输出的报告通常分为主报告（Primary reports）和辅报告（Secondary reports）。

主报告包含各种用于物料的生产、订购和库存管理的报告，如生产指令、订货指令、订单更改指令或报告等。辅报告包括四大类：库存和需求预测报告、生产和订货差异报告、指出严重偏差的例外报告、辅助财务分析报告。

7.1.6 制造资源计划

制造资源计划（Manufacturing Resources Planning，MRPⅡ），并不是一种与 MRP 完全不同的新技术，而是在 MRP 的基础上发展起来的一种新的生产方式。MRPⅡ是将公司高层管理与中层管理结合在一起，以制造资源计划为活动核心，促使企业管理循环的动作,达到最有效的企业经营。20 世纪 80 年代发展起来的 MRPⅡ其涵盖了企业的整个生产经营体系，包括经营目标、销售策划、财务策划、生产策划、物料需求计划、采购管理、现场管理、运输管理、绩效评价等各个方面。MRPⅡ不仅涉及物料，而且涉及生产能力和一切制造资源，是一种资源协调系统。它代表了一种新的生产管理思想，是一种新的组织生产方式。

1. 从 MRP 到 MRPⅡ

MRP 可以将产品出产计划变成零部件投入出产计划和外购件、原材料的计划。但是，只知道各种物料的需要量和需要时间是不够的。如果不具备足够的生产能力，计划将会落空。考虑生产能力，从内容来看必然涉及车间层的管理，从外部来看必然涉及采购，此时仅靠 MRP 就不够了，于是就从 MRP 发展到闭环 MRP。

闭环 MRP 的“闭环”实际有两层含义。一方面，它不单纯考虑物料需求计划，还将与它有关的能力需求、车间生产作业计划和采购等方面考虑进去，使整个问题形成一个闭环；另一方面，从控制论的观点来看，计划制订与实施之后，需要取得反馈信息，以便修改与实行控制，这样又形成了“闭环”。把生产活动与财务活动联系到一起，是从闭环 MRP 向 MRPⅡ迈出的关键一步。MRPⅡ实际是整个企业的系统，它包括整个生产经营活动：销售、生产、库存、生产作业计划与控制等。

由于对各种物料都有确定的时间要求，因而对加工这些物料所需的机器设备、工具、工艺装备、场地和工人也有时间要求，进而对一些后勤部门，如食堂、医院等也有确定的时间要求，使企业内一切活动都围绕物料转化准时进行，这就是 MRPⅡ。MRPⅡ不再是生产部门的 MRP 了，而是整个企业的 MRP。

2. MRPⅡ统一了企业的生产经营活动

企业是一个有机整体，它的各项活动相互关联、相互依存，应该建立一个统一的系统，使企业有效地运行。过去，一个企业内部往往有很多系统，如生产系统、财务系统、销售系统、供应系统、设备系统、技术系统以及人事系统等。它们各自独立运行，缺乏协调，相互关系并不密切，在各个系统相互间发生联系时，常常互相推诿，甚至互相埋怨。而且，各个部门往往要用到相同类型的数据，并从事很多相同或类似的工作，但往往对于同一对象，各部门的数据不一致，造成管理上的混乱。这都是由于缺乏一个统一而有效的系统所致。

由于MRPⅡ能提供一个完整而详尽的计划，可使企业内各部门的活动协调一致，形成一个整体，各部门享用共同的数据，消除了重复工作和不一致，也使得各部门的关系更加密切，提高了整体效率。

7.1.7 企业资源计划

企业资源计划（Enterprise Resource Planning，ERP）是由MRP、MRPⅡ发展而来的。ERP的概念最先是由美国著名的咨询公司加特纳公司（Gartner Group Inc.）于20世纪90年代初提出的。当时，ERP主要是在功能上对MRPⅡ有所扩展，在MRPⅡ的基础上增加了设备管理、质量管理、分销管理、固定资产管理、工资管理和人力资源管理，管理信息的集成度更高。ERP的基本思想是将企业的制造流程看作一条联结供应商、制造商、分销商和顾客的供应链，强调对供应链的整体管理，使制造过程更有效，使企业流程更加紧密地集成到一起，从而缩短从顾客订货到交货的时间，快速地满足市场需求。ERP超出了对企业内部制造资源的管理，这是ERP对MRPⅡ最主要的改进。

除了具有传统的MRP功能模块，ERP系统还包括财务、人力资源、供应链和顾客关系管理模块。其中：

① 供应链管理（Supply Chain Management，SCM）软件功能模块可以针对供应商进行各种及时交流，支持电子商务，将生产运作计划（MRP）和采购、物料管理以及供应商联系起来。

② 客户关系管理（Customer Relationship Management，CRM）软件功能模块主要针对业务输入方面，可用于协助进行销售分析，找出最有价值的目标客户群体，管理销售队伍。

除了这五个功能模块（MRP、财务、人力资源、供应链和客户关系）外，ERP软件商还提供了很多其他的功能模块。这些软件供应商通过不同的软件功能模块为企业提供各种“解决方案”，这些软件可以根据需要进行组合和搭配，以满足不同企业的需要。

随着计算机技术的发展和ERP实践的深入，ERP逐渐出现了适应各种行业的版本，主要有离散制造业的ERP和流程制造业的ERP。流程制造业重视对设备的监控、维护和计划维修，以确保设备完好。流程制造业已经形成了独特的ERP模式，主要功能包括：生产计划与统计、生产数据管理、车间管理、库存管理、采购管理、销售管理、质量管理、设备管理、动力管理、财务管理、成本管理、固定资产管理、工资管理和人力资源管理等。

7.2 企业设备管理

7.2.1 设备管理概述

1. 设备管理的概念

生产设备是生产力的重要组成部分和基本要素之一，是企业从事生产经营的重要工具和手段，是企业生存与发展的重要物质财富，也是社会生产力发展水平的物质标志。生产设备无论从企业资产的占有率上，还是从管理工作的内容上，以及企业市场竞争能力的体现上，都占有相当大的比重和十分重要的位置。

设备管理是指对设备运动全过程的管理，即对设备的选择评价、维护修理、更新改造和报废处理的管理活动。设备运动存在着两种形态：一是设备的物质运动形态，包括设备从研究、设计、制造或从选购进厂、验收、投入生产领域开始，经使用、维修、更新直至报废退出生产领域的过程；二是设备的价值运动形态，包括设备的最初投资、维持费用、折旧、收益以及更改资金的筹集运用等。设备管理应包括对两种形态的管理。对前者的管理称为设备的技术管理，对后者的管理称为设备的经济管理。企业设备管理是技术和经济管理相结合的全面管理。

2. 企业设备管理的作用

企业要在激烈的市场竞争中求得生存与发展，必须具有良好的综合素质和管理水平，这里面就包括装备素质及设备管理水平。具体来说，设备管理具有以下作用。

（1）设备管理是企业生产的保证。

在企业的生产经营活动中，设备管理的主要任务是为企业提供优良而又经济的技术装备，使企业的生产经营活动建立在最佳的物质技术基础之上，保证生产经营顺利进行，以确保企业提高产品质量，提高生产效率，增加花色品种，降低生产成本，进行安全文明生产，从而使企业获得最高经济效益。企业根据市场需求和市场预测，决定进行产品的生产经营活动。在产品的设计、试制、加工、销售和售后服务等全过程的生产经营活动中，无不体现出设备管理的重要性。为赢得和占领市场，降低生产成本，节约资源，生产出满足用户需求、为企业创造最大经济效益的高质量的产品，设备管理是保证。设备管理水平是企业的管理水平、生产发展水平和市场竞争能力的重要标志之一。

“工欲善其事，必先利其器”。开发生产先进产品，必须建立在企业具备先进设备及良好的管理水平之上。若疏于管理，用先进设备生产一般产品，会使生产成本增加，失去市场竞争能力，造成极大的浪费；有的先进设备带病运转，缺零少件，拆东墙补西墙，不能发挥全部设备的效能，降低了设备利用率；有的设备损坏，停机停产，企业虽有先进的设备，不但没有发挥出优势，反而由于设备价高，运转费用大，成为沉重的包袱，致使企业债台高筑，生产经营步履维艰。而一些设备管理好的企业，虽然没有国外的先进装备，由于管理水平高，设备运转状态良好、效率高，一样能生产出高质量的产品，市场竞争能力强，企业效益也稳步增长。

（2）设备管理是企业产量、质量、效率和交货期的保证。

在市场经济条件下，企业往往是按合同组织生产，以销定产。合同一经签定，即受到法律保护，无特殊情况不能变更，违约将受到严厉的经济制裁。如果没有较高的设备管理水平和良好的设备运转状态作保证，是不可能很好地履行合同规定的。一旦违约，给企业带来的就不仅仅是经济上的损失，还往往失去市场，对企业的发展产生严重的影响。

（3）设备管理是企业提高效益的基础。

提高企业经济效益一方面是增加产品产量，提高劳动生产效益，另一方面也需要减少消耗，降低生产成本。在这一系列的管理活动中，设备管理占有特别突出的地位。第一，提高产品质量，增加产量，设备是一个重要因素。加强设备管理，充分发挥其先进性能，保持高的设备利用率，预防和发现设备故障隐患，将创造出更大的经济效益；对于老设备要通过技术改造和更新，改善和提高装备素质，增强设备性能，延长设备使用寿命，也达到提高效益的目的。第二，提高劳动生产率，关键是要提高设备的生产效率。企业内部多数人是围绕设备工作的。要提高这些人的工作效率，前提是要提高设备生产效率、减少设备故障、提高设备利用率。第三，减少消耗、降低生产成本更是设备管理的主要内容。原材料的消耗大部分是在设备上实现的。设备状态不好会增大原材料消耗，如出现废品，原材料浪费更大。在能源消耗上，设备所占的比重更大。加强设备管理，提高设备运转效率，降低设备能耗是节约能源的重要手段，也是企业节能降耗永恒的主题。在设备运转过程中，为维护设备正常运转，本身也需要一定的物资消耗。设备一般都有常备的零部件、易损件，设备管理不好，零部件消耗大，设备维修费用支出就高。尤其是进口设备，零部件的费用更高。设备运转一定的周期后还要进行大修，大修费在设备管理中也是一项重要的支出，设备管理抓得好，设备大修理周期就可以延长，大修理费用在整个设备生命周期内对生产成本的影响，所占的比重就可以下降，从而为降低生产成本打下基础。

3. 设备管理的发展过程

设备管理是随着工业生产的发展，设备现代化水平的不断提高，以及管理科学和技术的发展逐步发展起来的。设备管理的发展过程大致可以分为三个时期。

（1）事后修理时期。在现代化工厂产生初期，设备的修理由操作人员来完成，并实行坏了再修的事后修理。随着工业生产的发展，设备结构复杂引起修理难度提高；维修费用增加，从而出现专职维修人员从事设备维修活动，并随之建立起设备维修与管理机构以及相应的制度。

（2）实行预防性的定期维修时期。设备现代化水平的提高，科学管理的产生和发展，在设备管理中逐步推行与完善了预防性的定期修理制度。目前，主要有两种体系：一是苏联的计划预防制度，二是欧美的预防维修（Preventive Maintenance，PM）。日本在1951年开始从美国引进预防维修制度。我国从50年代开始学习、推行计划预修制度，在总结实践经验的基础上，形成了具有一定特色的计划预修制和预防维修制。

（3）设备的综合经营管理时期。设备的综合经营管理是对设备实行全面管理的一种重要方式。它是在维修的基础上适应商品经济的进一步发展，针对使用现代设备所带来的诸如设备故障损失大、环境污染、能源消耗量大、设备的磨损加快等一系列问题，继承了设备工程（Plant Engineering）以及设备综合工程学（Terotechnology）的成果，吸取了现代管理理论，综合了现代科技新成就而逐步发展起来的一种新型的设备管理体系。

4. 设备综合经营管理的基本类型

设备综合经营管理的基本类型有两种，一是设备综合工程学，二是全员生产维修。

(1) 设备综合工程学。

设备综合工程学是英国于1970年首创的。我国在1979年开始引进这一现代化科学管理理论。它是运用系统原理将有关工程技术、财务、管理和其他实际业务加以综合研究，追求寿命周期费用（Life Cycle Cost，LCC）最低为目的的科学。它的主要特点是：

① 把设备的寿命周期费用最经济作为研究目的。设备的寿命周期费用是指设备一生的总费用，它由设备的投资费和维持费两部分组成，是对从设计、购置或自制设备开始，直至报废的整个寿命周期里的费用进行全面评价，而不是对某一个阶段费用进行评价。

② 要求从技术、管理、财务方面进行综合管理，保证设备具有良好的技术性能和经济效益。

③ 强调对设备一生进行全面管理和研究，以求得设备的最佳效益。一是加强设备制造单位与使用单位之间的联系；二是加强使用单位内部各部门之间的协调、联系、配合，明确分工协作关系，共同管、用好设备。

④ 重视设备的可靠性、维修性设计，打破把设备管理局限在维修的传统观念。

⑤ 强调对设备的信息反馈管理。搜集处理包括企业内、外部的信息，研究提出改进措施，把设备一生各阶段、各环节有机地联系起来，不断提高设备机能，实现最经济的寿命周期费用目标。

从以上特点可以看到，设备综合工程学摆脱了传统设备管理的局限性，突破了设备维修的旧框框。

（2）全员生产维修。

全员生产维修（Total Productive Maintenance，TPM）是日本70年代以来学习美国预防维修、吸收设备综合工程学理论，结合日本企业管理的传统发展起来的，目前已成为一种具有代表性的现代设备管理制度。

全员生产维修的特点是强调“三全管理”，即全效率、全系统和全员参加。

全效率是指设备的综合效率，即设备的总费用与总所得之比或投入与产出之比。总费用是设备的寿命周期费用，总所得包括产量（P）、质量（Q）、成本（C）、交货期（D）、安全（S）、劳动情绪（M）等方面，最后归纳为：符合质量要求、低成本。按期交货、安全生产和高效率的产量。

设备的综合效率=设备的产出/设备的投入=PQCDSM/寿命周期费用

全系统是指对设备进行从研究、设计、制造、安装、使用、维修、改造到报废为止的全过程管理。

全员参加是指从经理、管理人员到第一线生产工人都参加设备管理。

日本TPM体制已被许多企业引进，通过设备管理工作提高了企业的生产效率，提高了产品质量，降低了成本，改善了生产条件。这称为TPM阶段I活动，亦即直接获得生产维修，主要是以自主维修、个别改善、计划维修、教育培训、设备初期管理、产品质量保证、预防维修等为中心的活动。为了继续和巩固这些活动的成绩，逐步开始以TPM阶段II的活动，即充实和超出I的活动范围和内容，重视设备寿命周期系统化，在产品开发、生产准备中、工程设计和设备计划中以及设备维修保养中，加强其成本核算和分析活动。

5. 我国设备管理工作的改革和完善

随着我国生产力的发展，设备已成为企业赖以生存和发展的主要物质技术基础。社会主义市场经济体制的建立，要求市场主体的企业必须提高设备档次，保持良好的技术状态，保证设备投资前期效益，提高对设备更新、租赁、自制或改造等问题的决策水平，打破“小而全”、“大而全”的设备维修体制，建立设备管理的激励机制和自我约束机制。

建立适应现代企业制度的设备宏观管理体系，主要是转变政府职能，变直接管理为间接管理，以价值资产形式保证设备保值、增值，规范企业行为，防止国有资产流失。

加强企业内部改革，企业内部必须有稳定。有力的设备管理和维修系统，实行分级管理、重心向下、以车间为主，强化现场管理。改革设备维修体制，走社会化、专业化道路。建立适应新体制下的企业设备维修制度，改变以设备运行时间为基轴的计划预修制度，向以设备实际技术状态为基轴的预知、预防修理制过渡。

7.2.2 设备的选择和评价

1. 设备的选择

设备的选择是企业设备管理的首要环节，不论是新建企业选购设备，还是老企业购置设备，以及从国外引进技术装备，都是十分重要的。合理地选择设备，既可满足生产经营的需要，又能降低设备的投资和维持费用，发挥设备的投资效益，创造设备的“先天”优良特性，为提供满足市场需求的产品（或劳务）奠定坚实的基础。

设备选择必须遵循技术上先进、经济上合理、生产经营上可行的原则，实现科技进步，提高企业的经营实力。在设备选择上应考虑以下因素。

（1）设备的生产效率。生产效率由设备在单位时间内的产品产量（或工作量）来表示。设备的生产效率主要可通过设备的大型化、高速化与自动化来实现。但是，由于受到投资、市场容量、消费能力、原材料、使用的自然环境、维修力量及管理水平等条件限制，在按生产效率选择设备时，要综合考虑技术、经济及市场潜力等因素。

（2）设备的可靠程度。设备的可靠程度是设备的精度、准确度的保持性以及零部件的耐用及安全程度。首先，要考虑设备对产品质量的保证程度；其次，要考虑减少设备的故障，提高准确性。

（3）能源和原材料的消耗。消耗一般是以设备单位开工时间的能源和原材料消耗量来表示。为提高企业经济效益，应尽量选择节能型设备，绝不能选购耗能高的设备，已购入的要淘汰或设法改造。

（4）生产安全性和环境保护性。生产安全性和环境保护性是选择设备不可忽视的因素。对于有些难以实现污染控制或控制装置投资太大的设备不宜选用，已应用的也要逐步淘汰。

（5）设备的维修性。维修性直接影响设备的维修工作量和费用。维修性好的设备一般是指：设备结构简单，零部件组合合理；维修时零部件易于接近、可迅速拆卸、易于检查；实现了通用化和标准化，零件互换性强等。同时考虑设备提供单位的售后服务，如资料、技术的提供时间及可能性。

（6）设备的使用寿命。使用寿命是指设备在使用工程中所表现出的自然寿命。寿命越长，每年分摊的设备折旧费越少，投资效益相对提高。

（7）设备的成套性。成套性指设备需要配套。设备配套包括单机配套、机组配套和项目配套。企业不仅要拥有设备，而且必须成套，否则不能使设备发挥应有的效益，在经济上就造成浪费和损失。

（8）设备的灵活性。一般来说，灵活性体现在工作对象固定条件下设备适应于不同的工作环境，工作对象可变条件下适应于多种不同的加工性能，并向小型化、简易化和廉价化方向发展。

（9）设备投资费用低。从经济角度评价设备投资费，需要结合企业资金筹集渠道、方式和资金成本等进行。在满足生产经营的条件下，选择价格较低的设备。同时，要考虑设备使用后所带来年节约额和投资回收期。

综上所述，在选择设备时，要根据生产经营所需，认真分析，综合考虑，以便选择合理的设备。

2. 设备的经济评价

在选择设备时，经济评价是重要的。经济评价方法有：

（1）投资回收期法。

投资回收期法是根据设备的投资回收年限对设备进行经济评价的方法。计算公式为

设备投资回收期=设备投资额/采用新设备年节约额

式中，设备投资额包括设备的购置、安装、调试等费用总和；采用新设备年节约额包括设备投入使用所带来的劳动效率提高、物资消耗降低等方面的节约额。在选择设备时，若其他条件相同，则以投资回收期短为选择对象。

（2）费用换算法。

设备在购置和使用中的费用，一是在购置重要支付的最初一次性投资费；二是在使用中每年要支付的维持费。各种费用的支出，均表现为一定的资金运动，均产生资金的时间价值。费用换算法就是考虑资金的时间价值，对设备的投资、维持费进行换算，然后进行经济比较的一种方法。根据换算的方法不同，费用换算法分为年经费法和现值法两种。

① 年经费法。

年经费法是将设备最初一次性投资费，依据寿命周期按复利利率进行计算，换算成相当于每年费用支出，再与每年设备维持费相加，求得不同设备的年总费用，从而比较选择设备，即

年经费总额=投资费用换算的年经费+年维持费用

式中，投资费用换算的年经费=投资额×资本回收系数。这里，资本回收系数是指设备一次投入（包括利息）每年回收的百分比，可用下式求得。

$$资本回收系数=\frac{i}{[1-(1+i)^{-n}]} \tag{7.8}$$

式中，i 为年利率；n 为设备寿命周期。

【例题 7-6】 有 A、B 两台技术性能相同的设备，它们的一次性投资费分别为 20000 元和 30000 元，年维持费分别为 4000 元和 3000 元，利率为 10%，寿命周期 10 年，用年经费法进行评价。

按公式（7.8）所得资本回收系数为 0.1627，则见表 7-2。

表 7-2 年经费法比较表

	A 设备	B 设备
每年投资费用	20000× 0.1627=3254	30000× 0.1627=4881
每年维持费用	4000	3000
全部支出现值	7254	7881

两台设备比较，应选择 A 设备，因为 A 设备比 B 设备的年总费用少。

② 现值法。

现值法是将设备每年维持费通过现值系数换算成相当于最初一次投资费时的数额，再与最初一次投资费用相加，求出设备寿命周期内全部支出的现值进行比较。其计算公式为

全部支出现值=投资费+每年维持费的现值

式中，每年维持费现值=每年维持费×现值系数。

现值系数是指设备寿命周期内维持费的现值总计与年维持费之比，可按下式计算：

$$现值系数=\frac{(1+i)^n-1}{i(1+i)^n} \tag{7.9}$$

现仍以上例数据，用现值法评价。按公式（7.9）计算出现值系数是 6.1446（见表 7-3）。

表 7-3 现值法比较表

	A 设备	B 设备
设备最初投资	20000	30000
每年维持费用	4000× 6.1446=24578	3000× 6.1446=18434
年总费用	44578	48434

计算结果，仍然是 A 设备优于 B 设备。

7.2.3 设备的使用和维修

1. 设备的使用

设备的使用一是要充分使用，防止闲置不用；二是要合理使用，禁止滥用、蛮干和超负荷运转。充分、合理使用设备，可保证设备正常运转，提高利用率，延长使用寿命。实际工作中要实现充分、合理使用设备，应注意以下几点。

① 针对不同设备的特点，制定相应的规章制度；

② 合理安排生产任务，提高设备利用率；

③ 配备合格的操作人员，进行爱护设备及操作技术教育；

④ 创造良好的使用环境和条件；

⑤ 合理规定设备使用的能源、材料及消耗和费用定额。

2. 设备的磨损和故障规律

设备在使用中会产生磨损，出现故障。这就要进行维修，以及更新和改造。因此，必须研究磨

损和故障，掌握它们的规律，以减少磨损和造成的损失。

（1）设备的磨损。

磨损可分为两种形式、四个类型（见图 7-7）。

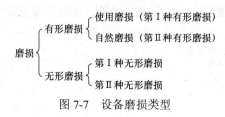

- 磨损
  - 有形磨损
    - 使用磨损（第Ⅰ种有形磨损）
    - 自然磨损（第Ⅱ种有形磨损）
  - 无形磨损
    - 第Ⅰ种无形磨损
    - 第Ⅱ种无形磨损

图 7-7　设备磨损类型

① 有形磨损。有形磨损是指对设备实体的一种磨损，按其产生的原因可分为两种类型。第Ⅰ种是由于设备使用的结果，故又称使用磨损；第Ⅱ种是由于自然力的结果，而非使用，故又称自然磨损。有形磨损的技术后果是导致设备的使用价值降低，甚至完全失去使用价值；经济后果是设备的原始价值逐步下降。它的程度一般用补偿物质磨损所需费用来进行度量。

② 无形磨损。无形磨损是指设备在使用或闲置过程中，由于新技术出现而引起设备价值的损失。按其原因分为两种。第Ⅰ种是发生在制造环节，即由于劳动生产率的提高，或设备制造技术的进步，生产同样设备所需社会必要劳动量减少，使原有设备价值相应贬值。这种贬值并不影响设备本身的技术性和功能。第Ⅱ种是由于新技术的发明和应用，出现了性能更好、效率更高的设备，使原有设备提前淘汰。这种淘汰是社会生产力发展的反映。

③ 综合磨损及其补偿。综合磨损是指在有效使用期内发生的有形和无形磨损的总和。磨损可以在价值和实体形态上得到补偿。从价值形态上，有形和无形磨损都引起原始价值的降低，这是共同的。从实体形态上，有形磨损影响使用功能，而无形磨损则不然。因此，补偿方式也就不同。磨损形式和补偿方式之间的关系如图 7-8 所示。

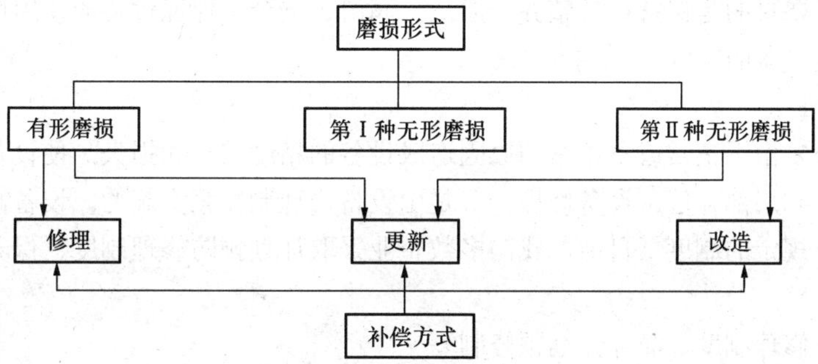

图 7-8　设备磨损及补偿方式

有形磨损可以通过修理和更新两种方式补偿。在具体选择上，若修理费高于新设备生产价值减去原有设备现在可实现的价值，以更新方式补偿。

④ 设备磨损阶段。设备磨损与使用时间存在着一定关系，形成不同的磨损程度。根据磨损程度与时间的关系，大致可以将设备磨损分成初级磨损阶段、正常磨损阶段和急剧磨损阶段（见图 7-9）。掌握设备磨损阶段，可以有针对性地进行预知、预防维修，合理确定维修与更新的技术和经济界限。

（2）设备故障。

设备故障分为突发故障和劣化故障。其中劣化故障的发生有一定的规律性。设备故障规律可划分成初期故障期、偶发故障期和磨损故障期（见图 7-10）。这个图像一个澡盆一样，因而也称“澡盆曲线”。第一个阶段为初期故障期，有较高的故障率，主要由于材料缺陷，制造质量和操作不熟练等原因造成；第二个阶段为偶发故障期，在此时设备已进入正常运转阶段，故障率低而且稳定，多因维护不好或操作失误等偶然因素所致；第三个阶段为磨损故障期，在此时设备中的许多零部件加速磨损老化，或者已经磨损老化，故障率上升并不断发生。研究故障规律是为了在设备使用中，按其规律加以预防，针对不同时期的问题，采取相应措施，保证设备正常运行。

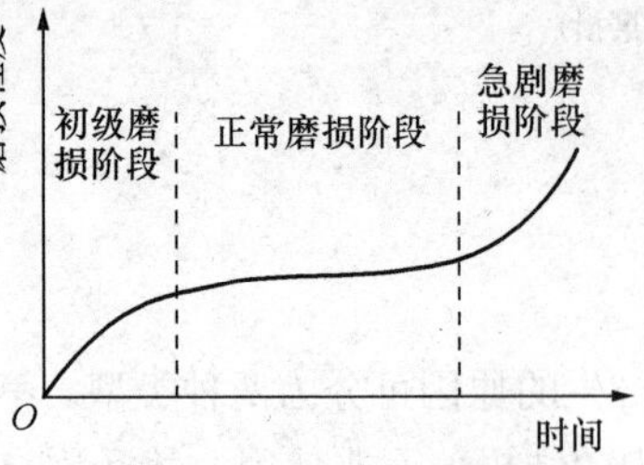

图 7-9　设备磨损阶段

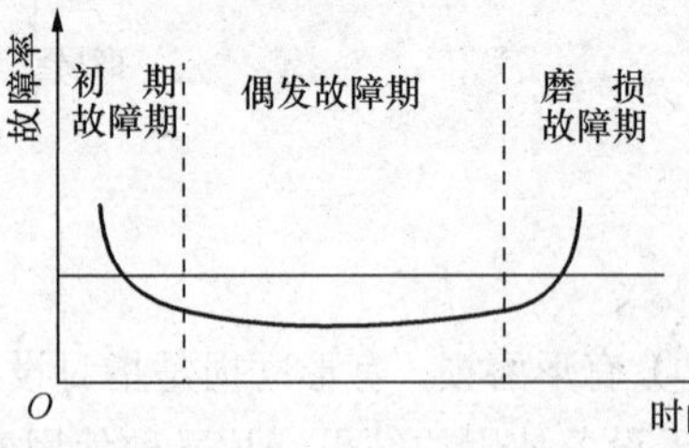

图 7-10　设备故障规律

3. 设备的维护

设备维护也称保养。设备在使用中，由于物质运动产生技术状况不断变化，以及不可避免的非正常现象，为防患于未然，把事故消灭在发生之前，必须采取维护措施。

设备维护一般分为三种类型。

(1) 例行保养（也称日常保养）。重点是进行清洗、润滑、坚固易松动的紧固件，检查零部件的状况。由操作工每天进行保养。

（2）一级保养。对设备进行局部解体，清洗检查及定期维护。它以操作工人为主，维修工人为辅。保养一次停机约 8 小时。

（3）二级保养。对设备进行全面清洗，部分解体检查和局部修理。通常只需更换和修复少量的易损零部件，局部调整精度。它是以维修工人为主，操作工人为辅。一般保养一次停机 32 小时。

设备保养的主要目的是保持设备整齐、清洁、润滑、安全，保证设备的使用性能和延长修理间隔期，而不是恢复设备的精度。

4. 设备的修理

设备修理是修复由于正常或不正常的原因造成设备的精度劣化和损失，使设备性能得到恢复，使设备有形磨损得到局部补偿。设备修理一般是由设备修理制度来实施的。设备修理制度是对设备进行维护和修理所规定的制度。目前，我国多数企业采取计划预防修理制度、保养维修制度、预防维修制度等形式。

（1）计划预防修理制度（简称计划预修制）。

计划预防修理制度是根据设备磨损规律，有计划地对设备进行维护、检查和修理，保证设备处于完好状态的一种修理制度。

计划预修制的修理种类根据修理的内容、要求和工作量大小不同，通常分为小修、中修和大修。计划预修的方法有以下几点。

① 标准修理法。这种方法是根据零部件的使用寿命，在计划中明确规定修理日期、内容和工作量。在规定的时间间隔里进行强制修理、零部件强制更换。此法便于做好修理的准备工作；缩短停机时间，但费用大，易造成浪费。因此，必须事先预测零部件磨损情况，使计划更加切合实际。

② 定期修理法。这种方法是根据设备的使用情况和磨损规律，具体规定修理日期、内容和工作量，而具体事项则在每次修理前的检查中确定。此法有利于做好修理前准备工作，减少停机时间；同时可降低修理费用。

③ 检查后修理法。这种方法是根据设备磨损规律，事先只规定设备检查次数和时间，而修理的具体日期和内容由检查后的结果决定。此法可充分利用零部件的使用功能，修理费用低。但是，有时由于判断错误，会引起零部件过度磨损或设备的突然损坏。

计划预修制是通过计划来实施以预防为主的方针。编制计划的主要依据是修理工作定额。它包括如下几点。

① 修理周期定额。它是用来确定修理类型、日期和内容的，包括修理周期、修理间隔期和修理周期结构。修理周期是指两次大修理之间的时间间隔或者从新设备使用到第一次大修理之间的时间间隔；修理间隔期指两次修理之间的时间间隔；修理周期结构是指两次大修之间，小修、中修的次数及其排列顺序。

② 设备修理复杂系数。它是表明不同设备修理复杂程度，计算不同设备修理工作量的假设单位。设备越复杂，系数越大。通常是选择 C620 车床为标准，规定其系数为 10，其他设备参照而定。

③ 修理劳动量定额。它是分工种、工作项目，按照一个修理复杂系数制定的。

④ 修理停歇时间定额。它是指设备从停止使用交付修理开始到修理结束检收为止所经过的时间。它的大小取决于设备的复杂程度、修理工人数、工作班次和工作时间。

⑤ 修理费用定额。它是规定一个修理复杂系数的修理费用，然后按照系数的多少确定的。

具备上述定额标准后，方可编制修理计划。

（2）保养修理制度。

保养修理制度是由一定类别的保养和修理所组成的维修制度。主要内容和措施是日常保养、一级保养、二级保养和计划大修，是一种有计划地进行保养和大修理的制度和方法。

（3）预防维修制度。

预防维修制度是按照设备故障规律来进行预防和维修的一种制度。它包括：日常维修，指对设备的检查、清扫、调整、润滑、更换和整理等工作；事后修理，指对一般设备以及一般设备的重点部位进行预计的突发故障进行修理；预防维修，指对重点设备以及一般设备的重点部位进行预防维修；生产维修，指事后修理与预防维修相结合的维修方式；改善维修，指在设备修理的同时对设备进行改造、改装；预知维修（也称预报维修），指在设备监测技术基础上产生的针对性很强的维修方式，如对重大精尖设备某处进行监测、预报、维修；维修预防，指在设备设计制造时，就分析、思考如何提高设备的可靠性、维修性和经济性。

设备修理主要是保持设备性能、延长寿命，不能从根本上解决设备落后状态。因此，要提高设备生产技术水平，还必须进行设备的更新和改造。

7.2.4 设备的更新和改造

1. 设备的更新

设备的更新是指以比较经济、完善、先进的设备代替物质上不能使用或经济上不宜继续使用的设备。

(1) 设备更新的原因及方式。

设备更新的原因归纳起来有三个方面：一是有形磨损导致设备功能下降以致丧失；二是无形磨损导致设备功能性陈旧（加工产品的技术经济性指标落后）和经济性陈旧（加工成本高、消耗大）；三是由于企业产品服务方面、市场需求变化而造成原设备的不适用。

根据更新原因确定更新方式，一般可采用下列几种：用原型号设备更新；用国内变通使用的设备更新；用国产先进设备更新；用进口设备更新和其他方式。

与更新方式相关的还有修理和改造。

（2）设备的寿命。

选择满意的更新方式或方案，必须弄清设备的寿命。设备有自然寿命、技术寿命和经济寿命三种。

① 自然寿命。指由于有形磨损的原因所决定的寿命，即从设备投入使用开始，磨损老化、损坏直至报废为止经历的时间。通过维修可延长设备自然寿命。

② 技术寿命。指由于无形磨损的原因所决定的寿命，即从设备开始使用，直至因技术落后而淘汰所经历的时间。

③ 经济寿命。指由于设备的维持费决定的寿命。在设备的自然寿命后期，要依靠高额的维修费来恢复设备的功能，这在经济上往往是不合理的。虽然设备的自然寿命没有结束，但也不宜考虑继续使用。

由此可见，在设备更新、改造时，不仅要考虑自然寿命，更应考虑技术寿命和经济寿命，权衡得失，正确决策。

（3）设备更新的经济分析。

科学技术的发展，优良设备的不断出现，使原设备技术水平无法与新设备相比，以至于被淘汰。对旧设备的淘汰，一方面促进企业设备进步，而另一方面增加了企业设备投资及原设备功能浪费。因此，必须从寿命周期费用的角度进行分析，寻找理想的更新时机。

① 面值法。

面值法是通过对设备逐年使用情况（每年提取的折旧费、维持费）统计分析、计算，得出设备哪一年的平均费用最低则为设备的最佳更新周期。

第一步，收集资料并加以整理；

第二步，根据资料计算年平均费用；

第三步，确定设备更新年限。

【例题 7-7】 某企业购置一种小型加工设备，每台 6000 元，年维修费及折旧余额（或称残值）如表 7-4 所示。年平均费用计算结果如表 7-5 所示。

表 7-4　小型设备使用资料表　单位：元

使用年限	1	2	3	4	5	6	7
年维持费	1000	1200	1400	1800	2300	2800	3400
年折旧费	3000	1500	750	375	200	200	200

表 7-5　小型设备费用计算表　单位：元

使用年限	1	2	3	4	5	6	7
年维持费累计	1000	2200	3600	5400	7700	10500	13900
年折旧费累计	3000	4500	5250	5625	5800	5800	5800
总费用	4000	6700	8850	11025	13500	16300	19700
年平均费用	4000	3350	2950	2756	2700	2717	2818

从表 7-5 可以看出，设备使用 5 年的年平均费用最低，即第 5 年为设备的经济寿命，第 5 年末为最优更新周期。

有时在设备经济寿命尚未结束之前，又出现更为经济的同类设备，此时能否更新，同样可以用面值法确定。

根据上例，若该企业有小型加工设备 3 台，其中一台已用 1 年，其余两台已用 2 年。现有一种中型加工设备，投资费每台 8000 元，维持费及年末折旧余额资料如表 7-6 所示。

表 7-6　　中型设备使用资料表　　单位：元

使用年限	1	2	3	4	5	6	7
年维持费	1200	1500	1800	2400	3100	4000	5000
年折旧费	4000	2000	1000	500	300	300	300

根据表 7-6 中资料求得第 5 年的年平均费用最低为 3540 元（方法同上，略）。

现知中型加工设备生产效率是小型加工设备的 150%，按同样生产能力计算，中型设备年平均费用为 $\frac{3540}{150\%}=2360$ 元，低于小型设备，现又知 3 台小型设备与 2 台中型设备能力相等，因此以 3 台小型设备与 2 台型设备比较，只要计算出 3 台小型设备比 2 台中型设备的年平均费用高，就立即进行更新。

根据表 7-5、表 7-6 资料分别编制表 7-7 和表 7-8。

表 7-7　　三台小型设备的年平均费用表　　单位：元

再使用年限	两台已使用两年的小型设备年平均费用	一台已使用一年的小型设备年平均费用	小型设备年总费用
1	2950×2=5900	3350	9250
2	2756×2=5512	2950	8462
3	2700×2=5400	2750	8156
4	2717×2=5424	2700	8124
5	2814×2=5628	2717	8345

表 7-8　　两台中型设备年平均费用表　　单位：元

再使用年限	1	2	3	4	5	6
年平均费用	10400	8700	7600	7200	7080	7233

通过表 7-7 与表 7-8 比较，在继续使用到第 3 年时，2 台中型设备的年平均费用已开始低于 3 台小型设备的费用。因此，小型设备可再使用 3 年后提前更新。

② 低劣化数值法。

低劣化数值法的原理是根据设备使用时间与费用之间的关系，确定每年投资费与低劣化数值总和，以最小的费用作为更新周期。年平均费用可以用下列公式计算：

$$y=\frac{\lambda T}{2}+\frac{K_0}{T} \tag{7.10}$$

式中，K_0 表示设备的投资费；λ 表示每年的低劣化数；T 表示使用年限。

由于 λ 为每年的低劣化数值，则各年份的值为 $\lambda, 2\lambda, \cdots, T\lambda$，构成一个等差级数；其前 T 项之和为 $T\lambda/2$。

若使 y 值最小，则 $\mathrm{d}y/\mathrm{d}T=0$，得

$$T_0=\sqrt{\frac{2K_0}{\lambda}} \tag{7.11}$$

式中，T_0 为最佳更新周期。

【例题 7-8】 某设备投资费为 8000 元，设备维持费随使用期延长每年以 320 元速度增加，则设

备最佳更新周期为

$$T_0 = \sqrt{\frac{2K_0}{\lambda}} = 7\text{（年）}$$

除用公式（7.11）计算外，还可以列表逐年计算（见表 7-9），同时画出最佳更新周期曲线图，见图 7-11。

表 7-9　　设备更新周期计算表　　单位：元

使用年限	投资费用	年均低劣化值	合计
1	8000	160	8160
2	4000	320	4320
3	2666	480	3146
4	2000	640	2640
5	1600	800	2400
6	1333	960	2293
7	1147	1120	2267
8	1000	1280	2280
9	888	1440	2328

2. 设备的改造

设备的改造是指将科学技术的新成果应用于企业的现有设备，改变它的技术面貌，以提高设备的现代化水平。由于设备更新受到技术及经济因素的限制，因此应重视设备改造。设备改造包括设备的改装和技术改造。

（1）设备改装。设备改装是为满足增加产量或加工要求，对设备的容量、功率、体积和形状的加大或改变。改装能够充分利用现有条件，减少新设备的购进和技术改造。

上述的计算未考虑利息因素，若考虑利息因素，最佳更新周期为 9 年左右。

（2）设备技术改造。设备技术改造也称现代化改造，它是把科学技术的新成果应用于现有设备，改变其落后的技术面貌。技术改造可提高产品质量和生产效率，降低消耗，全面提高企业经济效益。

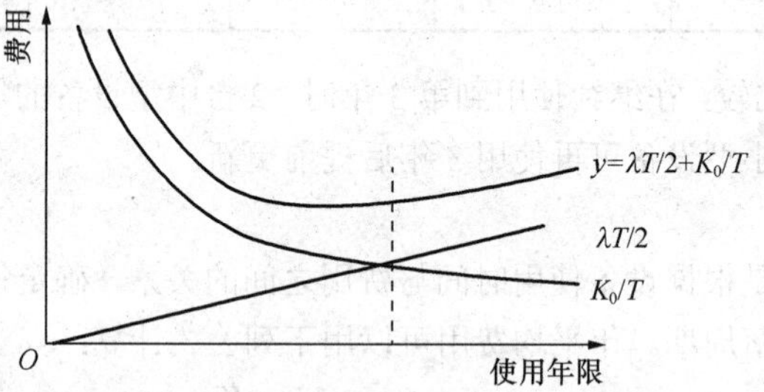

图 7-11　设备最佳更新周期曲线

7.2.5　设备管理水平的评价

企业设备在满足生产经营、获取利润的过程中，同时具有实物形态和使用价值形态。其中，实物形态是使用价值形态的物质载体，使用价值形态是实物形态的价值表现。实物形态是设备状态、性能、故障、磨损、外观等诸多方面的综合反映。在正常生产活动中，当设备的使用导致实物形态变差时，依附于实物形态的使用价值随之降低，所消耗的使用价值转移到了产品成本中；当投入资金对设备进行维修、改造时，改善了设备的实物形态，提高了设备的使用价值；当设备的实物形态无法满足使用要求而报废时，设备的使用价值也随之完全消失。因此，企业设备具有使用价值和价值两种基本属性，设备使用价值是设备价值的载体，没有使用价值的设备其价值也不存在。要保证设备资产保值和增值，不仅要按规定足额提取折旧，而且要在规定的折旧年限内装备使用价值不能提前丧失，并保证设备使用价值与设备资产净值相符。因此，设备管理水平的高低，直接影响着企业设备的保值与增值水平。

一般来说，从以下两个方面来评价企业设备保值与增值水平。

1. 企业设备实物新度系数的评价

设备的实物新度系数就是设备的实际新旧程度，也就是通常所说的“几成新”。影响设备实物新度因素为状态参数、性能指标、故障状态、磨损状况、实物外观新度、服役期。其中，前四个方面的因素可以运用科学仪器和其他有效手段进行检测，实物外观新度可以进行检查，服役期可以按实际情况进行测算。

2. 设备使用价值的评价

在企业设备的服役过程中，企业考虑的重点在于设备的使用价值及其转化过程。因此可以将设备使用价值综合增值量作为指标，来定量评价企业设备资产保值增值的情况。

一般来说，设备使用价值综合增值量的计算公式为

$$Q = U_2 \times K_2 - U_1 \times K_1 + Z \tag{7.12}$$

式中，U_1 为上次评价时的设备使用价值总额；U_2 为该次评价时的设备使用价值总额；Z 为两次评价间隔中设备资产提取的折旧总额；K_2, K_1 分别为相应时段的设备新度系数；Q 为该评价期间的设备使用价值综合增值量。

当设备使用价值综合增值量大于零时，设备资产实现增值；当设备使用价值增值量等于零时，设备资产实现保值；当设备使用价值增值量小于零时，设备资产流失。通过对评价企业设备资产保值和增值变化情况，可评价出企业设备管理水平的高低。

本章小结

本章系统地对物资储备、物资需求计划、设备维修管理等问题进行了阐述。首先通过分析物资管理的定义，提出了对物资储备计划的分析，并阐述了如何实施物资储备计划，然后对物资储备计划进行了定量的分析。基于对物资储备知识的阐述，又简要介绍了 MRP、MRP Ⅱ 和 ERP。接下来通过对设备管理概念的阐述，介绍了设备的选择和评价、设备的使用和维修、设备的更新和改造以及设备管理水平的评价等问题。

复习思考题

1. 什么是物料储备？怎样认识物料储备的作用？
2. EOQ 模型有哪些假设条件？它如何在生产实际中应用？
3. 分析 MRP、MRP Ⅱ 和 ERP 之间的区别与联系？
4. 全面质量管理有哪些主要特征？对提高企业竞争力有哪些贡献？
5. 分析不同的设备管理体制，比较各自的特点及使用条件。
6. 设备维修管理的趋势是什么？

案例分析

A公司是1985年由国家投资建立的一家大型钢铁联合企业，现有注册资本213亿元。公司主要生产热轧卷板、冷轧卷板以及大型型材、线材、中厚板等100多个品种，还生产焦炭、耐火材料、化工产品、粉末冶金制品等。

1. TPM在该公司的实施

1999年年初，该公司的最高管理层就认识到TPM的重要性和必要性，同时将TPM列入该年度工作目标。同年3月18日，公司设备部下发《全员设备管理的概念》文件，由总经理下达公司命令，在全公司全方位贯彻和推行“全员生产维修制”。3月底，公司设立TPM项目组作为指导和推进机构。项目组成员包括相关专家顾问、各主体厂厂长、各主体厂设备厂长、设备科长、设备工程师等，他们负责在公司下属烧结厂试行TPM。经过两个月的试运行，公司最终确定在全公司开展TPM活动，并制定了相关政策。

在推进TPM的过程中，A公司主要采取了以下几点措施。

（1）采用行政主导型非自愿小组来开展TPM活动。所谓行政主导型小组活动，并不是丢弃现有的行政架构而另起炉灶建立单独的组织，而是与行政兼容或开展一体化的小组活动。以企业各阶层类别为例，总裁或总经理为组长，各厂长、科长为成员组成的高层小组；各厂长、科长为组长，线长、班长为成员组成的中层小组；线长、班长等监督层为组长，班员等现场员工为成员组成的基层小组。这些小组承担相应的任务，开展有组织的、全员分担的活动，这就是行政主导型小组活动。其中，基层小组利用活动板来记载活动目标、计划和全过程以及活动成果等，主要负责设备的基础保养；高层和中层小组利用设备状态点检网络管理系统以及现场察看，与员工进行充分沟通，提高决策的准确性。行政主导型活动在建设初期的表现并非为自愿（甚至强制）的活动，但一旦形成习惯就会成为一种自愿自律的活动。该公司的自主管理就是通过上述小组活动实现的，如清扫、加油、紧固、点检等日常保全管理业务由操作人员自觉完成，这种自主管理工作是操作人员的本职工作，不是想做就做、不想做就可以不做的自愿活动。

（2）管理规范化与信息可视化相结合。公司制定了设备员的12项工作职责，全面编制各类设备点检表共780类、890种。同时为了指导操作工正确使用和维护设备，修改完善了“设备使用操作指导书”、“设备维护保养指导书”956种。重新制定设备的“定人定机”名单，责任人落实到机台。修编、印制并下发“设备使用维护规程”和“设备检修规程和质量标准”。公司还大量运用信息可视化管理，如在实施TPM的过程中将小组活动板、设备点检表、作业指导书、各种QC工具以及各种推移图等管理图表落实到工作现场，使规范化的制度切实起到指导现场工作的作用。

（3）确定绩效指标，将TPM改善绩效与实施人员绩效挂钩。TPM活动的成果是通过其绩效指标——总的设备效率反映的。各班次通过看板形式，使有关人员随时了解设备的运行绩效，包括各项分指标，为各活动小组制定及修改计划提供依据。同时，还把推行TPM的工作纳入“企业综合奖金考核办法”考核，将设备效率与人员绩效挂钩，较好地推动各阶段的工作。

（4）诊断技术与PDCA的结合。在TPM实施初期，活动小组运用PDCA循环来开展相关设备管理活动。首先进行设备现状的评估，了解设备的利用率以及设备的工艺参数，找出影响设备使用的原因。然后，根据所找原因，制定具体目标及行动计划，确定活动小组的工作职责等具体细节。各小组在实施计划时，通常采用QC Story的形式，通过选题、现状分析、目标设定、根本原因分析、对策实施、效果确认、标准化进一步改善机会8个步骤进行。接着，总结并回顾TPM活动，对各项活动小组的成绩给予奖励以及表彰，设立TPM新的目标，重新开始循环。但是由于一线操作人员对于设备的了解多偏于应用和保养，对于设备的内部具体结构域维修知识知之甚少，所以PDCA的改善活动仅仅限于设备的基本保养和维护，这就导致已经出现问题的设备只有在高中层小组进行现场诊断与状态了解，对设备状态要素实施有效的管理。

企业级数据库是一个虚拟的数据库，它依托企业内部网络，把各个分厂的数据服务器构建成一个虚拟的服务器，这样TPM各级小组就可以通过信号分析、浏览软件，及时了解整个企业所有受控设备的当前运行状态，便于根据设备状态进行进一步的设备管理与改善。

（5）员工自主管理与培训。TPM强调现场员工的自助管理。具体说是通过对设备基本条件（清扫、加油、紧固等）的整备和维持，对使用条件的遵守、零部件的更换、劣化的复原与改善，以培养熟悉设备并能够驾驭设备的操作能手为目标，按照教育、训练、实践的反复PDCA循环，分阶段循序渐进地展开活动。公司在推行自主管理活动时，强调与原来的QC小组等活动有机结合起来，不仅改革了企业原来的分工体制，而且较好地避免了“生产运转部门只管生产，设备保全部门只管维修”等引起的推卸责任等现象。由于设备的不断发展及生产率的提高，仅仅掌握现有技能是不够的，对此公司建立系统的培训课程帮助职工不断提高技术水平。

（6）与公司质量保证体系有机结合，加强设备管理的强制实施。根据质量保证体系要求，把设备管理纳入质量体系严密监控下运行，有效地推动TPM工作的开展。如公司在设备采购、修理质量方面，试行设备更新和大修理前的技术论证制度，加强了设备在制造和修理过程中的质量监督。在订购设备时，坚持先进行技术论证，与供货方签订技术协议。技术协议由几点管理处总工程师签署生效。采购部门按技术协议的要求，同生产厂家签订供货合同，并要求生产厂家严格按技术文件制造生产，技术文件作为合同附件与合同同时生效。同时选厂订货严格执行“三证一标”，即生产许可证、防爆合格证、产品质量检验合格证和煤矿安全标志。

（7）将供应商纳入改善系统。打破职能部门的分工界限，由负责设备前期管理的投资、设计和工程施工的职能部门与设备维护部门领导成立中层TPM小组，负责公司设备前期选型与采购管理。在已有设备维修保养基础上，操作人员及维修人员把工作中经常出现的一些问题反馈给设备供应商，设备供应商在制造设备时就会避免在以后的使用中可能出现的失误。

2. TPM实施效果

企业在实施TPM活动之后，明显改善了工厂环境，增强了企业的凝聚力，工人素质得到明显提高，设备效率及整个生产效率都有非常显著的提升。公司各项主要生产设备技术经济指标创造了历史最好纪录，其中重大、特大设备事故继续保持为零；主要生产设备事故及故障率为5.09%，比实施TPM之前下降了6.65%；主要生产设备利用率平均为86.53%，比上年提高了4.72%；保持了在钢铁产量平均增幅达到6.03%的情况下，修理费用指标的有效控制。

随着TPM全公司的推广，它的应用范围变得更为广泛。企业人事到TPM的“M”不仅代表维护和保养（maintenance），还代表管理（management）。TPM小组的目的不仅是获得最大的设备效率，更是要追求最大的生产效率。TPM不仅是在设备的整个生命周期中建立生产维护系统，更是在整个生产系统的生命周期中追求零故障、零废品、零停概率。

思考题：

有人说，TPM 实质上是促使企业不断发现问题、解决问题并贯穿于开发、生产到销售及管理的一种综合管理形式，你认为这个观点正确吗？

第8章 市场营销

学习目标

- 理解市场、市场营销、市场细分、目标市场、产品整体概念、品牌、市场营销组合等概念
- 了解市场营销的演变及市场营销的创新
- 了解消费者行为的特点和集团消费行为的规律
- 理解市场细分的标准与原则
- 掌握市场营销组合策略

开篇案例

2003年3月，中国移动全面推出“动感地带”（M-ZONE）业务，这是与“全球通”和“神州行”业务并列的GSM数字移动电话服务品牌，其目标用户群非常明确，即ARPU（每用户月话费值Average Revenue per User）值中低，但数据业务比重高的15～25岁的年轻一族。M-ZONE是中国移动的第一个“客户品牌”。这一品牌的推出对于中国移动的业务组合及市场竞争态势产生了重要的影响。

动感地带是应付移动通信市场的发展及竞争对手动向而产生的。一方面“客户品牌”是为了吸引新客户，扩大市场份额，“圈”住消费者；另一方面是应对竞争对手（如小灵通、联通）市场侵蚀，并开创中国移动的“试验基地”的需要。而究其根本原因，则是由于在移动通信行业中，巨大的用户基数是支撑运营商发展的关键因素。首先，为了实现技术设备的充分利用和成本的节约，运营商需要有足够的用户数来保持设备的运营水平，而这也是运营商之间进行资费竞争的基础。其次，根据网络效应原理，移动通信服务的价值及对网外用户的吸引力会因市场份额的扩大而呈指数级增长。最后，足够的用户基数可为将来通过数据增值服务或其他新的服务方式激发ARPU值增长打下基础。因此，出于扩大用户基数的目的，中国移动开始打造动感地带这一全新品牌。

“动感地带”定位在“新奇”，“时尚、好玩、探索”是其主要的品牌属性。“动感地带”不仅资费灵活，同时还提供了多种创新性的个性化服务，给用户带来前所未有的移动通信生活。

8.1 市场与市场营销

8.1.1 市场

市场是一种以商品交换为内容的经济联系形式，是社会经济的核心内容，也是企业经营或营销的核心内容。

从企业或卖主的角度来理解市场的含义，也就是市场营销学所研究的市场的定义，可做如下表述：市场是某种商品所有现实和潜在的买主的总和。在这个概念下，市场除了有购买能力和购买欲望的现实购买者外，还包括暂时没有购买能力，或是暂时没有购买欲望的潜在购买者。后者在一定

的条件下，如由于收入提高而具备了购买能力，或是受到宣传介绍的影响而产生购买欲望，就会转变成现实的购买者。

8.1.2 市场营销

1. 市场营销的定义

市场营销的含义是随着市场营销管理实践和活动的发展而发展的。对于什么是市场营销，曾经有过多种不同的表述。常见的有以下几种。

1960年，美国市场营销协会曾提出，市场营销是引导产品和劳务从生产者流向消费者或用户所进行的一切企业活动。这也是关于市场营销概念最早的一种解释。很显然，这一定义只是把市场营销看作一门研究在流通领域内商品交换和分配的科学，没有体现出如何满足消费者的消费需求和消费欲望的需求。而现代市场营销活动的范围，不仅局限于把商品送到消费者手中的过程，还应了解消费者购买后是否满意，有何新的消费要求等。

1985年，美国市场营销协会又将市场营销定义为："市场营销是关于构思、货物和服务的设计、定价、促销和分销的规划与实践过程，目的是创造能实现个人和组织目标的交换。"在交换双方中，如果一方比另一方更主动、更积极地寻求交换，则前者称为市场营销者，后者称为潜在顾客。市场营销者是指希望从别人那里取得资源并愿意以某种有价之物作为交换的人。市场营销者可以是卖主，也可以是买主。

尤金·麦卡锡认为：市场营销是引导物品及劳务从生产者至消费者或使用者的企业活动，以满足顾客并实现企业目标。

菲利浦·科特勒认为：市场营销是致力于通过交换过程满足消费者的需求与欲望的一种人类活动。

1990年，日本市场营销协会根据变化了的市场营销环境和不断发展的市场营销实践，对市场营销的含义进行了进一步阐述和发展，指出："市场营销是包括教育机构、医疗机构、行政管理机构等在内的各种组织，基于与顾客、委托人、业务伙伴、个人、当地居民、雇员及有关各方达成的相互理解，通过对社会、文化、自然环境等领域的细致观察，而对组织内外部的调研、产品、价格、促销、分销、顾客关系、环境适应等进行整合、集成和协调的各种活动。"这一阐述得到了国际营销学界的普遍认同，也是迄今为止国际学术机构关于市场营销含义的最新发展。

我们认为，市场营销就是在不断变化的市场环境中，旨在满足消费需要，实现企业目标的商务活动过程，包括市场调研、选择目标市场、产品开发、产品定价、渠道选择、产品促销、产品储存和运输、产品销售、提供服务等一系列与市场有关的企业经营活动。

2. 市场营销观念的演变

企业的市场营销管理观念可归纳为五种，即生产观念、产品观念、推销观念、市场营销观念和社会市场营销观念。

（1）生产观念。

生产观念是指导销售者行为的最古老的观念之一，产生于20世纪20年代前。企业经营哲学不是从消费者需求出发，而是从企业生产出发。其主要表现是"我生产什么，就卖什么"。生产观念认为，消费者喜欢那些可以随处买得到而且价格低廉的产品，企业应致力于提高生产效率和分销效率，扩大生产，降低成本以扩展市场。显然，生产观念是一种重生产、轻市场营销的商业哲学。生产观念是在卖方市场条件下产生的。在资本主义工业化初期以及第二次世界大战末期和战后一段时期内，由于物资短缺，市场产品供不应求，生产观念在企业经营管理中颇为流行。

（2）产品观念。

产品观念也是一种较早的企业经营观念。产品观念认为，消费者最喜欢高质量、多功能和具有某种特色的产品，企业应致力于生产高值产品，并不断加以改进。它产生于市场产品供不应求的“卖方市场”形势下。最容易滋生产品观念的场合，莫过于当企业发明一项新产品时。此时，企业最容易导致“市场营销近视”，即不适当地把注意力放在产品上，而不是放在市场需要上，在市场营销管理中缺乏远见，只看到自己的产品质量好，看不到市场需求在变化，致使企业经营陷入困境。

（3）推销观念。

推销观念（或称销售观念）产生于20世纪20年代末至50年代前，是许多企业所采用的另一种观念，表现为“我卖什么，顾客就买什么”。它认为，消费者通常表现出一种购买惰性或抗衡心理，如果顺其自然的话，消费者一般不会足量购买某一企业的产品。因此，企业必须积极推销和大力促销，以刺激消费者大量购买本企业产品。推销观念在现代市场经济条件下被大量用于推销那些非渴求物品，即购买者一般不会想到要去购买的产品或服务。许多企业在产品过剩时，也常常奉行推销观念。

推销观念产生于资本主义国家由“卖方市场”向“买方市场”过渡的阶段。许多企业家感到：即使有物美价廉的产品，也未必能卖得出去；企业要在日益激烈的市场竞争中求得生存和发展，就必须重视推销。这种观念虽然比前两种观念前进了一步，开始重视广告术及推销术，但其实质仍然是以生产为中心的。

（4）市场营销观念。

市场营销观念是作为对上述几种观念的挑战而出现的一种新型的企业经营哲学。这种观念是以满足顾客需求为出发点的，即“顾客需要什么，就生产什么”。尽管这种思想由来已久，但其核心原则直到50年代中期才基本定型。当时社会生产力迅速发展，市场趋势表现为供过于求的买方市场，同时广大居民个人收入迅速提高，有可能对产品进行选择，企业之间为应对产品的竞争加剧，许多企业开始认识到，必须转变经营观念，才能求得生存和发展。市场营销观念认为，实现企业各项目标的关键，在于正确确定目标市场的需要和欲望，并且比竞争者更有效地提供目标市场所期望的物品或服务，进而比竞争者更有效地满足目标市场的需要和欲望。

（5）社会市场营销观念。

社会市场营销观念是对市场营销观念的修改和补充。它产生于20世纪70年代西方资本主义出现能源短缺、通货膨胀、失业增加、环境污染严重、消费者保护运动盛行的新形势之下。因为市场营销观念回避了消费者的需要，消费者的利益和长期社会福利之间隐含着冲突的现实。社会市场营销观念认为，企业的任务是确定各个目标市场的需要、欲望和利益，并以保护或提高消费者和社会福利的方式，比竞争者更有效、更有力地向目标市场提供能够满足其需要、欲望和利益的物品或服务。社会市场营销观念要求市场营销者在制定市场营销政策时，要统筹兼顾三方面的利益，即企业利润、消费者需要的满足和社会利益。

3. 市场营销创新

现代企业正处于一个瞬息万变的环境中。在这机遇与挑战并存的变革时代，经验式营销模式的效力正在逐步弱化，传统的营销观念和营销手段已显得不再适应。要想使企业长盛不衰，保持旺盛的活力，就必须在营销创新上狠下工夫。

（1）关系营销。

关系营销是20世纪90年代以来备受西方企业界关注的一种营销思想和方法，它把营销活动看成是一个企业与消费者、供应商、分销商、竞争者、政府机构及其他公众发生互动作用的过程，其核心是建立、发展、巩固企业与这些个人和组织的良好关系。这一思想的关键在于，企业不仅要争取顾客和创造交易，而且更重要的是要和顾客及其他利益相关者建立长期的、彼此信任的、互利的合作伙伴关系，以减少交易的时间和降低交易的成本，促进企业持续发展。

（2）绿色营销。

绿色营销是在绿色运动广泛兴起、绿色消费需求日益膨胀的形势下产生的。它是企业以保护环境和合理利用资源作为其经营理念，以绿色文化作为价值观，以消费者的绿色消费为中心和出发点，通过制定和实施相应的营销策略，来满足绿色消费需求并实现企业目标的营销过程。绿色营销强调企业、环境与社会的和谐均衡共生。它要求企业在业务开发、传输、交换、使用及技术服务全过程中，都必须考虑对环境的影响，并制定适宜的绿色策略，实现顾客利益、企业效益和社会生态效益的统一。

（3）网络营销。

网络营销是建立在互联网络的基础上，借助联机网络、计算机通信和数字交互式媒体所进行的营销活动。网络营销是对传统营销在观念、策略、手段上的挑战与革新，它突破了时空限制，增强了互动性，增加了顾客的选择余地，增加了产品和服务的信息价值，降低了营销费用。随着科技的发展以及电脑的普及，网络营销将成为未来企业一种重要的营销方式。

（4）服务营销。

优质服务是企业争取差别化优势的源泉和市场竞争的有利武器。服务营销已为越来越多的企业所重视。服务营销是利用服务有效地促进企业业务产品的交换，并借以提高顾客满意度和忠诚度的营销活动。它要求企业要搞好售前、售中、售后服务，建立健全服务管理系统，持续进行服务创新，最大限度地满足顾客需要，以便获得长期竞争优势。

（5）整合营销。

整合营销就是为了建立、维护和传播品牌，以及加强客户关系，而对品牌进行计划、实施和监督的一系列营销工作。整合就是把各个独立的营销活动综合成一个整体，以产生协同效应。这些独立的营销工作包括广告、直接营销、销售促进、人员推销、包装、事件、赞助和客户服务等。

（6）知识营销。

知识营销是通过有效的知识传播方法和途径，将企业所拥有的对用户有价值的知识（包括产品知识、专业研究成果、经营理念、管理思想以及优秀的企业文化等）传递给潜在用户，并逐渐形成对企业品牌和产品的认知，将潜在用户最终转化为用户的过程和各种营销行为。对于那些技术含量高，结构复杂的产品，通过向大众传播新的科学技术以及它们对人们生活的影响，让消费者不仅知其然，而且知其所以然，重新建立新的产品概念，进而使消费者萌发对新产品的需要，达到拓宽市场的目的。

（7）大数据营销。

大数据营销是基于多平台的大量数据，在大数据技术的基础上，应用于互联网广告行业的营销方式。随着数字生活空间的普及，全球的信息总量正呈现爆炸式增长。基于这个趋势之上的，大数据、云计算等新概念和新范式的广泛兴起，无疑正引领着新一轮的互联网风潮。依托多平台的大数据采集，以及大数据技术的分析与预测能力，能够使广告更加精准有效，给企业带来更高的投资回报率。大数据营销的核心在于让广告在合适的时间，通过合适的载体，以合适的方式，投给合适的人。

此外，形象营销、文化营销、数据库营销、直复营销、合作营销等也是前景看好的新型营销方式，应引起企业的充分重视。

（8）从 4P、4C 到 4R。

美国密歇根大学教授杰罗姆·麦卡锡（E.Jerome Mccarthy）在 20 世纪 50 年代末提出了 4P 营销理论，即产品（Product）、价格（Price）、渠道（Place）和促销（Promotion）。4P 营销理论以竞争为导向，在此体系下竞争者都以产品、价格、渠道、促销来作为行动的导向，制定市场竞争策略。

美国学者劳特朋（Lauteborn）教授在 20 世纪 80 年代又提出 4C 营销理论，它是由消费者（Consumer）、成本（Cost）、便利（Convenience）和沟通（Communication）组合而成。4C 营销理论是以消费者需求为导向，在此理论下竞争者已将注意力从对手身上转移到了消费者身上，从而间接地避免了面对面竞争，同时也有效地促进了市场向深度和广度的发展。

美国学者唐·E·舒尔茨（Don E Schultz）在 21 世纪初提出了包括市场反应（Reaction）、顾客关联（Relativity）、关系营销（Relationship）和利益回报（Retribution）的 4R 营销理论。4R 营销理论是以市场为导向，在新的层次上概括了营销的新框架。4R 根据市场不断成熟和竞争日趋激烈的形势，着眼于企业与顾客互动与双赢，不仅积极地适应顾客的需求，而且主动地创造需求、避免竞争，运用优化和系统的思想去整合营销，通过关联、关系、反应等形式与客户形成独特的关系，把企业与客户联系在一起，在避免竞争的同时形成竞争优势。可以说 4R 是 21 世纪营销理论的创新与发展，必将对营销实践产生积极而重要的影响。

4P 是站在企业的角度来看营销，它的出现一方面使市场营销理论有了体系感，另一方面使复杂的现象和理论简单化，从而促进了市场营销理论的普及和应用。4C 理论以消费者为导向，4C 中的方便（Convenience）、成本（Cost）、沟通（Communication）、消费者（Consumer）直接影响了企业在终端的出货，决定企业的未来，是站在消费者的角度来看营销。4R 则更进一步，也是站在消费者的角度看营销，同时注意与竞争对手争夺客户。从导向来看，4P 理论提出是由上而下的运行原则，重视产品导向而非消费者导向，它宣传的是“消费者请注意”；4C 理论以“请注意消费者”为座右铭，强调以消费者为导向；4R 也是以消费者为导向，“便利”与“节省”，“沟通”与“关联”，虽然紧密相关，但 4R 较之 4C 更明确地立足于消费者，它宣传的是“请注意消费者和竞争对手”。

8.2 购买行为分析

8.2.1 消费者市场购买行为

消费者市场又称消费品市场或生活资料市场，是指个人或家庭为满足生活需求而购买或租用商品的市场，它是市场体系的基础，是起决定作用的市场。消费者市场是现代市场营销理论研究的主要对象。成功的市场营销者是那些能够有效地发展对消费者有价值的产品，并运用富有吸引力和说服力的方法将产品有效地呈现给消费者的企业和个人。因而，研究影响消费者购买行为的主要因素及其购买决策过程，对于开展有效的市场营销活动至关重要。

1. 消费者需求的主要特征

（1）多样性。消费者需求的多样性，不仅体现在每一顾客的需求是多种多样的，还体现在同一需求对不同的顾客也各不相同，因为年龄、性别、职业、收入水平、生活习惯、文化程度、个性特点等不同，对不同的产品甚至同一种产品的消费需求相差很大。例如，同是打长途电话，有的使用长途直拨，有的使用 IP 卡，有的使用 200 或 300 电话卡，有的使用 800 业务。针对电信顾客多样性的消费需求，电信企业必须不断扩大电信产品的种类，积极开发电信新产品，以满足顾客日益增长、变化的通信要求。

（2）层次性。人们的需求是有层次的，先满足低层次的需求，再满足高层次的需求。至于层次如何划分，可以有不同的方式。例如，生存需求、发展需求和享受需求是一种划分方式；马斯洛的需求五层次论也是一种划分方式。马斯洛认为人的需求有五个层次，即生理需求、安全需求、社会需求、受尊重需求、自我实现需求。这五个方面的需求是依次递进的，当低层次的需求满足后，会产生高层次的需求。根据需求的层次性特征，消费需求也呈现层次性的特点，一种需求得到满足，更高一层的需求随之产生。例如，没有安装电话的顾客的消费需求是拥有一部电话，而安装电话后，他的需求就有可能转向手机、拨号上网、宽带上网等。消费需求的层次性要求电信企业一方面必须增加电信产品的种类，另一方面应仔细研究电信顾客的需求层次，采取灵活有效的营销策略，满足顾客不同层次的消费需求。

（3）发展性。消费需求具有发展变化的特征。随着社会经济的发展，人们的收入和生活水平在不断提高，消费需求也必然随之产生变化。这种变化主要表现在对产品由追求数量上的满足到追求质量上的满足，由比较单一的需求到多种需求，由低层次需求向高层次需求发展等。正是人们对电信需求的发展推动了电信事业的发展。例如，人们对移动通信的需求，从模拟手机到数字手机，从语音通话到发送短信息、彩信以及手机上网等。

（4）时代性。消费需求的发展变化体现出时代特征，顾客的通信需求受时代精神、风尚及环境的影响，不同时代有不同的需求。时代性反映到日常生活中就是消费时尚和消费流行。例如手机式样的变化，紧扣时代的脉搏，许多年轻人在选择手机时首先考虑的是它的样式是否时尚，作为一种饰物。又如随着数据通信的发展，人们对网络的依赖越来越强，很难想象一位现代企业的首席执行官的名片上没有其公司的网址。

（5）伸缩性。消费需求具有一定的伸缩性，因为需求的实现受到支付能力及产品的供求、服务、促销、价格及环境等因素的制约。消费者收入高，产品价格便宜，供应充分，服务及时周到，需求量可能就大一些；反之，需求量有可能小一些。不同电信产品的消费需求伸缩性的大小也不一样。一般来说，人们使用手机打电话、发短信息伸缩性较小，而购买手机款式的伸缩性大。

（6）可诱导性。消费者的购买往往是非专家型购买，具有一定的盲目性和感情冲动性。因此，消费需求是可以诱导的。广告宣传、现场展示、柜台咨询及促销服务等都可以影响顾客的购买意向。特别是技术含量很高的电信产品，消费者自主选择的能力较弱，电信企业的营销人员应在维护消费者利益的前提下，通过行之有效的推销，启发、诱导和刺激电信顾客的消费需求，促使其由潜在需求变为现实需求，采取购买行为。

（7）连带性。由于某些产品的使用之间具有一定的联系性，顾客的消费需求也具有连带性的特点。这种连带性至少表现在三个方面：其一是一种需求的实现，会引发另一种需求的产生，如使用智能手机的用户，总会觉得电池待机时间太短，往往要购买充电宝；其二是一方需求的实现，会引发另一方需求的产生，如甲方给乙方打电话，乙方就可能在适当的时候给甲方回电话等；其三是顾客对同一种电信产品的需求，具有连环效应。以住宅电话为例，装机越少，电话联系的就越少，电话的使用价值就越小；相反，装机越多，通话联系的对象越多，电话使用价值就越大，而且对未装电话的家庭影响就越大。在这种连环效应的影响下，装机需求会呈现出一种加速度状态，或叫“雪崩效应”。

（8）替代性。由于某些产品之间具有可替代性，从而使顾客的消费需求也具有替代性的特点。这种替代作用至少表现在三个方面：其一是一种产品需求量的增加，另一种产品需求量的减少，如近年来随着电话普及率的提高，电报业务量急剧下降，又如 IP 电话对直拨长途电话的替代等；其二是表现在顾客的通话需求可以用不同的通信方式实现，如打电话可以用发 E-mail 代替，打电话还可以用发短信息代替等；其三是不同企业间产品的互相替代，如“小灵通”对手机的替代等。

2. 影响消费者购买的主要因素

研究消费者市场，核心是研究消费者的购买行为，即研究消费主体通过支出（包括货币或信用）

而获得所需产品时的选择过程。这个过程的形成与发展要受到许多因素的影响，主要的有社会文化因素、经济因素和心理因素。

（1）社会文化因素。消费过程本身也是一种文化现象，所以文化对消费者行为具有强烈和广泛的影响。例如欢度春节是中华民族的一种传统文化现象，每逢春节来临，人们往往利用电话、手机短信息等形式相互拜年，在各地掀起一股消费电信产品的热潮。分析社会文化因素对消费市场的影响，主要从文化、社会阶层、家庭和相关群体等方面入手。

（2）经济因素。经济因素是影响消费者购买行为的直接因素，它主要包括消费者收入、产品的价格及效用等。消费者总是追求以尽可能少的支出（包括货币或信用）获取最大的商品效用。

（3）心理因素。消费者的购买行为受心理因素的影响与支配。行为科学研究告诉我们，人的行为规律是：需要产生动机，动机驱使人的行为。消费者购买行为受动机、知觉、学习、信念和态度等心理因素的影响。

（4）个人因素。消费者购买行为也受个人特征的影响，特别是年龄、性别、职业、经济状况、生活方式、个性与自我形象等的影响。

3. 消费者购买决策过程

每一消费者在购买某一商品时，均会有一个决策过程，只是因所购产品类型、购买者类型的不同而使购买决策过程有所区别，但典型的购买决策过程一般包括以下几个环节。

（1）认识需求。

认识需求是消费者购买决策过程的起点。当消费者在现实生活中感觉到或意识到其实际情况和他的企求之间有一定的差距，并产生了要解决这一问题的要求时，购买的决策便开始了。

（2）收集信息。

消费者产生了购买动机之后，便会开始进行与购买动机相关联的活动。如果他想买的物品就在附近，他便会实施购买活动，从而满足需求。当想买的物品不易买到，或者说需求不能马上得到满足时，他便会把这种需求存入记忆中，并注意收集与需求密切相关的信息，以便进行决策。

消费者信息的来源主要有四个方面：个人来源；商业来源；公共来源；经验来源。

（3）选择判断。

当消费者从不同的渠道获得有关信息后，便对可供选择的品牌进行分析和比较，并对各种品牌的产品作出评价，最后决定购买。

消费者对收集到的信息中各种产品的评价主要从以下几个方面进行：分析产品属性；建立属性等级；确定品牌信念；形成“理想产品”；作出最后评价。

（4）购买决策。

只让消费者对某一品牌产生好感和购买意向是不够的，真正将购买意向转为购买行动，其间还会受到两个方面的影响。

他人的态度。消费者的购买意图，会因他人的态度而增强或减弱。他人态度对消费意图影响力的强度，取决于他人态度的强弱及其与消费者的关系。一般来说，他人的态度越强、与消费者的关系越密切，其影响就越大。

意外的情况。消费者购买意向的形成，总是与预期收入、预期价格和期望从产品中得到的好处等因素密切相关的。但是当他欲采取购买行动时，发生了一些意外的情况，诸如因失业而减少收入、因产品涨价而无力购买，或者有其他更需要购买的东西等，这一切都将会使他改变或放弃原有的购买意图。

（5）购买后行为。

产品在被购买之后，就进入了买后阶段，此时市场营销人员的工作并没有结束。消费者购买商品后，通过自己的使用和他人的评价，会对自己购买的商品产生某种程度的满意或不满意。购买者对其购买活动的满意感（S）是其产品期望（E）和该产品可觉察性能（P）的函数，即 $S=f(E, P)$。若 $E=P$，则消费者会满意；若 $E>P$，则消费者不满意；若 $E<P$，则消费者会非常满意。

8.2.2 集团客户市场购买行为

集团客户是指个人消费者之外的组织，主要包括机关事业单位、企业等。他们购买产品的目的是履行职责、提高工作效率或者是提高生产效率、促进销售及提供服务。集团客户的购买行为与个人消费者有很多相同之处，因此许多个人消费者购买行为的分析方法和结论对于集团客户都是一样的。但二者购买行为又有明显的不同之处，所以有必要对集团客户购买行为进行分析研究。

1. 集团客户的需求特点与购买行为特点

（1）集团客户对产品的需求量大，购买规模大而且使用频繁。个人消费者购买电信产品一般是安装一部电话，购买一部手机；而集团客户动辄是安装十几部、几十部电话，购买十几部、几十部手机。而且集团客户购买电信产品后一般使用频率比个人消费者要高得多。

（2）集团客户对产品的需求缺乏弹性。由于集团客户购买电信产品主要是用于满足其工作及生产经营活动的需要，而只要其日常工作和生产经营活动正常进行，通信联络是必不可少的。因此在一定时期内，集团客户往往和电信企业建立起稳定的需求与供给关系，而且集团客户对电信产品的需求受价格变动的影响比起个人消费者来要小得多。

（3）集团客户购买行为多属于理智性购买。集团客户购买产品往往要预先制订计划，了解有关信息，做好充分准备。特别是需求电信产品多的单位，往往配备了对电信技术和产品较为了解的专业人员负责购买，不会像个人消费者的购买行为表现出那么多的冲动性。

（4）参加购买决策的人数较多，决策慎重。通常集团客户购买行为很少由单独一个人做出决策，特别是大宗产品的购买行为，往往不仅是集团内部决策，还要征求上级主管部门的意见，甚至请有关专家和工程技术人员论证。购买人员只是执行购买决策。由于电信产品技术含量高，产品复杂，因此许多集团客户会在购买前进行一系列的咨询、调查、比较，甚至请有关专家和技术人员设计几种方案供其选择，最后做出购买决策。

（5）集团客户根据自身需要购买不同的产品。集团客户间的需求差别很大。例如，党政机关对会议电话需求较多；金融单位对数据业务需求较多。电信企业应善于分析集团客户的需求特征，有针对性地推销电信产品和组织营销活动。

（6）集团客户对产品往往具有引申需求，对新业务特别是技术型新业务需求较大。随着经济的发展和技术进步的加快以及信息化进程的推进，集团客户对电信产品特别是新产品的需求旺盛。例如，政府开展电子政务、企业开展电子商务、医院开展远程医疗、学校开展远程教育等都对数据通信有很大的需求。随着信息化进程的加快，集团客户对电信产品的需求会进一步加大。

2. 影响集团客户购买行为的主要因素

同消费者购买行为一样，集团客户的购买行为也同样会受到各种因素的影响，主要包括：环境因素、组织因素、人际因素和个人因素。

（1）环境因素。环境因素是指集团客户的外部环境因素。集团客户常受社会政治、经济、法律、竞争等各种环境因素的影响和制约，如国家的产业政策、行业管制、经济形势以及竞争对手的经营战略等。企业营销者要密切注视这些环境因素的变化，力争将挑战变成机遇。

（2）组织因素。组织因素是指集团客户本身的因素，如该集团的任务目标、政策、工作程序和组织结构等对其购买的影响。企业营销者要分析组织因素对其购买行为的影响，了解并掌握其购买决策权是集中决定还是分散决定；在决定购买的过程中，哪些参与最后的决策等。只有对这些情况做到心中有数，才能使自己的营销有的放矢。

（3）人际因素。人际因素是指集团客户内部有关部门和人员的权力、地位和影响等。这些因素对企业产品的购买决策产生重要影响。市场营销人员必须了解用户购买决策的主要人员、他们的决策方式和评价标准、决策中心成员间相互影响的程度等。

（4）个人因素。集团客户的购买行为虽为理性活动，但参加采购决策的仍然是一个一个具体的人，而每个参与决策的人都有自己的动机、感觉和偏好。他们在做出决定和采取行动时，都不可避免地受其年龄、收入、所受教育、职位和个人特性以及对风险态度的影响。

3. 集团客户的购买决策过程

集团客户的购买行为和个人消费者的购买行为一样，也有决策过程。集团购买者购买过程的阶段多少，取决于集团购买者购买情况的复杂程度。一般情况下，集团客户的购买决策过程主要有以下环节。

（1）提出需要。提出需要是集团客户购买决策过程的起点。需要的提出，既可由内部的刺激引起，也可由外部的刺激引起。内部的刺激，如企业决定生产新产品或经营新业务而需要某种产品；或因发现过去使用的产品不能满足需要，而更换产品供应者。外部刺激诸如企业的产品广告，营销人员的上门推销等，使集团客户的有关人员发现了性能更好、价格更低、服务更完善的产品，促使他们提出购买需求。

（2）确定需要。确定需要指确定所需产品的品种、数量和规格。简单的购买，由使用人员直接决定；而复杂的购买，则需由集团内部的使用者和工程技术人员共同决定。

（3）市场调查。一旦需求趋于明朗，集团客户会通过市场调查来收集、整理、分析市场信息，了解所需产品的供应、价格、质量、服务，物色服务周到、产品质量高、功能强、声誉好的供应商。

（4）制订方案。在市场调查和信息分析的基础上，制订购买的具体方案。

（5）综合评估。综合评估是指对已形成的购买方案从可行性、投入产出比、是否满足需求等多方面进行综合评估。

（6）购买决策。在综合评估的基础上，做出购买决定。

（7）绩效评价。在产品购进后，集团客户还要对其购买决策、产品供应商的履约情况、售后服务及所购产品的使用情况进行评价，并根据评价结果，验证购买决策的正确性和决定今后是否继续购买该供应商的产品。为此，企业的营销人员在产品销售出去以后，要加强追踪调查和售后服务，以赢得购买者的信任，保持长久的供求关系。

8.3 市场细分与目标市场选择

由于顾客需求的多样性、变动性以及企业资源的有限性，任何一家企业都不可能包打天下，满足所有顾客的所有需要和欲望。因此，企业在进行市场营销时，必须进行市场分析，选择目标市场，做出市场定位，并结合目标市场的特点和结构制定有针对性的市场营销策略。

8.3.1 市场细分

1. 市场细分的概念

市场细分是由美国市场营销学家温德尔·斯密于 20 世纪 50 年代中期首先提出来的。所谓市场细分是指营销者根据顾客之间需求的差异性，把一个整体市场划分为若干个消费者群（子市场）的市场分类过程。在这里，每一个消费者群就是一个细分市场，每一个细分市场都是由具有类似需求倾向的消费者构成的群体。因此，不同细分市场的消费者对同一产品的需要与欲望存在着明显的差异；而同一细分市场的消费者，他们的需要和欲望极为相似。

2. 市场细分标准

概括起来，细分市场的变量主要有四类，即地理变量、人口变量、心理变量、行为变量。以这些变量为标准来细分市场就产生出地理细分、人口细分、心理细分和行为细分四种市场细分的基本形式。

（1）按地理变量细分市场。按照消费者所处的地理位置、自然环境来细分市场，比如根据国家、地区、城市规模、气候、人口密度、地形地貌等方面的差异将整体市场分为不同的小市场。地理变量之所以作为市场细分的标准，是因为处在不同地理环境下的消费者对于相同产品往往有不同的需求与偏好，他们对企业采取的营销策略与措施会有不同的反应。

（2）按人口变量细分市场。按人口统计变量，如年龄、性别、家庭规模、家庭生命周期、收入、职业、教育程度、宗教、种族、国籍等为基础细分市场。消费者需求、偏好与人口统计变量有着很密切的关系，比如一般情况下只有收入水平较高、受教育程度较高的消费者才可能使用家庭宽带上网，只有外语水平较高的消费者才可能浏览国外网站，直接获取外文信息。人口统计变量比较容易衡量，有关数据相对容易获取，由此构成了企业经常以它作为市场细分标准的重要原因。

（3）按心理变量细分市场。根据购买者所处的社会阶层、生活方式、个性特点等心理因素细分市场就叫心理细分。 社会阶层是指在某一社会中具有相对同质性和持久性的群体。处于同一阶层的成员具有类似的价值观、兴趣爱好和行为方式，不同阶层的成员则在上述方面存在较大的差异。生活方式是指一个人在生活中所表现出来的活动、兴趣和看法的整个模式。通俗地讲，生活方式是指一个人怎样生活。人们追求的生活方式各不相同，有的追求新潮、时髦，有的追求恬静、简朴，有的追求刺激、冒险，有的追求稳定、安逸。追求现代、激进生活方式的人与维护传统、保守生活方式的人，在产品及服务的需求特点、方式等方面，对新产品、新品牌、新式样的兴趣，以及对时间、金钱的看法有着很大的差异。个性是指一个人比较稳定的心理倾向与心理特征，它会导致一个人对其所处环境作出相对一致和持续不断的反应。通常性格开朗活泼、结交广泛的人比性格内向、不善于交友的人在电信消费方面要多。

（4）按行为变量细分市场。根据购买者对产品的了解程度、态度、使用情况及反应等将他们划分成不同的群体，叫行为细分。许多人认为，行为变数能更直接地反映消费者的需求差异，因而成为市场细分的最佳起点。按行为变量细分市场主要包括：购买时机、追求利益、使用数量、品牌忠诚度等。

3. 市场细分的原则

（1）可衡量性。市场细分的可衡量性原则是指细分的市场是可以识别和测量的，亦即细分出来的市场不仅范围明确，而且对其容量大小也能大致做出判断。

（2）可进入性。市场细分的可进入性原则是指细分出来的市场应是企业营销活动能够抵达的，也即企业通过努力能够使产品进入并对顾客施加影响的市场。一方面，有关产品的信息能够通过一定媒体顺利传递给该市场的大多数消费者；另一方面，企业在一定时期内有可能将产品通过一定的分销渠道运送到该市场。

（3）可盈利性。市场细分的可盈利性原则是指细分出来的市场，其容量或规模要大到足以使企业获利。进行市场细分时，企业必须考虑细分市场上顾客的数量，以及他们的购买能力和购买产品的频率。如果细分市场的规模过小，市场容量太小，细分工作烦琐，成本耗费大，获利小，就不值得去细分。

（4）对营销策略反应的差异性。对营销策略反应的差异性是指各细分市场的消费者对同一市场营销组合方案会有差异性反应，或者说对营销组合方案的变动，不同细分市场会有不同的反应。如果不同细分市场顾客对产品需求差异不大，行为上的同质性远大于其异质性，此时企业就不必费力对市场进行细分。另外，对于细分出来的市场，企业应当分别制定出独立的营销方案。如果无法制订出这样的方案，或其中某几个细分市场对是否采用不同的营销方案不会有大的差异性反应，便不必进行市场细分。

8.3.2 目标市场选择

目标市场就是企业决定要进入的市场。企业的一切营销活动都是围绕目标市场进行的。在现代市场经济条件下，任何产品的市场都有许多顾客群，他们各有不同的需要，而且分散在不同的地区。因此一般来说，企业不可能很好地满足所有的顾客群的不同需要。为了提高经营效益，企业必须在对整体市场进行细分之后，对各细分市场进行评估，然后根据细分市场的市场潜力、竞争状况、本企业的任务目标和资源条件等多种因素决定把哪一个或哪几个细分市场作为目标市场。

不同的企业，选择目标市场的范围是不一样的。有的企业目标市场比较狭窄，集中于少量细分市场；而有的企业则面对为数众多的顾客，甚至所有的顾客。企业选择的目标市场类型不同，所采取的目标市场营销策略必然有所不同。目标市场营销策略有三种，即无差异市场营销策略、差异性市场营销策略和集中性市场营销策略。

（1）无差异市场营销策略。无差异市场营销策略是指企业将产品的整个市场视为一个目标市场，用单一的营销策略开拓市场，即用一种产品和一套营销方案吸引尽可能多的购买者。无差异市场营销策略只考虑消费者或用户在需求上的共同点，而不关心他们在需求上的差异性。

（2）差异性市场营销策略。差异性市场营销策略是将整体市场划分为若干细分市场，针对每一细分市场制定一套独立的营销方案。企业的产品种类如果同时在几个子市场都占有优势，就会提高顾客对企业的信任感，进而提高重复购买率。而且，通过多样化的渠道和多样化产品的销售通常会使总销售额增加。

（3）集中性市场营销策略。集中性市场营销策略是集中力量进入一个或少数几个细分市场，实行专业化生产和销售。实行这一策略，企业不是追求在一个大市场角逐，而是力求在一个或几个子市场占有较大份额。

8.3.3 市场定位

1. 市场定位的含义

市场定位是20世纪70年代由美国学者阿尔·赖斯提出的一个重要营销学概念。所谓市场定位就是企业根据目标市场上同类产品竞争状况，针对顾客对该类产品某些特征或属性的重视程度，为本企业产品塑造强有力的、与众不同的鲜明个性，并将其形象生动地传递给顾客，求得顾客认同。市场定位的实质是使本企业与其他企业严格区分开来，使顾客明显感觉和认识到这种差别，从而在顾客心目中占有特殊的位置。

2. 市场定位的类型

（1）避强定位。这是一种避开强有力的竞争对手进行市场定位的模式。企业不与竞争对手直接对抗，将自己置于某个市场“空隙”，发展目前市场上没有的特色产品、可拓展的市场领域。

（2）迎头定位。这是一种与在市场上居支配地位的竞争对手“对着干”的定位方式，即企业选择与竞争对手重合的市场位置，争取同样的目标顾客，彼此在产品、价格、分销、供给等方面少有差别。

（3）重新定位。重新定位通常是指对那些销路少、市场反应差的产品进行二次定位。初次定位后，随着时间的推移，新的竞争者进入市场，选择与本企业相近的市场位置，致使本企业原来的市场占有率下降；或者由于顾客需求偏好发生转移，原来喜欢本企业产品的人转而喜欢其他企业的产品，因而市场对本企业产品的需求减少。在这些情况下，企业就需要对其产品进行重新定位。

（4）心理定位。心理定位是指企业从顾客需求心理出发，精心创造自己产品的特色，以自身最突出的优点来定位，从而达到使顾客心目中对产品留下特殊的印象和树立市场形象的目的。心理定位应贯穿于产品定位的始终，无论是新产品进入市场的初次定位还是重新定位，无论是迎头定位还是避强定位，都要考虑顾客的需求心理，赋予产品更新的特点和突出的优点。心理定位一般有两种策略可供选择，即廉价策略和偏好策略。

8.4 市场营销组合策略

市场营销组合指的是企业在选定的目标市场上，综合考虑环境、能力、竞争状况对企业自身可以控制的因素，加以最佳组合和运用，以完成企业的目的与任务。4P 理论的提出者密歇根大学麦卡锡认为，企业从事市场营销活动，一方面要考虑企业的各种外部环境，另一方面要制定市场营销组合策略，通过策略的实施，适应环境，满足目标市场的需要，实现企业的目标。

8.4.1 产品策略

1. 产品整体概念

（1）产品的概念。

市场营销学认为，所谓产品，是指企业提供给市场，用于满足人们某种欲望和需要的任何事物，包括实物、服务、场所、组织、思想、主意等。产品不仅包括传统的有形实物产品的范围，还包括无形的服务。

（2）产品整体概念。

① 核心产品。核心产品是指消费者购买某种产品时追求的利益，即产品的功能和效用。核心产品是产品整体概念最基本、最主要的部分。消费者购买某项产品并不是为了获得产品本身，而是为了获得能满足某种需要的效用或利益。因此，企业必须首先向消费者提供适销对路的核心产品，努力满足消费者对各种使用价值的需求。

② 形式产品。形式产品是核心产品借以实现的形式，即向市场提供的产品实体和服务的形象。如果产品是实体物品，则其形式产品通常表现为产品质量水平、外观特色、式样、品牌和包装等。产品的基本效用必须通过某些具体的形式才能实现。市场营销者应首先着眼于顾客购买产品时所追求的利益，以求更完美地满足顾客需要，从这一点出发再去寻求利益得以实现的形式，进行产品设计。

③ 附加产品。附加产品又称延伸产品，是指伴随着形式产品提供给购买者的各种附加利益的总和，包括提供信贷、免费送货、保证、安装、售后服务等。附加产品的概念来源于对市场需要的深入认识。因为购买者的目的是满足某种需要，因而他们希望得到与满足该项需要有关的一切。附加

产品不仅是产品整体中满足消费者需要的重要组成部分，而且也是影响购买者选择的主要因素。特别是随着企业间竞争的日益加剧，附加产品已成为争取购买者信任购买的焦点。在核心产品、形式产品相同或相近的情况下，谁能为购买者提供满意的附加产品，谁就能赢得购买者的信任购买。

2. 品牌策略

（1）品牌的内涵。

品牌是一个产品牌子的简称，是指用来识别一个或一群出售者的产品或劳务的名称、术语、标记、符号、图案或其组合，使企业的产品或劳务与其他竞争者相区别。品牌是一个集合概念，包括品牌名称、品牌标志、商标等。所有品牌名称、品牌标志、商标都可以成为品牌或品牌的一部分。

品牌名称是指品牌中可以用语言称呼的部分，如“中国电信”、“中国移动”、“动感地带”、“天翼”等。

品牌标志是品牌中可以被辨认，但无法用语言表达的部分，包括符号、图案、颜色或其他特殊的设计等，如中国电信的“牛头”图案和中国联通的网络图案等。

商标是指经有关部门确认，受法律保护并为企业专用的品牌或品牌的一部分。

品牌与商标既有联系又有区别。两者都是区别产品的标志，而且商标是品牌的一部分或全部。所有的商标都是品牌，但品牌不一定都是商标。品牌是商业名称，不具有排他性，不受法律保护；商标是法律名称，为企业专用，具有排他性，受法律保护。

（2）品牌策略。

品牌策略是产品策略的组成部分。在市场营销活动中，每一个企业在其品牌策略上，都要面临多种决策，如品牌与无品牌、生产者品牌与销售者品牌、统一品牌与个别品牌等。

① 品牌与无品牌策略。

品牌化是有关品牌策略的第一个决策，就是要决定该产品是否需要品牌。世界各国的大多数产品都有品牌。在激烈的市场竞争中，品牌化也可以促使产品质量不断提高，激发企业创业精神，提高营销活动的效率。对消费者来说，也可以通过品牌获得商品信息，了解商品质量的好坏，提高购物的效率。但是要使一个品牌成功地打入市场，往往要花费很多费用，这势必会增加产品成本，万一经营失利，不仅影响企业盈利和产品销路，还可能影响企业的信誉；而且过度使用品牌容易增加消费者负担，强化人们的等级观念。因此，并非所有的产品都需要使用品牌。

② 生产者品牌与销售者品牌策略。

企业决定自己的产品需要品牌后，还要进一步对品牌归属问题做出决策。对此，企业面临着三种选择：一是使用自己的品牌来销售产品；二是把产品大批量地卖给中间商，中间商再使用自己的品牌将商品出售出去；三是企业可以一部分产品使用自己的品牌，一部分产品使用中间商的品牌。企业究竟使用哪一种品牌策略，必须权衡利弊，然后才能作出决策。

③ 统一品牌与个别品牌策略。

对于决定为自己的产品指定品牌的企业来说，还要选择是统一使用一个品牌名称还是使用几个品牌名称。企业可以从以下四种品牌策略中进行选择。

一是统一品牌，即企业将所生产的全部产品都统一使用一个品牌名称。如海尔企业的产品都统一使用“海尔”这一品牌名称。如果生产者可能并且对该产品线的所有产品都维持相当的品质，统一品牌将使推广新产品的成本降低，不必为创造品牌的接受性与偏爱性而支付昂贵的广告费用。同时，统一品牌还可以显示企业的实力，提高企业威望，在消费者心目中树立良好的企业形象。采取统一品牌的产品应具有相同的质量水平，如果各类产品的质量水平不同，使用统一品牌就会影响品牌信誉，特别是有损于较高质量产品的信誉。

二是个别品牌，即不同的产品采用不同的品牌。这种品牌策略的好处是：不致将企业声誉过于紧密地与个别产品相联系，如果某一产品经营失败，不致对企业整体造成不良后果；也有利于企业的产品线延伸，如果企业一向生产某种高档产品，后来推出较低档产品，各自使用不同的品牌名称，不会影响该企业名牌产品的声誉。个别品牌策略的最大缺点是：增加了产品的促销费用，使企业在竞争中处于不利地位；同时，品牌过多，也不利于企业创立名牌。

三是分类统一品牌，即不同类产品采用不同品牌。如果企业生产截然不同的产品，就不宜采用统一品牌，而应采用分类统一品牌。另外，即使在同一类产品中，也可以按产品质量把某一类产品分为几个等级，然后为每个等级的产品制定一个品牌，以区分不同质量水平的产品。

四是企业名称与个别品牌并用，即企业对其各种不同的产品分别使用不同的品牌名称，而且各种产品的品牌名称前面还冠以企业名称，用企业名称表示由谁生产、用品牌表示各种产品的特点。这种策略的优点是：可以使新产品享受企业的声誉，节省广告促销费用；又可以使各品牌保持自己的特点和相对独立性。

④ 品牌延伸策略。

品牌延伸策略是指企业利用其成功品牌名称的声誉来推出新产品或改良产品。采用这种策略，企业可以节省宣传介绍新产品的费用，利用已取得成功的品牌，使新产品迅速、顺利地进入市场。但是，如果新产品失败，会影响该品牌的声誉。

⑤ 多品牌策略。

多品牌策略是指同一企业在同一产品上设立两个或两个以上相互竞争的品牌。这虽然会使原有品牌的销路略减，但几个品牌的总销量却比原来一个品牌时多。

⑥ 品牌再定位策略。

一种品牌无论在市场上最初定位时如何合适，但随着时间的推移，市场情况不断变化，以致以后不得不对它进行重新定位。如竞争者可能推出它的品牌，定位很靠近本企业的品牌，就会削减本企业的市场份额；顾客的偏好发生转移，使企业品牌的需求减少等。在这些情况下，企业都需要对其产品品牌进行再定位。

（3）产品生命周期理论。

① 产品生命周期的含义。

任何产品在市场上都不可能经久不衰，它在市场上的销售情况及获利能力会随着时间的推移而变化。这种变化的规律正像人和其他生物的生命一样，从诞生、成长、成熟，最终将走向衰亡。市场营销学把产品从进入市场到最后被市场淘汰的全过程，称为产品生命周期或产品市场生命周期。产品生命周期指的是产品的市场寿命，是产品在市场上存在的时间，其长度受顾客需求变化、产品更新换代的速度等因素的影响，而不是产品使用寿命。产品使用寿命是指产品从投入使用到损坏报废所经历的时间，受产品的自然属性和使用频率等因素的影响。

产品只有经过研究开发、试销，然后进入市场，它的市场生命周期才算开始；产品退出市场标志着生命周期的结束。产品的市场生命周期一般可分为四个阶段：引入期（介绍期）、成长期、成熟期、衰退期。在整个生命周期里，销售额和利润额的变化表现为类似 S 形的曲线（见图 8-1）。

② 产品生命周期各阶段的特点及营销策略。

产品生命周期不同阶段表现出来的不同特点，要求企业采取不同的营销策略。

a. 引入期的特点与策略。

新产品进入引入期之前，需要经历开发、研制、试销等过程。当新产品首次推入市场供人购买时，引入期就开始了。引入期的主要特点是：消费者对产品不甚了解，大部分顾客不愿意放弃或改变自己以往的消费行为，产品销售量少；广告费用和其他营销费用开支较大；产品技术、性能还不完善，制造成本较高；销售利润常常很低甚至为负值。在这一阶段，促销活动的主要目的是建立完善的分销渠道，介绍产品，吸引消费者试用。

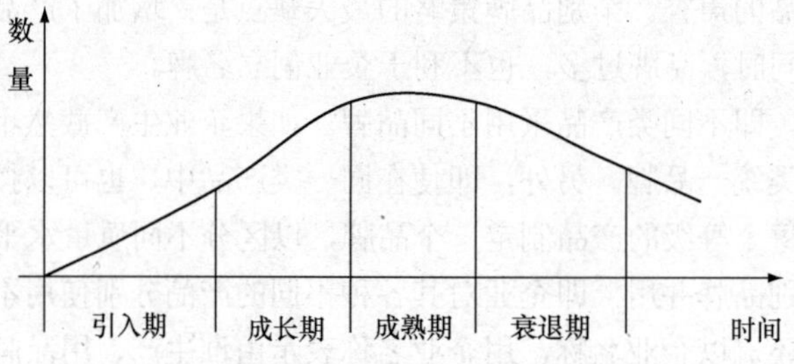

图 8-1 产品生命周期曲线

处于引入期的企业营销策略应重点突出“快”字，把销售力量直接投向最有可能的购买者，使产品尽快地为市场所接受，缩短产品的市场投放时间。引入期产品的市场营销策略，一般有以下四种。

一是快速掠取策略，即以高价格和高促销费用推出新产品，迅速占领市场。二是缓慢掠取策略，即以高价格低促销费用将新产品投入市场。三是快速渗透策略，即以低价格高促销费用推出新产品。四是缓慢渗透策略，即以低价格和低促销费用推出新产品。

b．成长期的特点与策略。

新产品经过引入期，消费者对该产品已经熟悉，消费习惯业已形成，销售量迅速增长，这时产品进入成长期。成长期的主要特点是：销售量迅速增加；由于大规模的生产和丰厚的利润机会，吸引大批竞争者加入，市场竞争加剧，仿制企业增加；产品已定型，技术工艺和关键设备均比较成熟；建立了比较理想的营销渠道；市场价格趋于下降；企业的促销费用水平基本稳定或略有提高，但占销售额的比率下降，由此企业利润将逐步抵达最高峰。

在产品的成长阶段，企业营销策略的重点是突出“长”字，尽可能地延长产品的成长阶段。具体来说，可以采取以下营销策略。

一是不断提高产品质量，努力发展产品的新款式、新型号，增加产品的新用途。二是加强促销环节，树立强有力的产品形象。促销的重点应从扩大产品知名度向树立产品形象，建立品牌偏好，争取新的顾客方面转移。三是重新评价渠道选择决策，巩固原有渠道，增加新的销售渠道，并注重销售服务。四是在价格决策上，应选择适当的时机调整价格，以争取更多顾客。

c．成熟期的特点与策略。

产品经过成长期的一段时间后，销售量的增长会缓慢下来，利润开始缓慢下降，这表明产品已开始走向成熟期。菲利普·科特勒根据成熟期产品销售量的变化情况，把成熟期分为三个阶段：第一阶段称为增长成熟期，此阶段销售额仍然增长，但增长速度开始下降，虽然有少数后续购买者继续进入市场，但绝大多数购买属于原有顾客的重复购买；第二阶段称为稳定成熟期，此时市场饱和，销售增长率停滞；第三阶段称为衰退成熟期，此时销售增长率呈负增长，销售水平开始下降，原有用户的兴趣已开始转向其他产品和替代品。

对于成熟期的产品，企业只能采取主动出击的策略，使成熟期延长，或使产品生命周期出现再循环。因此，企业的营销策略重点应突出一个“改”字，采取积极对策，做有效的改革。一是市场改良，二是产品改良，三是市场营销组合改良。

d．衰退期的特点与策略。

在成熟期，产品的销售量从缓慢增加直到缓慢下降，如果销售量的下降速度加剧，利润水平很低，在一般情况下就可以认为产品已进入市场生命周期的衰退期。衰退期的主要特点是：产品销售量急剧下降；消费者的消费习惯已改变；产品出现积压，价格下跌，利润很低甚至亏损；竞争者相继退出市场。面对处于衰退期的产品，企业需要进行认真分析研究，决定采取什么策略，在什么时间推出市场。通常采取以下策略。

一是维持策略，即继续保持原有的细分市场，沿用过去的营销组合策略，把销售维持在一个低水平上，直到这种产品完全推出市场为止。二是收缩策略，即把企业的资源集中使用在最有利的细分市场和销售渠道上。三是榨取策略，即大幅度降低促销费用，以增加眼前利润。四是放弃策略，即停止经营处于衰退期的产品，努力发掘新的市场机会，将资源转向新的经营项目。

8.4.2 价格策略

1. 产品价格

价格是表现价值的手段，是商品价值的货币表现形式。这是价格的本质，也是价格的概念。一般来说，价格分为商品价格和服务价格。商品价格是指各类有形产品和无形资产的价格；服务价格是指各类有偿服务的收费。货物贸易中的商品价格称为“价格”；服务贸易中的商品价格均称为“费”，如运输费、保险费、电信资费等。

2. 定价策略

（1）新产品定价策略。

新产品定价的难点在于无法确定顾客对于新产品的理解价值。定价高了，难以被顾客接受，影响新产品顺利进入市场；定价低了，又会影响企业效益。常见的新产品定价策略，有三种截然不同的形式：即撇脂定价、渗透定价和适中定价。

① 撇脂定价。新产品上市之初，将新产品价格定得较高，在短期内获取厚利，尽快收回投资。这一定价策略就像从牛奶中撇取其中所含的奶油一样，取其精华，所以称为“撇脂定价”策略。一般而言，对于全新产品、受专利保护的产品、需求价格弹性小的产品、流行产品、未来市场形势难以测定的产品等，可以采用撇脂定价策略。

② 渗透定价。这是与撇脂定价相反的一种定价策略，即在新产品上市之初将价格定得较低，吸引大量的购买者，扩大市场占有率。

采用渗透价格的企业无疑只能获取微利，这是渗透定价的薄弱处。但是，由低价产生的两个好处是：低价可以使产品尽快为市场所接受，并借助大批量销售来降低成本，获得长期稳定的市场地位；微利阻止了竞争者的进入，增强了自身的市场竞争力。

③ 适中定价。适中定价策略既不是利用价格来获取高额利润，也不是让价格制约占领市场。适中定价策略尽量降低价格在营销手段中的地位，重视其他在产品市场上更有力或有成本效率的手段。当不存在适合于撇脂定价或渗透定价的环境时，公司一般采取适中定价。例如，产品被市场看作极其普通的产品，没有哪一个细分市场愿意为此支付高价时，不能采用撇脂定价法；产品刚刚进入市场，顾客在购买之前无法确定产品的质量，会认为低价代表低质量（价格—质量效应）时，不能采用渗透定价法；破坏已有的价格结构，竞争者会作出强烈反应时亦然。一言以蔽之，在顾客对价值极其敏感时，不能采取撇脂定价；竞争者对市场份额极其敏感时，不能采用渗透定价的时候，一般采用适中定价策略。

（2）心理定价策略。

各种产品都能满足顾客某一方面的需求，其价值与顾客的心理感受有着很大的关系。这就为心理定价策略的运用提供了基础，使得企业在定价时可以利用顾客心理因素，有意识地将产品价格定得高些或低些，以满足顾客生理的和心理的、物质的和精神的多方面需求，通过顾客对企业产品的偏爱或忠诚，扩大市场销售，获得最大效益。常用的心理定价策略有整数定价、尾数定价、声望定价和招徕定价。

① 整数定价。对于那些无法明确显示其内在质量的商品，顾客往往通过其价格的高低来判断其质量的好坏。但是在整数定价方法下，价格高并不是绝对的高，而只是凭借整数价格来给顾客造成高价的印象。整数定价常常以偶数，特别是“0”作尾数。

② 尾数定价。它又称“奇数定价”、“非整数定价”，指企业利用顾客求廉的心理，制定非整数价格，而且常常以奇数作尾数，尽可能在价格上不进位，如2.97元，而不定为3元；19.90元，而不定为20元，可以在直观上给顾客一种便宜的感觉，从而激起顾客的购买欲望，促进产品销售量的增加。

③ 声望定价。这是根据产品在顾客心中的声望、信任度和社会地位来确定价格的一种定价策略。声望定价可以满足某些顾客的特殊欲望，如地位、身份、财富、名望和自我形象等，还可以通过高价格显示名贵优质。因此，这一策略适用于一些传统的名优产品以及知名度高、具有较大市场影响、深受市场欢迎的驰名商标的产品。

④ 招徕定价。招徕定价是指将某几种商品的价格定得非常之高，或者非常之低，在引起顾客的好奇心理和观望行为之后，带动其他商品的销售。招徕定价运用得较多的是将少数产品价格定得较低，吸引顾客在购买“便宜货”的同时，购买其他价格比较正常的商品。将某种产品的价格定得较低，甚至亏本销售，而将其相关产品的价格定得较高，也属于招徕定价的一种运用。

（3）折扣定价。折扣定价是指对基本价格作出一定的让步，直接或间接降低价格，以争取顾客，扩大销量。其中，直接折扣的形式有数量折扣、现金折扣、功能折扣、季节折扣，间接折扣的形式有回扣和津贴。

① 数量折扣。它指按顾客消费产品数量的多少，分别给予不同的折扣，消费数量越多，折扣越大。数量折扣包括累计数量折扣和一次性数量折扣两种形式。累计数量折扣规定顾客在一定时间内，消费产品若达到一定数量或金额，则按其总量给予一定折扣，其目的是鼓励顾客经常使用本企业的产品，使之成为可信赖的长期客户。一次性数量折扣规定一次消费某种产品达到一定数量或购买多种产品达到一定金额，则给予折扣优惠，其目的是鼓励顾客大量消费，促进产品多销、快销。

② 现金折扣。现金折扣是对在规定的时间内提前付款或用现金付款者所给予的一种价格折扣，其目的是鼓励顾客尽早付款，加速资金周转，降低销售费用，减少财务风险。采用现金折扣一般要考虑三个因素：折扣比例；给予折扣的时间限制；付清全部货款的期限。

③ 功能折扣。中间商在产品分销过程中所处的环节不同，其所承担的功能、责任和风险也不同。企业据此给予不同的折扣称为功能折扣。功能折扣的比例，主要应根据中间商在分销渠道中的地位、对产品销售的重要性、购买批量、完成的促销功能、承担的风险、服务水平、履行的商业责任以及产品在分销中所经历的层次和在市场上的最终售价等众多因素来综合确定。功能折扣的结果是形成购销差价。

④ 季节折扣。根据产品消费的淡旺季节，对在淡季消费产品的顾客给予一定的优惠，使企业的生产经营活动得以保持相对均衡。

⑤ 回扣和津贴。回扣是间接折扣的一种形式，它是指购买者在按价格目录将货款全部付给销售者以后，销售者再按一定比例将货款的一部分返还给购买者。津贴是企业为特殊目的，对特殊顾客以特定形式所给予的价格补贴或其他补贴。比如，当中间商为企业产品提供了包括刊登地方性广告、设置样品陈列橱窗等在内的各种促销活动时，企业给予中间商一定数额的资助或补贴。又如，对于进入成熟期的顾客，开展以旧换新业务，将旧货折算成一定的价格，在新产品的价格中扣除，顾客只支付余额，以刺激消费需求，促进产品的更新换代，扩大新一代产品的销售。这也是一种津贴的形式。

8.4.3 分销渠道策略

1. 分销渠道的含义

分销渠道也称销售渠道，是指产品（服务）从制造商手中传至消费者手中所经过的路线、途径、环节等的统称。在商品经济中，产品价值的实现是通过交换过程进行的。这一交换过程至少有一个购销环节。产品在其中一般要发生两种形式的运动。一种是作为买卖结果的价值形式的运动，是产品所有权的一次或多次转让，使产品相应地从一个所有者转移到另一个所有者，直至消费者手中，这是商流。另一种是伴随商流可能发生的产品实体的空间移动，这是物流。商流和物流通常都围绕产品价值的最终实现，形成从生产者到消费者的一定路线，而且可长可短、可宽可窄。这些路线从企业营销角度来看，就是分销渠道。美国著名市场营销学家菲利普·科特勒认为，分销渠道是指“某种产品或服务从生产者转移到消费者过程中，取得这种产品或服务的所有权或协助所有权转移的所有组织与个人”。分销渠道主要包括商业中间商和代理中间商，以及处于分销渠道起点和终点的生产者和消费者。因为分销渠道的实体是购销环节，组成购销环节的是一系列组织与个人。

2. 中间商的类型

中间商包括商品从生产领域转移到消费领域的过程中，参与商品交易活动的专业化经营的个人和组织。中间商的出现，对促进商品生产和流通的发展起着重要作用。中间商在分销渠道中的作用体现在：促进生产者扩大生产和销售；协调生产与需求之间的矛盾；方便消费者购买商品。中间商按其在流通过程中的基本功能分为经销商、代理商和经纪商（见图8-2）。

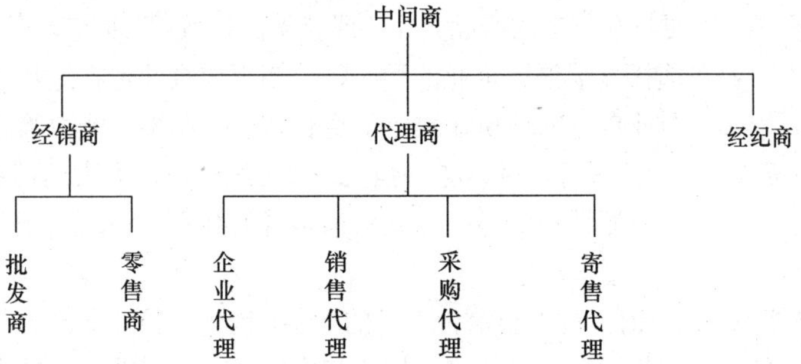

图8-2 中间商类型

（1）经销商。经销商是指在从事商品交易的业务活动中拥有商品所有权的中间商。中间商一旦购进商品，就得到了商品的所有权。他们独立经营，自负盈亏，自担风险。批发商和零售商都属于经销商。前者是指为转售、进一步加工或变化商业用途而进行交易活动的中间商；后者是指将商品直接销售给最终消费者的中间商。

（2）代理商。代理商是指受委托人委托，替委托人采购或销售商品，收取佣金的一种中间商。代理商与企业之间的关系是委托人与被委托人的关系，代理商不拥有商品的所有权。

（3）经纪商。经纪商既无商品所有权，也无现货，只为买卖双方提供价格、产品及一般市场信息，为买卖双方洽谈业务起牵线搭桥的作用，促成交易后，收取一定的佣金。

3. 选择分销渠道应考虑的因素

分销渠道的选择问题即如何发掘输送产品到达目标市场“最好”途径的问题。所谓“最好”可以解释为将产品输送到达目标市场的分销渠道的结构与功能可使企业在同一成本之下，获取最大的或一定的收入，使渠道成本最低。企业在具体选择分销渠道时，必须从顾客、产品、中间商、竞争者、企业自身等主要因素考虑。

（1）顾客因素。分销渠道选择将受到顾客人数、地理分布、使用频率、购买数量以及购买习惯等的影响。顾客多时，企业趋向于选择每一级分销渠道中有许多中间商的长渠道。购买者人数的重要性受人口地理分布的影响，人数与地理分布影响消费者的习惯，消费习惯又对分销渠道形式发生影响。另外，消费者对不同营销方法的接受程度也会影响分销渠道的选择。对于产品消费量大、技术服务要求高的大用户，应采取直接销售的短渠道。

（2）产品因素。产品本身的特点对分销渠道的决策起着决定性作用，主要的产品因素有以下几点。

① 产品价格。一般来说，单位产品价格越高，越应减少渠道级数，最短的分销渠道最有利，可采用企业销售人员直接销售，或只经过很少的中间环节，以免因级数增多导致最终售价提高而影响销路；反之，单位价格较低的产品利润也低，则需要大批量销售，只有广泛采用中间商才能扩大销路，占据有利的市场地位。

② 产品的技术性和服务要求。有的产品具有很高的技术性，安装复杂并需要复杂的调试和经常性的技术服务与维修，对这些产品，最好是企业直接销售，或只经过专业性很强的中间商经销。

③ 新产品。当新产品问世之初，顾客往往缺乏了解，需要大力推销和较多的销售费用，中间商一般不愿意承担销售工作。所以，新产品的销售一般都由企业自己完成。

（3）中间商因素。选择分销渠道，也应考虑不同类型中间商在处理各种工作时的优点及缺点。如中间商的信用状况、规模大小、资金实力、接洽顾客的能力、员工素质、网点分布等都会影响渠道的选择。

（4）竞争因素。选择企业分销渠道，受竞争者所用渠道的影响。因不同企业都希望在相同或接近竞争者的渠道处经销，以便与竞争者的产品竞争，或获得品种效用，或获取同样受人注目的利益。

（5）企业因素。企业在选择分销渠道企业的同时，分销渠道企业也在选择企业，即渠道选择是一个双向选择过程。因此，企业自身的性质在决定渠道长短、控制渠道能力等方面有重要影响。

① 企业信誉与资金。企业信誉好，财务能力强大，就可组建自己庞大的销售队伍，将大部分产品的销售集中在自己手中，以控制销售业务，加强与消费者的联系；反之，则只能依赖中间商销售产品。

② 企业的销售能力。企业销售机构和销售人员的配备，销售人员业务熟悉程度和经验也制约着分销渠道的选择。销售能力弱的企业，只能过多地依赖中间商；销售能力强的企业，则可少用或不用中间商。

③ 企业控制渠道的愿望。有些企业为了有效地控制分销渠道，宁愿花费较高的直接销售费用，建立较短而窄的渠道；有些企业并不希望控制渠道，则可根据销售成本等因素采取较长而宽的渠道。

（6）环境因素。企业选择分销渠道时，应考虑企业的营销环境。经济形势好，发展快时，分销渠道的选择余地较大；经济萧条、衰退时，市场需求下降，企业就必须尽量减少不必要的流通环节，使用较短的渠道。

4. 企业选择分销渠道的原则

企业在选择分销渠道时，既要考虑上述各项影响因素，又要遵循以下原则。

（1）畅通高效的原则。

畅通高效是渠道选择的首要原则。任何正确的渠道决策都应符合畅通、经济、高效的要求。产品的流通时间、流通速度、流通费用是衡量分销效率的重要标志。

畅通的分销渠道应以消费者需求为导向，将产品尽快、尽好、尽早地通过最短的路线，以尽可能优惠的价格送达消费者。畅通高效的分销渠道模式，不仅要让消费者在适当的地点、时间，以合理的价格，方便地取得产品；还要努力提高企业的分销效率，争取降低分销费用，以尽可能低的分销成本，获得最大的经济效益，赢得竞争的时间和价格优势。

（2）覆盖适度的原则。

企业在选择分销渠道时，仅仅考虑加快速度、降低费用是不够的，还应考虑分销渠道对市场的覆盖程度，是否有较高的市场占有率足以覆盖目标市场。因此，不能一味强调降低分销成本，而减少营业网点，这样可能导致销售量下降、市场覆盖率不足的后果。成本的降低应是规模效应和速度效应的结果。在分销渠道模式的选择中，也应避免扩张过度、分布范围过宽过广，以免造成沟通和服务困难，导致无法控制和管理目标市场。

（3）稳定可控的原则。

企业的分销渠道模式一经确定，便需花费相当大的人力、物力、财力去建立和巩固，整个过程往往是复杂而缓慢的。所以，企业一般不会轻易更换渠道成员，更不会随意转换渠道模式。只有保持分销渠道的相对稳定，才能进一步提高渠道的效益。畅通有序、覆盖适度是分销渠道稳固的基础。

由于影响分销渠道的各个因素总在不断变化，一些原来固有的分销渠道难免会出现某些不合理的问题。这时，就需要分销渠道具有一定的调整功能，以适应市场的新情况、新变化，保持渠道的适应力和生命力。调整时应综合考虑各个因素的协调，使渠道始终都在可控制的范围内保持基本稳定状态。

（4）协调平衡的原则。

企业在选择、管理分销渠道时，不能只追求自身的效益最大化而忽略其他渠道成员的局部利益，应合理分配各个成员间的利益。

企业与分销渠道成员之间是合作、冲突、竞争的关系，这要求企业对此有一定的控制能力，统一、协调、有效地引导渠道成员充分合作，鼓励渠道成员之间有益的竞争，减小冲突发生的可能性，解决矛盾，确保总体目标的实现。

（5）发挥优势的原则。

企业在选择分销渠道模式时为了争取在竞争中处于优势地位，要注意发挥自己各个方面的优势，将分销渠道模式的设计与企业的产品策略、价格策略、促销策略结合起来，增强营销组合的整体优势。

（6）时效原则。

在市场竞争日趋激烈的条件下，市场机会稍纵即逝，时间便是财富。企业为顾客提供的产品，是一种传递信息的服务，顾客首先考虑的便是信息的时间。只有快速传递信息，才能占领市场，掌握市场竞争的主动权。企业在选择分销渠道时，要主动出击，积极争取时间，创造更多的市场机会。

（7）服务性原则。

电信产品本身不具有实物性，是一种传递信息的服务。因此，电信企业对于分销渠道的选择，应坚持为顾客服务、使顾客满意的原则。分销渠道的选择是否合理，关键在于其能否为顾客提供最准确、最便捷的服务。

8.4.4 促销策略

1. 促销的含义与作用

（1）促销的含义。

促销是指企业将其产品及相关有说服力的信息告知目标顾客，说服目标顾客采取购买行为而进行的市场营销活动。

促销是一种沟通活动。企业的促销活动实质上是企业作为信息的沟通者，发出作为刺激物的产品及相关信息，并借助于某种渠道，把信息传播到目标顾客，以便与之共同分享，从而试图影响目标顾客购买态度与购买行为的过程。促销是一种说服性的沟通活动。所谓说服性沟通是指沟通者有意识地传播有说服力的信息，使特定的沟通对象唤起沟通者预期的意念，从而有效地影响沟通对象的行为与态度。促销在把产品及相关信息传播给目标顾客的同时，试图在特定目标顾客中唤起营销者预期的意念，使之形成对产品的正面反应，促销活动的目的在于影响目标顾客的行为与态度。

（2）促销的作用。

① 提供信息情报。在产品正式进入市场之前，企业必须把有关的产品信息情报传递到目标市场的消费者、用户和中间商那里。对顾客来说，信息情报的作用是引起他们的注意；对中间商来说，则是为他们采购适销对路的商品提供依据，调动他们的经营积极性。显而易见，这是销售成功的前提条件。信息情报的传递应贯穿于产品生命周期的各个阶段，因为在产品生命周期的每一阶段，企业的战略重点及产品特色都会随着市场需求的变化及企业营销战略的调整而有不同的特点，这些特点应及时地传递到目标市场。

② 引起购买欲望，扩大产品需求。企业不论采取什么促销方式，都应力求激发起潜在顾客的购买欲望，引发他们的购买行为。有效的促销活动不仅可以诱导和激发需求，在一定条件下还可以创造需求，从而使市场需求朝着有利于企业产品销售的方向发展。企业产品处于低需求时，可以扩大需求；需求处于潜伏状态时，可以开拓需求；需求波动时，可以平衡需求；而在需求衰退时，促销活动又可以吸引更多的新用户，保持一定的销售势头。

③ 突出产品特点，建立产品形象。在竞争激烈的市场环境下，随着通信技术的飞速进步与普及，各电信企业提供的同类产品之间的差异越来越小，顾客往往难以辨别或察觉不同电信企业产品的细微差别。这时，电信企业就可以通过促销活动，着力宣传本企业产品与竞争企业产品比较的不同特点及它给消费者或用户带来的特殊利益，在市场上建立起本企业产品的良好形象。

④ 维持和扩大企业的市场份额。由于种种原因，企业产品在某段时间内的销售额可能出现上下波动，这将不利于稳定企业的市场地位。这时，企业可以有针对性地开展各种促销活动，使更多的顾客了解、熟悉和信任本企业的产品，从而稳定乃至扩大本企业的市场份额，巩固市场地位。

2. 促销组合

促销组合是指为了有效地沟通信息，达到预定的销售量水平，对人员推销、销售促进、广告、公关宣传等促销方式的选择、组合和运用。促销组合由四种主要的促销工具组成，即广告、人员推销、销售促进与公关宣传。

（1）广告。广义的广告指一切利用媒体向公众传递信息的活动，包括经济广告、文化广告、社会广告。狭义的广告专指由明确的广告主（发布者），以公开付费的方式，传播商品和劳务信息给目标顾客的促销行为。

广告的功能包括如下几点。

① 显露功能。所有的广告都有显露功能。所谓显露，是指广告主通过广告，将企业名称以及产品特征、效用、品牌、价格等信息传达给消费者。广告在消费者心目中留下的某种商品上市或即将上市的印象，就是广告的显露功能。

② 认知功能。广告是消费者初步认识商品的工具。消费者通过广告可以了解产品的功能、质量、特点、用途和价格，了解购买地点、方式以及使用方法和服务项目等信息。

③ 激发功能。广告是激发消费者购买的诱因。广告作为一种说服性沟通活动，能激发消费者的潜在购买意识，改变偏见和消极态度，影响消费者的购买行为。

④ 引导功能。广告的引导功能有三层含义。广告能使新产品、新式样、新的消费意识迅速流行，

形成消费时尚；广告可以使消费者在众多的商品中进行比较，有消费考虑、选择的余地；广告可以引导消费走入文明、健康的道路。

⑤ 艺术与教育功能。出色的广告本身就是一种美好的艺术作品，它不仅可以美化生活环境，而且还能给消费者以美的享受；健康的广告有利于培养文明、道德的消费观念和消费行为，扩展科学知识、丰富精神生活。

广告决策制定过程包括确定广告目标、广告预算决策、广告信息决策、广告媒体决策和评价广告效果五个步骤。

① 确定广告目标。制定广告的第一步，就是确定广告目标，广告目标直接影响广告效果。

广告目标，是企业借助广告活动所要达到的目的。可供企业选择的广告目标有下述几种：

一是以提高产品知名度为目标，主要是向目标市场介绍企业的产品，唤起初步需求。以提高产品知名度为目标的广告，称为通知性广告。通知性广告主要用于产品的开拓阶段，其目的在于激发消费者对该产品的初步需求。

二是以建立需求偏好为目标，这一广告目标旨在建立选择性需求，使目标购买者从需要竞争对手的品牌转向需要本企业的品牌。以此为目标的广告叫作诱导性广告或竞争性广告。

三是以提示、提醒为目标，这类广告的目的是保持消费者、用户和社会公众对产品的记忆。提示性广告在产品生命周期的成熟期十分重要。与此相关的一种广告形式是强化广告，目的是使产品现有的用户相信他们所作出的选择是正确的。

② 广告预算决策。如前所述，广告是要付费的，而且广告收费呈不断上升趋势。因此，广告预算决策就成为企业广告决策的一项重要内容。确定了广告目标之后，企业可以着手为每一产品制定广告预算。前面已经介绍了制定促销（包括广告）预算的一般方法，这里主要讨论影响广告预算的因素。

广告预算是企业为从事广告活动而投入的预算金额。由于广告预算收益只能最终在市场占有率的增长或利润率的提高上反映出来，因此一般意义上的广告预算是企业从事广告活动而支出的费用。影响企业广告预算的因素主要有：目标市场的大小及其潜力、潜在市场规模与地域分散的程度、目标市场的市场占有率、商品理解度（消费者对企业产品的特性、功能了解、熟悉和接受的程度）、品牌忠诚度、竞争者的动向及其广告策略、竞争者广告费用的支出额、竞争者的竞争手段、企业财务的承受能力、产品生命周期、预期销售额与利润额、广告计划中选择何种媒体或广告形式等。

③ 广告信息决策。广告信息决策的核心问题是制定一个有效的广告信息。最理想的广告信息是能引起人们的注意，提起人们的兴趣，唤起人们的欲望，导致人们采取购买行动。有效的信息是实现企业广告活动的目的、获得广告成功的关键。

广告信息决策一般包括三个步骤：广告信息的创意、广告信息的评估与选择、广告信息的表达。

④ 广告媒体决策。广告媒体是广告主为推销商品，以特定的广告表现，将自己的意图传达给消费者的工具或手段。不同的广告媒体具有不同的特点，它们限制了广告主意图的表达和目的的实现。不同的广告媒体，它的传播范围、时间、所能采用的表现形式、接受的对象都是不同的。广告主在通过广告媒体把自己的意图在他们所希望的时间、地区传递给他们所希望的对象时，需要根据媒体所能传播信息量的多少，根据对媒体占用时间与空间的多少，支付不同的费用。因此，广告媒体选择的核心在于寻求最佳的传送路线，使广告在目标市场影响范围内达到期望的展露数量，并拥有最佳的成本效益。

确定广告媒体，需要在理解广告送达率、频率和影响价值等概念的基础之上，认识各种媒体在送达率、频率和影响价值方面的差异，认识各种媒体的特性。

送达率、频率和影响价值是决定广告展露数量与功能的重要因素。所谓送达率，是指在某一特定时期内，接触媒体广告一次以上的人数比例。所谓频率，是指在某一特定时期内，每一家庭或个人接触信息的次数。所谓影响，是指经由特定媒体的展露所产生的定性价值。送达率、频率与展露数量之间的关系是，展露总数为送达率与平均频率的乘积。

广告所运用的媒体，有报纸、杂志、广播、电视、电影、幻灯片、户外张贴、广告牌、霓虹灯、样本、传单等，不同的广告媒体有不同的特点，起着不同的作用，各有其优缺点。企业在进行广告媒体选择时，应考虑的因素包括目标市场的媒体习惯、产品或服务的性质与特征、广告内容、广告传播范围及媒体成本等。

⑤ 评价广告效果。良好的广告计划和控制在很大程度上取决于对广告效果的测定。测定广告效果，评价广告效果，是完整的广告活动过程中不可缺少的重要内容，是企业上期广告活动结束和下期广告活动开始的标志。

广告销售效果的测定，就是测定广告传播之后增加了多少销售额和利润额。这里应注意的是，“测定”的含义是有一定缺陷的，因为广告之后不一定能够扩大销售量，有时纯粹是为了保持销售额、阻止销售和利润急剧下降这一目的而利用广告的；在销售增加的份额中，只把增加因素之一的广告效应单独测定出来，严格地讲是不可能的。

（2）人员推销。人员推销是由企业派出推销人员或委派专职推销机构人员直接向潜在购买者进行宣传介绍活动，使其采取购买行为的促销方式。上门推销、营业推销、会议推销、电话推销、信函推销等都属于人员推销的范畴。

不同的推销方式可能会有不同的推销工作程序。通常情况下，人员推销一般包括以下七个相互关联又有一定独立性的工作程序。

① 寻找顾客。推销工作的第一步就是找到产品的潜在顾客，并对选择出来的潜在顾客进行需求、购买条件、购买权力和信用的资格审查，以提高今后推销工作的效率。

② 推销准备。推销人员寻找到潜在顾客后，要进一步针对对方的具体情况收集有关资料和信息情报，并制订推销计划和方案。有效的推销计划方案必须符合每一用户的背景、购买兴趣和购买决策。

③ 推销接近。推销人员与顾客约见，拜访顾客，进行初步接触。此阶段推销人员要选择最佳的接近方式与访问时间，创造接近机会，给顾客留下良好的第一印象，并验证准备阶段所得到的情况，为洽谈做好准备。

④ 推销说明。推销人员此阶段主要工作是传递信息，对本企业、产品、交易条件，服务与保障等进行介绍和说明，使对方对此次交易有全方位的了解，唤起对方的兴趣和需求。

⑤ 排除推销障碍。推销历来不是一帆风顺的，顾客会站在自己的角度对其使用的产品提出一些问题、要求，甚至相反的意见。此时，推销人员应善于倾听顾客的反对意见，并采取各种方法和技巧化解顾客的反对意见，排除障碍。

⑥ 达成交易。推销人员随时观察顾客的反应，抓住有利时机。或者提出选择性决策，或者提出建议性决策，或者进行适当让步，做好鼓动工作，以促使顾客作出购买决策，签约成交。

⑦ 事后跟踪服务。如果推销人员希望确保顾客满意并重复购买，那么事后跟踪服务就必不可少。推销人员应认真执行订单中所保证的条件，诸如交货期和安装、维修等，做好用户回访和其他后续服务工作，听取用户的感受，对他们的要求与希望尽力予以满足，以促使顾客产生对企业有利的后续购买行为。对一些重要的客户，推销人员要特别注意与之建立长期合作的关系，帮助顾客解决问题，建立和发展个人之间的友谊，实行关系营销。在当今市场多变、竞争激烈、消费者忠诚度日益下降的情况下，关系营销尤为重要，在这方面推销人员将扮演重要的角色。

人员推销的组织结构主要包括：区域推销结构、产品推销结构、顾客推销结构和复式推销组织结构。

（3）销售促进。销售促进又叫营业推广，是指企业运用各种短期诱因，鼓励购买或销售企业产品或服务的促销活动。销售促进的目的，既是开拓市场、扩大销售，同时也是与竞争对手争夺顾客，加快信息反馈，在激烈的市场竞争中提高经济效益。

有许多不同的销售促进工具可以用来实现不同的目标，而且各种不同的新工具也不断地被发展出来。选择销售促进工具，必须充分考虑市场类型、销售促进目标、竞争情况以及每一种销售促进工具的成本、效益等各种因素。下面我们仅从市场类型和企业销售促进目标的角度进行分析。

① 针对消费者的销售促进。企业在某些时期，为了一定的需要而对消费者或用户开展一些销售促进活动，其促销的工具主要有赠送样品、折价券和消费卡、附赠物品、特价销售、消费信贷、现场示范、产品展销和有奖销售等。

② 针对中间商的销售促进。企业为取得经销商的合作，可以运用购买折让、广告折让、陈列折让、推广津贴、销售竞赛、交易会等销售促进工具。

购买折让是指经销商在规定期限内购买产品时，每买一次就可以享受一定的小额购货折让，以鼓励经销商大量购买。企业为酬谢经销商为企业作产品销售广告，往往要给中间商广告折让。经销商为企业产品举办特别陈列，企业要为其提供免费品。当经销商购买某种产品达到一定数量时，企业要为其提供免费品。当经销商推销企业产品有成绩时，企业要给予经销商推销金，或免费赠送附有企业名字的特别广告赠品，如钢笔、日历、笔记本、领带等。企业可组织经销商开展销售竞赛，根据各个经销商销售本企业产品的实绩，分别给优胜者以不同的奖励，如现金奖、实物奖、免费旅游、度假奖等。

③ 针对推销人员的销售促进。推销人员是企业产品销售的重要力量，因此企业可以通过销售竞赛、销售红利、奖品以及提供培训机会等销售促进工具直接刺激推销人员。

（4）公关宣传。公关宣传是企业以非付款方式通过第三者在报刊、电台、电视、会议、信函等传播媒体上发表有关企业、产品的有利报道、展示或表演，以刺激人们对产品及服务的需求。企业形象是企业公关宣传的核心。企业公关宣传的一切措施，都是围绕建立良好的企业形象来进行的。但企业公关宣传的最终目的不仅是建立良好的企业形象，更是通过良好的企业形象促进产品的销售，提高市场占有率。从表面上看，企业公共关系仅是为了建立良好的形象，同其他促销方式相比，公关宣传的促销性质似乎并不存在。但从本质上看，企业作为社会经济生活基本的经济组织形式，营利性是它的基本准则。公关宣传的最终目的，无疑仍是促进产品的销售。企业首先是推销了自身，从而促进自身产品的销售。

公关宣传是一种隐性的促销方式，它是以长期目标为主的间接性促销手段，具有可信度高、传达力强、成本低廉等优点。一般来说，公关宣传活动的主要方式有以下几种。

① 制造和利用新闻。制造新闻、利用新闻媒体宣传企业及产品是企业乐于运用的公关手段。公共关系部门可编写有关企业、产品和员工的新闻，或举行活动，创造机会吸引新闻界的注意，进行宣传报道，这是一种免费的广告。由大众传媒进行的宣传，具有客观性和真实感，消费者在心理上往往不设防，传媒的客观性带来的社会及经济效益往往高于单纯使用商业广告。企业应善于将其生产经营活动和社会活动发展成为新闻。

② 参与和赞助有意义的社会活动。企业是社会的一分子，在主要从事生产经营活动的同时，还应积极参与广泛的社会活动，在广泛的社会交往中，发挥自己的能动作用，赢得社会公众的爱戴。

③ 开展有意义的特别活动。如举行有关企业产品的新闻发布会，产品和技术展示会和研讨会，

举行演讲会、报告会和纪念会；举办各种庆典活动和联谊活动。举办技术指导等活动。这些活动会吸引公众，提高企业及产品的知名度。

④ 编写书面和音像宣传材料。如编写企业的年度报告、业务通信和期刊、论文、综合小册子、录音带、录像带、幻灯片等。内容可以是企业历史、企业优秀人物、企业取得的优异成绩、企业技术实力、产品特色等。这些材料可用于宣传、展览，从不同侧面充分展示企业的形象。

⑤ 建立企业的统一形象识别体系（CIS）。为了在公众心目中创造独特的企业形象和较高的认知率，企业可以通过周密的策划和设计，确定一个统一的形象识别体系。这个体系一般包括三个层面：理念识别、行为识别和视觉识别。理念识别浓缩了企业的经营宗旨、经营方针、价值观念和行为准则。行为识别由企业完善的组织结构、制度、管理、福利和员工间行为准则组成，体现了企业理念和独特的企业文化。视觉识别是由特定的字体、图案和色彩组成的企业名称和企业标志等，常被印制在企业各类物品的外表上，如名片、信笺文具等办公用品，员工着装、车辆、用具、公司建筑物及广告中。各个企业都有各自独特的形象识别体系。设计和实施统一形象识别体系，既是管理过程，也是一种公关宣传手段，有助于建立企业良好的形象。

本章小结

市场是某种商品的所有现实和潜在买主的总和。市场营销是在不断变化的市场环境中，旨在满足消费需要，实现企业目标的商务活动过程，包括市场调研、选择目标市场、产品开发、产品定价、渠道选择、产品促销、产品储存和运输、产品销售、提供服务等一系列与市场有关的企业经营活动。

消费者是构成市场的主体。因而，研究影响消费者购买行为的主要因素及其购买决策过程，对于开展有效的市场营销活动至关重要。

由于顾客需求的多样性、变动性以及企业资源的有限性，任何一家企业都不可能包打天下，满足所有顾客的所有需要和欲望。因此企业在进行市场营销时，必须进行市场细分，选择目标市场，做出市场定位，并结合目标市场的特点和结构制定有针对性的市场营销策略。

市场营销组合指的是企业在选定的目标市场上，综合考虑环境、能力、竞争状况对企业自身可以控制的因素，加以最佳组合和运用，以完成企业的目的与任务。如4P组合，即产品（Product）、价格（Price）、渠道（Place）、促销（Promotion）。

复习思考题

1．如何理解市场和市场营销的概念？
2．市场营销观念的演变经历了哪几个阶段？
3．营销方式创新取得了哪些新成果？
4．消费者行为的特点有哪些？哪些因素影响消费者行为变化？
5．如何进行市场细分？市场细分应遵循的原则是什么？
6．市场定位的类型有哪几种？
7．产品整体概念的内涵及层次是什么？
8．产品生命周期特点及其策略有哪些？

9．企业定价策略包括哪些内容？

10．销售渠道的种类有哪些？选择销售渠道的依据是什么？

11．促销组合的内容是什么？

案例分析

维珍用 MVNO 颠覆全球电信运营品牌

所谓移动虚拟网络运营商（Mobile Virtual Network Operator，MVNO）是指一些类似于银行或零售商的公司。它们没有自己的网络，但从网络运营商处买来业务，打上自己的品牌提供通信服务。

成为 MVNO 最重要的条件之一便是品牌，因为 MVNO 本身没有实体的电信网络，只有通过延伸和善用自己的品牌才能获得成功，这为品牌经营带来挑战。MVNO 维珍移动公司向英国电信运营商购买移动通信的通话时间，再以维珍移动的品牌提供电信服务。维珍移动的全部投资都用来提供客户服务和产品品牌推广，这同其他电信商将大部分投资用在网络建设方面完全不一样。维珍品牌优势在于它在当地的年轻人中创立了一种新的、流行的生活方式。所以，它的电信促销以非常趣味的方式开展，并将“一种新的生活方式”概念销售给年轻人，如将预设的配置装在手机里，只要打个特定的号码，有关的商品就可以送到顾客手中。维珍移动还与其集团属下的深受年轻人欢迎的航空公司、旅游业务公司、音乐业务等相互合作，捆绑销售，为年轻的电信用户提供不同的优惠与配套。

维珍移动作为 MVNO，又创造了一个虚拟网络品牌运营的奇迹！维珍品牌在电信领域成功延伸的关键，在于确立并延伸了维珍品牌的终极价值：创新、乐趣、流行、友好、质量。

思考题：

1．维珍作为移动虚拟运营商所采取的品牌策略是什么？

2．维珍公司的品牌营销策略对电信虚拟运营商的启示有哪些？

第9章 企业服务管理

学习目标

- 了解服务的定义和分类，掌握服务的特性
- 了解服务管理的内容
- 熟悉新服务开发的影响因素，掌握新服务开发过程周期模型
- 掌握服务质量要素，了解服务质量差距模型，以及测量服务质量的工具
- 掌握服务接触三元模型，了解建立顾客服务导向
- 掌握服务利润链

开篇案例

中国移动山东公司以客户为中心全面提升服务水平

移动互联网时代，客户的需求更加多样与复杂。山东移动顺应时代发展趋势，不断优化服务流程，提升服务响应速度，为客户提供更优服务。移动互联网开创了全新的信息交流模式，催生了移动社交、移动商务等新兴产业形态。中国移动山东公司适应移动互联网发展需求，围绕“智能管道、开放平台、特色业务、友好界面”，打造客户满意服务；推进四网融合发展，建设全国最优的WLAN网络，客户规模和使用流量居全国首位；加强平台建设，将“无线城市门户网”打造成涵盖百姓衣食住行的一站式便民信息服务窗口；围绕客户感知，不断优化服务流程，提升服务响应速度，让服务更贴心。

“兵贵神速！”在互联网时代，消费者对“快速”和“简便”的要求越来越高，越是简单的操作，越是便捷的服务，越能赢得客户的青睐。鉴于此，山东移动积极简化服务流程，提高服务响应速度。

山东移动本着“方便、快速、高效”的原则，不断加强电子渠道建设，在实体营业厅的基础上，建立起涵盖10086热线、网上商城、网上营业厅、短信营业厅、手机WAP营业厅以及自助终端等电子服务渠道的立体化服务渠道，客户足不出户就能办理移动业务。目前，电子渠道已成为山东移动客户获取服务的主渠道，80%以上的业务通过电子渠道办理，而该渠道还承担了99%以上的查询类服务，月均受理业务3.3亿笔。据了解，泰安移动宁阳分公司金阳大街营业厅开展了“提升服务质量，推广网厅体验”活动，为进厅办理业务的客户发放电子渠道宣传卡，培养客户使用电子渠道的习惯。

为提高服务响应速度，提升客户满意度，山东移动聚焦资费套餐、提醒服务等客户关心的热点，不断完善和优化客户服务流程，提升客户服务沟通技巧，深入开展“客服热线来电必复”活动，优化夜间服务流程，真正做到了“件件有落实 事事有回音”。2012年，山东移动客服热线客户满意度达90.53，位居中国移动通信集团第一名。山东移动深入开展营业厅服务暗访活动，重点做好排队与业务办理技能等服务关键点的改善工作，优化服务流程，加大一线人员培训，持续提升服务水平。2012年，营业厅短信参评满意度达到99.7%，营业厅检查满意度达95.7%。

体验营销是满足客户自主选择需求、提升客户满意度的一项重要营销服务举措。近年来，枣庄移动以建设3G手机俱乐部为目标，全面升级改造自办营业厅，瞄准3G终端销售、新业务体验、开放

式服务等关键点，打造新一代移动营业厅，让客户通过亲身体验，直观地了解3G业务，体验WLAN高速上网以及网上商城购机等服务，并在营业厅增加了手机美容、软件下载、手机配件、手机维修等一系列配套服务。

（案例来源：青岛新闻网）

9.1 服务管理概述

9.1.1 服务的定义与性质

1. 服务的定义

服务是个人或社会组织为消费者直接或凭借某种工具、设备、设施和媒体等所做的工作或进行的一种经济活动，是向消费者个人或企业提供的，旨在满足对方某种特定需求的过程。这种过程是在顾客与员工、有形资源的互动作用中进行的，这些有形资源（有形产品或有形系统）是作为顾客问题的解决方案而提供给顾客的。

服务的英文为 service，其具体含义如表 9-1 所示。

表 9-1 服务的英文含义

字　面	含　义
S—smile （微笑）	员工要给每位客人提供微笑服务
E—excellent （出色）	员工要将每一项微小的服务工作做得都很出色
R—ready （准备）	员工要随时准备好为客人服务
V—viewing （看待、看成）	员工要把每一位客人都看作需要给予特殊照顾的贵宾
I—inviting （邀请）	员工在每次服务结束时都要邀请客人再次光临
C—creating （创造）	每位员工要精心创造出使客人能享受其热情服务的氛围
E—eye （眼睛、眼光）	每位员工始终要用热情好客的眼光关注客人，预测客人的需求，并提供服务，使客人时刻感受到员工在关心自己

资料来源：百度百科资料整理

2. 服务过程矩阵

服务本质上是一个过程，服务是在互动过程中进行的。根据交互及定制程度、劳动密集程度两个纬度，罗杰·施米诺设计了一个服务过程矩阵（见图 9-1）。

如图 9-1 所示，垂直纬度是劳动力密集程度，即劳动力与资本成本的比率。因此，资本密集型服务，如航空公司和医院，它们在设备设施上的投资大大高于其劳动力支出；劳动力密集型服务，比如学校和法律服务，主要依托的是教师、律师的知识和经验，劳动力消耗高于其资本需求。水平纬度衡量与客户之间的相互作用及定制程度。定制是一个营销变量，它指顾客个人影响传递的服务性质的能力。若服务是标准化而不是定制化的，顾客与服务提供者之间就不需要多少交互。例如，在华必和就餐，吃的都是制成品，定制程度低，顾客与服务提供者之间发生的交互较少。相反，医生与病人之间必须在诊断与治疗阶段充分交互才有可能取得令人满意的结果，而每个病人的病情都存在着差异性，因此病人也希望自己的治疗方案具有较强的针对性。

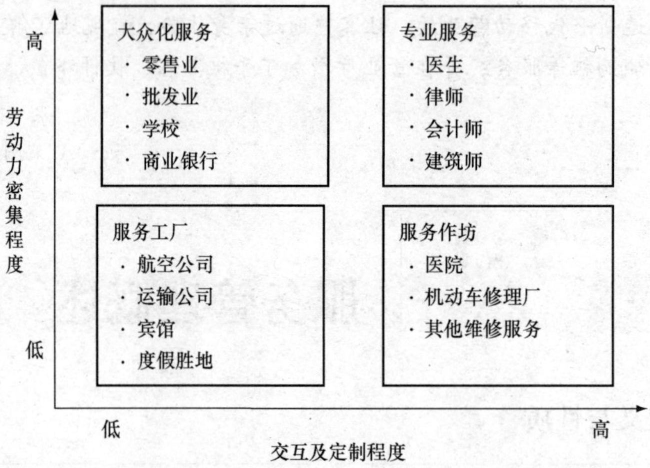

图 9-1　服务过程矩阵

资料来源：（美）詹姆士·A·菲茨西豪斯等（著），张金成等（译）. 服务管理：运营、战略和信息技术[M]. 北京:机械工业出版社，2013

由于劳动力密集程度与交互及定制程度的差异化，带来了提供服务主体运营管理的侧重点不同（见图 9-2）。

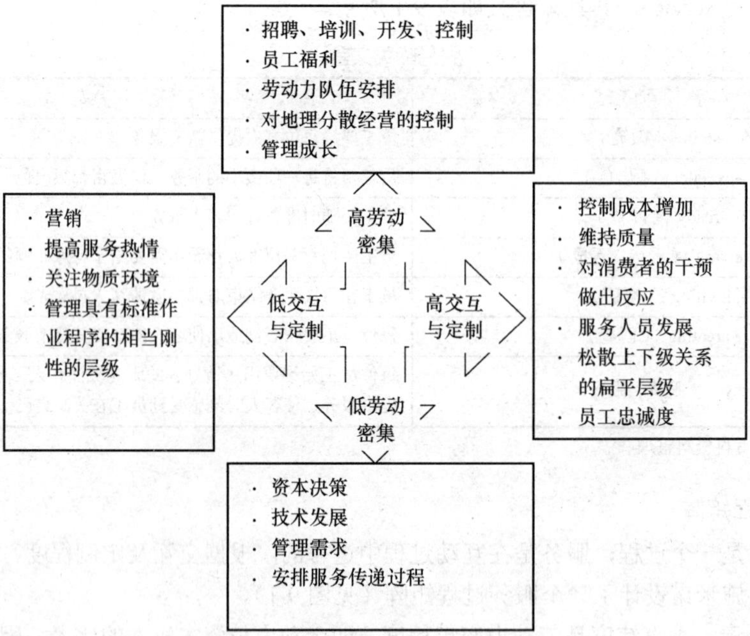

图 9-2　服务过程矩阵的对应策略

资料来源：（美）詹姆士·A·菲茨西豪斯等（著），张金成等（译）.服务管理：运营、战略和信息技术[M]. 北京:机械工业出版社，2013

3. 服务的特性

对服务业来说，投入是顾客本身，资源是服务经理可以调动的辅助物品、劳动力、资本，服务系统的运转依赖于系统与作为服务过程参与者的顾客的交互，各要素之间是相互联系的，体现了服务的许多特性。

（1）无形性。这是服务的关键特性。因为服务是一种活动，而不是物质产品，所以在消费之前，通常无法为顾客所感觉、体验和评价。因此，服务的创新没有专利，为了从新的服务中获取效益，企业必须快速扩张，抢占市场。服务的无形性也给顾客带来了问题。在购买实物产品时，顾客可以在购买前观察、触摸和测试产品；而对于服务，顾客必须依赖服务企业的声誉。在很多服务领域，为确保服务水准，政府需要干预，比如注册登记、签发执照和管制等，政府通过这样的方式向消费者承诺，某些服务企业的培训和服务测试水准达到了特定标准。

（2）服务的生产和消费同时发生。因为服务不能储存，服务也不能像制造业那样依靠存货来缓冲或适应需求的变化。在制造业，生产设备可以按最有效的稳定的产出水平运转，产品库存把生产系统与顾客需求分离开。而服务是开放系统，要受到传递系统中需求变化的全面影响。在制造过程中，存货甚至可以分离生产工序。对服务业来说，这种分离主要是通过顾客等候实现的。相对应的，库存控制是生产制造业的关键环节，“排队问题”是服务业的首要问题，服务能力的选择、设施的使用率、空余时间的利用等都与顾客等待时间有关。

（3）异质性。服务的异质性可以从两个方面来理解：一方面是同一服务由于服务供应商的不同，可能导致服务过程发生变化；另一方面即使是同一服务供应商提供的同一服务，也会因提供服务的员工个体的差异导致顾客对服务的经历和体验发生变化，所以同一企业提供的服务往往也具有异质性。

（4）易逝性。服务具有易逝性。这与服务生产和消费的不可分离性密切相关，指的是生产出来的服务产品不可能像物质产品那样以存货的形式被储存，而顾客需求是经常变动的。相对于更高水平的顾客需求，未储存的原有服务形式可能失效而退出商业领域。由于服务不能储存，如果不使用就会永远失去，服务能力的充分利用就成为服务业管理者面临的一大挑战，因为顾客需求变化大，利用库存应对需求变化是不可能的。面对服务需求的变化和服务能力的易逝性，管理人员可以采取以下策略（见表9-2）。

表9-2　　解决服务易逝性措施

策　略	具体措施
稳定需求	采取预约的方式
	采取价格诱惑的方式（不同时段的折扣优惠）
	高峰期间的反营销
调整服务能力	高峰期间雇用临时工
	根据需要错峰安排工作班次
	提高顾客自我服务能力
让顾客等待	改善等待环境（如海底捞的等待服务）

（5）顾客参与服务的过程。顾客作为参与者出现在服务过程中，这就要求企业必须注意服务设施的物质环境。因为对于顾客来说，服务是发生在服务设施环境中的经历，如果服务设施的设计符合消费者的需要，就可以提高服务质量。例如在快餐店中，顾客不仅需要根据有限的菜单自己点菜，而且要在就餐过后自己清理餐具到指定位置，顾客需要的是快捷的服务和便宜的食物，以补偿他们自助式的就餐，因此快餐店就可以减少服务人员和勤杂人员的数量。

（6）场所的选择取决于顾客。在制造业，产品从制造商到批发商，再到零售商。但在服务业，要开始一项服务，顾客和提供者必须亲自见面。可能是顾客前往服务地点，也可能是服务人员前往顾客所在地，或者通过电话、互联网的方式进行服务，比如在线课堂。因此，对于顾客前往服务地点的情况，路程时间和费用成为服务场所选择的关键因素，服务中心一般都趋向于设置在离潜在顾客近的地方。对于服务人员前往顾客所在地的情形，路线、分派和日程安排则显得尤其重要。

（7）劳动力密集。在大多数服务组织中，劳动力是决定组织效益的关键资源。在服务业中，工作活动通常指向人而不是指向物，服务中顾客与员工之间的交互为员工获得更为全面的工作经验提供了可能，有助于员工服务技能的提升，从而提高服务质量。

（8）衡量产出的困难。通过计算服务顾客的数量并不能全面准确反映所提供服务的质量，某些非营利性质的组织，比如学校、医院，是不能使用单一的指标（如利润率）来评估业绩的，服务测评显得相当复杂。

制造业和服务业的差别如表 9-3 所示。

表 9-3　制造业和服务业的差别

制　造　业	服　务　业
产品是有形的	服务是无形的
所有权在购买时转移	所有权一般不转移
产品可以再卖	不可能再卖
产品能在购买之前演示	购买之前产品并不存在
产品可以储存	产品不能储存
生产先于消费	生产和消费同时发生
生产和消费可以在空间上分离	生产和消费发生在同一地点
产品可以运输	产品不能运输（但生产者可以转移）
由卖方生产	买方直接参与生产过程并完成部分生产职能
公司和客户之间可以间接接触	大多数情况下需要直接接触
产品能出口	服务一般不能出口，但服务配送系统能出口
业务活动按职能组织，销售和生产职能分开	销售和生产不能按职能分开

资料来源：（美）詹姆士·A·菲茨西豪斯等（著），张金成等（译）. 服务管理：运营、战略和信息技术[M]. 北京:机械工业出版社，2013

9.1.2　服务管理的含义

基于服务业的蓬勃发展和制造业在制造技术、产品功能及产品方面的趋同，市场竞争已进入了服务竞争的时代。面临服务竞争的各类企业必须通过了解和管理顾客关系中的服务要素来获得持久的竞争优势。这就迫切需要一系列理论、方法作为服务竞争的指导原则。由于建立在物质产品生产基础上的“科学管理”理论和方法在服务竞争中的有效性受到限制，所以必须探索适合于服务特性的新的理论和方法。“服务管理”应运而生。

1. 服务管理的定义

围绕服务、服务提供者或用户等不同的中心，服务管理有不同定义。

如果以服务为中心，服务管理可被视为谈判、服务协议的表述与拟订、责权的分配与制衡，以及服务供求双方就能够支持用户业务流程的服务和服务级别而相互评论的过程。一份服务协议可以被视为供应商和用户间的一份合同，记录业务流程、辅助服务、服务的技术参数、可接受及不可接受的服务级别、供应商和用户的责任以及在特定情况下需要采取的行动。可见，服务管理还可以被视为识别、界定、商谈、认同、实现、监测、报告以及管理用户服务级别的过程，服务管理文件则记录这些过程的目标。

如果以用户为中心，服务管理可被视为确立、测量并确保服务目标实现的过程，是提交始终能满足用户要求的服务过程。服务管理包含对用户预期的界定、满足和对业务协议的不断完善。服务管理帮助组织确保在成功服务方面实现他们的核心目标。

如果以服务提供者为中心，服务管理可被视为一个人和系统的集合。它使组织确保商定的服务级别能被达到，必需的资源能被有效提供。人和系统间存在关联，而系统又可进一步被区分成技术和过程。在服务提供者看来，服务管理是一套严谨而又积极的方法论体系，确保所需级别的服务能按照业务的优先顺序、以合理的成本提交给用户。

2. 服务管理特征

总体来说，服务管理特征包括用户导向、长期观点、关注内部开发与强化等方面。

（1）用户导向。服务管理将企业的外部效率置于重要地位，强调用户如何看待核心产品和企业总的表现，而不是企业的内部效率、规模经济和成本降低。服务管理认为竞争优势和利润是通过市场导向实现的，降低用户流失率对利润的影响，是成本努力难以达到的。服务管理重视用户满意度和改善用户感知质量，认为用户忠诚是成功服务管理的里程碑。强调用户关注，认为质量是用户评价的，需要研究用户感知质量。

（2）长期导向。服务管理的长期观点对营销有重要影响，关系营销得到人们的认可。长期导向与企业界的发展趋势吻合，在很多产业，无论国际还是国内经营，都出现了大量的伙伴关系、网络和战略联盟。服务营销努力被看作对用户的投资而不是短期费用。

（3）关注内部开发与强化。服务管理关注员工的发展和员工对企业目标及战略的投入。员工的满意度和忠诚度是企业提供高效稳定服务的基础，也是顾客服务满意度的前提。因此加强企业内部员工的开发，是服务管理的重要内容，是实现企业战略目标的先决条件。

9.2 服务设计与开发

9.2.1 新服务的开发

自 20 世纪 80 年代以来，服务业在全世界范围内持续快速发展，并发挥着越来越重要的作用。服务贸易也日益成为推动各国和世界经济增长的“引擎”。服务经济的强劲增长是现代科技发展和产业进步的标志，同时也给社会的生产方式、消费方式和交易方式带来了深刻变革。首先，生产方式发生了变化，企业开始转移战略方向。它们不再仅仅重视生产有形产品，而且也开始注重提供良好的无形服务。其次，消费方式发生了变化。消费者从单纯购买产品或服务转变为服务和产品一体化需求，由单一性转变为个性化、时尚化、便捷化。最后，交易方式发生了变化。它已不再是双方的一次交易，而是转变为为消费者提供便利的长期服务行为。

随着经济的全球化和国际化，面对更为复杂的顾客需求和更为激烈的市场竞争环境，服务企业越加认识到仅依赖于过去的成功很难生存，必须不断地创新，创造新思想和新产品，其生存与获利之道日益仰赖于快速创新的能力以及创新的成功率，服务创新是服务企业竞争力的核心，而新服务开发（ New Service Development）是服务创新的重要组成部分。关于新服务开发的类型，受到普遍认可的主要有以下两种观点（见表 9-4）。

表 9-4　　　　新服务开发类型

Booz 等（1982）	Johne 和 Storye 等（2000）
• 全新服务：对服务提供者和顾客来说都有很高的新颖度 • 新服务线：对服务提供者来说有很高的新颖度 • 现有服务线延伸：对企业已有服务线进行补充，以增加服务的种类 • 现有服务改进和修正：新服务通过提高绩效来取代已有的服务 • 重新定位：为已有服务重新确定细分市场或寻找新的市场方向 • 降低成本：以较低的成本提供相似的服务	突破性创新 • 重大创新：对市场而言是全新的服务，如以信息和计算机为基础的技术驱动型创新 • 首创业务：向现有市场引入新的服务 • 把新服务引入现有服务市场：向现有顾客和组织提供新服务，尽管相关服务可能已经有企业在提供
	渐进式创新 • 服务线扩充：扩展现有服务线，如添加新项目、新路径、新程序 • 改进服务：改进现有服务 • 改变服务风格：对服务风格进行适当改进，以影响顾客的感知、情绪、态度，但不会改变服务的基本属性

资料来源：李雷，赵先德，杨怀珍. 国外新服务开发研究现状述评与趋势展望[J].外国经济与管理.2012（34）1:36-45

新服务是指以前不为顾客所用的一种服务提交，它源自新增加的服务提交、服务递送过程的根本变化或对现有服务形式和递送过程的新的改进，而这种改进对顾客而言是一种新的服务体验。

9.2.2　新服务开发的影响因素

新服务在开发过程中会受到新服务自身性质、新服务开发的组织内部以及服务企业外部三个层面因素的影响。

1. 新服务自身性质

新服务自身性质对开发过程的影响可从两个方面来理解：一是服务自身四个特性的影响；二是新服务自身的质量和创新的影响。所以，这一层的影响因素主要有服务的无形性、生产与消费的不可分离性、异质性、易逝性和质量与创新五个方面。

（1）服务无形性对新服务开发的影响。无形性是服务的关键特性，这种特性决定了顾客在购买前很难体验和评价新服务产品。如果企业不能在新服务提交时成功地将其与竞争对手的服务产品相区别，潜在购买者通常难以比较竞争性服务产品间的优劣。所以企业要帮助潜在的顾客了解新服务的开发概念，为服务提供一些有形的媒介以便使新服务对消费者而言不那么抽象，帮助顾客对新服务作出评价。例如，提供一些与新服务有关的小册子、标识语或其他有关服务设计的信息，将服务与企业自身的信息、专有技术、企业绩效联系起来以克服服务无形性的影响。另外，服务无形性使开发过程通常比有形产品开发更容易更快速。因为服务生产的是服务过程和经历而不是物质实体，一般不需要产品原型、专有应用软件、大量的原材料投资或专用固定设备，所以企业会比较快速地开发新服务或对原有服务进行改进。但是易于开发也有其负面影响，因为服务是不可申请专利的，通常也不需要前期投资，所以新服务的概念易于被模仿，这会助长相似服务的快速繁衍，从而挤占新服务开发企业率先实现的竞争优势。

（2）服务生产与消费的不可分离性对新服务开发的影响。服务具有生产与消费不可分离的特性，这就决定了顾客对服务的满意不仅与服务的结果有关也与服务的生产、递送和消费过程有关。所以新服务开发既需要市场定制也需要运营定制。如果要开发有效的新服务并对顾客的需求和期望作出响应，不同的特定功能就必须包括在新服务的概念、设计、开发和投放等开发过程中。生产与消费的不可分离性也决定了新服务开发关键是要集中于前台的运营，因为前台是服务的生产和递送系统，这样顾客所接触的前台服务人员的态度、服务质量和设备的用户友好性等就决定了顾客对新服务的体验与评价。

（3）服务异质性对新服务开发的影响。服务具有异质性，每次服务的生产和消费过程以及不同顾客对服务的体验都可能会发生变化。这一特性对新服务开发的影响可从两个角度来理解：一方面异质性具有负面效应，例如一个接受快递服务的顾客可能在服务递送的异质服务中体验到低质量的服务，对此新服务开发就更多地要考虑提交更标准化的服务，以减少顾客体验服务的不确定性；另一方面异质性具有正面效应，例如当潜在购买者难以把握具有高创新性的新服务的优势时，对顾客的特定需求定制服务可能是新服务成功市场投放的适当方法。类似于金融咨询服务、管理咨询、广告或系统设计服务，成功的新服务开发就更强调顾客和服务供应商间固有的异质性，让顾客在异质化的服务中体验到新服务的独特优势。

（4）服务易逝性对新服务开发的影响。服务具有易逝性，不持久也不能被储存，但是令人满意的或不满意的顾客体验却会被储存，这就要求新服务开发的焦点应集中于创造优质难忘的顾客体验。因此，在服务开发过程中，要基于顾客服务评价制定统一的服务标准，并对员工进行持续的培训，避免不满意服务体验对企业造成负面影响。

（5）质量与创新对新服务开发的影响。服务自身的特性也使得顾客所接收和感知的服务质量成为企业不得不面对的重要问题。顾客会关注服务质量，但又不能很容易地评价是否新服务能够提供他们预期的结果。因此，成功的新服务开发要求企业辨识购买者对于服务质量和服务设计特征的体验与评价，服务企业需要帮助顾客评估新服务质量，比如提供有形的线索来描述新服务的质量特征。另外在对新服务的质量体验中，顾客一般很少关心服务的递送类型（如由机器来完成还是由人工来完成），他们更关心如何经历服务递送过程，这就要求在新服务开发时考虑这样的问题，即与顾客直接接触的员工要选用专业化或经过较好培训的服务人员。与物质产品一样，新服务也必须是独特的，确实具有创新性才能在市场上形成主要竞争优势。在无形性作用下，服务易于模仿，所以新服务很容易被看作普通的，没有创新性的。因此，新服务开发更应多考虑根本性创新的问题；而且，创新也必须是一个持续的过程。因为通常是企业的声誉而不是服务本身决定了顾客对服务的购买，而良好的企业形象只有通过时间的推移才能树立，所以服务企业要将新服务开发的努力方向定位在为获得创新声誉这样的长期目标，这才是成功的新服务开发的途径。

2. 新服务开发组织内部因素

新服务开发组织内部对新服务开发的影响，具体可分为资源配置、规范的开发过程、项目融合、内部营销、技术支持和新服务开发文化六类因素。规范的开发过程对新服务开发的影响主要包括市场调研、预评估与项目测试、财务分析与项目评价以及市场投放计划等内容。项目融合对新服务开发的影响主要包括资源融合、技术融合、战略融合以及与现有组织结构融合等方面内容。

（1）资源配置。适当的资源配置是新服务开发成功的重要影响因素，很多开发项目都是因财力和人力的资源缺失而夭折。例如，很多企业同时进行太多的开发项目，结果每个项目的可配置资源稀缺，解决之法就是同时进行相对有限的开发项目以确保对好的新服务开发项目分配以足够的支持资源。不仅新服务的开发阶段要有足够的资源支持，在新服务的设计和市场投放阶段也要有足够的时间和财力以及人力的投入，以保证新服务具备消费者所需要的产品特性，也防止匆忙投放市场后再进行错误纠正的情况发生。

（2）规范的开发过程。新服务开发的成功需要规范的、细致精确的开发过程的支持，首先是进行详尽的市场调研，如有关消费者需求以及购买行为的调研，有关消费者对服务产品概念和策略响应的市场调研，有对竞争对手策略和服务产品的调研等，以便更好地理解顾客的需求和选择。其次是新服务开发项目的预评估和项目测试，要求在新服务开发过程进行之前进行市场特性评估，对目标市场有明确的界定，对新服务开发项目的技术可行性预先做评估，市场和技术评估有适当的时间和资金投入做支撑，为保证新服务的开发满足设计要求进行全面检测。再次是在新服务开发过程中要进行财务分析和项目评价。新服务开发过程中要对新服务进行财务和潜在收入流的完整分析，要求对预期财务分析目标有清晰的理解，以保证分析完成时可与具体目标相比较，而后进行切实的财务分析，在财务分析后对项目实际实现目标的可能性作出评价。最后是要有市场投放计划，要求有计划地进行市场投放的准备工作并不断进行调整，在新产品进行市场投放时有各类信息资料的提供，有正确的投放目标市场并有充足的资源支持等。

（3）项目融合。项目融合就是新服务开发项目与企业资源、技术、战略以及现有组织结构间的适应性。资源融合包括与企业专家和人力资源能力相适应，依赖于企业现有市场研究能力和资源，与企业的财力资源相适应，与企业销售和奖励的能力和资源相适应；技术融合包括与企业现有的管理技术和偏好相适应，与企业现有的服务递送系统相适应，新服务使用的是企业现有的后台生产设备和运营设备；战略融合是指新服务的开发战略与企业的发展战略相适应，使开发纳入企业管理战略，以保证新服务开发资源具有可获得性；组织结构融合是指新服务对企业现有组织结构具有支撑作用。

（4）内部营销。内部营销是关于对内部服务提供人员培训的一部分内容。新服务的开发对服务提供人员来说意味着要承载更大量的信息，这样提供优质服务的人员必须充分理解新服务及其支撑体系以及竞争对手的详细资料。因此，在引入新服务时充分的人员培训是重要的环节。一流的服务企业对新服务的引入并不会盲目行事，事前会进行适当的人员培训。另一个方法是将新服务向公众推广前，先由服务人员试用，直到得到服务人员对新服务的认可；企业也要认真对待他们的反馈信息，这样才有助于消除新服务开发中的潜在问题。

（5）技术支持。技术可以在很多方面支撑新服务开发，可以成为辅助新服务开发的支撑体系。值得一提的是，在新服务开发行为中，信息技术的应用可以提升新服务开发能力，这可以通过改善信息处理过程来实现。

（6）新服务开发文化。新服务开发文化体现出有创新愿望的服务企业的价值和利益。积极的新服务开发文化，从理论上讲会推动新服务开发行为所需氛围的形成。一种服务文化在服务管理的成功中起到重要作用，职员的行为会因服务文化，与在有效服务传送过程中新服务的设计与传送的自治行为相联系。

3. 新服务开发外部因素

新服务开发企业外部对新服务开发的影响，具体可分为顾客、供应商、竞争对手、代理商和公共部门五类因素。

（1）顾客。顾客是信息及新服务概念的来源，且能参与到新服务的开发过程中，对开发的顺利进行有重要影响。新服务开发中的顾客参与，有助于顾客更好地理解开发项目，服务企业可以在顾客体验服务时与顾客保持沟通；或通过其他方式帮助顾客理解新服务，从而帮助顾客提升评价能力。此外，服务企业也可以从顾客参与中获得即时的信息反馈，使企业能够快速纠正潜在的设计和递送中存在的问题。

（2）供应商。新服务开发企业在与供应商间的相互作用关系中，能为开发过程带来利益。供应商尤其知识供应商是新服务开发概念的重要来源，它们可以为服务企业提供大量的创新思想，并帮助企业进行具体实施。此外，技术供应商在新服务开发过程中也可能成为重要的合作者，如很多软件就是在服务企业和技术供应商之间合作开发的。概括地说，在新服务开发过程中，供应商企业能为开发企业提供大量的无形资源，如技能、信息、知识和经验。

（3）竞争对手。由于新服务模仿是十分容易的，所以很多服务企业不采取进攻性的创新战略，因而一项具有根本性创新的新服务开发，其出现和发展常常是竞争者首先行动，而后是服务企业的模仿创新。在新服务开发过程中，服务企业常将竞争对手看作可以提供有价值信息或知识的主体，认为他们能够提供技术、经验以及关系的信息。对于新服务开发的成功，这些信息可能是至关重要的资源。而竞争对手往往无法避免失去对这些构成其核心能力的有价值资源的控制，因此服务企业会从中受益。但是也正因如此，许多服务企业对于与竞争对手间的协作感到两难，因为企业要在竞争协作中保护它们的技术开发秘诀，所以在具体的新服务开发项目中竞争对手间的协作是很少见的。

（4）代理商。新服务的实行如果需要通过代理商将服务传递到顾客中，那么在新服务的设计与开发中需有代理商的参与。因为代理商不是雇员，所以服务异质性的问题会表现得更明显，那么新服务设计就要尽可能使代理商更容易传送和理解，以避免代理商对新服务的不认同程度；加强他们对新服务的理解，提高新服务的传送质量，尽量消除服务异质性的负面影响。如果新服务开发过程中没有代理商的参与，那么进行新服务的营销所能赚取的利益，代理商会因没有参与开发过程而难以把握，所以代理商不可能对新服务的好坏给予认定，也不可能对新服务投入足够的资源（如优秀服务人员的配置以及足够的人员培训等），结果可能是新服务开发无法得到顾客的认同；在代理商与顾客的密切联系中，也难以获取对服务企业有价值的顾客反馈信息。

（5）公共部门。一方面公共部门通过外购成为主要的服务需求者；另一方面公共部门管制的放松使得很多服务产业出现了新的市场。通过以上方式，公共部门会间接推动新服务在服务组织中的出现。

9.2.3 新服务开发流程设计

关于新服务开发流程，学者进行了广泛深入的研究，并提出了各自的模型。其中 Scheuing.E 和 Johnson.E 在一项金融机构的工作研究中提出了包含 15 个阶段的新服务开发模型，即新服务目标形成、概念产生、概念筛选、概念开发、概念检验、商业分析、项目授权、服务设计和测试、过程和系统的设计和分析、营销项目设计和测试、人员培训、服务检验和小规模测试、营销检验、大规模投放市场和投放后评价。Scheuing.E 和 Johnson.E 的模型是一个关于新服务开发过程比较全面的模型，从最初的环境分析、概念产生，到中间的服务测试与设计，直到最后的市场投放和评价，该模型基本包含了新服务开发的各项内容和步骤。Johnson.S 等综合了先前的服务开发过程研究，创造了更具有一般意义的新服务开发过程周期模型（见图 9-3），根据这个模型，开发新服务是一个循环过程，需要经历若干周期，每个周期包含 4 个阶段，主要分为设计阶段、分析阶段、开发阶段和最终的市场投放阶段。同时，新服务开发过程要完成 13 项任务，其中人员、系统、技术是服务概念的组成元素，团队、工具、组织环境是新服务开发的使能器。

（1）设计阶段。设计阶段主要涉及的是新服务思想的产生、评价和放映，也就是新服务概念的创造。这一阶段的主要内容包括以下几个方面：因为新服务概念的产生可能源自顾客和员工以外的渠道，所以市场敏锐性或者说对相关市场和竞争者的持续评价，是服务企业新服务概念创造阶段需要关注的一个问题；设计阶段也涉及新服务提交目标的问题，例如目标市场和财务绩效目标等；这一阶段还包括通过对顾客需求的辨识从有关设计组成所反映的信息中提取更好概念的实践活动；最后是某些初步的概念测试，比如获得正式或非正式的顾客反馈或员工对新服务概念的评论。

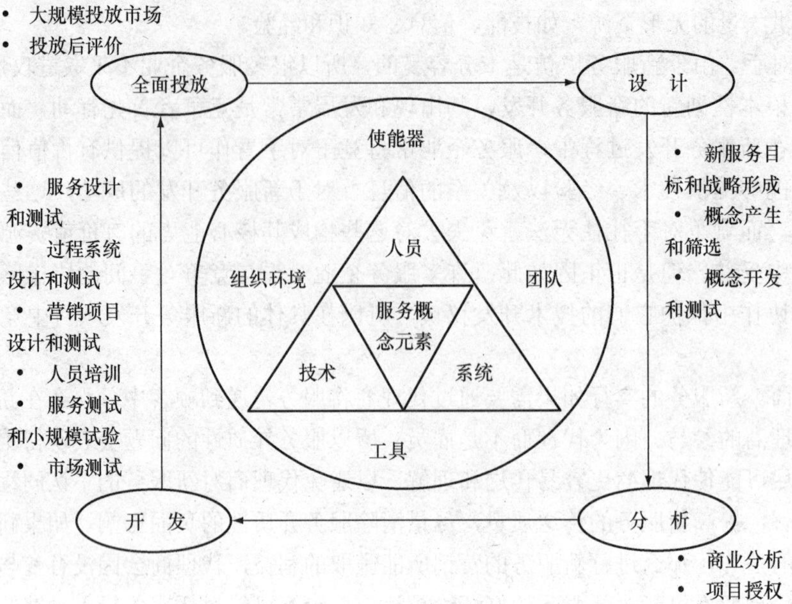

图 9-3 新服务开发过程周期模型

（2）分析阶段。分析阶段是服务企业严谨地评估新服务概念潜在的战略、财务和市场绩效的过程。在此阶段要进行正式的商务分析，例如判断新服务概念是否能够适应企业现有的服务提交，是否会满足企业必要投资报酬率或市场份额目标，是否与企业的组织战略相一致等。如果新服务开发概念看上去可行，那么企业管理层才可能会批准进行一个正式的新服务开发项目，经过开发阶段最终将新服务概念商业化并投放市场。当然，这一阶段的项目授权也可能伴随着对于项目开发任务的分配、项目管理人员和开发团队配置的决策。

（3）开发阶段。开发阶段包括许多重要活动，这些活动对于将最初的新服务开发概念转变为可行的、可销售的新服务提交是十分必要的。此阶段需要凝练出服务递送过程中所需的服务开发程序以及支持服务开发程序的体系和结构，进行服务定制和市场测试，准备新服务递送和支撑的人力及管理体系，如前期的人员培训和人员雇佣，建立适当的薪酬和奖励体系等。

（4）市场投放阶段。市场投放阶段是将新服务提交到市场的过程，是新服务开发的典型程序。在这一阶段要进行适当的广告或其他正式的宣传实践活动以及顾客培训，要集中营销数据和顾客反馈等信息，这样可以确保新服务能达到顾客的需求期望并揭示出服务过程或体系中所存在的不可预料的失误。市场投放完成后，可能还要进行广泛的市场投放后分析，以评估新服务开发过程以及新服务所执行的营销活动的优劣，以便为企业提供改进新服务开发程序的反馈信息。

新服务开发完成，还需要对开发过程和结果进行必要的绩效测量，检验开发结果（见表 9-5）。

表 9-5 新服务开发绩效检测

过 程 绩 效	结 果 绩 效
财务测量 • 实现较高的整体收益 • 实质性降低企业成本 • 实际成本低于预期 • 提高成本使用效率	成本标准 • 服务平均开发成本 • 单项服务开发成本 • 开发新服务所用成本占营业额比重

续表

过程绩效	结果绩效
竞争力测量 • 超额实现市场份额目标 • 超额实现销量/顾客使用水平等 • 超额实现销量/顾客增长目标 • 占有较高的市场份额 • 给公司形象/声誉带来积极影响 • 有利于企业构建或保持竞争优势 • 提高其他业务销量	效果 • 每年开发新服务数量 • 新服务开发成功率
质量测量 • 服务产出优于竞争对手 • 服务体验优于竞争对手 • 不同于竞争对手的独特优势 • 非常可靠 • 可向大量客户同时提供服务	速度 • 从新服务概念形成到新服务投放市场的间隔时间 • 从外界引入新服务概念所需时间 • 从新概念形成到新服务样品成型的间隔时间 • 从新服务样品制成到新服务股放市场的时间间隔

资料来源：李雷，赵先德，杨怀珍. 国外新服务开发研究现状述评与趋势展望[J].外国经济与管理.2012（34）1:36-45

9.3 服务质量管理

9.3.1 服务质量概述

服务质量（Service Quality）是指服务能够满足规定和潜在需求的特征和特性的总和，是指服务工作能够满足被服务者需求的程度，是企业为使目标顾客满意而提供的最低服务水平，也是企业保持这一预定服务水平的连贯性程度。对服务企业而言，质量评估是在服务传递过程中进行的。在服务过程中，顾客与服务人员要发生接触。顾客对服务质量的满意可以定义为：对接受服务的感知与对服务期望的对比。当感知超出期望时，服务被认为具有特别质量，顾客表示出惊讶和高兴。当没有达到期望时，服务注定不可接受。当期望与感知一致时，质量是满意的。服务期望受到口碑、个人需要和过去经历的影响。

服务质量要素主要包括可靠性、响应性、保证性、移情性和有形性。

1. 可靠性

可靠性是可靠地、准确地履行服务承诺的能力。可靠的服务行动是顾客所希望的，它意味着服务以相同的方式、无差错地准时完成。可靠性实际上是要求企业避免在服务过程中出现差错，因为差错给企业带来的不仅是直接意义上的经济损失，而且可能意味着失去很多潜在顾客。

2. 响应性

响应性是指帮助顾客并迅速提供服务的能力。让顾客等待，特别是无原因的等待，会对质量感知造成不必要的消极影响。出现服务失败时，迅速解决问题会给质量感知带来积极的影响。对于顾客的各种要求，企业能否给予及时的满足将表明企业的服务导向，即是否把顾客的利益放在第一位。同时，服务传递的效率还从一个侧面反映了企业的服务质量。研究表明，在服务传递过程中，顾客等候服务的时间是个关系到顾客感觉、顾客印象、服务企业形象以及顾客满意度的重要因素。所以，尽量缩短顾客等候时间，提高服务传递效率将大大提高企业的服务质量。

3. 保证性

保证性包括完成服务的能力、对顾客的礼貌和尊敬、与顾客有效的沟通、将顾客最关心的事放在心上的态度。它能增强顾客对企业服务质量的信心和安全感。当顾客同一位友好、和善并且学识渊博的服务人员打交道时，他会认为自己找对了公司，从而获得信心和安全感。友好态度和胜任能力两者是缺一不可的。服务人员缺乏友善的态度会使顾客感到不快，而如果他们的专业知识懂得太少也会令顾客失望。

4. 移情性

移情性是设身处地地为顾客着想和对顾客给予特别的关注。移情性具有以下特点：接近顾客的能力、敏感性和有效理解顾客需求。

5. 有形性

有形性是指有形的设施、设备、人员和沟通材料的外表。有形的环境条件是服务人员对顾客更细致的照顾和关心的有形表现。对这方面的评价可延伸至其他正在接受服务的顾客的行为。

顾客从五个方面将预期的服务和接受到的服务相比较，最终形成自己对服务质量的判断。期望和感知之间的差距是服务质量的量度，从满意度看，可能是正面的也可能是负面的。

9.3.2 服务质量差距模型

1. 服务质量差距模型

测量服务期望与服务感知之间的差距是服务领先的企业了解顾客反馈的经常性过程。服务质量差距模型（5GAP 模型）是 20 世纪 80 年代中期到 90 年代初，美国营销学家帕拉休拉曼（A.Parasuraman）、赞瑟姆（ValarieAZeithamal）和贝利（LeonardL.Berry）等人提出的，5GAP 模型是专门用来分析质量问题的根源。顾客差距（差距 5）即顾客期望与顾客感知的服务之间的差距——这是差距模型的核心。要弥合这一差距，就要对以下四个差距进行弥合：差距 1——不了解顾客的期望；差距 2——未选择正确的服务设计和标准；差距 3——未按标准提供服务；差距 4——服务传递与对外承诺不相匹配（见图 9-4）。

首先，模型说明了服务质量是如何形成的。模型的上半部涉及与顾客有关的现象。期望的服务是顾客的实际经历、个人需求以及口碑沟通的函数。另外，也受到企业营销沟通活动的影响。实际经历的服务，在模型中称为感知的服务，它是一系列内部决策和内部活动的结果。在服务交易发生时，管理者对顾客期望的认识，对确定组织所遵循的服务质量标准起到指导作用。当然，顾客亲身经历的服务交易和生产过程是作为一个与服务生产过程有关的质量因素，生产过程实施的技术措施是一个与服务生产的产出有关的质量因素。

分析和设计服务质量时，这个基本框架说明了必须考虑哪些步骤，然后查出问题的根源。要素之间有五种差异，也就是所谓的质量差距。质量差距是由于质量管理前后不一致造成的。

服务质量是服务质量差距的函数，测量企业内部存在的各种差距是有效地测量。服务质量的手段、差距越大，顾客对企业的服务质量就越不满意。因此，差距分析可以作为复杂的服务过程控制的起点，为改善服务质量提供依据。因此，近二十年来，服务质量差距研究便成了学者们关注的焦点。自从 PZB 等人提出五差距模型至今，该模型在酒店服务质量研究领域不断地被完善和扩展。

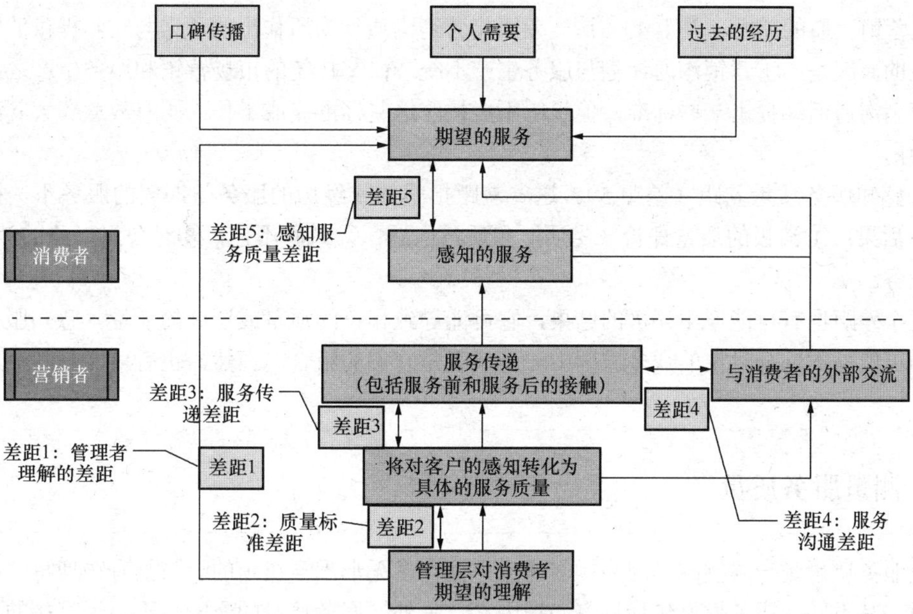

图9-4　服务质量差距模型

2. 服务质量差距分析

五个差距以及它们造成的结果和产生的原因分述如下。

（1）管理者认识的差距（差距1）。这个差距指管理者对期望质量的感觉不明确。产生的原因有：①对市场研究和需求分析的信息不准确；②对期望的解释信息不准确；③没有需求分析；④从企业与顾客联系的层次向管理者传递的信息失真或丧失；⑤臃肿的组织层次阻碍或改变了在顾客联系中所产生的信息。

治疗措施各不相同。如果问题是由管理引起，显然不是改变管理，就是改变对服务竞争特点的认识，不过后者一般更合适一些。因为正常情况下没有竞争也就不会产生什么问题，但管理者一旦缺乏对服务竞争本质和需求的理解，则会导致严重的后果。

（2）质量标准差距（差距2）。这一差距指服务质量标准与管理者对质量期望的认识不一致。原因有：①计划失误或计划过程不够充分；②计划管理混乱；③组织无明确目标；④服务质量的计划得不到最高管理层的支持。

第一个差距的大小决定计划的成功与否。但是，即使在顾客期望的信息充分和正确的情况下，质量标准的实施计划也会失败。出现这种情况的原因是，最高管理层没有保证服务质量的实现。质量没有被赋予最高优先权。今天，在服务竞争中，顾客感知的服务质量是成功的关键因素，因此在管理清单上把质量排在前列是非常必要的。总之，服务生产者和管理者对服务质量达成共识，缩小质量标准差距，远要比任何严格的目标和计划过程重要得多。

（3）服务交易差距（差距3）。这一差距指在服务生产和交易过程中员工的行为不符合质量标准，它是因为：①标准太复杂或太苛刻；②员工对标准有不同意见，例如一流服务质量可以有不同的行为；③标准与现有的企业文化发生冲突；④服务生产管理混乱；⑤内部营销不充分或根本不开展内部营销；⑥技术和系统没有按照标准为工作提供便利。

可能出现的问题是多种多样的，通常引起服务交易差距的原因是错综复杂的，很少只有一个原因在单独起作用，因此纠正措施不是那么简单。差距原因粗略分为三类：管理和监督；职员对标准规则的认识和对顾客需要的认识；缺少生产系统和技术的支持。

（4）营销沟通的差距（差距 4）。这一差距指营销沟通行为所作出的承诺与实际提供的服务不一致。产生的原因是：①营销沟通计划与服务生产不统一；②传统的市场营销和服务生产之间缺乏协作；③营销沟通活动提出一些标准，但组织不能按照这些标准完成工作；④有故意夸大其辞，承诺太多的倾向。

（5）感知服务质量差距（差距 5）。这一差距指感知或经历的服务与期望的服务不一样，它会导致以下后果：①消极的质量评价（劣质）和质量问题；②口碑不佳；③对公司形象的消极影响；④丧失业务。

第五个差距也有可能产生积极的结果，它可能导致相符的质量或过高的质量。感知服务差距产生的原因可能是本部分讨论的众多原因中一个或者是它们的组合。当然，也有可能是其他未被提到的因素。

9.3.3 测量服务质量

测量服务质量是一项挑战，因为顾客满意是由许多无形因素决定的。与具有物理特性的客观可测的物质产品不同，服务质量包括许多心理因素。另外，服务质量的影响也不限于直接的接触（见图 9-5）。

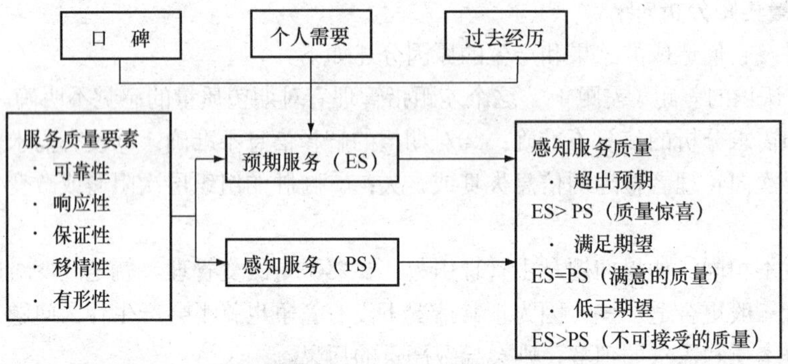

图 9-5　服务质量测量

SERVQUAL 是以服务质量差距模型为基础的调查顾客满意程度的有效工具。SERVQUAL 为英文“Service Quality”（服务质量）的缩写，是依据全面质量管理（Total Quality Management，TQM）理论在服务行业中提出的一种新的服务质量评价体系，其理论核心是“服务质量差距模型”，即服务质量取决于用户所感知的服务水平与用户所期望的服务水平之间的差别程度（因此又称为“期望—感知”模型），用户的期望是开展优质服务的先决条件，提供优质服务的关键就是要超过用户的期望值。其模型为：Servqual 分数=实际感受分数-期望分数。SERVQUAL 按照前述的服务质量要素细分为相关的 22 个具体因素来说明它（见表 9-6），然后通过问卷调查、顾客打分和综合计算得出服务质量的分数。近十年来，该模型已被管理者和学者广泛接受和采用。

表 9-6　　PZB 的 SERVQUAL 量表

要素	组成项目
有形性	1. 有现代化的服务设施 2. 服务设施具有吸引力 3. 员工有整洁的服务和外表 4. 公司设施与他们所提供的服务相匹配

续表

要素	组成项目
可靠性	5. 公司向顾客承诺的事情能及时地完成 6. 顾客遇到困难时，能表现出关心并提供帮助 7. 公司是可靠的 8. 能准确地提供所承诺的服务 9. 正确记录相关的服务
响应性	10. 不能指望他们告诉顾客提供服务的准确时间※ 11. 期望他们提供及时的服务是不现实的※ 12. 员工并不总是愿意帮助顾客※ 13. 员工因为太忙以至于无法立即提供服务，满足顾客需求※
保证性	14. 员工是值得信赖的 15. 在从事交易时顾客会感到放心 16. 员工是有礼貌的 17. 员工可以从公司得到适当的支持，以提供更好的服务
移情性	18. 公司不会针对不同的顾客提供个别的服务※ 19. 员工不会给予顾客个别的关怀※ 20. 不能期望员工了解顾客的需求※ 21. 公司没有优先考虑顾客的利益※ 22. 公司提供的服务时间不能符合所有顾客的需求※

注：1. 问卷采用7分制，7表示完全同意，1表示完全不同意。中间分数表示不同的程度。问卷中的问题随机排列。
2. ※表示对这些问题的评分是反向的，在数据分析前应转换为正向得分。

9.3.4 服务质量改进计划

要提高服务质量，企业应该根据服务的特性，真正理解顾客眼中的服务质量，有效地激励员工采取相应步骤制定服务质量标准和建立服务系统，使企业服务质量得到改善。

1. 控制服务差距，改进服务质量

（1）控制顾客期望和管理者认知的顾客期望的差距。市场调查数据收集、市场调查结果的使用、市场对服务中问题的针对性，以及管理者和顾客之间的直接联系等市场调查的营销努力会缩小这二者的差距。同时，和顾客直接联系的员工应将所感知的情况传达给高层主管，管理者则应鼓励员工和自己进行面对面的沟通以解决问题。

（2）控制管理者对期望的认知和服务质量标准的差距。正确认识顾客期望的可行性，在确定顾客的需求和期望重点之后设置正确的服务目标，并根据企业的特点制定服务质量标准，对重复性的、非技术性的服务实行标准化。

（3）控制服务质量标准和实际传递服务的差距。加强员工培训，使员工在工作胜任性方面和相互之间的协作性方面得以改善，企业内部建立有效的监督控制体系，同时企业尽量为员工提供必要的信息，提高员工服务的可操作性。

（4）控制实际传递服务和顾客感知的差距。加强企业内横向信息流动，以加强部门之间、人员之间的相互协作，从而实现企业的全局目标，避免对企业所提供服务的夸大宣传，避免顾客产生过高的期望。

2. 加强员工培训，提高服务水平

由于服务质量从人开始，服务开始于组织内所有人员积极态度的开发。如何使员工具有积极的态度呢？通过协调员工招聘、培训、最初的工作安排和职业发展等方面，可以建立积极的态度。为了防止自满情绪，需要制订持续的质量改进计划。这些计划的重点在于预防不良质量，个人对质量负责，建立高质量可以实现的态度。在不同地点设立了机构的服务公司面临着如何在所有机构之间保持一致的服务，一个重视培训、绩效标准、职业发展和奖励的认识计划是必需的。

第一，个人发展。使用程序化的指导手册，使新的管理人员获得技能和知识，保证以一致的方式传授工作技能。第二，管理者培训。为来自不同分公司的各级管理人员提供形式多样的管理专题研讨班。第三，人力资源规划。确定未来将担任公司关键职位的人员，列出未晋升名单，关键依据是管理人员的工作绩效。第四，绩效标准。编制一套小册子指导员工和顾客之间的服务和交流方式，包括如何讲话等。第五，职业进步。包含增进职业技能和责任的职位阶梯的工作发展计划，赋予员工和公司共同成长的机会。第六，意见检查。由经过训练的人员每年对每个单位各层级进行意见调查，并在会上讨论结果。第七，公平待遇。为每个员工提供一本手册，规定对员工的期望和义务，帮助员工解决困难，提供正式的咨询程序。第八，利润分享。公司的成功主要应归功于员工，他们应该得到超过工资的回报。

3. 建立完备的服务质量改进机制

（1）管理者认同。首先将质量改进的需要与最高管理层的成员讨论，获得他们的同意和支持，确保每一个人的参与和合作。

（2）质量改进团队。从每个部门选出一个代表组成团队，执行质量改进计划，保证各部门的参与。

（3）质量检测。建立一套可行的质量测量方法，审查全公司的质量现状。

（4）质量成本评估。为避免任何计算的偏差，确定质量成本，包括诸如诉讼、返工等项目，为企业指明可以通过改进活动带来更多利润的地方。

（5）质量意识。使用小册子、电影和张贴广告等方式，向主管和员工宣传不良质量的成本，提供与质量改进有关的直接证据，有助于建立对服务质量的正确态度。

（6）纠偏行动。建立一个依据常规性的面对问题、讨论问题和解决问题的系统过程，鼓励当场发现问题并解决问题的规范。

（7）建立零缺陷计划。选择人员调查企业服务零缺陷的概念并完成计划，向所有员工传达一次性完成服务的观念。

（8）主管培训。在各层次管理人员中进行普及教育，使他们能够向下属解释计划。

（9）目标设定。鼓励员工用自己的方式思考，为自己和组织设立改进目标。

（10）消除导致错误的原因。要求人们在简单的只有一页的表格上描述他们无错误工作任务问题，要求相应部门对问题作出迅速反应。

（11）赞誉。建立奖励计划，赞誉达到目标的员工，对绩效的真心体会带来对计划的持续支持。

（12）质量委员会。建立质量委员会，定期将质量人员召集企业讨论改进计划方案。

（13）重复。一个典型的计划用时应超过一年，不论企业员工的增减，计划应具有持续执行的效力。

4. 无条件服务保证，提高顾客满意度

服务保证有五个特征。第一，无条件。顾客满意是无条件的。第二，容易理解和沟通。顾客能够明确知道他们可从保证中得到什么。第三，有意义。对顾客而言，价钱上和服务上的保证是重要的。第四，容易实行。不应为设施保证而要求顾客填写表格或写信。第五，容易调用。最好保证当场解决问题。

服务保证有显著的市场需求。但重要的是，通过设定质量目标，服务保证能为一个行业重新定义服务的含义。

（1）关注顾客。服务保证使公司关注与顾客需求。

（2）设立明确的标准。一项对顾客具体的、有雄心的保证为企业设定了明确的目标。

（3）保证的反馈。接受保证的顾客可以为评估质量提供有价值的信息，不满意的顾客有动机抱怨并引起管理者的注意。

（4）促进对服务传递系统的理解。在作出保证之前，管理者必须确定他们系统中可能失败的地方和可被控制的限制因素。

（5）建立顾客忠诚。服务保证降低了顾客风险，使期望更加明确，留住了因不满意而转向竞争对手的顾客，巩固了市场占有率。

9.4 服务接触

9.4.1 服务接触的含义

服务接触是服务情境中，供应者与接收者间的面对面互动。也就是客户与服务传递系统（service delivery system）间的互动，包括前线员工、客户、实体环境及其他有形因素等对象，对于服务差异、品质控制、传送系统等层面有相当大的影响，而此互动会影响客户对服务质量认知的评价。

相比“服务结果”，“服务过程”的接触更能影响客户满意或质量感知。Parasuraman 就认为，服务的“功能性品质”比“技术性品质”更重要，因为技术性是指传送给客户的是什么（what），而功能性是指服务如何（how）传递给客户的，通常可以凭肉眼观察得到，如员工态度、员工行为、员工间关系及服务人员的外表等，有些客户就会倾向根据这些形成对服务质量的判断。因此，服务者往往会设法提升服务的功能性品质，增加客户接触的良好印象，提升客户的服务感知。客户对于服务的感知，是在与服务提供者接触的瞬间形成的。由于服务接触过程涉及较多的客户参与和互动，增加了服务提供时的不确定性和运作管理上的难度与复杂性，任一接触环节应对不当，都可能会引起客户的不满。因此，对服务接触过程的服务质量进行监控、测评和改进，已经成为各类服务运作和质量管理的重点与难点。服务接触的重要性在于让我们实际观察到服务质量，同时有助于针对服务传递的产生过程、互动行为及结果评估间的关联性，其核心是供应者与客户间的行为互动，并将互动结果反馈给客户、服务人员及企业管理层。高接触程度和低接触程度服务的差异如表 9-7 所示。

表 9-7　　高接触程度和低接触程度服务的差异

高接触程度服务	低接触程度服务
用于顾客需求多变或不确定的情况	用于不需要面对面接触的场合
要求员工机灵、漂亮，乐意和顾客接触（微笑服务）	要求员工具有技术技能，能够高效处理日常事务，以及产品和流程的标准化
要求服务提供者必须对发生在高峰期的需求立即作出反应	要求在平均需求水平下工作，平稳度过需求高峰和低谷
一般要求更高的价格，更多地定制不同性质的服务	标准化的服务

服务接触是由顾客、服务组织以及接触顾客的员工三者相互作用形成的三角形结构。在服务接触过程中，每个参与者都试图控制服务的进程，从而导致对灵活性的需求和接触顾客员工的授权。因此，企业通过服务组织文化的建设，通过一系列价值观和期望来鼓励员工关注传递出色的服务，创建顾客服务导向。

9.4.2 服务接触中的三元组合

服务的特征之一是顾客主动参与服务生产过程。每一个关键时刻都涉及顾客和服务提供者之间的交互作用；双方在服务组织所设计的环境中扮演不同的角色。图 9-6 描述了服务接触中的三元组合，反映了三个要素的两两关系，并提出了冲突的可能来源。

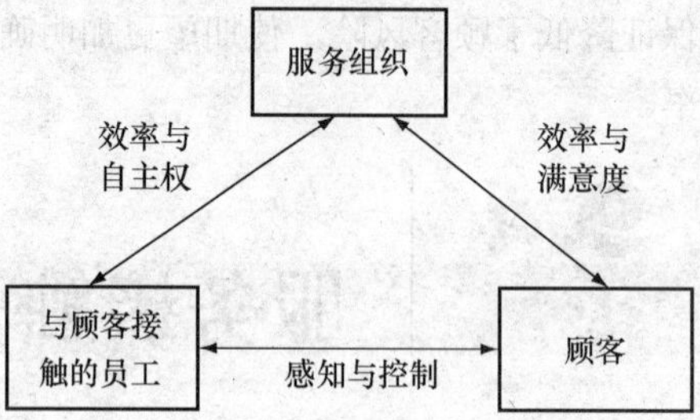

图 9-6 服务接触三元组合

一个以利润为目标的服务组织，其管理人员为了维持边际利润和保持竞争力，会尽可能地提高服务传递的效率。而非营利组织可能以其工作效果代替效率，当然它的工作仍需控制在预算之内。为了控制服务传递过程，管理人员常常会利用规定或程序来限制顾客接触人员服务顾客时的自主权和判断。这些规定和程序也限制了为顾客提供的服务，导致服务缺乏针对性，最终影响顾客服务满意度。最后，员工和顾客都试图对交互过程实施可感知的控制，员工希望通过控制顾客的行为使其工作易于管理和轻松，顾客希望通过控制服务接触的进程来获得更多的收益。

理想的情况是，服务接触的三要素协同合作从而创造出更大的利益。然而，真实的情况往往不是那么尽善尽美，常常是其中一个要素为了自身的利益试图控制整个服务接触的过程。

1. 服务组织支配的服务接触

出于提高效率或者实施成本领先战略的考虑，组织可以通过建立一系列严格的操作规程使服务系统标准化，结果严重限制了员工与顾客接触时所拥有的自主权。顾客只能从仅有的几种标准化的服务中进行选择，而不存在个性化的服务。例如，肯德基、麦当劳等企业，通过一套结构化组织体系的服务接触实施了成功的控制。然而，顾客在与其他企业接触中所感受到的大多数是不快，或被人们蔑视地称为“官僚作风”的东西，主要源于顾客接触人员缺乏自主权满足顾客的特殊需求，这些员工必须严格执行标准化规定，也就降低了追求个性化的顾客服务满意度。

2. 与顾客接触的员工支配的服务接触

通常来说，服务人员大都希望通过降低服务接触的范围来减少在满足顾客需求中所遇到的压力。此时服务人员拥有很大的自主权，服务组织采用分权的组织结构，对员工进行授权，员工可以根据实际情况采取即时的措施。尤其是在突发事情时，这样的结构员工具有很高的满意度和归属感，由于服务提供者具有一定的专业知识，所以顾客可能非常信赖他们的判断力。

3. 顾客支配的服务接触

极端的标准化服务和定制服务代表了顾客对服务接触控制的机会。对于标准化服务来说，自助服务是使得顾客可以完全控制所提供的有限服务的选择，顾客会采取自我服务的形式，员工和服务组织完全以顾客为导向，积极发现客人的需求，并不断开发出客人需要的服务，使客人得到优质服务。例如自助加油站，顾客不需要与任何人接触。这种高效的服务方式在无须提供服务的情况下就能够使顾客感到非常满意。然而，对于很多需要面对面接触的个性化服务，比如家装、律师等，不仅需要调动组织的诸多资源，而且还要花费很高的成本。

9.4.3 服务组织

服务组织为服务接触提供了具体的环境。顾客与提供服务的员工间的交互作用发生在组织的文化背景及其实体环境中。

1. 文化

为什么你会选择一种服务而非另一种呢？你可能说由于价格、环境以及其他各种各样的合适的理由。然而，其中真正的原因可能是企业文化。因为文化有助于顾客确定服务的价值。根据 H.M.Schwarta and S.M.Davis（1981）定义，组织文化是组织成员共同遵循的信仰或共同的理想，它成为有力约束组织中个体或群体行为的准则。不论是制造企业还是服务企业，都面临着服务管理的问题，作为高级管理者都要建立反映企业员工决策的行为规范或价值概念的文化或氛围。由于迪斯尼公司是一家商业性娱乐公司，因此在它的主题公园中使用的是“表演”术语，他们将公司称作“剧组”。为了注入恰当的思维方式，员工被称为“剧组演员”，员工无论从事“台上”还是“后台”工作，都要求当成在“演出”。

当管理层使用持续一致的沟通时，组织的价值理念可赋予与顾客接触的员工很大的自主权，因为他们的判断根植于共有的价值观。这些价值观经常通过一些关于员工如何为公司和顾客利益而承担个人风险的故事或传说而流传。组织得益于共有的价值观念，因为与顾客接触的员工有权自己决策而不需要传统的监督层次。

2. 授权

如果给予员工机会的话，员工会做得更好。为了保证员工积极性的有效激励，可以采取的对应行动包括：在人力资源方面加大投资，使用技术支持辅助顾客接触人员，加强与顾客接触人员的培训，对所有层次的员工将表现与报酬挂钩。这样，中层管理人员不再扮演传统管理者的角色，取而代之的是成为一线与顾客接触员工的辅助人员，提供一线人员解决问题的能力支持。获得授权的与顾客接触人员必须得到激励、信息支持，能胜任工作、投入且得到良好培训。一线人员应该展示出承担责任、自我管理及承受来自顾客压力的能力。多年以来，麦当劳已经成为高效服务传递的典范。结合传动的大生产工业哲学，麦当劳成功地通过一个可以看成是“现场制造”的组织，将一致的食品送至数十亿顾客手中。与顾客接触人员的判断受程序和设计的限制，大多数雇员是享有最低周薪的青少年，且流动性非常高。公司的结构是金字塔形的，管理层次从底层的助理商店经理、商店经理到地区经理，再到企业顾问，以保证所有地区传递服务的一致性。

9.4.4 创建顾客服务导向

1. 顾客服务导向内涵

顾客和服务人员对服务质量的感知是高度相关的。有研究表明，顾客感知服务较好的人员一般具有如下特点：重视更热情的服务，重视自身角色的执行力，努力保住所有顾客而不只是客户，具有充足并训练有素的员工，设备维护良好。2010 年 1 月，中国最大的“的士”骨干企业上海强生集团，通过了 ISO 9002 国际标准质量体系的现场审核，在全国“的士”业中率先获得“国际质量绿卡”。强生集团近年来坚持以规范化管理促规范化服务，建立起起一本《质量手册》、19 个程序文件和 26 个技术性文件为“蓝本”的运营服务质量体系，并在员工中导入“要让乘客满意在乘车之后，必须先让乘客信任在乘车之前”的服务新概念，全方位开展质量体系的试运转，并取得了显著实效。国际权威认证机构 DNV 挪威船级社对强生集团质量体系进行现场审核，并予以通过。

服务标准是服务质量标准的简称，是指服务企业用以指导和管理服务行为的规范。服务企业通过服务调研和关系营销了解顾客的期望或要求后，就需要将这些有价值的信息转化变成服务标准，以便按顾客的期望设计和管理企业服务行为，使服务实际让顾客满意。然而，许多服务企业的服务标准并非来自对顾客期望的理解，而是来自企业自己的期望，是企业根据运营需要制定的服务标准。这样的服务标准与顾客的期望之间存在着差距。缩小这种差距的途径，首先要从顾客期望出发来制定服务标准，即制定顾客导向的服务标准。

顾客导向服务标准（Customer-Driven Service Standard），是指服务企业按照顾客期望或要求而制定的服务标准。服务标准的顾客导向，既是重要的，也是可行的。按顾客导向标准提供服务，能更好地满足顾客的期望或要求。因此，采用顾客导向的服务标准，能给企业带来更多的顾客，增强企业的营销竞争力。在制定顾客导向标准的过程中，企业按照顾客的期望或要求衡量现有服务过程，可以删除那些对顾客没有多大价值的服务活动和降低那些超出顾客要求的服务标准，从而节约企业的服务成本。因此，采用顾客导向的服务标准，还能给企业带来经济价值。

2. 顾客导向服务标准制定程序（见图 9–7）

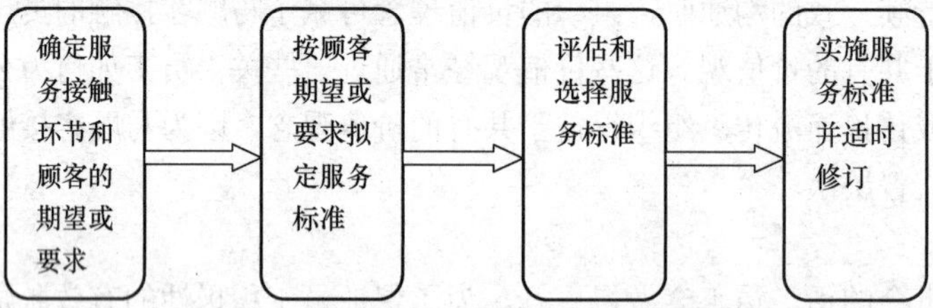

图 9-7　顾客导向服务标准制定程序

（1）确定某个服务接触环节，包括确定这个接触环节影响整体服务质量的重要程度。在这个过程中，各个接触环节影响整体服务质量（注意：是指顾客感知度和评价服务质量）的重要程度是不一样的。服务机构可以据此加强重要环节的服务标准，而适当减少非重要环节的服务标准，这样可以优化服务营销资源的配置和降低管理成本。确定某个服务接触环节的期望或要求，也包括确定顾客的这种期望或要求的重要程度。在某一接触环节，顾客通常对服务有多项期望或要求，服务机构可以据此对顾客的期望或要求进行筛选，以便在选择服务标准时掌握重点。在确定服务接触环节的过程中，可能会遇到企业规定的服务接触环节与顾客期望的服务接触环节不一致，需要及时进行标准调整。

（2）顾客期望或要求往往是笼统的、含糊的，那么服务人员对这样的“服务标准”无法准确理解，从而无法达成统一的理解，操作起来必然缺乏统一性。因此，企业必须将顾客的期望或要求具体化、明确化、数量化、可操作化，只有这样才能转变为有效的服务标准。能够用定量化（数量化）语言或时间化语言表述的标准，称为“硬”标准。从前述章节内容可知，顾客对服务质量的感知，一般包括 5 个层面：有形性、可靠性、响应性、保证性和移情性。与服务的可靠性、响应性和有形性有关的服务标准，一般可以而且应当是“硬”标准，“硬”标准主要适用于服务相对简单、人际交流相对较少的服务环节。然而，不是所有的服务标准都容易用定量化语言或时间化语言表述。较难用定量化语言或时间化语言表述的标准，称“软”标准。在服务质量的 5 个层面中，与服务的移情性、保证性有关的服务标准一般是“软”标准。比如“要关注顾客个性化需要”是一项与移情性有关的服务标准，这里“顾客的个性化需要”、“关注”等行为都难以用定量化或时间化语言描述。“软”标准有一定的灵活性，更适合服务人员运用服务接触技巧和发挥服务人员的创造性。“软”标准主要适用于服务相对复杂、人际交流比较多的服务环节。服务机构在拟定服务标准时，可以根据服务环节的复杂程度和人际交流的需要程度拟定“硬”标准或“软”标准。

（3）按顾客的期望拟定标准后，一般从重要性、迫切性、可接受性、可执行性、前瞻性和挑战性等方面对标准进行筛选。

（4）服务标准选定后进入实施。服务机构在实施服务标准过程中，要建立一个信息反馈机制，以发现新标准存在的问题并加以修订、完善。服务标准的信息反馈机制通常就是服务标准的考核机制。服务机构按服务标准考核服务行为，找出服务行为不符合服务标准的情况。在“服务标准正确，服务行为错误”的情况下，服务机构对服务行为加以调节和控制，以保证服务行为达到服务标准。也可能存在服务标准过高或过低的情况，服务标准定得过高，超过了大多数服务人员的能力，那么这样的标准就难以实施。而且过高的服务标准可能超出顾客期望的理想区间，虽然可让顾客感到惊喜，但长期来说，部分顾客认为这过高的标准不是为他们设计的，而选择改向另一服务机构购买服务。或者，过高的标准吸引了一群顾客，使服务机构偏离原来选定的目标市场。因此，服务机构应当调低过高的服务标准以符合目标顾客的真正需要。服务标准定得过低，如前所述，就缺乏挑战性和竞争力，也需要调整。

美国沃尔玛零售公司是世界上最大的零售公司，有许多其他商家不具备的优势，其中之一是所谓“超值服务”标准，包括“日落标准”、“比满意还满意标准”、“10步标准”等。“日落标准”是指每天的工作必须在当天日落之前完成。对于顾客的服务要求，要在当天予以满足，绝不拖延。这个标准与尊重个人、注重顾客服务和精益求精的信念一脉相承，已成为沃尔玛企业文化的重要内容。“比满意还满意标准”，公司创始人沃尔顿对此的解释是：“让我们成为顾客最好的朋友，微笑着迎接光顾本店的所有顾客，尽可能提供能给予的帮助，不断改进服务，这种服务甚至超过了顾客原来的期望，或者是比其他任何商店更多、更好的服务。”例如，曾有一名沃尔玛员工，把一名儿童从马路中央推开，避免了一起交通事故；另一名员工主动延长工作时间，帮一位母亲精心挑选儿子的生日礼物，却耽误了自己孩子的生日晚宴等。这些根植于沃尔玛员工心目中的优质服务，给公司带来了无数的回头客。“10步标准”，是指只要顾客出现在沃尔玛员工10步距离的范围内，员工就必须主动上前打招呼，并询问是否需要帮助。沃尔玛的这些经营理念在实践中被认为是成功的范例。薄利多销并没有使沃尔玛无钱可赚，相反，由于服务到位，使得沃尔玛顾客盈门。

9.4.5 服务利润链

1. 服务利润链模型

20世纪80年代以后，美国哈佛大学商学院、凡德彼尔特大学的服务研究中心等院校的学者和专家在“服务质量”领域的研究日趋深入。汉斯凯特（Heskett，1994）在有关研究中，探讨了影响利润的变量及相互关系，建立了“服务利润链”式结构（见图9-8），形象而具体地将变量之间的关系表示出来。70年代和80年代，不管是制造企业还是服务企业，几乎把精力都集中在设定利润目标和市场份额方面。进入90年代，随着服务经济的迅猛发展，企业特别是服务企业管理的重心不在于利润和市场份额的设立，而在于如何全面满足企业内部一线员工和企业外部顾客的需求：向人员和技术投资，以支持一线员工；致力于人员招募和培训实践的创新；对企业内每个层次上的人员，要把报酬激励和个人绩效紧密联系起来。服务经济的新时代要求具有创新性的绩效和利润的测量技术，这种技术应该能够测试出内部员工的满意度、忠诚度、产品和所提供的服务所包含价值的生产力（率）等所产生的影响。一个忠诚的顾客对企业的终身价值是巨大的，特别是当把一个忠诚的顾客对其他顾客的引导分析效用也考虑在内更是如此。90年代以来，美欧众多成功的服务企业的管理实践体现了以上思想，也呈现出一条以企业第一线工人和顾客为中心的服务利润链。这些企业正是通过对服务利润链的建立、分析和不断改进，实现了对企业优先资源的最有效投资和利用，获得了员工及顾客对企业的忠诚和满意。

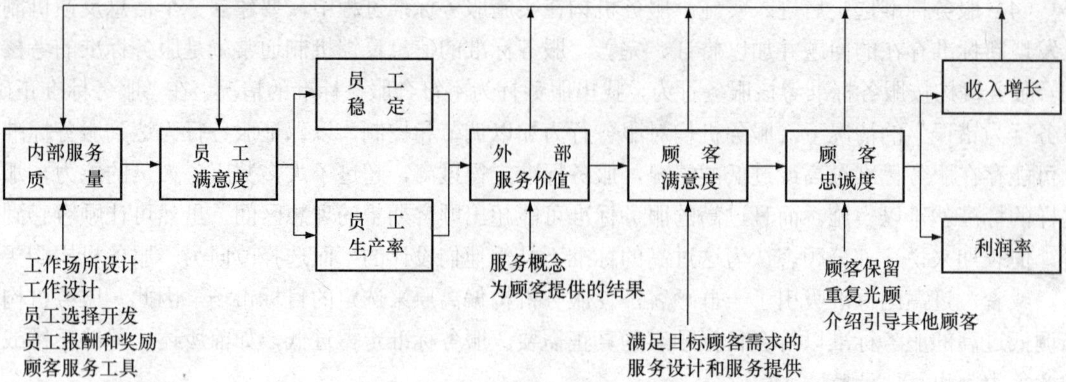

图 9-8　服务利润链

服务利润链是建立了企业、员工、顾客、利润之间关系的链。服务利润链理论认为：利润、增长、顾客忠诚度、顾客满意度、顾客获得的产品以及服务的价值、员工的能力、满意度、忠诚度、劳动生产率之间存在直接的、牢固的关系。其逻辑内涵为：企业盈利能力的增强主要来自顾客忠诚度的提高；顾客忠诚是由顾客满意决定的，顾客满意则是由顾客从企业所获得的价值大小决定的；顾客所认同的价值大小最终要靠工作富有效率且对公司忠诚的员工来创造，而员工对公司的忠诚又取决于其对公司是否满意；员工满意与否主要应视公司内部是否给予了高质量的内部服务和使员工能够向顾客提供有价值服务的公司政策。这一逻辑要有效，即要使这一正相关的链条能够联动起来，需要把握两点精髓。一是让外部服务为顾客创造出高的顾客让渡价值，二是通过高质量的内部服务为一线员工（内部顾客）创造高的内部顾客让渡价值。对于服务业，后者更为关键。

2. 服务利润链运行机制

发端于内部服务质量，按照员工满意度、员工忠诚度、员工生产率、外部服务价值、顾客满意度、顾客忠诚度次序，最终收效于企业的收益率和成长性，并伴随着绩效的反馈补偿。

（1）顾客忠诚与企业利润率和成长的关系。20 世纪 90 年代以来，许多服务企业特别是计算机软件业和银行业，逐渐把顾客的忠诚度作为企业追求的第一目标，并制定出各种顾客忠诚度的测量指标，比如顾客保持、顾客光顾、顾客关系、顾客满意水平等，并以此为标准开展与同行业对手的竞争。有关研究数据表明，顾客忠诚度每提高 5%，企业的利润可以提高 25%～85%，当顾客的忠诚度提高一倍时，企业的市场份额可以提高一倍。人们常把因顾客的忠诚水平而增加的市场份额称为市场的质量份额。在实际工作中，企业要对顾客的忠诚进行有效的定义，把介绍引导其他顾客的效益包括在内测量忠诚顾客对利润率的影响，必须合理控制对现存顾客保留的直接投资占企业商业开发和内部激励支出的比例，及时对顾客流失原因进行调查。

（2）顾客满意度与顾客忠诚度。顾客的忠诚度来源于顾客的满意度，管理好顾客满意这个环节至关重要又颇有难度。企业首先要重视对顾客满意度的量化工作，客观、协调一致和定期收集顾客满意度数据，建立倾听顾客对企业反馈的多渠道系统；随着信息技术的发展，可以建立主动收集顾客反馈意见的平台，及时解决顾客问题。

（3）外部服务价值。以价值为导向是现代顾客的一个特点，价值对顾客来讲不仅是一个成本，更是顾客所享受的一切结果的多元体现。服务价值是随着每个顾客的期望水平不同而变化的。一般来讲，企业大多用顾客所表述的对产品和服务高度或低度满意的原因来测量服务价值的高低。因此，企业要增加服务系统的开放性，不仅是一线服务人员接近顾客，服务企业组织的各个管理层次都要尽量直接接触顾客。同时，有效利用顾客对服务感知价值的相关信息，在服务企业内信息的分层传送、信息共享和利用团队工作的形势进行服务或产品设计对于定制服务标准十分重要。

（4）服务员工的生产力。在制造企业，传统上以产出数量和投入数量之比来表示企业的生产力。而在当今许多服务企业，服务员工的生产能力不仅以其服务产出数量来表示，还要把其所提供服务的质量包括在内，质量的水准以顾客满意度来测度。

（5）内部员工的忠诚度和满意度。服务企业的特点是其生产力与其服务员工的稳定性密切相关，内部员工的忠诚度主要以员工是否愿意长期为公司效力表现出来。转换工作或跳槽人数是衡量内部员工忠诚的一个重要指标，因为员工跳槽最本质的是公司生产力和顾客满意度的降低。直接影响内部员工忠诚度的是员工的满意度。同时，服务生产过程的顾客参与性、当场消费性和相互影响性等特点，使顾客满意度也成为服务人员对企业和岗位忠诚的影响因素。

（6）企业内部的服务质量。企业内部的服务质量一般用企业员工对他们工作、同事以及公司的感觉来测度，一般包括工作本身、培训、报酬、提升的公平性、在尊重和个人尊严方面所受到的待遇、团队工作、公司对员工生活福利的关心程度。然而传统上人们认为服务生产是劳动密集型的，但随着科学技术特别是信息技术的发展，服务生产也越来越需要强有力的硬件投资，有创造性地选择信息技术，提高企业内部服务质量、加强内部服务生产力。同时，企业领导人对内部服务质量起着决定性作用，高层领导把大量时间和精力花在对内部员工选择、培训、认同和关心上，在认真倾听外部顾客和内部员工意见的同时，投身于服务工作、场地、过程的设计和改进。

本章小结

随着社会财富不断积累，其对教育、休闲、健康和文化服务的需求越来越多。随着改革开放进程的深入，我国服务业得到了长足的发展。虽然我国服务业获得了较大发展，但其信息化、产业化、社会化水平不高，与发达国家甚至部分发展中国家相比还存在较大差距。从宏观层面上看，我国需要大力发展服务业。与此同时，微观上也不能忽视服务性企业盈利能力，其对我国服务业的发展起着不可或缺的作用。现如今顾客对于服务性企业的服务水平与现状还存在诸多不满。导致这种现象的原因较多，其中服务性企业没能较好地处理企业、员工和顾客三者之间的关系较为突出。由于服务性企业受利益驱使以及自身管理体制的制约，降低了员工满意度。员工满意度一旦降低，其对企业的忠诚度也受影响。员工忠诚度不高，影响顾客忠诚度。缺乏忠诚的顾客，服务性企业的盈利能力将受到较大影响。因此，要让服务性企业跳出这种恶性循环，识别应有的竞争优势，制定合理的战略，构建高效的服务系统，高质量满足顾客需求的同时盈利，从而走上良性循环。

复习思考题

1. 服务的特性包括哪些？
2. 什么是服务管理？
3. 新服务开发受哪些因素影响？
4. 新服务开发过程包括哪些阶段？

5. 服务质量要素包括哪些?

6. 服务质量差距体现在哪几个方面?

7. 服务接触三元模型的含义是什么?

8. 服务利润链包括哪些环节?

案例分析

某市电信 10000 客户服务中心

电信客户服务中心是一个基于CTI技术、充分利用通信网和计算机网络的综合信息服务系统，以电话为主，辅之以传真、短信、E-mail、互联网等多种接触媒体，通过人工、自助语音与网上服务的方式，为该市400万电信客户提供综合电信业务的咨询、查询、受理、投诉、报障和电话营销。建有2130路中继通道，1410路自动语音通道，186个人工服务座席、189个电话营销座席、80个外包座席。

该电信客服中心对客户响应及时，实现一台清和首问责任制。日均接通率保持在90%以上，业务受理占比达50%以上，客户满意率在97%以上，服务水平在同城同行测评中名列前茅。随着客户服务中心模式由传统的呼入型服务向客户忠诚度提升体系利润中心的转型，该电信10000号在电话营销方面也跃上了新台阶，包含客户关怀、客户研究调查、客户回访、客户营销等内容，日电话呼出总量达12000通，呼出成功率超过40%，已成为电信增值业务推广的首要渠道，对电信企业的转型和业务拓展创收发挥了重要作用。

“用户至上、用心服务”是中国电信秉承的服务理念，该电信客服中心一直以此为宗旨，结合呼叫中心的特点，进一步诠释了“客户”的概念，员工是我们的“内部客户”，下一道工序是上一道工序的客户，从而形成和谐、共享、良性循环的“服务链”。

1. 技术创新及时支撑客户服务

（1）为管理创新。自主开发了运营管理系统，利用实时采集现行系统的相关数据和历史数据，以话务预测模型和排班模型为基础，构建一套基于话务分析、质量管理和绩效考核的综合管理平台。系统荣获全省金点子创新奖。自主开发了对外服务辅助录音系统，通过板卡语音接入式为服务人员提供接入平台，并以自动语音导航完成电话外拨服务。该系统正在申报省公司科技项目奖。

（2）为员工创新。综合支撑系统——整合了多个独立系统。集呼入、查费、报障、派单、SP处理等功能于一体。减轻了客户代表的查询压力，提高了在线服务营销的速度和能力。

求助管理系统——增强了员工现场求助的直观性，提高了求助响应及时率。通过事后报表分析可衡量现场支撑人员的响应，可成为滚动培训内容的有效依据。

专家知识库——为客户代表减轻了记忆压力，为客户提供话务指引和标准化的服务口径。新知识库支持表格、图片、多媒体等格式的表现方式，是新老员工必备的电子工具。

在线学习系统——在线考试模块优化了试卷组合的公平性，增强了考试安排的灵活性，减轻了阅卷压力。在线学习模块更贴近成人学习模式，使针对性主动学习成为可能。

2. 流程优化快速提升客户响应

简化IVR流程——为了培养10000与10001各自不同使用习惯的客户群体，使呼入10000的客户更直接地享受快捷周详的人工服务，中心2次调整了IVR语音流程，并通过客户回访验证调整的合理性和客户认可度。

忙时话务分流——为了降低话务高峰时期客户等待时长，中心结合IVR与Michelle系统开发了短信留言和语音留言模块，在缓解呼入压力的同时，为客户提供多通道接入选择方式。

精确拦截系统——中心开发了精确预警拦截系统，对线路和设备的区域割接、故障做到对客户的提前预警和实时的障碍拦截。

3. 关爱员工积极营造和谐氛围

新业务体验区，寓教于乐——开辟了新业务体验区，按产品种类设立演示区，配置了体验触摸屏，让员工随时摸索、体验。通过新业务体验操作技能大赛和Flash原创作品大奖赛等形式激发员工学习的激情，在娱乐中学习。

“福利型积分制”回报员工点滴的付出——作为原绩效考评分配机制的延续和扩展，10000号员工福利型积分制的实行从客户表扬、工作业绩、考试成绩、质检成绩、培训授课、好人好事、竞赛得奖、员工投稿等各方面回报员工点滴的付出，激发了员工的主动性和积极向上的工作热情。福利积分可以用于疗养、旅游、阅览室、美容、休闲吧、健身房、团队活动、兴趣小组等各方面。

“知心妈妈”等途径搭建沟通桥梁——中心专门有一位热心的知心妈妈，经常与员工谈心，为员工排忧解难。另外还通过经理信箱、短信平台、文化长廊、内部网站等途径帮员工抒发情感、发泄情绪，通过沟通调整心态，培养健康乐观的生活态度。

成人教育班，足不出户上大学——中心与高校合作，探索“合作教育”新模式，开办10000成人教育班，为员工创造学习机会，毕业后拿到同样的文凭，既不耽误工作，也圆了员工上大学的梦想。

回馈社会，培养社会责任心——中心每年都会组织4～5次大型的团队活动，这些团队活动都凝聚着企业的文化内涵，“做一个有社会责任心的人”。通过宣传西博10000号环湖自行车队宣传游、慰问明珠民工子弟学校，为困难员工捐款、看望聋哑儿童，义务奉献捡垃圾，10000进社区、青年文明礼仪风采展示等各种社会活动，塑造了10000服务形象，培养员工正确的人生观和价值观。

4. 运营体制及人员管理

差异化服务体系：为促进客户感知的提升，10000以细分客户为前提，在2006年对不同的客户群建立差异化服务指标体系，先后开设了宽带专家座席、贵宾专线、商客热线、业务专家席、小灵通虚拟专席和英语专席。通过全天候、零距离的电话关怀，让客户感受到电信服务的温馨和迅捷，同时在客户覆盖、服务延伸、技能优化上不断推出新的举措。通过全方位的优质服务，提升客户价值，提升品牌形象。

培训管理：为提升客户代表综合素质，客服中心建立了一支13人的专兼职培训队伍，重点抓好“两新一全”的培训，结合模拟拨测、话务指引、情景操作、新业务体验的交叉训练，让员工能够在一个轻松、愉悦的氛围里迅速地掌握业务知识，并能娴熟地运用。

晋升通道：为更好地激发员工的工作热情、施展员工的个人才华，杭州电信客户服务中心为客服人员精心设计了职业发展通道。从岗位纵向而言，客服代表可以由普通客服代表向一星、二星、三星及至五星级客服代表晋升；从岗位横向而言，员工可以由客服代表、营销代表向客户经理、技术业务支撑以及向管理岗位晋升。有效的职业生涯设计，增强了员工的企业归属感。

绩效管理：为了有效激励客服人员，最大限度地发挥客服人员的潜能与工作积极性，客户中心的绩效考核在注重工作量的同时，更加关注客户服务质量和客户感知，平衡“质”与“量”的关系。根据每一个客服岗位的工作特点，中心分别制定了不同岗位的绩效考核办法，从工作量、业务发展能力、服务亲和力、业务处理能力、一次性解决问题能力、现场工作表现、劳动纪律遵守情况等方面形成多维度、立体型的绩效考核体系。

思考题：

请根据服务利润链模型分析 10000 客户服务。

第10章 项目管理

学习目标

- 项目管理概念
- 项目可行性研究
- 项目选择与评估
- 项目进度计划编制
- 进度计划的分级管理
- 进度控制
- 项目风险管理

开篇案例

一项电子政务信息系统工程项目

某市电子政务信息系统工程，总投资额约500万元，主要包括网络平台建设和业务办公应用系统开发，通过公开招标，确定工程的承建单位是A公司，按照《合同法》的要求与A公司签订了工程建设合同，并在合同中规定A公司可以将机房工程这样的非主体、非关键性子工程分包给具备相关资质的专业公司B，B公司将子工程转手给了C公司。

在随后的应用系统建设过程中，监理工程师发现A公司提交的需求规格说明书质量较差，要求A公司进行整改。此外，机房工程装修不符合要求，要求A公司进行整改。

项目经理小丁在接到监理工程师的通知后，对于第二个问题拒绝了监理工程师的要求，理由是机房工程由B公司承建，且B公司经过了建设方的认可，要求追究B公司的责任，而不是自己公司的责任。对于第一个问题，小丁把任务分派给程序员老张进行修改，此时，系统设计工作已经在进行中，程序员老张独自修改了已进入基线的程序，小丁默许了他的操作。老张在修改了需求规格说明书以后采用邮件通知了系统设计人员。

合同生效后，小丁开始进行项目计划的编制，开始启动项目。由于工期紧张，甲方要求提前完工，总经理比较关心该项目，询问项目的一些进展情况，在项目汇报会议上，小丁向总经理递交了进度计划，公司总经理在阅读进度计划以后，对项目经理小丁指出任务之间的关联不是很清晰，要求小丁重新处理一下。

新的计划出来了，在计划实施过程中，由于甲方的特殊要求，需要项目提前2周完工，小丁更改了项目进度计划，项目最终按时完工。

在整个项目的执行过程中，应如何看待小丁的行为，你认为他应该怎样做？

（资料来源：根据网络资料整理）

10.1 项目管理概述

项目管理实践从人们共同合作，进行社会生产与活动之日起就已经开始了。但是项目管理作为一门科学，却是近年发展起来的一个管理学科的新领域。项目管理所涉及的管理理论和管理方法，与一般的运营管理都有很大的不同。项目管理的理论和方法可以适用于我们现代社会中各种项目的管理，不管是科技开发项目，还是房地产开发项目；不管是软件开发项目，还是各种服务提供项目。项目管理的理论和方法是在总结了各种各样项目的管理一般规律而建立起来的项目管理理论和方法论，它具有非常广泛的适用性，所以是现代管理科学中的一个重要领域。

10.1.1 项目和项目管理

项目是一个组织为实现既定的目标，在一定的时间、人员和其他资源的约束下，所开展的一种独特性的、一次性的工作。项目是人类社会特有的一类经济、社会活动形式，是为创造特定的产品或服务而开展的一次性活动。因此，凡是人类创造特定产品或服务的活动都属于项目的范畴。项目可以是建造一栋大楼，开发一个油田，或者建设一座水坝，像国家大剧院的建设、大庆油田的建设、三峡工程的建设都是项目；项目也可以是一项新产品的开发，一项科研课题的研究，或者一项科学试验，像调频空调的研制、艾滋病新药的研究、转基因作物的实验研究都是项目；项目还可以是一项特定的服务，一项特别的活动，或一项特殊的工作，像组织一场婚礼、安排一项救灾义演、开展一项缉毒活动等也都是项目。

项目可以定义为：在规定的时间和预算内需要完成的，具有特定目标或质量性能要求的，一次性、多活动的复杂任务。

项目管理就是以项目为对象，由项目组织对项目进行高效率的计划、组织、领导、控制和协调，以实现项目目标的过程。

项目管理一般需要满足项目目标的最终实现，其中项目目标主要包括以下几个方面。

（1）对项目本身的要求与期望。这是所有项目有关各方共同要求和期望的内容，是项目全体有关各方面的共同利益所在。例如，对一个项目的范围、工期（时间）、造价（成本）和项目质量等方面的要求与期望就属于对于项目本身的要求和期望。

（2）项目有关各方的需求和期望。这是项目有关各方与自己相关利益的需要和期望，这包括项目的业主/客户、资源供应商、项目承包商、协作商、项目团队、项目所在社区、项目的政府管辖部门等各个方面的要求与期望，这种项目有关各方的需求和期望有些是相互矛盾的。

（3）项目已识别的需要与期望。这是已经由项目的各种文件明确规定出的项目需求和期望，是项目有关各方达成共识的需要和期望。例如，已经明确的项目工期、项目成本和项目质量等方面的要求与期望，以及对于项目工作的一些要求和期望等。

（4）项目尚未识别的要求和期望。这是项目各种文件没有明确规定出的，但又是项目有关各方想要和追求的需求和期望。例如，潜在的环保要求、残疾人的特殊要求、更低的项目成本、更短的项目工期、更高的项目质量要求等。

10.1.2 项目管理的重要性

项目作为一种创新活动普遍存在于我们人类的社会、经济和生产活动之中，人类现有的各种文化物质成果最初都是通过项目的方式实现的。现有各种运营活动都是各种项目的延伸和延续，人们各种创新的想法、建议或提案迟早都会转化成项目，并通过项目的方式得以验证或实现。在人类社会中，小到个人的婚礼，大到阿波罗计划都是项目，都需要项目管理。同时，不管是企业、政府、社团还是个人的项目（住宅建设）都需要开展项目管理。

任何一个项目的管理都没有一成不变的模式和方法，都需要通过管理创新去实现对于具体项目的有效管理。在现实生活中，即使是一个工业或民用建设项目，由于是新的建设地点、新的业主/客户、新的建设材料与施工方法等各种新的因素，仍然需要各种各样的管理创新。对于像企业新产品的研究与开发之类创新性强的项目，就更需要管理创新了。

另外，尽管项目管理有许多特性，但是它与一般运营管理也有一些共性。例如，项目管理的科学性与一般运营管理的科学性是一致的，只是在内容和方法上不同，主要体现在对于项目的集成性管理、工程性管理、客观性管理等方面。项目管理的艺术性与一般运营管理的艺术性也是一致的，只是在内容和方法上有所不同，主要体现在对于项目相关利益者的利益和要求的协调与沟通方面、项目团队的建设与领导方面等。

10.2 项目可行性研究

可行性研究是为考察项目经济上的合理性、营利性，技术上的先进性、适用性，实施上的可能性、风险性，在项目投资决策前，对项目进行调查研究、进行全面的技术经济分析论证，为项目决策提供科学依据的一种科学方法和工作阶段。

10.2.1 机会研究

机会研究是在将项目意向变成项目建议的过程中，对所需的参数、资料和数据进行量化分析的主要工具。机会研究相当粗略，它主要依靠笼统的估计而不是详细的分析。

一般机会研究包括：

（1）地区研究。即选定一个地区为研究范围，通过分析其地理位置、自然特征、人口、地区经济结构、经济发展状况、地区进出口结构等状况，选择投资或发展方向。

（2）部门研究。通过分析部门特征，经营或投资者所处部门的地位作用，增长情况等，进行项目的方向性选择。

（3）资源研究。通过分析资源分布状况、资源储量、可利用程度、已利用状况、利用的限制条件等信息，寻找项目机会。

10.2.2 项目可行性研究

项目管理要求对任何项目都要进行可行性研究，只是不同项目的可行性研究所要求的研究深度和复杂程度不同而已。不同国家对于项目可行性研究的要求有所不同，但是一般项目可行性研究的主要内容和工作如下。

（1）初步可行性研究。这一工作的内容主要是分析和研究项目提案或项目建议书所提出的项目的必要性、合理性、风险性和可行性，以及分析和评价项目提案或项目建议书中所得出的各种结论，从而作出项目是否立项的初始决策（初始决策是指对于某事物的首次决策）。通常，这一步的可行性分析涉及四个方面的内容：项目的技术可行性分析、项目的经济可行性分析、项目的运营可行性分析、项目的综合可行性分析。其中，项目的技术可行性分析是对于项目所采用的技术手段和项目产出物的技术要求等方面所进行的可行性分析与评价；项目的经济可行性分析是对项目工作的经济投入与产出和项目产出物的技术经济效果等方面的分析和评价；项目的运营可行性分析是对项目所需的各种条件和项目产出物投入运营后所需的各种支持条件的分析与评价；而项目的综合可行性分析是将前面给出的三个单项可行性分析综合在一起的项目可行性分析与评价。项目可行性分析的目的包括两个方面，其一是确定项目是否可行，从而得出项目是否立项的结论；其二是确定项目的哪个备选方案最好，并得出各个备选方案的优先序列。项目的初步可行性分析是一种过渡性的工作，有时可以放在项目提案或项目建议书阶段完成，有时可以与详细可行性分析合并进行。

（2）详细可行性研究。这一工作的内容是在初步可行性研究的基础上，进一步详细地研究项目的可行性，分析项目的技术可行性、经济可行性、运营可行性，以及项目的不确定性和各种风险，各种环境影响和各个备选方案的优劣。详细可行性分析一般要比初步可行性分析详细和复杂。例如，对于经济可行性分析在这一阶段需要对项目进行财务评价和国民经济评价两个方面的分析。其中，项目财务评价是从企业的角度，按照国家现行财税制度和价格体系，分析和评价项目的财务效益，评估项目的财务可行性，决定项目是否可行的一项重要工作。各项财务评价指标从不同的角度分析和评价一个项目的财务可行性（最主要的有：财务静态评价指标与动态评价指标，动态评价指标即考虑了货币时间价值的评价指标）。这种评价对于企业是非常重要的，但是对国家、社会和国民经济的考虑不多，所以项目还要进行国民经济评价。国民经济评价是按照全社会资源合理配置的原则，从国家整体的角度考察项目的效益和费用。这需要运用影子价格、影子工资、影子汇率、社会折现率等经济参数，分析项目对国民经济的贡献，从而对项目的经济可行性作出评价方法。这种评价是国家对于大中型项目的可行性分析所要求的，一个大中型项目只有国民经济评价达到可行，方能获得批准。

（3）项目可行性分析报告的审批。项目可行性分析报告一般是由项目提出者、项目业主或项目的主管者自行或委托项目管理咨询单位完成的，项目的可行性分析与研究者必须对研究的真实性、准确性和可靠性负责。同时项目的可行性分析报告还必须经过决策机构的审批，对于影响国计民生或与社区利益关系重大的项目还必须报送主管部门或国家机关，直至国务院审批。项目可行性分析报告审批的过程是一个项目最终决策的过程。不管项目可行性分析报告是否通过审批，这一过程的终结才是项目决策阶段的完成。项目可行性报告一旦获得审批，那么这一文件就成为今后项目投资决策的依据、项目设计的依据、项目资金筹措和资源配备的依据、项目实施的依据和指导文件以及项目实施完成并投入运营以后所作的后评估的依据。

10.2.3 项目选择与评估

1. 项目选择

选择项目所使用的方法主要有两类，一类是成本/效益分析法，另一类是专家判断法。

成本/效益分析法主要是指像项目财务评价方法和国民经济评价方法以及决策树之类的常规决策分析方法。

专家判断法主要是指根据项目管理专家的比较判断作出项目的分析、评价和选择的方法，这包括专家打分法和层次分析法等具体的专家判断分析法。

2. 项目评估的含义与程序

项目评估指在项目可行性研究的基础上，由第三方（国家、银行或有关机构）根据国家颁布的政策、法规、方和条例等，从项目（或企业）、国民经济、社会角度出发，对拟建项目建设的必要性、建设条件、生产条件、产品市场需求、工程技术、经济效益和社会效益等进行评价、分析和论证，进而判断其是否可行的一个评估过程。

项目评估是项目投资前期进行决策管理的重要环节，其目的是审查项目可行性研究报告的可靠性、真实性和客观性，为决策部门的审批决策提供科学依据。

项目评估的程序：①成立评估小组；②制订评估工作计划；③开展调查研究，收集并整理有关资料；④分析与评估；⑤编写评估报告；⑥报送评估报告并归档。

3. 项目评估的内容

（1）项目建设必要性评估。项目建设是否必要，是影响项目投资经济效益的决定性因素，也是决定项目方案取舍的前提条件。它包括评价投资项目是否符合国家产业政策、投资政策、行业规划；评价项目在国民经济和社会发展中的作用；评价项目是否符合组织的发展规划；项目的产出是否符合市场需要，其竞争力和市场潜力如何等。

（2）项目建设条件评估。评估内容包括：投资项目资源组成结构，工程、水文、地质、气候等情况；项目建成后所需原辅材料、燃料、动力等的供应状况；生产工人、技术人员的素质是否符合生产技术要求，管理人员是否懂技术、会经营、较稳定；项目的供水、供电、供热、交通运输、厂址选择与规划等必备的建设条件和其他外部协作配套条件是否落实；项目的劳动保护，环保治理是否符合有关部门的要求等。

（3）项目技术评估。项目技术评估既包括项目产品方案的具体规划，又包括项目采用何种工艺技术和设备的具体规划。它直接决定着产品的质量、数量、生产规模与生产效率，对产品市场、产品成本和项目的经济效益有着至关重要的影响。通过项目的技术评估，可以判断项目在技术上的可行性。技术评估的主要内容有：产品方案和资源利用是否合理，采用的工艺、技术、设备是否先进、适用、安全可靠；检查手段是否完备；引进的技术和设备是否符合我国国情，是否先进、配套；有无消化吸收能力以及对技术方案的综合评价等。

（4）项目财务效益评估。项目财务效益评估是从项目（或企业）的角度出发，以现行价格为基础，根据收集、整理与估算的基础财务数据，分析比较项目在整个寿命期内的成本和收益，以此判断项目在财务方面的可行性。

（5）项目国民经济效益评估。项目国民经济效益评估是从国民经济全局的角度出发，以影子价格为基础，分析比较国民经济为项目建设和经营付出的全部代价和项目为国民经济作出的全部贡献，以此判断项目建设对国民经济的合理性。

（6）社会效益评估项目。社会效益评估更多的是从促进社会进步的角度出发，分析项目为实现国家或地区的各项社会发展目标所作的贡献和产生的影响。

10.3 项目管理的组织和人员配备

1. 项目组织规划与设计

项目组织规划与设计是项目整体人力资源的计划和安排，是按照项目目标通过分析和预测所给出的项目人力资源在数量上、质量上的明确要求、具体安排和打算。项目组织规划与设计包括：项目组织设计、项目组织职务与岗位分析和项目组织工作的设计。其中，项目组织设计主要是根据一个项目的具体任务需要，设计出项目组织的具体组织结构；职务与岗位分析是通过分析和研究确定项目实施与管理特定职务或岗位的责权利和三者关系；项目组织工作的设计是指为了有效地实现项目目标而对各职务和岗位的工作内容、职能和关系等方面的设计。

由于项目的一次性和项目组织的临时性，其规划工作从内容上和方法上与一般运营组织的规划有所不同。一般运营组织人力资源管理中的组织规划与设计是通过研究组织目标、组织任务、组织结构、组织职位、组织职位间的责权利关系、组织协调和组织信息沟通等方面的各种要素之间的关系，以及合理地安排和配置这些要素，从而完成一个运营组织的设计。同样，项目组织规划与设计也需要研究项目目标、项目任务、项目组织结构、项目组织的职位、组织职位间的责权利关系、组织协调和组织信息沟通等方面各种要素之间的关系，也需要合理地安排和配置这些要素，从而完成项目组织的设计。由于项目目标、资源和环境的不同，所以不可能为所有的项目设计一个理想的组织结构。为了确保项目工作在预算范围内按时、优质地完成，每一个项目都需要根据项目的具体情况进行科学的组织规划与设计。项目组织规划与设计还必须考虑项目所处环境的影响，项目组织通常有三种不同的组织环境，即直线职能型、项目型和矩阵型组织环境与组织结构。在这三种不同的组织环境与组织结构中，项目组织规划与设计分别具有下列的特殊性。

（1）直线职能型组织环境下的项目组织规划与设计。对于采用直线职能型组织结构的企业或组织而言，项目组织通常为一个具体的项目团队或项目小组，并且多数是在直线或职能部门内部。这种项目团队或项目小组通常是部门内部一种松散的、临时性的项目团队组织，这种项目团队的责、权、利都十分有限，这种项目团队中的项目经理权力也十分有限。因为这种项目组织只是负责企业甚至部门内部项目的实施工作，所以这种项目团队或小组受制于公司直线职能型组织环境的强力约束，多数是一种不健全的项目团队组织。在直线职能制的组织环境下，很少有跨部门的项目团队，很少从组织环境外部获取项目团队成员。在设计这种环境下的项目组织时必须充分考虑它所处直线职能型组织结构环境，全面考虑企业或部门内部开发项目的特性，合理安排项目经理的权限，安排好项目经理与团队成员和上级的各种关系，以便使项目团队能够顺利地完成任务和实现项目目标。

（2）项目型组织环境下的项目组织规划与设计。在采用项目型组织结构的企业或组织中，通常会同时存在多个相对稳定的项目团队，因为这种组织是专门为完成各种业务项目（替他人完成的项目）而建立的，所以它们是以项目作为主要生产方式的。这种组织中的每个项目团队会专门从事一类项目，多数项目团队成员都具有一定的专长，所以它们在一个业务项目完成后会被分配到另一个业务项目。这种项目团队通常是一种比较紧密的和相对稳定性的项目组织，这种项目组织的责、权、利相对较大，项目经理在项目预算、工期和人力资源管理方面的权力都较大。因为这种项目组织需要负责各种业务项目的全部工作，所以它们多数是一种健全的项目团队，可以从企业或组织的各个部门获取各种人力资源。在设计这种项目组织时必须充分考虑它所处的项目型组织环境和外部业务项目的特性，给项目经理以充分的授权，并使项目团队有足够的权利。同时，要充分考虑这种项目团队的管理人员配备和职能部门的设计，以便使项目团队能够顺利地完成业务项目的任务，实现业务项目的既定目标。

（3）矩阵型组织环境下的项目组织规划与设计。在采用矩阵型项目组织中，一个项目团队的成员来自于不同的职能部门或机构。当一个项目团队的成员完成了某个项目以后会首先回到原来的职能部门，等有了新项目以后他们又会组成新的项目团队。这种方法使职能部门人员的职能工作和项目工作得到了最充分的利用，减少了人力资源的浪费。这种项目团队所处的组织环境是一种兼具直线职能型和项目型的组织环境，在这种环境下的项目团队具有的责、权、利比较对等，项目经理在项目预算、工期和人力资源管理方面的权力也比较均衡，项目团队在获得各种资源方面的权利也比较均衡。由于矩阵型组织可以进一步分为弱矩阵、均衡矩阵和强矩阵三种不同的情况，所以矩阵型组织中的项目团队也会随企业组织的情况而变化，获取各种人力资源的能力也会因为它们所处的组织环境而变化。这种项目团队的组织规划与设计也要充分考虑项目工作的范围和内容，以确定项目团队的管理人员配备和管理职能部门设置。特别要注意不能追求齐备的项目部门和人员，在许多情况下项目团队可以采用一套管理人员和一个综合管理部门的办法，去实现对于项目的全面管理。

2. 项目组织的人力资源配备

合理配备人力资源不但有利于项目目标的实现，也有利于充分挖掘人力资源的潜力，降低人力资源的成本，和不断地改进与完善项目组织的结构，提高项目团队的合作与协调。因此，人力资源配备工作对于一个项目组织而言也是十分重要。

为了做好人力资源配备工作，在项目人力资源配备工作中应遵循以下原则。

（1）人员配备必须以实现项目目标为中心。项目组织人员配备的第一原则是必须以实现项目目标为中心，即项目组织一切人员配备都必须为实现项目目标而服务。因为项目组织的根本目标就是成功地完成项目，所以项目组织只需要考虑项目的目标即可。

（2）人员配置必须精简、高效、节约。项目组织在人员配备方面必须实现精简、高效和节约的目标，即在项目组织人员配备上不允许多招人，必须以先进合理的定额和定员标准为依据，确定项目组织的人员配备。在项目组织中特别提倡兼职，因为一个项目团队中的职能工作种类可能很多，但是每项职能工作的工作量可能较小，所以需要兼职。另外，在人员配备中还需要提倡简化各种职能业务工作的手续，减少项目组织层次，精简项目组织机构，从而降低配备的人员数量，达到精简、高效和节约的目标。

（3）人员配备应合理安排各类人员的比例。项目组织人员配备的另一个原则是要合理安排各类人员的比例关系，包括项目直接工作人员和辅助工作人员的比例，尽量减小辅助工作人员的比重，项目管理人员和项目实施人员之间的比例关系，努力降低项目管理人员的比重。另外，对于一些特殊项目还需要合理地安排不同专业或工种的人员和不同管理人员的比例关系，从而使各个专业或工种之间的人员能力实现合理的平衡，减少和消除窝工和人力资源浪费的现象。

10.4 项目时间管理

项目时间管理又叫项目工期管理或项目进度管理，是为确保项目按时完工所开展的一系列管理活动与过程。这包括：项目活动的界定和确认（即分析确定为达到项目目标所必须进行的各种作业活动），项目活动内容的排序（即分析确定工作之间的相互关联关系并形成项目活动排序的文件），估算项目活动工期（即对项目各项活动所需时间作出估算），估算整个项目的工期，制订项目工期计划，对作业顺序、活动工期和所需资源进行分析，制订项目工期进度计划，管理与控制项目工期进度等。这些项目时间管理的过程与活动既相互影响，又相互关联，它们在理论上是分阶段展开的，但在实际项目实施和管理中却是相互交叉和重叠的。

10.4.1 项目进度计划编制

1. 项目工期计划制订的概念

项目工期计划制订是根据项目活动界定、项目活动顺序安排、各项活动工期估算和所需资源所进行的分析和项目计划的编制与安排。制订项目工期计划要定义出项目的起止日期和具体的实施方案与措施。在制订出项目工期计划之前，必须同时考虑这一计划所涉及的其他方面问题和因素，尤其是对于项目工期估算和成本预算的集成问题必须予以考虑。

2. 项目工期计划编制的依据

在开展项目工期计划制订以前的各项项目时间管理工作所生成的文件，以及项目其他计划管理所生成的文件都是项目工期计划编制的依据。其中最主要的有：

（1）项目网络图。这是在活动排序阶段所得到的项目各项活动以及它们之间逻辑关系的示意图。

（2）项目活动工期的估算文件。这也是项目时间管理前期工作得到的文件，是对于已确定项目活动的可能工期估算文件。

（3）项目的资源要求和共享说明。这包括有关项目资源质量和数量的具体要求，以及各项目活动以何种形式与项目其他活动共享何种资源的说明。

（4）项目作业制度安排。项目作业制度安排会影响到项目的工期计划编制。例如，一些项目的作业制度规定可以是只能在白班作业一个班次，也可以是三班倒进行项目作业。

（5）项目作业的各种约束条件。在制订项目工期计划时，有两类主要的项目作业约束条件必须考虑：强制的时间，指项目业主/用户或其他外部因素要求的特定日期。关键时间或主要的里程碑，指项目业主/用户或其他投资人要求的项目关键时间或工期计划中的里程碑。

（6）项目活动的提前和滞后要求。任何一项独立的项目活动都应该有关于其工期提前或滞后的详细说明，以便准确地制订项目的工期计划。

3. 制订项目工期计划的方法

项目工期计划是项目专项计划中最为重要的计划之一，这种计划的编制需要反复地试算和综合平衡，因为它涉及的影响因素很多，而且它的计划安排会直接影响到项目集成计划和其他专项计划。所以这种计划的编制方法比较复杂，主要有如下几种。

（1）系统分析法。系统分析方法是通过计算所有项目活动的最早开始和结束时间、最晚开始和结束时间，然后统一安排项目活动，获得项目工期计划。这些时间的计算要反映出项目工期计划对于资源限制和其他约束条件的考虑，以及对于各种不确定因素的综合考虑。由于这种方法考虑了多种因素的影响，所以在项目工期计划编制中系统分析法运用得较多。这种方法的几个基本概念如下。

项目的开始和结束时间：为建立一个项目所有活动的工期计划安排的基准，就必须为整个项目选择一个预计的开始时间（estimated start time）和一个要求的完工时间（required completion time）。这两个时间的间隔规定了项目完成所需的时间周期（或叫项目的时间限制）。整个项目的预计开始时间和结束时间通常是项目的目标之一，需要在项目合同或项目说明书中明确规定。然而在一些特殊情况下，可能会使用时间周期的形式来表示项目的开始和结束日期（如项目要在开始后 90 天内完成）。

项目活动的最早开始和结束时间、最迟开始和结束时间：为了使项目在要求的时间内完成，还必须根据项目活动的工期和先后顺序来确定出各项活动的时间。这需要给出每项活动的具体时间表，并在整个项目预计开始和结束的时间基础上确定出每项活动能够开始和完成的最早时间和最迟时间。其中，一项活动的最早开始时间是根据整个项目的预计开始时间和所有紧随活动的工期估计得来的；一项活动的最早结束时间是用该活动的最早开始时间加上该活动的工期估计得来的。项目活动的最迟完工时间是用项目的要求完工时间减去该项目活动所有紧随活动的工期估计计算出来的；而项目活动的最迟开始时间是用该活动最迟结束时间加上活动的工期估计计算出来的。

（2）关键路径法。关键路径法（CPM）是一种运用特定的、有顺序的网络逻辑和估算出的项目活动工期，确定项目每项活动的最早与最晚开始和结束时间，并做出项目工期网络计划的方法。关键路径法关注的核心是项目活动网络中关键路径的确定和关键路径总工期的计算，其目的是使项目工期能够达到最短。关键路径法通过反复调整项目活动的计划安排和资源配置方案使项目活动网络中的关键路径逐步优化，最终确定出合理的项目工期计划。因为只有时间最长的项目活动路径完成之后，项目才能够完成，所以一个项目最长的活动路径被称为"关键路径"。

例如图 10-1 中给出的是一个只有三项活动的项目案例，项目的最早结束时间是 36 天，项目最可能的结束时间是 39 天，而项目的最迟结束时间是 42 天。项目的最早、最迟完工时间是根据三项项目具体活动的工期估算求出的，它们的发生概率符合下图给出的正态分布。

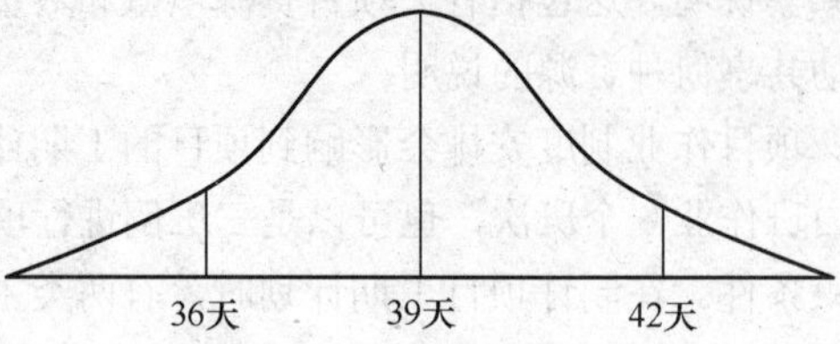

图 10-1　项目完工时间发生概率的正态分布示意图

（3）模拟法。模拟法是根据一定的假设条件和这些条件发生的概率，运用像蒙特卡罗模拟、三角模拟等方法，确定每个项目活动可能工期的统计分布和整个项目可能工期的统计分布，然后使用这些统计数据去编制项目工期计划的一种方法。同样，由于三角模拟法相对比较简单，一般都用来模拟估算项目单项活动的工期，然后再根据各个项目可能工期的统计分布做出整个项目的工期估算，最终编制出项目的工期计划。

（4）资源水平法。使用系统分析法制订项目工期计划的前提是项目的资源充足，但是在实际中多数项目都存在有资源限制，因此有时需要使用资源水平法去编制项目的工期计划。这种方法的基本指导思想是"将稀缺资源优先分配给关键路线上的项目活动"。这种方法制订出的项目工期计划常常比使用系统分析法编制的项目工期计划的工期要长，但是更经济和实用。这种方法有时又叫作"基于资源的项目工期计划方法"。

（5）甘特图法。甘特图法是由美国学者甘特发明的一种使用条形图编制项目工期计划的方法，是一种比较简便的工期计划和进度安排方法。这种方法是在 20 世纪早期发展起来的，但是因为它的简单明了，所以到今天人们仍然广泛使用。甘特图把项目工期和实施进度安排两种职能组合在一起。项目活动纵向排列在图的左侧，横轴则表示活动与工期时间。每项活动预计的时间用线段或横棒的长短表示。另外，在图中也可以加入一些表明每项活动由谁负责等方面的信息。简单项目的甘特图如图 10-2 所示。

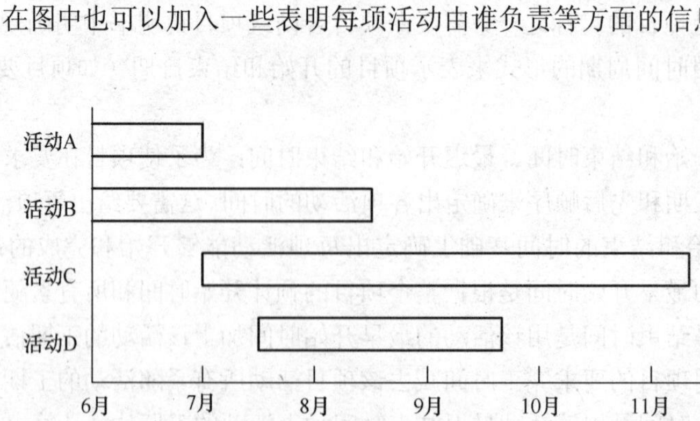

图 10-2　甘特图的示意图

（6）项目管理软件法。项目管理软件是广泛应用于项目工期计划编制的一种辅助方法。使用特定的项目管理软件就能够运用系统分析法的计算方法和对于资源水平的考虑，快速地编制出多个可供选择的项目工期计划方案，最终决策和选定一个满意的方案。这对于优化项目工期计划是非常有用的。当然，尽管使用项目管理软件，最终决策还是需要由人来作出。

4. 项目工期计划制订工作的结果

项目工期计划编制工作的结果是给出了一系列的项目工期计划文件。

（1）项目工期计划书。通过项目工期计划编制而给出的项目工期计划书，至少应包括每项活动的计划开始日期和计划结束日期等信息。一般在项目资源配置得到确认之前，这种项目工期计划只是初步计划，在项目资源配置得到确认之后才能够得到正式的项目工期计划。项目工期计划文件可以使用摘要的文字描述形式给出，也可使用图表的形式给出。表 10-1 就是用一种里程碑表的形式给出的一份项目工期计划书。

表 10-1　　　　项目工期计划历程表示文件

事件（里程碑）	1月	2月	3月	4月	5月	6月	7月	8月
分包合同签订			△▼					
规格书完成			△	▽				
设计审核					△			
子系统测试						△		
第一单元提交							△	
全部项目完成								△

（2）项目工期计划书的支持细节。这是关于项目工期计划书各个支持细节的说明文件。这包括：所有已识别的假设前提和约束条件说明，具体计划实施措施的说明等。例如，在一个建设工程项目中，项目工期计划书的支持细节可以包括：项目资源配置的说明、项目现金流量表、项目的物料采购计划和其他一些项目工期计划的保障措施等。

（3）项目进度管理的计划安排。项目进度管理的计划安排是有关如何应对项目工期计划变更和有关项目实施的作业计划管理安排。这一部分内容既可以整理成正式的项目进度计划管理文件，也可以作为项目工期计划正式文件的附件，或者只是做一个大体上的框架说明即可。但是无论使用什么方式，它都应该是整个项目工期计划的一个组成部分。

（4）更新后的项目资源需求。在项目工期计划编制中会出现对于项目资源需求的各种改动，因此在项目工期计划制订过程中需要对所有的项目资源需求改动进行必要的整理，并编制成一份更新后的项目资源需求文件。这一文件将替代旧的项目资源需求文件并在项目工期计划管理、集成管理和资源管理中使用。

10.4.2　进度计划的分级管理

有效的进度计划管理能帮助企业管理者合理分配资源、顺利达成目标，在崇尚科学管理的现代企业里无不重视对计划的管理。通过计划的分级管理，不但能使整个项目达到统筹管理、协调一致，同时也能降低整个项目在计划进度方面的风险。一般项目的进度计划通常分为四级管理。

一级进度计划即主进度计划是一张纲要计划，采用简化的横道图形式，描述项目所有关键里程碑和项目所有各阶段的汇总作业，包括设计、采购、施工和开车。根据承包商的报价计划进行编制。

需与授标合同相符，业主审核后，结合业主意见修改，合同授标后10个工作日内发布。合同基准目标不轻易调整，除非出现重大变更，与业主协商调整一级计划作为项目最高级别的计划，用以展示项目的关键日期和主要活动的控制点。一经业主下达，便作为整个项目的总体控制目标，未经业主批准，一级计划不能进行更改。

二级进度计划即 CPM 网络计划是一级计划的扩展，是一个链接了逻辑关系的关键路径网络，细化到足以显示所有主要的项目里程碑，并提供足够的信息，以便能够评估项目的总体状态。描述各专业 、各工作阶段间的逻辑次序和相互关系。递交业主审核，更新并结合业主意见合同生效后的30个工作日之内发布，是合同基准计划。二级计划是一个总体的、概要性的计划，它在一级计划的指导下进一步描述各装置内的重要里程碑和设计、采购、施 工等阶段的计划安排。

三级进度计划是二级计划的基础综合项目所有执行阶段，包括设计、采购、施工和开车。初步大三级计划包括足够详细的施工作业，以便评估设计和采购作业对施工的影响。合同生效后的 90个工作日之内发布。合同基准计划在现场动迁之前，计划的施工部分将提供所有关键作业的综合逻辑关系，并包括适当的配管区域。计划的所有作业都要用逻辑关系连接在一起，并尽量减少使用强制日期。三级计划基于单代号网络原理，采用关键路径方法进行编制。它在二级计划的框架下，主要描述项目每个装置在设计、采购、施工等阶段下各主要活动的具体内容、合理周期及逻辑关系。该计划一经业主批准，便作为各承包商进行进度控制的基准计划，满足各分包单位进行日常的计划跟踪、维护、对比、分析和调整要求。

四级进度计划是详细的作业计划和文件。在整个周期内，都需要使用专业级的、详细的作业级计划。设计互提条件进度表，细化描述项目每个装置在设计、采购、施工等阶段下所有交付物的计划安排。它作为项目进度测量的基础，能够通过 WBS 结构、按照测量系统要求向上汇总出项目各级 WBS 的计划和进度数据。

企业在计划管理方面存在的问题，主要表现在以下几方面：一是计划制订的合理性、严谨性难以保障，要么自上而下，领导说了算，要么自下而上，给自己留足了空间；二是计划大而全，关联复杂，多方相互影响，管理效率低下；三是执行结果很难认定，责任追踪错综复杂；四是计划调整的随意性大；五是项目知识难以共享，经验难以复制等。下面以房地产项目为例进行进度计划的分级管理。

表 10-2　项目计划的分级管理

<table>
<tr><th>一级计划</th><th>二级计划</th><th>三级计划</th><th>四级计划</th><th>五级计划</th></tr>
<tr><td rowspan="13">项目分期开发计划</td><td rowspan="13">项目关键节点计划</td><td rowspan="4">1. 主体施工总计划</td><td>1.1 总包月计划</td><td>1.1.1 总包周计划</td></tr>
<tr><td>1.2 分包月计划</td><td>1.2.1 计划任务书</td></tr>
<tr><td>1.3 施工样板间计划</td><td>1.3.1 计划任务书</td></tr>
<tr><td colspan="2">1.4 甲供材料计划</td></tr>
<tr><td colspan="3">2. 销售配合计划</td></tr>
<tr><td colspan="3">3. 材料部品定标计划（指甲供材料和供货安装部品），并按月度分解</td></tr>
<tr><td rowspan="4">4. 室外总体施工计划</td><td>4.1 雨污水管网施工计划</td><td>4.1.1 计划任务书</td></tr>
<tr><td colspan="2">4.2 市政道路计划</td></tr>
<tr><td colspan="2">4.3 园建绿化施工计划</td></tr>
<tr><td colspan="2">4.4 政府安装工程计划任务书（含给水、强弱电、燃气）</td></tr>
<tr><td rowspan="2">5. 公建施工总计划</td><td>5.1 月进度计划</td><td>5.1.1 周计划</td></tr>
<tr><td>5.2 分包装修计划</td><td>5.2.1 计划任务书</td></tr>
<tr><td colspan="3">6. 竣工交付计划（含政府备案验收计划及房屋验收计划）</td></tr>
</table>

10.4.3 进度控制

1. 项目工期计划控制的概念

项目工期计划控制是对项目工期计划的实施与项目工期计划的变更所进行的管理控制工作。项目工期计划控制的主要内容包括：对于项目工期计划影响因素的控制（事前控制），对于项目工期计划完成情况的绩效度量，对项目实施中出现的偏差采取纠偏措施，以及对于项目工期计划变更的管理控制等。项目开始实施以后就必须严格控制项目的进程，以确保项目能够按项目工期计划进行和完成。在这一工作中，必须及时定期地将项目实施的情况与项目计划进度进行比较并找出二者的差距，一旦发现这种差距超过了控制标准就必须采取纠偏措施，以维持项目工期进度的正常发展。项目经理必须根据项目实际进度并结合其他发生的具体情况，定期地改进项目的实际工作或更新项目进度计划，最终实现对于整个项目工期的全面和有效控制。

2. 项目工期计划控制的依据

项目工期计划控制的主要依据包括如下几个方面。

（1）项目工期计划文件。项目工期计划文件是项目工期计划控制最根本的依据。项目工期计划文件提供了度量项目实施绩效和报告项目工期计划执行情况的基准和依据。

（2）项目工期计划实施情况报告。这一报告提供了项目工期计划实施的实际情况及相关信息。例如，哪些项目活动按期完成了、哪些未按期完成、项目工期计划的总体完成情况等。通过比较项目工期计划和项目工期计划实施情况报告，可以发现项目工期计划实施的问题和差距。

（3）项目变更请求。项目变更请求是对项目计划任务所提出的改动要求。它可以是业主/客户提出的，也可以是项目实施组织提出的，或者是法律要求的。项目的变更可能会要求延长或缩短项目的工期，也可能会要求增加或减少项目的工作内容。但是，无论哪一方面的项目变更都会影响到项目工期计划的完成，所以项目变更的请求也是项目工期计划控制的主要依据之一。

（4）项目进度管理的计划安排。项目进度管理的计划安排给出了如何应对项目工期计划变动的措施和管理安排。这包括项目资源方面的安排，应急措施方面的安排等。这些项目进度管理（或叫项目作业管理）的安排也是项目工期计划控制的重要依据。

3. 项目工期计划控制的方法

（1）项目工期计划变更的控制方法。项目工期计划变更的控制方法是针对项目工期计划变更的各种请求，按照一定的程序对于项目工期计划变更进行全面控制的方法。这包括项目工期变更的申请程序、项目工期变更的批准程序和项目工期变更的实施程序等一系列控制程序及相应的方法。

（2）项目工期计划实施情况的度量方法。项目工期计划实施情况的度量方法是一种测定和评估项目实施情况，确定项目工期计划完成程度和实际情况与计划要求的差距大小与幅度的管理控制方法，它是项目工期计划控制中使用的重要方法之一。这一方法的主要内容包括：定期收集项目实施情况的数据，将实际情况与项目计划要求进行比较，报告项目工期计划实施情况存在的偏差和是否需要采用纠偏措施。这一方法要求有固定的项目工期计划实施情况报告期，并定期和不定期地度量和报告项目工期计划的实施情况。在一个报告期内，需要为项目工期计划的控制而收集和积累的数据或信息包括：项目实施情况的数据、项目各种变更的信息等。其中，必须注重这些数据或信息的收集及时、准确，以便为更新项目工期计划服务。例如，如果项目报告期是一个月，这些数据和信息就应该在月末之前收集完毕，这样才能保证信息的及时和有效；反之，如果信息已经过时或不准确就会引起项目工期计划和控制方面的决策失误。一般从对项目的控制角度来看，这种报告的报告期越短，越有利于及早发现问题并采取纠正措施。特别是当项目的不确定性因素较多，风险较大或项目出现问题时，一定要缩短报告期，增加报告的频率，直到项目计划进度恢复正常为止。例如，如果对于一个工期 5 年的项目而言，其报告期可以是一个月，但是当出现偏离项目工期进度计划或超出项目预算等情况时，就应该立即将这一项目的报告期缩减至一周，以便更好地控制项目工期计划的实施。

（3）追加计划法。在整个项目的实施过程中，很少有项目能完全依照工期计划实施。一些项目活动会提前完成，而另一些项目活动则会延期完成。实际项目工期计划实施情况无论快还是慢都会对项目的最终完工时间产生影响。因此，项目工期计划控制方法中还有一种是追加计划法（或叫附加计划法），这种方法可以根据可能出现的工期计划变化，去修订项目活动的工期估算、修订项目的活动排序和修订整个项目的工期计划。在整个项目实施的过程中可能发生的各种变更也会对项目工期计划产生影响，这也要求对项目的范围、预算或工期计划进行修改。这些都需要使用项目工期计划控制的附加计划法。追加计划法包括四个步骤：首先是分析项目实施进度并找出存在的问题；其次是确定应采取哪些具体的纠偏措施；再次是修改项目工期计划并将纠偏措施列入计划中；最后是重新计划安排项目工期，估算和评价采取纠偏措施的效果并编制出项目工期的追加计划。这种方法需要重点分析两种活动，其一是近期需要开展的项目活动，其二是所需时间较长的项目活动。因为积极控制正在进行或随后即将开展的项目活动的工期比对未来很久以后开始的项目活动工期要有效得多。同时，如果能够减少所需工期较长项目活动的工期，显然要比在所需工期较短的项目活动上想办法有用得多。有多种方法可以用于缩短项目活动的时间，其中最显而易见的方法是投入更多的资源。例如，分派更多的人来完成同一项活动，或者要求工作人员增加每天的作业时间就可以缩短项目工期。另外，缩小项目的范围或降低项目的质量要求也是缩短项目工期的常用方法。在一些非常情况下，甚至可以取消一些项目活动来缩短项目工期。当然，通过改进项目工作方法或技术、提高劳动生产率才是缩短项目活动工期的最佳方法。

（4）项目工期管理软件法。对项目工期计划的管理控制而言，运用项目管理软件也是很有用的方法之一。这种方法可以用来追踪和对比项目实际实施情况与工期计划要求的差距，预测项目工期计划的变化及其影响和调整、更新与追加项目工期计划。

4. 项目工期计划控制工作的结果

项目工期计划控制工作的结果主要包括如下几个方面。

（1）更新后的项目工期计划。这是根据项目工期计划实施中的各种变化和纠偏措施，对项目工期计划进行修订以后所形成的新的项目工期计划。它是对原有项目工期计划进行全面修订后给出的结果。

（2）项目工期计划中要采取的纠偏措施。这里的纠偏措施是指为纠正项目工期计划实施情况与计划要求之间的偏差，所采取的具体行动方案。在项目工期管理中需要采取各种纠偏措施去保证项目的工期进度和项目按时完工，所以项目工期计划中要采取的纠偏措施也是项目工期控制的重要工作结果之一。

（3）可供吸取的经验教训。在项目实施过程中，有关项目工期计划控制方面的各种可供吸取的经验教训也是项目工期计划控制工作的结果之一。这方面的内容包括：有关项目工期计划变动的原因、采取纠偏措施的理由，以及项目工期计划失控的经验和教训等。

（4）项目工期计划实施结果的改善。这是项目工期计划控制工作最主要的结果，正是由于项目工期计划控制工作的开展才使得项目工期计划的实施结果得以提高和改善，才使得项目实施工作能够按照计划（包括最初的和更新后的计划）去完成。

10.5 项目风险管理

项目的实现过程是一个存在着很大不确定性的过程，因为这一过程是一个复杂的、一次性的、创新性的，并涉及许多关系与变数的过程。项目风险是指由于项目所处环境和条件本身的不确定性，和项目业主/客户、项目组织或项目其他相关利益者主观上不能准确预见或控制的影响因素，使项目的最终结果与当事者的期望产生背离，从而给当事者带来损失的可能性。

项目风险管理是指通过项目风险识别、风险界定和风险度量等工作去认识项目的风险，并以此为基础通过合理地使用各种风险应对措施和管理方法对项目风险实行有效的控制，以及妥善地处理项目风险事件所造成的不利结果，以最少的成本保证项目总体目标的实现等管理工作。

10.5.1 项目风险识别

1. 项目风险识别的概念

项目风险识别是一项贯穿项目实施全过程的项目风险管理工作。这项工作的目标是识别和确定出项目究竟有哪些风险，这些项目风险究竟有哪些基本特性、可能会影响项目哪些方面等。例如，一个项目究竟存在着项目工期风险、项目成本风险，还是项目质量风险；一项项目风险究竟属于有预警信息风险，还是无预警信息风险；这一项目风险会给项目范围、工期、成本、质量等方面带来什么影响等。

项目风险识别是项目风险管理中的首要工作，其主要工作内容包括如下几个方面。

（1）识别并确定项目有哪些潜在的风险。这是项目风险识别的第一目标。因为只有首先确定项目可能会遇到哪些风险，才能够进一步分析这些风险的性质和后果，所以在项目风险识别工作中首先要全面分析项目发展与变化中的各种可能性和风险，从而识别出项目潜在的各种风险并整理汇总成项目风险清单。

（2）识别引起这些风险的主要影响因素。这是项目风险识别的第二项工作目标。因为只有识别清楚各个项目风险的主要影响因素才能把握项目风险的发展变化规律，才有可能进一步对项目风险进行应对和控制。所以，在项目风险识别活动中要全面分析各个项目风险的主要影响因素和它们对项目风险的影响方式、影响方向、影响力度等。然后，要运用各种方式将这些项目风险的主要影响因素同项目风险的相互关系描述清楚，使用图表的方式、文字说明或数学公式均可。

（3）识别项目风险可能引起的后果。这是项目风险识别的第三项任务和目标。在识别出项目风险和项目风险主要影响因素以后，还必须全面分析项目风险可能带来的后果和后果严重程度。项目风险识别的根本目的就是要缩小和消除项目风险带来的不利后果，同时争取扩大项目风险可能带来的有利后果。当然，在这一阶段对于项目风险的识别和分析主要是定性的分析，定量的项目风险分析将在项目风险度量中给出。

2. 项目风险识别所需的信息和依据

项目风险识别依据的主要信息包括如下几个方面。

（1）项目产出物的描述。项目产出物的描述是项目风险识别的主要依据之一，因为项目风险识别最重要的内容是识别项目工作能否按时、按质、按量和按预算最终生成项目产出物，以实现项目的目标。所以项目风险识别首先要根据项目产出物的描述和要求，去识别出可能影响项目产出物质量的各种风险。因为在项目产出物的描述中，给出了项目产出物的数量、质量和技术特性等各个方面的要求和说明，所以项目产出物的描述是项目风险识别最重要的依据之一。

（2）项目的计划信息。这包括项目的集成计划和各种项目专项计划中所包含的全部信息和文件。这些信息有两方面的作用，其一是作为项目风险识别的依据，其二是作为项目风险识别的对象。例如，一个项目的成本计划（预算）信息可以是分析与识别项目质量风险的重要依据，因为如果项目预算缺口比较大就会出现由于资源不足或资源质量下降而造成的项目质量问题；同时项目成本计划也可以作为项目风险识别的对象，人们可以通过对项目成本计划的分析去识别出项目超预算的风险，这也是项目风险识别一个很重要的方面。

（3）历史资料。这是以前完成项目实际发生的各种意外事情（风险）的历史资料，它们对于识别新项目风险是非常重要的一种信息和依据。因为“前车之鉴”在项目风险管理中总是最重要的参考和依据，所以在项目风险识别过程中首先要全面收集各种有用的历史信息，特别是各种有关历史项目的经验和教训。这些历史资料中既有有关项目风险因素的分析，又有各种风险事件发生过程的记录，还有有关项目风险带来的机遇和威胁以及实际发生的风险事件所造成的损失等方面的信息，这些对于项目风险识别是非常有用的。

3. 项目风险识别的方法

项目风险识别的方法有很多，既有结构化方法也有非结构化方法；既有经验性方法也有系统性方法，但是使用最多如下。

（1）系统分解法。项目风险识别中最常用的一种方法是利用系统分解的原理将，一个复杂的项目分解成比较简单和容易认识的子系统或系统要素，从而识别各子系统或系统要素造成的风险的方法。例如，在投资建造一个化肥厂项目时，项目分析评价人员可以首先根据项目本身的特性，将项目风险分解成以下几个方面：市场风险、投资风险、经营风险、技术风险、资源及原材料供应风险、环境污染风险等。然后还可以对这些项目风险再作进一步的分解，例如项目的市场风险又可以分解成三个方面：竞争风险（由于市场竞争而造成项目失败或亏损的风险）、替代风险（项目建成后可能出现替代产品而使项目蒙受损失的风险）、需求风险（项目建成后产品市场出现需求不足、需求下降和市场饱和，从而使项目蒙受损失的风险）。

（2）流程图法。项目流程图是给出一个项目的工作流程，项目各部分之间的相互关系等信息的图表，具体包括项目系统流程图、项目实施流程图和项目作业流程图等各种形式的和不同详细程度的项目流程图。流程图法就是使用这些流程图去全面分析和识别项目风险的一种方法，结构化程度比较高，所以对于识别项目的系统风险和各种风险要素是非常有用的。这种方法使用项目流程图帮助项目风险识别人员分析和识别项目的风险，项目各个环节存在的风险，以及各个项目风险的起因和影响。运用这种方法得出的项目风险识别结果还可以为后面项目实施中的风险控制提供依据。

（3）头脑风暴法。对于风险识别来说，头脑风暴法是一种运用创造性思维、发散性思维和专家经验，通过会议的形式去分析和识别项目风险的方法。在使用这种方法识别项目风险时，要允许各方面的专家和分析人员畅所欲言，搜寻和发现项目的各种风险。使用这种方法时，组织者要善于提问并能及时整理项目风险分析的结果，并促使与会者不断发现和识别项目的各种风险和风险影响因素。一般使用这种方法可以回答下列问题：如果进行这个项目会遇到哪些风险？风险的后果危害程度如何？风险的主要成因是什么？风险事件的征兆有哪些？风险有哪些基本特性？等等。

（4）情景分析法。情景分析法是通过对项目未来的某个状态或某种情况（情景）的详细描述并分析所描绘情景中的风险与风险要素，从而识别项目风险的一种方法。在项目风险分析与识别中，需要有这样一种能够识别各种引发风险的关键因素以及它们的影响程度等问题的方法。情景（对于项目未来某种状态或情况）的描述可以用图表或曲线给出，也可以用文字给出。对于涉及因素较多、分析计算比较复杂的项目风险识别，情景分析法可以借助于计算机完成。这种方法一般需要：先给出项目情景描述，然后变动项目某个要素再分析变动后项目情况变化和可能的风险与风险后果等。

图 10-3 是一个描述筛选、检测和诊断关系的项目风险识别元素图，它们由项目风险识别情景分析法中的三个过程，即疑因估计、仔细检查和征兆鉴别的过程构成。在筛选、监测和诊断三项工作中这三个过程的具体顺序如下。

筛选：仔细检查→征兆鉴别→疑因估计。

监测：疑因估计→仔细检查→征兆鉴别。

诊断：征兆鉴别→疑因估计→仔细检查。

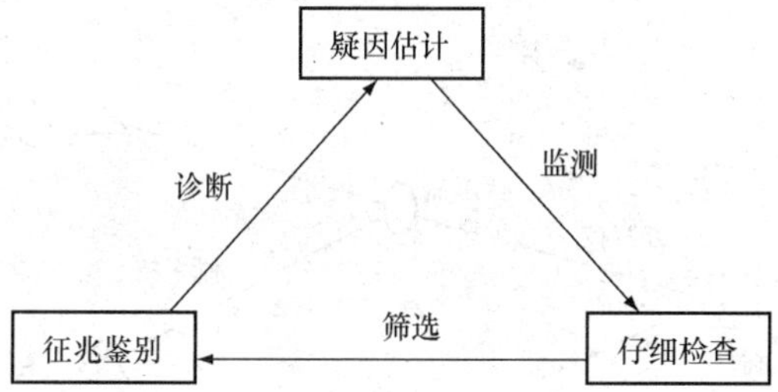

图 10-3　情景分析法项目风险识别工作示意图

10.5.2　项目风险分析

项目风险评估包括两种方法，一种是定性风险评估，另一种是定量风险评估。

1. 定性风险评估

定性风险评估要求使用已有的定性评估方法和工具来评估风险的概率和后果。风险概率是表示风险发生的可能性大小。风险后果是指风险事件发生对项目目标产生的影响。风险估计的首要工作是确定风险事件的概率分布。

2. 定量风险评估

定量风险评估的目标是量化每一风险的概率及其对项目目标造成的后果，也分析项目总体风险的程度。包括盈亏平衡分析、敏感性分析、决策树分析和非肯定型决策分析。其中，盈亏平衡分析将在第 11 章中进行详细介绍。

（1）敏感性分析。敏感性分析就是研究分析，由于客观条件的影响（如政治形势、通货膨胀、市场竞争等）使项目的投资、成本、价格、工期等主要变量因素发生变化，导致项目的主要经济效果评价指标（如净现值、收益率、折现率、还本期等）发生变动的敏感程度。

如果变量的变动对评价指标的影响不大，这种方案称为不敏感方案；若变量的变化幅度很小，而评价指标的反应很敏感，甚至否定了原方案，则认为该项目对变量的不确定性是很敏感的，这种方案称为敏感性方案。

通过敏感性分析，就要在诸多不确定因素中，找出对经济效益指标反应敏感的因素以及不敏感因素，并计算出这些因素在一定范围内变化时，有关经济效益指标变动的数量，然后建立主要变量因素与经济效益指标之间的对应定量关系。

（2）决策树分析。

① 决策树表示项目所有可供选择的行动方案、行动方案之间的关系、行动方案的后果，以及这些后果发生的概率。

② 决策树是形象化的一种决策方法，用逐级逼近的计算方法，从出发点开始不断产生分枝以表示所分析问题的各种发展可能性，并以各分枝的损益期望值中最大者（如求极小，则为最小者）作为选择的依据。

③ 决策树的画法是：先画一个方框作为出发点，叫作决策点；从决策点向右引出若干条线，每条线代表一个方案，叫作方案枝；在每个方案枝的末端画一个圆圈，叫作状态点；在每个枝上都注明该种后果出现的概率，故称概率枝；如果问题只需要一级决策，在概率枝末端画△表示终点，并写上各个自然状态的损益值；如果是多级决策，则用决策点□代替终点△重复上述步骤继续画出决策树（见图 10-4）。

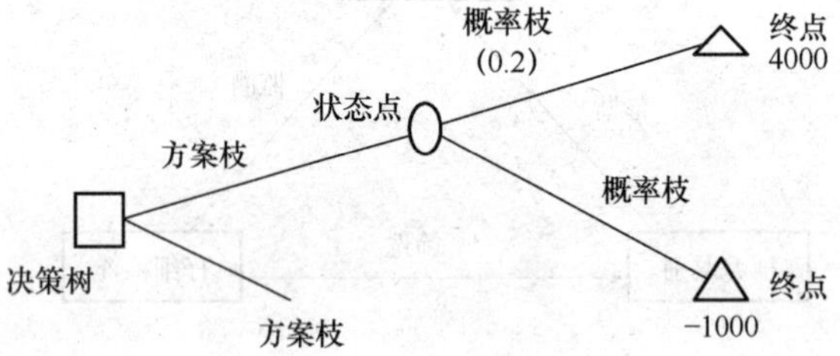

图 10-4　决策树

例 10-1 承包商向某工程投标，采取两种策略：一种是投高标，中标机会为 0.2，不中标机会为 0.8；另一种是投低标，中标与不中标机会均为 0.5。投标不中时，则损失投标准备费 5 万元。根据下表数据，用决策树做出决策。

表 10-3　　决策数据

方案	效果	可能获利（万元）	概率
高标	好	500	0.3
	一般	300	0.5
	赔	-100	0.2
低标	好	350	0.2
	一般	200	0.6
	赔	-150	0.2

高标：500×0.3+300×0.5-100×0.2=280（万元）

280×0.2-5×0.8=52（万元）

低标：350×0.2+200×0.6-150×0.2=160（万元）

160×0.5-5×0.5=77.5（万元）

最大损益期望值为 77.5 万元，故取低标策略。

（3）非肯定型决策分析。非肯定型决策分析是在只了解预期收益或损失的情况下的风险决策准则。

① 相同概率准则。此准则认为，不同的预期收益或损失的概率是相同的，从各方案的收益期望值中选取最大的方案，如表 10-4 所示。

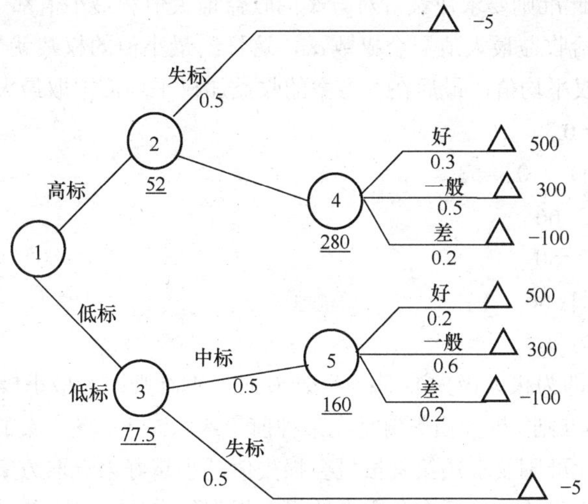

图 10-5　例 10-1 决策树

表 10-4　损益表

前景 / 方案	好	中	差
a_1	100	96	-80
a_2	90	80	0
a_3	50	50	50

$E(a_1)=1/3(100+96-80)=42$

$E(a_2)=1/3(90+80+10)=60$

$E(a_3)=1/3(50+50+50)=50$

$\therefore \max\{42，60，50\}=60$

按此准则决策，应选 a_2 方案。

② 极大极大准则。此准则要求决策者追求最大的收益值，而对损失不加考虑，因此也称为乐观准则。按此准则，先在各方案的各种前景中找出最大的收益值，然后再在各方案的收益最大值中找出最大值的方案。

a_1：$\max\{100，96，-80\}=100$

a_2：$\max\{90，80，10\}=90$

a_3：$\max\{50，50，50\}=50$

$\therefore \max\{100，90，50\}=100$

按此准则决策，应选 a_1 方案。

③ 极小极大准则。此准则要求决策者在稳妥中求得最大的收益值。按此准则，先在各方案的各种前景中找出最小的收益值，再在各方案的收益最小值中找出最大值。

a_1：$\min\{100，96，-80\}=-80$

a_2：$\min\{90，80，0\}=0$

a_3：min{50，50，50}=50

∴max {-80，10，50 }=50

按此准则决策，应选 a_3 方案。

④ 加权系数准则。此准则要求决策者对方案的收益最大值和最小值都予以考虑，其办法是先由决策者根据自己的估计给收益最大值一个权数α，这样给最小值的权数就为（$1-\alpha$），然后对每个方案分别求其收益的加权平均值，最后在各方案的收益加权平均值中取最大值。

设α=0.7，则$1-\alpha$=0.3

a_1：100×0.7+（-80）×0.3=53

a_2：90×0.7+10×0.3=66

a_3：50×0.7+50×0.3=50

∴max {53，66，50 }=66

按此准则，应选 a_2 方案。

当α=1 时，本准则即为极大极大准则；当α=0 时，本准则即为极小极大准则。

⑤ 机会损失值最小准则。机会损失值是在某种前景或状态下，各方案的收益值或损失值与各值中选取的理想值之差。此准则要求决策者按机会损失值越小越好来选取方案。按此准则，先求出各种前景下各方案的机会损失值，然后在各方案的机会损失值中选取最大值，最后在各方案的最大机会损失值中选取最小值。

表 10-5　　机会损失值

前景 方案	好	中	差
a_1	0	0	130
a_2	10	16	50
a_3	60	40	0

a_1：max{0，0，130}=130

a_2：max{10，16，50}=50

a_3：max{60，40，0}=60

∴min {130，50，60}=50

按此准则决策，应选 a_2 方案。

10.5.3　项目风险应对

经过项目风险识别和度量确定出的项目风险一般会有两种情况：其一是项目整体风险超出了项目组织或项目业主/客户能够接受的水平；其二是项目整体风险在项目组织或项目业主/客户可接受的水平之内。对于这两种不同的情况，各自可以有一系列的项目风险应对措施。对于第一种情况，在项目整体风险超出项目组织或项目业主/客户能够接受的水平时，项目组织或项目业主/客户至少有两种基本的应对措施可以选择：其一是当项目整体风险超出可接受水平很高时，由于无论如何努力也无法完全避免风险所带来的损失，所以应该立即停止项目或取消项目；其二是当项目整体风险超出可接受水平不多时，由于通过主观努力和采取措施能够避免或消减项目风险损失，所以应该制定各种各样的项目风险应对措施，并通过开展项目风险控制落实这些措施，从而避免或消减项目风险所带来的损失。

1. 项目风险应对的主要措施

一般的项目风险应对措施主要有如下几种。

（1）风险规避措施。这是从根本上放弃使用有风险的项目资源、项目技术、项目设计方案等，从而避开项目风险的一类风险应对措施。例如，对于存在不成熟的技术坚决不在项目实施中采用就是一种项目风险规避的措施。

（2）风险遏制措施。这是从遏制项目风险事件引发原因的角度出发，控制和应对项目风险的一种措施。例如，对可能出现的因项目财务状况恶化而造成的项目风险，通过采取注入新资金的措施就是一种典型的项目风险遏制措施。

（3）风险转移措施。这类项目风险应对措施多数是用来对付那些概率小，但是损失大，或者项目组织很难控制的项目风险。例如，通过合同或购买保险等方法将项目风险转移给分包商或保险商的办法就属于风险转移措施。

（4）风险化解措施。这类措施从化解项目风险产生的原因出发，去控制和应对项目具体风险。例如，对于可能出现的项目团队内部冲突风险，可以通过采取双向沟通、消除矛盾的方法解决问题，这就是一种风险化解措施。

（5）风险消减措施。这类措施是对付无预警信息项目风险的主要应对措施之一。例如，当出现雨天而无法进行室外施工时，采用尽可能安排各种项目团队成员与设备从事室内作业就是一种项目风险消减的措施。

（6）风险应急措施。这类项目风险应对措施也是对付无预警信息风险事件的一种主要措施。例如，准备各种灭火器材以对付可能出现的火灾，购买救护车以因应人身事故的救治等就都属于风险应急的措施。

（7）风险容忍措施。风险容忍措施多数是对那些发生概率小，而且项目风险所能造成的后果较轻的风险事件所采取的一种风险应对措施。这是一种经常使用的项目风险应对措施。

（8）风险分担措施。这是指根据项目风险的大小和项目团队成员以及项目相关利益者不同的承担风险能力，由他们合理分担项目风险的一种应对措施。这也是一种经常使用的项目风险应对措施。

另外还有许多项目风险的应对措施，但是上述项目风险应对措施是最常用的。

2. 制定项目风险应对措施的主要依据

（1）项目风险的特性。通常项目风险应对措施主要是根据风险的特性制定的。例如，对于有预警信息的项目风险和没有预警信息的项目风险就必须采用不同的风险应对措施，对于项目工期风险、项目成本风险和项目质量风险也必须采用完全不同的风险应对措施。

（2）项目组织抗风险能力。项目组织抗风险能力决定了一个项目组织能够承受多大的项目风险，也决定了项目组织对于项目风险应对措施的选择。项目组织抗风险能力包括许多要素，既包括项目经理承受风险的心理能力，也包括项目组织具有的资源和资金能力等。

（3）可供选择的风险应对措施。制定项目风险应对措施的另一个依据是一种具体项目风险所存在的选择应对措施可能性。对于一个具体项目风险而言只有一种选择和有很多个选择，情况是不同的，总之要通过选择最有效的措施制定出项目风险的应对措施。

3. 项目风险应对措施制定的结果

项目风险应对措施制定的结果主要包括如下内容。

（1）项目风险管理计划。项目风险管理计划是项目风险应对措施和项目风险控制工作的计划与安排，是项目全过程风险管理的目标、任务、程序、责任、措施等一系列内容的全面说明。它应该包括：对于项目风险识别和风险度量结果的说明，对于项目风险控制责任的分配和说明，对于如何更新项目风险识别和风险度量结果的说明，项目风险管理计划的实施说明，以及项目预备资金（不可预见费）如何分配和如何使用等方面的全面说明和计划与安排。

项目风险管理计划根据项目的大小和需求，可以是正式计划，也可以是非正式计划，可以是有具体细节的详细计划与安排，也可以是粗略的大体框架式的计划与安排。项目风险管理计划是整个项目计划的一个组成部分。

（2）项目风险应急计划。项目风险应急计划是在事先假定项目风险事件发生的前提下，所确定出的在项目风险事件发生时所应实施的行动计划。项目风险应急计划通常是项目风险管理计划的一部分，但是它也可以融入项目其他计划。例如，它可以是项目范围管理计划或者项目质量管理计划的一个组成部分。

（3）项目预备金。项目预备金是一笔事先准备好的资金，也被称为项目不可预见费，它是用于补偿差错、疏漏及其他不确定性事件的发生对项目费用估算精确性的影响而准备的，在项目实施中可以用来消减项目成本、进度、范围、质量和资源等方面的风险。项目预备金在预算中要单独列出，不能分散到项目具体费用中；否则项目管理者就会失去这种资金的支出控制，失去了运用这笔资金抵御项目风险的能力。当然，盲目地预留项目不可预见费也是不可取的，因为这样会增加项目成本和分流项目资金。

为了使这项资金能够提供更加明确的消减风险的作用，通常它被分成几个部分。例如，可以分为项目管理预备金、项目风险应急预备金、项目进度、成本预备金等。另外，项目预备金还可以分为项目实施预备金和项目经济性预备金，前者用于补偿项目实施中的风险和不确定性费用，后者用于对付通货膨胀和价格波动所需的费用。

（4）项目的技术后备措施。项目的技术后备措施是专门用于应付项目技术风险的，它是一系列预先准备好的项目技术措施方案。这些技术措施方案是针对不同项目风险而预想的技术应急方案，只有当项目风险情况出现，并需要采取补救行动时才需要使用这些技术后备措施。

本章小结

通过本章的学习，我们认识了什么是项目和项目管理，明白了项目管理的重要性。按照项目进行的顺序，重点掌握项目可行性分析和项目选择与评估的主要方法及应用条件，并配合做好项目管理的组织和人员配备工作。一个项目实施的成败，关键在于项目时间管理和项目风险管理两个方面。做好项目进度计划编制、进度计划的分级管理和项目进度控制，是项目顺利实施的前提；做好项目风险识别、项目风险分析和项目风险应对工作，是项目成功的保障。

复习思考题

1．什么是项目？

2．什么是项目管理？

3．现代项目管理与传统项目管理有什么不同，现代项目管理是如何发展起来的？

4．在项目管理中，你认为哪种一般管理的职能是最重要的？为什么？

5．随着知识经济和网络化社会的发展，你认为项目管理会有哪些大的变化？

6．某地根据市场预测，决定投资建厂。根据实际情况提出三项可行方案。

方案一是建大厂，需投资 60 万元；方案二是建小厂，需投资 30 万元；方案三是先建小厂，若产品销路好，一年后再追加投资 40 万元，扩建成大厂。三项方案的项目收益期都是 2 年。根据市场预测，第一年销路好的概率为 0.7。若第一年销路好，则第二年销路好的概率为 0.8；若第一年销路不好，则第二年销路不好的概率为 0.9。年度收益值情况见下表。

年度收益值　　　　单位：万元/年

状　态	销路好	销路不好
建大厂	200	-40
建小厂	80	60

试根据上面的情况使用决策树方法进行决策。

7．某企业为了适应市场需要，拟定了 3 种扩大再生产方案：①建设新厂；②更换生产线；③扩建原厂。经分析，认为未来可能遇到的市场需求状况分别为高需求、中需求和低需求，并分别估算了 3 种方案在不同需求状态下的损益值，如下表。请分别采用机会损失值最小准则和等概率准则进行决策，该企业分别会选择哪一种方案？（单位：百万元）

方　案	收益值		
	高需求	中需求	低需求
建设新厂	8.42	9.95	6.86
技术改造	7.50	8.23	9.52
扩建原厂	9.85	8.77	7.49

第11章 技术经济分析

学习目标

- 了解技术经济分析的特点与程序
- 掌握时间价值的计算方法
- 掌握项目投资的决策方法

开篇案例

固特异轮胎公司近期研制出了一种新轮胎——超级胎面，现需要对生产和销售超级胎面的投资必要性进行论证。这种轮胎除了能用于一般快车道外，对于湿滑路面也非常合适。到目前为止，研发费用已经花了1000万美元，又花了500万美元进行了市场调研，市场前景相当好。固特异轮胎公司需要投资12000万美元购买生产设备进行生产，假设你是该公司的财务分析师，如何对该项目进行评估并推出投资建议书？要完成这项工作，就要进行技术经济分析。

资料来源：陈玉菁.财务管理实务与案例（第二版）.北京：中国人民大学出版社，2011.3

11.1 技术经济分析概论

11.1.1 技术经济分析概述

1. 技术经济分析的研究对象

技术经济分析是应用经济学的一个分支，是一门技术学与经济学交叉的学科。技术经济分析是应用理论经济学基本原理，研究技术领域经济问题和经济规律、研究技术进步与经济增长之间的相互关系、研究技术领域内资源的最优配置和寻求技术与经济最佳结合的科学。技术经济分析已成为一门十分重要的、为科学决策提供理论依据的方法论科学。

技术经济分析有以下三个方面作为研究对象：一是研究为达到预定目标而可能被采用的各种技术方案、技术政策、技术措施的经济效果，并通过对各技术方案进行分析、计算、比较、评价，选择技术上先进、经济上合理的方案。二是研究技术与经济的相互关系，研究技术与经济相互促进、协调发展。三是研究技术创新，推动技术进步，促进企业发展和国民经济发展。

技术经济分析的特点是：第一，技术经济分析不研究技术本身，而是研究技术与经济的相互关系，研究技术应用的经济效果；第二，技术经济分析不是笼统地研究经济效果，也不是研究影响经济效果的一切因素，而是研究所采用的技术方案的经济效果；第三，进行技术经济分析，要求对达到同一目标拟定多个行为方案，这样才存在比较的基础。

从以上特点可以清楚地看出，在技术与经济这对矛盾统一体中，经济是处于支配地位的，对社会经济活动进行技术经济分析，以经济作为出发点和归宿点。

2. 技术经济分析的内容

技术经济分析的内容相当广泛，经济整体及各行各业都有需要研究的技术经济问题。从物质资源来看，包括各种资源的合理开发和综合利用问题；从生产工艺和流程方面来研究经济效果，有新技术、新工艺、新装置的采用等；从空间分布研究经济效果，有生产力的合理布局、厂（局）址选择等。还包括研究技术引进的经济效果，如引进工程技术的合理选择；其他还有生产专业化、协作化和联合化以及产品标准化、系列化、通用化等。

所以，技术经济分析的主要内容是对国民经济各部门的各种技术政策、工程项目设计、生产方案的经济效果进行科学计算、比较和论证。它不限于仅研究具体技术的经济效果，而应扩展到研究与技术相联系的各种经济问题，即研究广义的技术与经济之间的关系。

3. 技术经济分析的任务

技术经济分析的主要任务是研究对各种技术方案进行经济评价的理论和方法，以指导人们合理调节经济系统和技术系统之间的能量和物质交换，用最小的劳动和物质消耗来实现这种变换。技术经济分析一方面研究经济评价共同的理论基础和方法基础，以使设计部门、生产执行部门和经济管理部门等从实际出发解决有关的技术经济问题；另一方面为解决错综复杂的综合性很强的重大技术经济问题提出科学结论和合理建议，以供公司、企业或有关部门的决策层决策时参考。

11.1.2 技术经济分析的基本原理

技术经济分析的目的在于作出决策，完善的决策由两部分内容组成：提供某种特定目标所要求的所有可供选择的行动路线；从所有备选方案中选定一种最好的行动路线。

备选方案指为特定目标所涉及的具体技术手段。各种行为方案均涉及每项技术手段的实际技术条件，对环境的适应能力，能实现的功能及经济性等。

任何一种技术方案都会涉及投入和产出问题。因此，进行技术经济分析就是要分析围绕某一目标进行的各种技术活动因资金的投入所取得的经济效果和经济效益。因此，技术经济分析评价应遵循以下原则。

一是国民经济总的社会劳动消耗量最小的原则。企业评价投资方案的经济效果时，不能只从自身的局部利益出发，而应从整个国民经济的利益出发，以国民经济总的社会劳动消耗量最小为原则考虑技术方案的取舍。

二是从政治、社会、经济、技术、国防、生态环境以及资源等方面综合衡量的原则。技术方案的评价和选择，必须根据这几个方面的标准对每一个方案进行综合的衡量和分析，选出一个最合适的方案。

需要注意的是，技术方案的经济准则不仅在综合衡量和评价技术方案的时候非常必要，而且当不同的技术方案都能满足其他各方面的要求和标准时，经济准则在方案取舍中起决定作用。所以，经济准则是技术方案评价和选择的主要准则。

进行技术经济分析，必须使各个备选方案具有经济比较的基础，也就是说方案之间要具有可比性。在进行各方案比较时，必须具备四个可比条件，即要满足需要上的可比性、消耗上的可比性、价格上的可比性和时间上的可比性。

1. 满足需要的可比性

任何技术方案的目的都是满足一定的需要，但需要的对象是多样的。因此从技术经济观点来看，一种方案若要与另一种方案进行比较的话，则必须具备满足相同需要上综合投入与产出的综合产量的关系具有可比条件，否则就无法进行比较。例如，铜和铝具有不同的金属特性，可以满足不同的材料需要，两者不可比。但是，当制成铜导线和铝导线时，为了满足传输电能这一共同需要，两者是可比的。

一般来说，一切技术方案都以其产品的数量、品种和质量等技术经济指标来满足社会需要的，对满足相同需要的不同技术方案进行比较时，首先要求不同方案的产品数量、品种、质量等指标具有可比条件。

当对不同方案的产量进行比较时，应注意不同方案的产品产量是否可比，不应以额定产量为标准，而应以它的净产量即可供社会需要为标准。

额定产量与净产量之间存在的数量差距可用下列公式表示：

$$\triangle G = Gb - G = K_1 Gb$$

或

$$Gb = G + \triangle G = K_2 G$$

式中：G——满足社会实际需要的产量（净产量）；

Gb——技术方案的额定产量（毛产量）；

ΔG——产品在生产流通过程中的减少量（损耗量）；

K_1——在生产流通过程中产量的不足系数；

K_2——在生产流通过程中产量的附加系数。

根据产量的可比条件，当各种技术方案相互比较时，我们应该使各方案的 G 值相同，而不是 Gb 值相同。当然在有些技术方案中 G 和 Gb 值是一致的，$\Delta G=0$，则就不必再对额定产量进行校正了。

2. 满足消耗费用的可比性

投入和产出是构成经济效果的两方面，考核经济效果时应从满足需要和资源消耗两方面进行。因此在方案比较时，还要注意在满足消耗费用方面的可比条件。

由于不同技术方案的技术特性和经济特性不同，因此计算不同技术方案的消耗费用时，不能只从方案涉及的个别部门、个别环节中的消耗去比较，必须从全社会和国民经济整体出发，从全部消耗观点即系统的观点出发来进行综合的考虑。例如比较相同净产量的火电站和水电站两方案的消耗费用时，水电站因不需要消耗燃料，运行管理比较简单，生产管理人员少，因此维持使用的直接消耗费用就少。但在投资建设时，建设工程量、占用土地资源量和投资费用都比火电站大。为了这两个技术方案能够具备在消耗费用方面的可比条件，在进行方案评价时，既要考虑两技术方案每年生产运行的消耗费用，也要考虑到水、火电站由于占用投资、劳动力和资源所引起的其他部门的每年消耗费用。

为了使技术方案具有消耗方面的可比条件，应从社会总消耗的角度来计算，并且在计算时采取统一的计算原则和方法。在计算甲方案时如果采用一种原则和方法，而计算乙方案时又采取另一种原则和方法，从技术经济观点来看，这两个方案显然是不可比的。消耗费用上的可比性是方案比较中一个不可缺少的原则。

3. 满足价格的可比性

在计算比较方案的经济效果时，无论是对投入物或产出物都必须使用价格指标。价格指标可从两个方面影响技术经济分析工作的正确性：一是价格水平本身是否合理；二是所选用的价格是否恰当（如采用国内市场价格、国际市场价格还是其他理论价格）。由于我国价格体系不够合理或某些价格的变动，常给经济评价带来假象，以致导出错误的结论。

例如在进行企业评价时，可以选择相同时期的国内市场价格作为比较的基础；在进行项目的国民经济评价时，则应选择影子价格作为比较的基础。

4. 满足时间的可比性

技术方案的经济效果除了有数量的概念外，还具有时间的概念。例如有两个技术方案，它们的产品产量、质量、投资、成本等方面都相同，但在时间上有差别。一个投产早、一个投产晚；或者一个投资早、一个投资晚，这样这两个方案的经济效果就不会相同，在进行比较前，就必须考虑时间因素。当不同技术方案在进行经济比较的时候，必须考虑它们由于在人力、物力和资源的投入以及发挥效益的时间不同，给整个国民经济所带来的影响。

根据技术方案经济衡量标准的要求，不同技术方案的经济比较应用相等的计算期作为比较基础，不能对甲方案计算它在 5 年期间内的经济效果，而对乙方案计算它在 10 年期间的经济效果，然后对两个方案进行经济比较，这显然在时间上是不可比的。

11.1.3 经济效果与经济效益指标

技术经济分析的核心内容是讲求经济效果和经济效益。任何方案的技术经济分析，本质上都是对该方案投入的资金所产生的经济效益和经济效果的分析。

1. 经济效果的定义

经济效果是指人们在实践活动中，特别是生产活动中技术项目新的成果与新消耗劳动量（包括劳动占用）的比较，通常也称作产出与投入的比较。

人们从事一切经济活动（包括生产领域或非生产领域）都是一种有意识有目的的经济行为，都是为了满足生产和生活上或其他方面的需要。要想满足这种需要，总是要耗费一定的资源，付出一定的劳动代价，所以就存在着经济效果的大小问题。由于经济活动的效果存在于生产领域和非生产领域之中，其中对物质生产领域的经济效果问题的研究是最基本、最重要的部分。在非生产领域中的经济活动，也要研究其经济效果，如教育经济效果、军事经济效果等。把技术科学和生产力诸要素科学地、合理地结合，研究经济活动的合理性及其效果，称为生产技术经济效果，简称为技术经济效果。

（1）劳动耗费。凡是进行某种实践活动，主要是经济活动，都要投入一定的生产要素，这种投入就构成耗费。

劳动耗费应包括劳动直接消耗和劳动占用两大部分。劳动直接消耗是指各种各样的费用或消耗，比如工程建设中的资金支出、人力的消耗、物资的消耗、燃料动力的消耗、自然资源的消耗等，总称为活劳动和物化劳动消耗。因为资金是物资的代表，而物资是物化劳动的结晶，至于自然资源的开发和利用，也要以个人劳动的支出为媒介，所以劳动的直接消耗是根本的。

广义的劳动消耗还应包括劳动力的占用、资金的占用、物资和资源的占用，这些劳动力和物化劳动的数量通常在技术方案运行以前的某个时期（建设期）就被陆续占用，直到投产运行及报废并退出企业活动为止。所以劳动占用量和劳动消耗量是两个不同的概念，它们之间不能直接相加减，必须通过占用效果系数的换算，才能对劳动耗费进行计量，但不管是劳动力还是资源的占用都是为了保证生产中的消耗并且它总是在生产中不断地转化为消耗。从这个意义上说，劳动占用的实质最终归结为消耗，为了把劳动的直接消耗和劳动占用加以区别，又把二者统称为劳动耗费。

（2）使用价值。生产的目的是满足社会的需要。通过生产中的消耗，劳动者所创造的是用于满足社会需要的产品或者劳务，所以劳动者在经济活动中创造的是社会需要的使用价值和有益效用。

在技术经济分析中，对于任何一项技术方案，有用的效果常常表现为满足某一需要的有用物，而有用物就具有使用价值，它有直接效果和间接效果，而效果本身又可以通过质量和数量来描述。质量是衡量使用价值本质的东西，而数量是判定使用价值大小的程度。任何两个方案比较，都是在确定质量的前提下进行数量方面的比较，如果创造的使用价值比劳动耗费大得多，经济效果就好；如果劳动耗费大于创造的使用价值，经济效果就差或没有效果，甚至产生负效果。

（3）经济效果考核条件和表达形式。从经济效果的科学定义出发，如何进行经济效果考核，归纳起来有以下两大方面。

首先，在既定的目标或既定的任务条件下，如何充分而合理地利用和节约有限的时间、人力、物力、财力，用最小的耗费完成期望目标或任务；

其次，在有限的时间、人力、物力、财力的条件下，如何充分而合理地对其加以节约和利用，使它发挥最大的效能，以便满足既定目标和任务的要求。

经济效果可用以下公式表示：

$$E=V/C$$

式中：E——技术方案的综合经济效果；

V——技术方案的社会使用价值或有用成果；

C——技术方案的社会劳动消耗。

从统计学的意义上说，经济效果是一个相对指标，例如企业财务上经常运用的资金利润率、业务量增长与固定资产增长的比例等，这种指标可以是实物形的，也可以是价值形的，也可以无量纲。

2. 经济效益的定义

经济效益是指在经济上有效益，即在生产、交换、分配和消费等经济活动过程中产生了有益的效果。它是一个量的概念，应该用量的大小来表示其得益的程度，如果没有得益，反而亏损，所产生的便是负经济效益。从定义可知经济效益是所得与所耗之差，用公式表示为：

经济效益=所得−所耗

这里所讲的经济效益是从技术经济学的角度来研究的，主要指在运用生产力的有关要素中所采取的技术实践得到的经济效益。最常见的企业经济效益指标是利润，利润等于总收入减总成本。

在实际工作中，当考察一项具体的技术实践经济效益时，必须注意到其是否符合国家规定的方针政策，因为经济效益同样存在生产关系方面的问题。例如，某个技术方案对一个部门的经济效益来看是好的，但对国民经济总体或从全社会来看不一定那么好。所以，对某些项目作技术经济比较时，需要考察其社会经济效益。

3. 评价指标设置的原则

为了实现某一技术过程，达到预期的目标，可能有许多备选方案，如何选择经济效益好的合理方案，需要借助于一定判据进行度量，这种判据就是指标与指标体系。如何设置指标与指标体系，使判据科学合理，必须遵循以下原则。

（1）科学性原则。指标的设置必须同技术经济范畴的科学含义相一致；指标的数量应取决于实际经济部门的需要和理论研究的完善程度；指标的概念要科学，含义要确切，计算范围要明确，计算方法要简明。

（2）实用性原则。指标与指标体系的设置应适应社会经济发展水平、计划水平、统计水平、管理水平的要求，要切实可行，要尽可能地与统计口径、会计核算的指标相一致。

（3）可比性原则。指标和指标体系的设计要符合统计数据的可比性，要注意将不可比的因素转化为可比因素，并尽可能地与国内外同行业的指标相一致，以便找出差距，正确决策。

4. 评价指标的设置

技术经济评价指标，从体系上讲主要包括以下几类。

（1）反映投入的指标。评价技术方案的投入指标可分为基本建设投入和生产性投入两类，前者为一次性投入即通常所说的投资；后者为经常性投入，构成年运营成本。

① 建设过程中的一次性投入指标。包括总投资、基建投资、流动资金投入、单项工程投资、相关投资等。

② 生产过程中的投入指标。主要是运营成本，如设备维修成本、原材料及辅助材料成本、人员

工资、低值易耗品摊销等。

③ 销售过程中的投入指标。主要是销售费用，如广告费、销售机构各种支出、参展费等。

（2）反映产出的指标。评价技术方案的产出指标可从使用价值和价值两个方面来衡量。

① 从使用价值上衡量产出。反映技术方案产出的使用价值，可用一组指标来综合衡量，主要有：产品数量（业务量）指标产品品种指标；产品质量、服务质量指标。

② 从价值上衡量产出。反映技术方案产出的价值指标，也有一组指标来衡量：产品销售收入指标；收益（盈利）指标；利润指标；利税指标。

（3）反映投资方向的指标。主要指标是逐年形成的固定资产增长与业务量（产销量）增长的比例等指标。

（4）反映项目进度的指标。主要包括项目的建设期、试产期和达产期等指标。

（5）综合反映经济效益和经济效果的指标。这类指标一般从静态指标和动态指标两方面来说明。

① 静态经济评价指标。主要包括投资回收期；投资效果系数；投资总费用；投资折合费用；贷款偿还期等。

② 动态经济评价指标。主要包括净现值；净现值指数；内部收益率；交叉利率；外汇净现值；换汇成本；节汇成本等指标。

11.1.4 技术经济分析的工作步骤

技术经济分析工作程序包含下列几个基本步骤。

（1）发现和确定问题并提出总目标。要评价经济活动的效果需要有明确的任务和目标。要使目标建立在合理的基础之上，需照顾到以下几对关系：近期和远期、局部和全局、宏观和微观。解决目标问题非常关键，目标错了将导致全盘失败。

（2）建立各种可行的技术方案。为了完成确定的目标任务，应提出各种可行的方案。这就要求在获得信息的情况下，进行经济预测，这是建立方案的必要条件。在建立方案时，既不能把实际可能的技术方案漏掉，也不能把不切实际的方案罗列其中，否则会使方案比较时缺乏真实性。

（3）分析所拟的各种技术方案在技术经济方面内部和外部的利弊关系及其各种影响因素。

（4）建立各种技术方案的经济指标与其他各种参数之间的函数关系，列出相应的经济公式或方程，建立数学模型。

（5）求解数学模型。

（6）对各种可能的技术方案进行综合的经济评价。通过定性和定量的计算、分析、论证和评价，选出经济上最合理的技术方案。

11.2 技术经济分析的影响因素及主要评价指标

11.2.1 影响因素分析

为了正确地对固定资产投资进行决策，必须对资金（货币）的时间价值、投资的风险价值、资金成本和现金流量四个因素进行分析。

1. 资金（货币）的时间价值

即使不考虑通货膨胀的因素，相同数量的资金在不同的时间里，由于利息的影响，其价值也是不相等的。什么是资金（货币）的时间价值呢？所谓资金的时间价值是指一定量的资金，在生产流通过程中，经历一定时间所产生的增值。

在资金的时间价值计算中，须明确三个典型的现金流量，即现值、期值和等额年金。

现值（P）是指按规定利率计算的未来一定量资金的现在价值，或者从时间上指发生在零年（现在）的价值，如期初投资、存款本金等。

期值（F）又称终值，指按照规定利率计算的现在一定本金在未来某一时间应取得的本利和，或者从时间上指项目服务期终了时（n 年）的价值。例如，存款中的本利和、固定资产净残值以及期末回收的流动资金等。

等额年金（A）指按照规定利率计算的，现值（或期值）拉平到各年中去的价值。等额年金在项目服务期内连续、等额发生在各期期末，如年折旧费、年经营成本、年收入等。

(1) 计息的方法。常用资金时间价值的计算方法有两种：单利和复利。

① 单利。单利是指在任意一个计息周期只按最初存入的本金计算利息，对获得的利息不进行计息。其计算公式为

$$I=n\cdot i\cdot P$$

式中 I——利息（元）；

P——本金（元）：

n——计息周期数；

i——周期利率（%）。

设到 n 期终了的本利和（期值）为 F，则有

$$F=P+I=P+n\cdot i\cdot P$$

可以看出，单利反映的是简单再生产过程，每个周期都以相同的规模重复。目前我国的存贷款以及各种债券都是单利计息的。

② 复利。复利是指每一个计息周期都以前一个计息周期的本利和作为其计息的基数。即民间称之为“利滚利”、“驴打滚”。

从资金运动客观过程来看，借贷活动中，利息经过一定时间后，如果不并入本金作为下期生息的基数，显然损害了债权人的利益。因为产生的利息也同样借给了债务人，债务人确实也在使用这些利息，不付息就成了对利息这部分资金的无偿占用，显然不合理。复利的本利和的计算公式：

$$F=P\cdot(1+i)^n$$

复利反映的是一个扩大再生产的过程，在进行投资的经济效果分析时，为便于不同方案的比较必须采用复利计息。复利和单利比较，可以用图 11-1 表示它们的区别。由图中可以看出，随着时间的推移，两者的差异将越来越大。

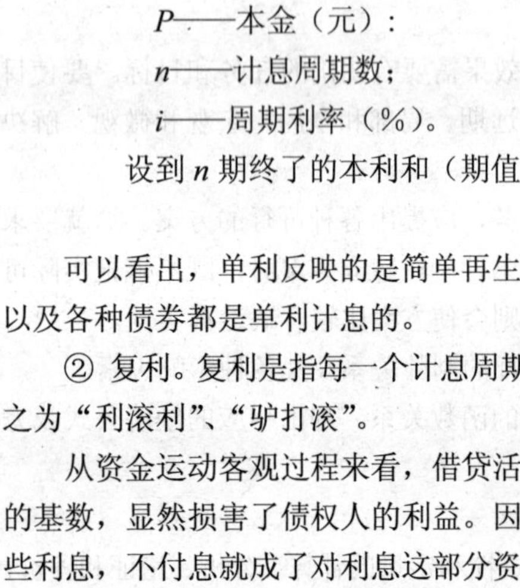

图 11-1

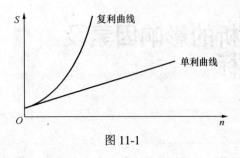

（2）普通复利的等值换算。现在来建立 P、F、A 三者之间的关系。

① 已知 P，在 n、i 确定时，求 F。

F 就是前面计算的本利和，于是

$$F=P\cdot(1+i)^n=P\cdot(F/P,\ i,\ n)$$

式中，（F/P，i，n）为复利终值系数，计算 F 是一个利息累计的过程。

② 已知 F，在 n、i 确定时，求 P。

这是①的逆运算，于是

$$P=F/(1+i)^n=F\cdot(P/F, i, n)$$

式中，（P/F，i，n）为贴现系数，计算 P 是一个利息扣除的过程。

③ 已知 A，在 n、i 确定时，求 F。

F 就是每一期 A 的本利和之累计，于是

$$F=A\cdot[(1+i)^n-1]/i=A\cdot(F/A, i, n)$$

式中，（F/A，i，n）为年金终值系数,计算 F 同样是一个利息累计的过程。

④ 已知 F，在 n、i 确定时，求 A。

A 就是 F 拉平到每一期的年金，于是

$$A=F\cdot i/[(1+i)^n-1]=F\cdot(A/F, i, n)$$

式中，（A/F，i，n）为偿债基金系数，例如有人为在期末还债 F，当银行存款利率为 i 时，每年存款 A，就能如期还债。

⑤ 已知 P，在 n、i 确定时，求 A。

A 就是 P 拉平到每一期的年金，于是

$$A=P\cdot i\cdot(1+i)^n/[(1+i)^n-1]=P\cdot(A/P, i, n)$$

式中，（A/P，i，n）为资金还原系数，类似于分期付款。

⑥ 已知 A，在 n、i 确定时，求 P。

A 就是 P 拉平到每一期的年金，于是

$$P=A\cdot[(1+i)^n-1]/i\cdot(1+i)^n=A\cdot(P/A, i, n)$$

式中：(P/A，i，n）为年金现值系数。

2. 投资的风险价值

所谓投资的风险价值是指进行风险投资而取得的超额利润。这种超额利润占投资总额的百分比称为风险报酬率。

固定资产投资一般要经过较长的时间才能收回，而且在这期间往往会碰到许多不确定的影响因素，常常导致结果的不肯定，从而给企业投资活动带来各种风险。

风险报酬和利润之间存在着一定联系。通常认为银行的存款利息、贷款利息、国债利息等都是几乎没有风险的，按照利率取得报酬是有把握的。至于其他各种投资的利润则是不确定的，它们或多或少都要冒一定程度的风险，所以它们的报酬相当于无风险的利息收入与风险收益之和。一般来说，风险越大，投资利润率要求越高；反之，风险越小，投资利润率要求越低。

3. 资金成本

资金成本即企业为取得长期投资的资金而花费的各种费用，如利息、手续费等。资金成本的高低，因该项投资的资金来源而异。如果资金是从银行借来的，资金成本就是借款利息率；如果资金是发行债券取得的，则其成本除利息外，还应包括发行费用等，就是总费用占发行收入的百分比；如果资金是自有的，那么资金成本就是投资者预期的投资报酬率。

资金成本在固定资产投资决策中非常重要，因为它是新投资项目是否能接受的最低报酬率（极限利率），即任何投资项目如果它的预期获利水平不能达到这个报酬率都应该被放弃；相反，如果达到或超过这个报酬率，那么该方案就可采用。因此，资金成本也称作“取舍率”。

4. 现金流量

任何一项长期投资方案的进行，都会牵涉到在未来一定时期内的现金流出与流入数量，即现金流量。一个项目完成投产后，它每年的现金净流量就是该项投资所引起的未来每年现金流入量超过其每年现金流出量的净额。

项目的现金流入量主要包括：

① 固定资产投资项目建成投产后每年的营业收入；

② 固定资产报废时的残值收入或变价收入；

③ 固定资产使用期满时收回原来投放的流动资金。

项目的现金流出量包括：

① 固定资产的投资，包括购入或建造费用、运输费用和安装费用等；

② 固定资产修理及维护等费用；

③ 所需的变动成本；

④ 各种利息、税金等。

现金净流量的计算公式为

$$NCF_t = (CI - CO)_t$$

式中　NCF_t——第 t 期净现金流量；

CI——现金流入量；

CO——现金流出量。

为了正确地评价各投资方案的经济效益，必须对投资方案的现金流量进行科学预测。

11.2.2　技术经济分析的常用评价指标

1. 投资回收期

所谓投资回收期是指用技术方案每年的净收益（净现金流量、利润）抵偿全部投资所需要的时间。其表达式为

$$K = \sum_{t=1}^{N} (CI - CO)_t / (1 + i_O)^t$$

式中：K——投资额；

$(CI-CO)_t$——第 t 年净收益；

N——投资回收期；

i_o——基准折现率。

用上式计算投资回收期，还可以写成：

$$N = 累计净现金流量出现正值的年份 - 1 + \frac{|上年累计净现金流量|}{当年净现金流量}$$

这种方法的适用条件是：如果方案的投资回收期 N 小于等于标准投资回收期 N_b，则认为方案可行；相反，如果方案的投资回收期 N 大于等于标准投资回收期 N_b，则方案不可行。

【例题 11-1】 某项目有如表 11-1 所示的预测资料（设最低报酬率为 8%），N_b=10 年。

表 11-1　单位：万元

年份	0	1	2	3	4	5	6	7	8	9
现金流入量				396	450	500	500	500	500	500

续表

年份	0	1	2	3	4	5	6	7	8	9
现金流出量	1000			200	200	200	200	200	200	200
净现金流量	−1000	0	0	196	250	300	300	300	300	300
累计净现金流量	−1000	−1000	−1000	−804	−554	−254	+46	+346	+646	+946
贴现系数	1.000	0.9259	0.8573	0.7938	0.735	0.6806	0.6302	0.5835	0.5403	0.5002
贴现净现金流量	−1000	0	0	155.58	183.75	204.18	189.06	175.06	162.09	150.06
累计净现金流量	−1000	−1000	−1000	−844.42	−660.67	−456.49	−267.43	−92.37	+69.72	+219.78

$$N（静态）=累计净现金流量出现正值的年份-1+\frac{|上年累计净现金流量|}{当年净现金流量}$$

$$=6-1+254/300$$

$$=5.85（年）$$

$$N（动态）=累计贴现净现金流量出现正值的年份-1+\frac{|上年累计贴现净现金流量|}{当年贴现净现金流量}$$

$$=7.5（年）$$

由此不难看出，该指标只能判断方案可行与否。如果就某一建设项目所拟定的两个及以上的技术方案都存在 $N \leqslant N_b$，能不能利用投资回收期指标在以上方案中选择一个最优方案？回答是否定的。原因很简单，该指标不适用于选优。

2. 追加投资回收期

所谓追加投资回收期是指在产出（收入）相同的前提下，用投资大的方案所节约的年运营成本回收超额投资所需要的时间。其数学表达式如下：

$$N'=（K_1-K_2）/（C_2-C_1）$$

式中：K_1、K_2——方案 1、方案 2 的投资额；

C_1、C_2——方案 1、方案 2 的年运营成本；

N'——追加投资回收期。

该指标的适用条件是：如果 $K_1>K_2$、$C_2>C_1$，当 $N'<N_b$ 时，投资大的方案优，选择方案 1；当 $N'>N_b$ 时，投资小的方案优，选择方案 2。

3. 净现值（NPV）和净现值指数（NPVR）

(1) 净现值（NPV）。所谓净现值是指工程方案在使用年限内按基准收益率计算的净现金流量的现值总和，也可表示为使用期内逐年收益现值之总和。计算公式为

$$NPV=\sum_{t=0}^{n}(CI-CO)_t/(1+i_o)^t$$

式中：i_o——基准收益率；

n——方案的服务期限；

$(CI-CO)_t$——第 t 年的净收益。

若方案的投资是一次性的，即在零年全部投入，则上述公式可简化为

$$NPV=-K+\sum_{t=0}^{n}(CI-CO)_t/(1+i_o)^t$$

式中：K——初始投资额。

利用该指标进行单方案评价时，若 $NPV \geq 0$，则表示项目的收益率不仅可以达到基准收益率的水平，而且还有盈余；若有 $NPV=0$，则表示方案的收益率正好等于基准收益率；若 $NPV<0$，则说明方案的收益率达不到基准收益率的水平。因此，只有 $NPV \geq 0$，方案才可行。需要注意的是，该指标一般只用来判断方案的可行与否，不能进行方案之间的比较选优。

（2）净现值指数。净现值指数是指在技术方案的服务期内单位投资现值产生的净现值。计算公式如下：

$$NPVR = NPV / P(K)$$

式中：$P(K)$——投资的现值和。

该指标克服了不同方案投资规模的差异，所以可用来进行方案之间的比较选优。一般取净现值指数较大的方案为优选方案。

净现值（NPV）和净现值指数（$NPVR$）通常配合使用。

4. 内部收益率（IRR）

内部收益率也称内部报酬率，是指在方案的服务期内，使方案的贴现净现金流量的累计值为零的折现率。即

$$-K + \sum_{t=1}^{n} (CI - CO)_t / (1 + i^*)^t = 0$$

式中：i^*——内部收益率。

由公式可知，一个工程项目的净现值与所选折现率密切相关，净现值数值随折现率的增大而减小。也可以说，使项目在计算期内净现值为零（即总收益现值与总费用现值相等）时的折现率称为该方案的内部收益率。

对于独立方案来说，当技术方案要求的内部收益率大于等于基准收益率 i^* 时，则认为该方案在经济上可行；反之，i^* 小于 i_0 时，则方案不可行。

在实际操作中，往往采用近似方法来求内部收益率，公式如下：

$$i^* = i_1 + NPV_1 \cdot (i_2 - i_1) / (NPV_1 + |NPV_2|)$$

式中：i^*——内部收益率；

NPV_1——采用低折现率 i_1 时的净现值；

NPV_2——采用高折现率 i_2 时的净现值。

11.3 技术经济分析的一般方法

11.3.1 盈亏平衡分析法

盈亏平衡分析法是通过分析产品产量、成本和盈利之间的关系，找出方案盈利和亏损在产量、单价、成本等方面的临界点，以判断不确定性因素对方案经济效果的影响程度，说明方案实施的风险大小。这个临界点被称为盈亏平衡点（Break Even Point，BEP）。

盈亏平衡点可以有多种表达，一般是从销售收入等于总成本费用即盈亏平衡方程式中导出。

设企业的销售价格（P）不变，则：

$$B = PQ$$

式中：B——税后销售收入（从企业角度看）；

P——单位产品价格（完税价格）；

Q——产品销售量。

企业的总成本费用 C，从决策用的成本概念来看，包括固定成本（C_f）和变动成本（C_vQ），即：

$$C=C_f+C_vQ$$

式中：C_v——单位产品变动成本；

C_f——固定成本。

当盈亏平衡时，则有：

$$PQ^*=C_f+C_vQ^*$$

式中：Q^*——盈亏平衡点对应的产量。

将上述关系在同一坐标系上表达，则如图 11-2 所示。

从图中可见，当企业在小于 Q^*的产量下组织生产，则项目亏损；在大于 Q^*的产量下组织生产，则项目盈利。显然 Q^*是 BEP 的一个重要表达。

$$Q^*=C_f\Big/(P-C_v)$$

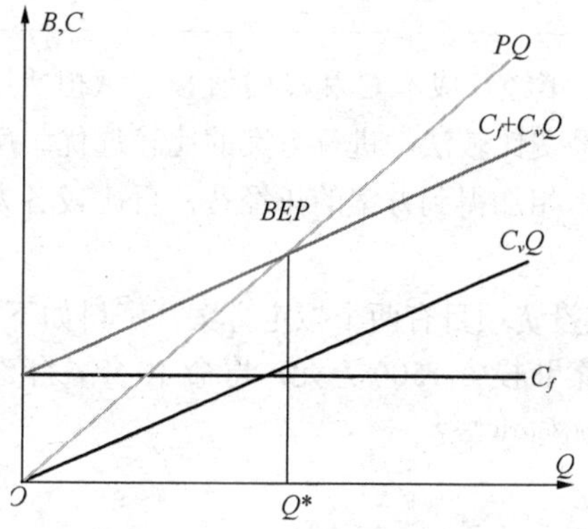

图 11-2　盈亏平衡分析图

其中，$P-C_v$ 表示每销售一个单位产品补偿了变动成本后之所剩，被称为单位产品的边际贡献。

若项目设计生产能力为 Q_0，BEP 也可以用生产能力利用率来表达，即：

$$E=\frac{Q^*}{Q_0}\times100\%=\frac{C_f}{(P-C_v)Q_0}\times100\%$$

式中：E——盈亏平衡生产能力利用率。

所以 E 越小，也就是 BEP 越低，说明项目盈利的可能性较大，造成亏损的可能性较小。

如果按设计生产能力进行生产和销售，BEP 还可以由盈亏平衡价格来表达，即：

$$P^*=C_v+\frac{C_f}{Q_0}$$

【例题 11-2】 某工程方案设计生产能力 12 万吨/年，单位产品售价（不含税）510 元/吨，总固定成本 1500 万元，单位成本 250 元/吨，并与产量成比例关系，求以产量、生产能力利用率以及价格表示的盈亏平衡点。

解：由相关公式得：

$$Q^*=\frac{1500\times10^4}{510-250}=5.77\times10^4（吨）$$

$$E = \frac{5.77\times10^4}{12\times10^4}\times100\% = 48\%$$

$$P^* = 250 + \frac{1500\times10^4}{12\times10^4} = 375(元/吨)$$

通过计算 BEP，可以对方案发生亏损的可能性作出大致的判断，比如产量和价格允许的变化率。

产量允许的降低率为：

$$1-\frac{Q^*}{Q_0} = 1-\frac{5.77\times10^4}{12\times10^4} = 52\%$$

价格允许的降低率为：

$$1-\frac{P^*}{P} = 1-\frac{375}{510} = 26\%$$

也就是说，其他条件不变时，只要产量降低幅度不超过生产能力的 52%，项目就不会发生亏损。同样在售价上也可降低 26%，而不至于亏损。

11.3.2 承担费用分析法

所谓承担费用是指投资 K、年经营成本 C 和净残值 S_V；承担费用法的基本前提是相互比较的方案产出相同。这里我们借助年经费比较法，进行方案的比较选优。所谓年经费是指先将投资额和净残值拉平到各期，与年经营成本相加得到方案的年经费，再比较各方案年经费的高低，以年经费低的方案为优。

【例题 11-3】 经预测，某投资项目有两个拟定方案，资料如下：方案 I 投资 800 万元，寿命 5 年，年经营成本 600 万元；方案 Ⅱ 投资 1500 万元，寿命 10 年，年经营成本 500 万元，两方案均无残值，基准收益率 i=8%。应如何决策？

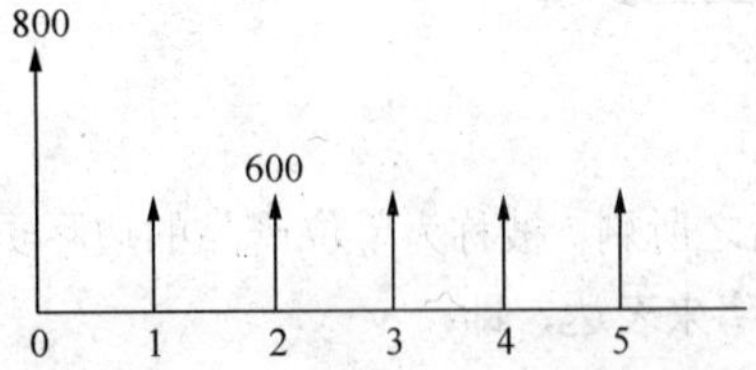

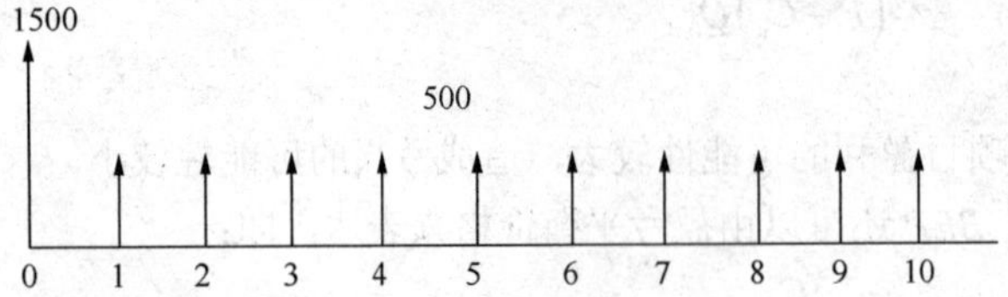

首先按通常的方法计算方案 I 、Ⅱ 的年经费，其现金流量图及计算如下：

两方案的年经费

$$AC_1=800\times(A/P,8\%,5)+600=800（万元）$$

$$AC_2=1\,500\times(A/P,8\%,10)+500=724（万元）$$

方案 Ⅱ 较方案 I 节约

$$AC_1-AC_2=76（万元）$$

但是，此节约额只是前 5 年的，后 5 年只有方案Ⅱ，如下图：

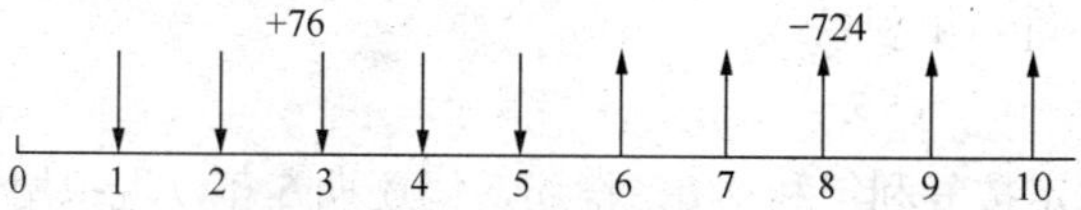

这样的结果是难以做出判断的，这就是服务期不同带来的比较分析的困难。为此我们提出两个理论假设：设备报废后进行再投资时：①技术条件不变；②价格不变。在此假设下形成了两种方法。

（1）研究期法

取 5 年为研究期，则

$AC_1=800\times(A/P,8\%,5)+600=800$（万元）

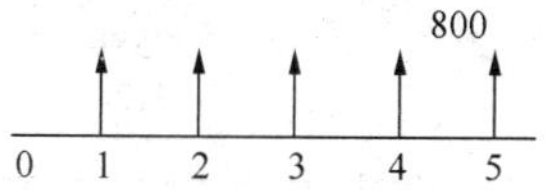

$AC_2=1500\times(A/P,8\%,10)+500=724$（万元），取前 5 年的费用 724 万元

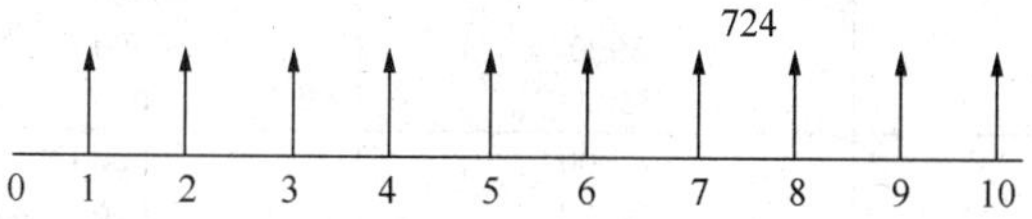

结论：选择方案Ⅱ。

（2）最小公倍数法

两方案服务期的最小公倍数为 10 年，于是方案Ⅰ于 5 年末再投资一次，则

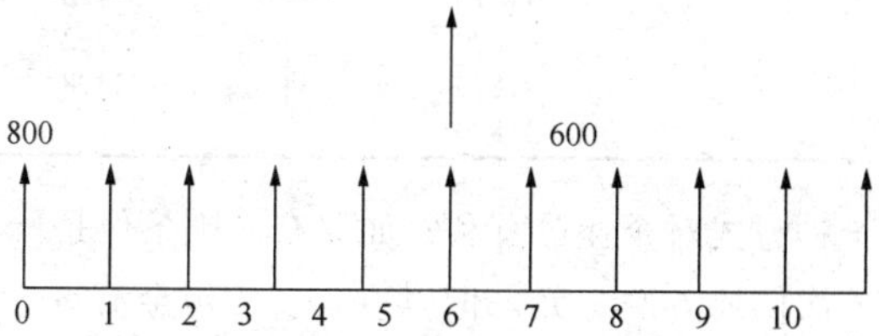

$AC_1=800\times(A/P,8\%,10)+800\times(P/F,8\%,5)\times(A/P,8\%,10)+600=800$（万元）

$AC_2=724$（万元）

结论：选择方案Ⅱ。

可以肯定，用年经费法进行方案比较时，如果不考虑技术进步及价格、费用等因素变化，而假设进行设备重置条件不改变，则不同服务期的方案可用其差值进行直接比较。

11.3.3　贷款偿还方式的选择

（1）还款方式的特点。

① 在规定的偿还期内以规定的方式偿还；

② 在偿还期内，利率不变。

（2）借款人（企业）应考虑的问题。

① 有多少种可采用的偿还方式？

② 有没有一种方式实际上对企业最有利？

（3）偿还贷款的形式。

① 债务到期整付本利和；

② 每年付息，债务到期还本；

③ 债务期内，每年按一定比例偿还本金并付当年利息；

④ 债务期间内按期均匀还本付息。

【例题 11-4】 企业贷款 50000 元，双方约定按复利年利率 6%偿还，偿还期 5 年，现拟用以上四种方式偿还，结果见表 11-2。其中，年初负债＋本年利息－年末偿还＝年末负债。

表 11-2 偿还方式计算

还款方式	年份	年初负债 +	本年利息 −	年末偿还 =	年末负债
①	1	50000	3000	0	53000
	2	53000	3180	0	56180
	3	56180	3371	0	59551
	4	59551	3573	0	63124
	5	63124	3787	66911	0
②	1	50000	3000	3000	50000
	2	50000	3000	3000	50000
	3	50000	3000	3000	50000
	4	50000	3000	3000	50000
	5	50000	3000	53000	0
③	1	50000	3000	13000	40000
	2	40000	2400	12400	30000
	3	30000	1800	11800	20000
	4	20000	1200	11200	10000
	5	10000	600	10600	0
④	1	50000	3000	11870	41130
	2	41130	2468	11870	31728
	3	31728	1904	11870	21762
	4	21762	1306	11870	11198
	5	11198	672	11870	0

问题是：这几种偿还方式有无区别？有没有一种方式对企业最有利？如果有，则条件是什么？

假设我们选择方式①偿还贷款，即第五年末一次偿还 66911 元，但以方式③的现金流量进行其他项目的投资运用，会有什么结果？

例如，企业的某项目投资收益率为 10%，按方式③的现金流量进行投资，结果见表 11-3。

表 11-3 再投资收益表

年份	当年利息	年末投资	年末帐面值
1	0	13000	3000
2	1300	12400	6700
3	2670	11800	40650
4	4065	11200	55915
5	5592	10600	72107

5 年末除用来还本付息外尚余：

$$72107-66911=5196（元）$$

11.4 建设项目国民经济评价

国民经济评价是项目经济评价的核心部分，是从经济整体角度考察项目的效益和费用，用影子价格、影子工资、影子汇率和社会折现率，计算分析项目给国民经济带来的净效益，评价项目经济上的合理性。

11.4.1 费用、效益的定义

对投资项目的费用和效益进行比较，是确定各种投资方案经济性的基本途径。因而正确识别费用、效益，是保证投资项目国民经济评价正确性的重要前提。

项目的效益是指项目对国民经济所作的贡献，分为直接效益和间接效益。直接效益是指项目产出物（物质产品或劳务）用影子价格计算的经济价值。一般表现为增加该产出物数量满足国内需求的效益；替代其他相同或类似企业的产出物，使被替代企业减产以减少国家有用资源耗费（或损失）的效益；增加出口（或减少进口）所增收（或节支）的国家外汇等。间接效益也称外部效益，是指项目为社会作出了贡献，而项目本身并未得益的那部分效益。

项目的费用是指国民经济为项目所付出的代价，分为直接费用和间接费用。直接费用是指用影子价格计算的项目投入物（固定资产和流动资金投资等一次性投入和经常性投入）的经济价值。一般表现为：其他部门为供应本项目投入物而扩大生产规模所耗用的资源费用；减少对其他项目（或最终消费者）投入物（或消费品）的供应而放弃的效益；增加进口（或减少出口）所耗费（或减收）的国家外汇等。间接效益也称外部效益，是指项目为社会做出了贡献，而项目本身并未得益的那部分效益。

项目的间接效益和间接费用统称为“外部效果”。例如工业项目中，所引进先进技术的扩散导致的科学技术水平的提高是外部效益；排出的废气、废水和废渣引起的环境污染是外部费用等。对显著的“外部效果”要作定量分析，计入项目的效益或费用；不能定量的，应作定性描述。

完全为新建生产性项目服务的商业、教育文化、卫生、住宅等生活福利设施的投资应计作项目费用。这些生活福利设施所产生的效益，可视为完全体现在项目的产出效益中，一般不必单独核算。有条件时，也可以计算这些生活福利设施所产生的效益，计入项目总效益。

11.4.2 转移支付的概念

直接与投资项目有关的某些财务支出和收益项，并不真正反映资源投入和产出的变化，因而不影响社会最终产品的增减，即不反映国民收入的变化，而只表现为资源的使用权从社会的一个实体转移到另一个实体手中。这种转移，仅仅是货币在社会实体之间的一种转移，称为转移支付。折旧、补贴、贷款与还本付息、税金等都是转移支付。

1. 折旧

折旧从会计学的角度看属于生产成本。折旧不能构成经济分析中的费用或效益项。在项目的经济分析中，既然已对相应于投资的资源投入所造成的国民收入损失作了充分估价（即把投资作为费用），而折旧不过是投资所形成的固定资产在生产过程中价值转移的一种估价和补偿，所以不能再把折旧当作效益或费用。就是说，与折旧对应的固定资产原值已全数包括在投资的经济费用中，而项目的经济分析并不涉及固定资产价值的转移和补偿问题

2. 税金

纳税对于企业，以财务分析来说，是不折不扣的费用项。但是税金作为国家的财政收入，用于国家的公用事业和其他发展目的，是国家参与国民收入分配的一种手段。它仅仅代表了相应资源的分配权与使用权从企业转移到国家手中，既未增加国民收入，也未减少国民收入，因而不是经济评

价意义上的费用或效益。同样，外贸品的关税也不是经济费用或效益。

3. 补贴

补贴是一种与税金流动方向相反的转移支付。例如，国家对某些农产品实行价格补贴，这种补贴虽然使国家的财政收入减少，却增加了农民的净收入，因而国民收入并没有因此而发生增减。

4. 贷款与还本付息

国内贷款、还本付息也是一种转移支付。对项目经营者或企业来说，贷款可以增加他对资源的支配与使用权，而还本付息则相反。对整个国家经济来说则不同，贷款并没有增加国民收入，还本付息也没有减少国民收入，这种货币流动过程并未伴随实际资源的增加或减少，仅仅是资源支配权力的转移，因而它们不是国民经济评价意义上的费用和效益。

11.4.3 影子价格

影子价格也叫效率价格、计算价格，苏联经济学界最初称之为最优计划价格。叫法不同但其内容基本一致，都是应用线性规划把资源和价格联系起来，即在一定的经济结构中，以线性方法计算、反映资源最优利用的价格。

1. 线性规划中关于影子价格的表述

① 资源在最优分配状态下，各种资源对目标函数的边际贡献（边际产出）就是其影子价格。

② 第 i 资源的影子价格是对第 i 种资源在实现最优目标函数数值时的一种价格估计。在决策中，当市场价格大于第 i 种资源的影子价格时，卖出第 i 种资源；当市场价格小于第 i 种资源影子价格时，买进第 i 种资源。

2. 在经济评价中关于影子价格的表述

① 由于商品或者生产要素可用量的任何边际变化所引起的福利增加；

② 为了达到一定的社会目标最优化所应该采取的价格；

③ 泛指实际价格以外的较能反映资源社会价值的那种价格；

④ 影子价格是在社会经济处于某种最优化状态下，反映社会劳动消耗、资源稀缺程度和需求状况的产品或资源的价格。

综上所述，影子价格都涉及资源的最优分配和边际贡献；既要反映资源的稀缺程度，又要反映资源的边际产出；资源稀缺程度的变化，市场需求结构的变化，产品劳动消耗水平的变化等都会导致影子价格的变化。如果把线性规划问题用于整个社会经济整体的资源分配，要求满足下面基本条件：

① 市场容量和条件不受限制；

② 各企业的产出不存在质量差别；

③ 价格完全由市场自由调节；

④ 各种资源对于每个可能的生产者来说，获得的机会是均等的。

11.4.4 影子汇率和转换系数

影子汇率（Shadow Exchange Rate，SER）是指两国货币实际购买力的比价关系，是相对于官方汇率（Official Exchange Rate，OER）而言的。SER 和 OER 之间的关系如下式所示：

$$SER = OER/SCF$$

式中：SCF——转换系数。

发展中国家大都过高估计本国货币购买力，官方汇率往往定得较低。

SER 和 OER 之间的差额实际上是一种价格补贴，影子汇率的作用是使贸易品和非贸易品之间建立一种相对合理的价格转换关系，以消除用 OER 度量时带来的偏差。

11.4.5 国民经济评价的主要指标

1. 社会折现率

社会折现率是建设项目经济评价的通用参数，在国民经济评价中用作计算经济净现值时的折现率，并作为经济内部收益的基准值，是建设项目经济可行性的主要判别依据。

社会折现率表征社会对资金时间价值的估量。适当的社会折现率有助于合理分配建设资金，引导资金投给对国民经济贡献大的项目，调节资金供需关系，促进资金在短期和长期项目间的合理配置。

社会折现率的确定应体现国家的经济发展目标和宏观调控意图。一般根据目前国内的投资收益水平、资金机会成本、资金供需情况以及社会折现率对长、短期项目的影响等因素确定社会折现率，供各类建设项目评价时统一采用。

2. 经济内部收益率（EIRR）

国民经济评价的经济内部收益率作为主要评价指标。经济内部收益率是反映项目对国民经济贡献的相对指标。它是使项目计算期内的经济现值累计等于零时的折现率。

当经济内部收益率大于等于社会折现率时，项目应认为是可以接受的；当经济内部收益率小于社会折现率时，项目应视为不可以接受的。

3. 经济净现值（ENPV）和经济净现值率（ENPVR）

经济净现值是反映项目对国民经济所作贡献的绝对指标。它是用社会折现率将项目计算期内各年的净效益折算到建设起点（建设期初）的现值之和。当经济净现值大于零时，表示国家为拟建项目付出代价后，除得到符合社会折现率的社会盈余外，还可以得到以现值计算的超额社会盈余。

经济净现值率是反映项目单位投资为国民经济所作净贡献的相对指标，它是经济净现值与投资现值之比。

一般情况下，经济净现值大于或等于零的项目，应认为是可以考虑接受的。在选择方案时，应选经济净现值大的方案；当方案投资额不同时，需要用经济净现值率衡量。

本章小结

本章主要介绍了技术经济分析的特点与程序，时间价值的计算方法以及项目投资的决策方法。

复习思考题

1. 技术经济分析的基本原理是什么？
2. 什么是资金的时间价值？如何计算？
3. 技术经济分析的常用方法有哪些？如何运用？
4. 某人从 25 岁参加工作起至 59 岁，每年存入养老金 5000 元，若利率为 6%，则在 60～74 岁间每年可以等额领到多少钱？

5．某企业拟购买一项专利技术，预计该专利技术使用后可产生年净收益 28 万元，有效使用期为 6 年，若投资收益率为 15%，试求该专利技术的价值。

6．某企业获得 10 万元贷款，偿还期 5 年、年利率为 10%，试就下面四种还款方式，分别计算 5 年还款总额及还款额的现值。

（1）每年末还 2 万元本金和所欠利息；

（2）每年末只还所欠利息，本金在第 5 年末一次还清；

（3）每年末等额偿还本金和利息；

（4）第 5 年末一次还清本金和利息。

7．什么是建设项目的国民经济评价？有哪些指标？

第12章 新时代通信企业管理面临的挑战

学习目标

- 通信行业现状和困局
- 通信企业管理模式
- 移动互联网
- 大数据
- 物联网

开篇案例

移动互联网营销的七个要点

移动营销是什么？移动互联网营销是以移动化为中心的，整合的营销。对未来而言，移动互联网就是一个移动的经济。

86.2%的用户都接触过移动的广告，而且都点击过广告。点击广告的主要原因有三个：第一，广告对他有用。第二，对广告的内容感兴趣。第三，广告形式新颖。从中体现出：有价值的信息和创新的形式更受欢迎。移动互联网营销不仅仅是移动互联网的广告，目前移动互联网营销的立体化还是做得不够。那么从用户行为看移动营销未来有哪些发展趋势？

第一，更强调互动、参与和体验。例如德国一家宠物食品公司为了推广品牌，在柏林和慕尼黑安装了10块户外广告板，当用户在广告板上签到时，狗粮就会自动跳出来。借助经典条件反射的作用，每当狗狗们都走到广告板附近，为了能吃到狗粮，都会扯着主人去广告板。移动互联网的载体是手机，而手机本身就是通信交互的工具，在手机上和用户做互动，让用户参与和体验，这是移动营销的一个趋势。

第二，跟消费者场景的精准结合。针对不同的时间、地点、场景，显示出同一广告主的不同广告内容。例如，谷歌智能搜索的广告。你用手机搜索“比萨”是在市区晚上7点半，这时它告诉你的广告是：3美元一块外带晚餐只需要10美元。如果是中午11点你在家里PC端搜索“比萨”，它会告诉你，网上预订15分钟送到。

第三，互动过程中要给予奖励、优惠。调查发现，76%的移动用户对优惠券奖励很感兴趣。例如赛百味有个游戏——“倔强的摩托”，每次你驾驭的摩托难度系数越高，你得到的折扣越大。结果导致有一段时间，在赛百味排队的人都是拿着手机去的，因为他有优惠券。

第四，跨屏互动。户外和移动的结合。例如1号店在地铁站做广告，根据地铁站的人流来判断大家喜欢买什么样的产品，你在上下地铁时，扫码完成购买，等你回家，可能东西已经送到了。

第五，o2o与本地化营销。其实从更长远来讲，移动的一个趋势就是本地化。查找本地信息已经成为一项常见的智能手机活动，而深耕本地化将是未来很重要的一个方向。例如，麦当劳在瑞典做了一次营销活动。消费者只要用自己手机连上活动网站，先选好自己喜欢的麦当劳小点心，然后就可以在街头和广告看板玩挡球小游戏。游戏中，麦当劳的广告看板变成游戏屏幕，顺利通过挑战就可以到附近的麦当劳门店免费获得自己选择的小点心。

第六，做一些逆向思考。按真正的效果付费移动端的广告。例如把所有的广告都放在一个盒子里，在APP上有一个小标，你想看就打开看，播放5秒后你可以选择跳过广告，如果观众没有跳过广告，而是把30秒的广告看完了，广告主才愿意付费。结果发现，看的比例还很大。这又反过来证明，其实消费者不讨厌广告，只是讨厌广告的形式和出现的时间。

第七，输出内容，深度卷入。现在消费者都希望看到有创意、有内容的东西。调查发现，70%的消费者偏好通过一篇文章而不是广告来了解某公司。而内容营销的花费只相当于传统营销的62%。例如飞利浦做了个APP——“空气监测站”。能够测量室内的空气质量，人们根据空气质量，去了解其空气净化器。它其实是把内容变成了一个营销方式。

思考题：如何实现移动互联网背景下的精准营销？

（资料来源：根据网络资料整理。）

12.1 4G时代通信企业管理的变革

2013年12月4日，工信部正式向三大运营商发放4G牌照，宣告我国通信行业进入4G时代。毫无疑问，4G是超越3G的一种更加便捷、移动性更强、速度更快的智能“新一代宽带移动智能网”技术。

12.1.1 4G的发展

当今世界通信技术发展突飞猛进，对人类文明与进步产生了深刻的影响，移动通信的发展尤为瞩目。特别是近二十多年里，移动通信技术获得了巨大的进步，成为信息通信技术中发展最快、应用最广、渗透率最强的高新技术之一，在促进世界的经济增长、推动社会进步、丰富各国人民的生活等方面发挥了重要的作用。我国工业和信息化部于2009年1月7日在内部举办小型牌照发放仪式，确认国内3G牌照发放给三家运营商，为中国移动、中国电信和中国联通发放3张3G牌照。由此，2009年成为我国的3G元年，我国正式进入第三代移动通信时代。

4G是第四代移动通信及其技术的简称，是能够传输高质量视频图像以及图像传输质量与高清晰度电视不相上下的技术产品。4G的概念可称为广带（Broad-band）接入和分布网络，具有超过2Mbit/s的非对称数据传输能力，对全速移动用户能提供150Mbit/s的高质量影像服务，并首次实现三维图像的高质量传输，无线用户之间可以进行三维虚拟现实通信。它包括广带无线固定接入、WLAN、移动广带系统和互操作的广播网络。在不同的固定无线平台和跨越不同频带的网络中，4G可提供无线服务，并在任何地方宽带接入互联网（包括卫星通信和平流层通信），提供信息通信以外的定位定时、数据采集、远程控制等综合功能。同时，4G系统还是多功能集成的宽带移动通信系统，是宽带接入IP系统。

4G通信系统以传统通信技术为基础，结合具有时代特点手段技术，弥补了传统技术的缺点与不足，可以更好地满足大众对通信技术高水平与高速度的追求。4G通信技术优势巨大，且费用也相对较低，使得4G推广的可能性变大，对广大高需求的用户绝对是一个好消息。

通信行业的变化来源于信息技术、计算机技术、电子技术的链式融合。而催生4G这样高品质通信技术变革的正是大众对通信技术的高需求。满足大众的要求，是催生技术变革的重要因素。第四代移动通信技术最大的应用主体是智能手机，4G通信技术能与智能电子设备相结合，为手机用户提供便捷、稳定、快速的通信服务，是发展产业链的前期效应，是 4G 技术市场价值的根源所在。

随着现今通信技术的快速发展，特别是智能化终端如智能手机等的多元化应用，用户更追求高质量、高速度、好品质的通信技术，催生了 4G 高品质通信技术的改革。不论是家庭通信、个人通信还是商务通信，都对更好更快的通信技术抱有很大的期待。因此，4G 通信技术可以普及各类不同的通信终端，因而构建完善的 4G 网络，为用户提供质量较高的通信服务。第四代移动通信技术已在快速发展，有了需求和市场，4G 通信技术才能有蓬勃发展的状态。

12.1.2 4G环境下的运营商应对策略

从国内外电信业的发展历程看，政府监管政策的调整始终对运营商的发展具有重要影响，近期国家出台的两个政策将影响电信业未来的发展格局：一是 2013 年 12 月 4 日工信部正式向国内三大传统通信运营商发放 4G 牌照，国内三家运营商均获得“LTE/第四代数字蜂窝移动通信业务(TD-LTE)”经营许可，随后中国移动、中国电信和中国联通先后宣布在多个城市开展 4G 商用服务，至此国内移动信息化行业正式步入 4G 商用时代；二是 2013 年 12 月 26 日工信部向 11 家民营企业发放第一批移动通信转售业务试点批文，标志着移动通信运营行业向民间资本开放进入了实质性阶段，国内虚拟运营商进入了传统移动通信竞争领域。政府监管政策的调整必然促使产业发展环境发生变化，带来新的机遇与挑战。传统通信运营商如何继续保持在产业中的主导地位，如何继续保持业已形成的传统竞争优势，将是新的产业生态环境下运营商需要研究的重要课题。

随着移动互联网时代的到来，现阶段通信生态环境与过去比较，最大的差异可以用“4G”,“虚拟运营”及“异质竞争”三个关键词来概括。生态环境出现了新变化，发展战略与竞争策略就需要适应变化把握主动。“4G”，即 4G 网络商用，是现阶段通信生态环境的代表性关键词。4G 网络相对于 3G 网络来说，具有高速率、高带宽和低时延等特点，能够给客户带来更加快捷的通信体验。“虚拟运营”，即虚拟运营商试点移动通信转售业务。虚拟运营牌照的发放孕育着通信市场的一大变革，虚拟运营商成为通信行业的新生力量，它的出现会对行业内的竞争博弈产生深远的影响。截至 2014 年 8 月底，工信部共向 25 家企业发出移动通信转售业务试点批文，共计三批，其中不少已经发布“170”手机号段以及各项增值服务。

“异质竞争”，即相对传统同质竞争而言，互联网企业异质竞争对传统通信运营商带来的冲击。在 4G 通信时代，基于流量的移动互联网视频、语音及信息业务的体验更加流畅，对传统业务的替代作用更加明显，传统通信运营商的收入核心真正受到威胁。

4G 时代，巨大的转型危机将使电信运营商的角色发生重大变化。电信运营商将面临很多竞争对手。4G 时代，终端等同于一个移动、便携、小型化的智能终端，运营商通过提供网络“管道”与终端对接，实现从“管道商”向“零售商”的转变，消费者通过这种随时随地的终端和渠道完成消费过程，而消费渠道的变化使得商品和服务提供商提供更加丰富且有价值的消费品。可以预见，将有越来越多的企业依托自身独特的商业模式所聚集的人流渗透到信息产业的运营与终端环节。未来的运营商将成为服务提供商：集通信网络、互联网络、媒体、网络零售商等多种角色于一体。4G 时代，在语音业务和基础数据业务价格逐渐降低甚至是免费的情况下，运营商对于信息的依赖程度越来越高。进一步挖掘信息的价值和整合产业链将是运营商生存的关键。运营商目前的核心竞争力在网络和客户。在语音通信时代，对于网络的垄断是企业利润的重要来源；而在信息时代，客户信息将取代网络资源成为企业利润的重要来源。语音时代，用户的价值并没有被真正发掘，基于用户的信息发掘仅局限于提升用户的语音业务和数据业务的消费量；而在信息时代，用户的价值将得到进一步体现，基于用户的网络零售和广告业务将取代语音和数据业务成为第一大收入来源。这种转变是根本性的，将使运营商真正转变成服务提供商。对于个人消费者，运营商是网络服务提供者和网上零售商；对于商家，运营商是广告发布商和商品批发商。运营商在市场的角色由通信行业逐渐延伸到其他行业。

面对 4G 生态环境下更为复杂多变的形势，传统通信运营商需要加快战略转型步伐，在转型中准确把握机遇，正确应对替代危机。积极制定应对策略体系，顺应行业趋势与客户需求，摒弃大而全的传统理念，有所为有所不为，集中有限资源铸造新环境下的核心竞争力，把握新时期持续健康发展的主动权。

首先，正确把握趋势，顺势而为。行业发展趋势的客观规律无法违背，“善战者因其势而利导之”。在规律面前，谁能提前研究并正确把握，谁就能掌握规律所带来的机遇与主动。通信行业发展趋势源自技术演变与客户需求的有机结合。现阶段，依托灵活的机制和快速的响应能力，互联网企业的业务创新有目共睹。传统通信市场的监管者与运营商需要正确对待而非封闭制约互联网企业顺应客户需求的创新力，应当积极参与到行业趋势的演进中，探讨构建“专业网络公司+专业运营公司”模式，来适应新形势的发展需要。在这类模式中，网络公司不参与市场运营，面向各专业运营公司收取网络使用租金；各专业运营公司不从事网络建设，面向最终消费客户进行运营和营销。通过专业化公司运作，一方面能够切实减少国有资金的重复投资，将资金集中投入到支持现网技术演变与升级上来，实现全网高标准的统一规划与建设运维；另一方面可以在运营层面降低准入门槛，打造专业运作、充分竞争的市场环境，从而有效提升客户需求的响应与支撑能力。

其次，扬长避短，持续锻造核心竞争力。企业发展壮大源自于核心竞争力的持续锻造。企业的核心竞争力是建立在企业的核心竞争优势与比较竞争优势协同作用的基础之上的。核心竞争优势是其他企业无法或者难以模仿的竞争优势，在异质竞争中，传统通信运营商最大的核心优势就是通信网络资源优势。比较竞争优势是其他企业短期内不具备的、通过资源投入将来可以具备的竞争优势，传统通信运营商现阶段最大的比较优势就是既有基础客户规模优势。在当期行业格局下，传统通信运营商要持续锻造核心竞争力，就是要持续打造基于网络资源的核心竞争优势，通过构建智能管道，强化流量分析与价值经营，合理疏导各类业务应用，从而形成新时期收入增长的核心引擎。同时，仍要巩固基于既有客户规模的比较竞争优势，依托 4G 网络，激发既有客户的各类流量应用需求，进而通过规模效应实现增长。

再次，加强竞合、共享与共赢。一方面，面向同业竞争伙伴，传统通信运营商要加强业务平台合作与网络共建共享。通过开展竞合营销活动、构建统一业务或研发平台、加大共建共享范围与力度等手段来打造新领域的横向战略联盟，共同开拓蓝海市场空间，共同分享发展成果。另一方面，针对异质竞争领域，传统通信运营商要加强同特定互联网企业的互利共赢，特别是与获得移动通信转售业务的试点企业开展深入的合作。现阶段，虽然试点企业获得了转售业务许可、“170”专属号段甚至民营银行试点许可等丰富资源，对传统通信运营商形成了一定的竞争预期，但其从探索磨合到规模发展，再到 2015 年年底试点全面放开仍有一定的时间窗口。在这一时期，传统通信运营商可以通过与其合作来深入拓展与服务聚类客户市场。在合作的同时，积极学习优秀试点企业（如阿里巴巴、京东等）的理念与机制，促进短板提升及战略转型。

第四，以 4G 客户需求为导向，积极推动创新发展。一方面，加快通信产品创新与更新换代。现阶段，传统语音与信息产品是运营商的现金牛产品。随着基于流量的移动互联网通信产品加速普及，传统产品被逐步替代过渡为瘦狗类产品是无法改变的客观规律。传统通信运营商需要充分发挥 4G 网络高速率优势，打造 4G 时代基于流量的，具备 QoS 保障的视频、语音及消息类多媒体明星通信产品体系，并加快推动明星产品的融合推广及向现金牛产品的转化，进而形成新时期的持续增长引擎。另一方面，加速与之配套的商业模式创新。从通信产品发展演进来看，基于流量的通信产品单位价值要低于传统同类产品，传统通信运营商需要在低值化趋势中通过商业模式创新来实现通信产品的综合价值提升。从异质竞争来看，互联网企业以后向付费、多元增收为代表的商业模式，是对传统通信运营商单一的、以消费客户前向付费商业模式的直接替代。因此，传统通信运营商仅仅依靠产品创新来应对竞争只会更加被动，必须研究、推广与之同步配套的商业模式，形成面向 4G 生态环境的一整套价值增长体系，真正实现战略转型与持续发展。

最后，切实以用户体验为核心。以用户为中心，才能够体现服务的价值，真正获得用户认可，继而进行服务变现盈利。以用户为中心，要做到用户在哪里，服务就跟到哪里。运营商早已实现了服务渠道的多元化，如在营业厅、网站、电话、短信、WAP、微博、微信等开放服务接口。进入 4G 时代，相应的服务接口自然会陆续开放。多渠道情况下，既需要统一的服务品牌，又需要根据用户在各个渠道行为特点投入差异化的资源，提供有针对性的服务。企业要从战略层面出发，快速发展现代服务业，争取服务主动性。国家把推动现代服务业发展作为产业结构优化升级和促进就业的战略重点，通过合理规划和财税政策扶植，积极引导现代服务业发展。运营商可以借此机会，提升现代服务能力，实现企业发展壮大和资产保值增值的重要切入点。从通信服务业到信息服务业，再到现代服务业，将成为主流的发展路径。这一转型进行得越快，运营的主动性将越强。运营商充分运用社交网络的自组织、自传播特点，做到一两拨千斤。在移动社交时代，人和人构成了网状化的传播体系，任何人都能成为信息的发布者、传播者和阅读者，人们之间口口相传，能使信息快速地从一个点传播到一个面，其速度、传播面和影响力甚至大于传统的平面和网络媒体，这是社交网络的自传播性。运营商应该格外重视基于社交网络的服务。一方面，可以充分挖掘客户的力量，让客户为己所用，在服务的同时，对于企业品牌能够起到良好的宣传作用。另一方面，如果基于社交网络的服务做不好，对于企业的负面评价，会以更快的速度传播，为企业带来极大的损失。服务定制化就是要依托大数据分析，为用户群体提供个性化的服务。可见在 4G 时代，大数据已经成为运营商的重要武器。只有利用好大数据挖掘、共享和分析这个有利的武器，才能够建造好“智能管道”，不断赢得用户的认可。但是，目前很多用户在服务感知上对三家运营商颇有微词。这种情况下，一定要将好的服务利用适当的方式“说”出来。服务显性化的过程，不应该是死板教条的打广告，比如喊出一个“某某服务就是好”的空口号，这种难以给用户留下深刻的印象。应该是通过更加人性化、更加“真诚”的方式表现出来，才会达到更好的效果。

4G 时代，无论运营商的定位是通信专家、信息专家还是数字化专家，服务都应该放到重要的位置。做到以用户为中心，服务战略化、社交化、定制化、显性化，既是运营商与时俱进的体现，又是运营商满足用户需求、实现价值提升的最佳路径。

12.2 移动互联网对通信企业管理的挑战

12.2.1 移动互联网的发展

1. 移动互联网的本质

移动互联网是移动通信和互联网从终端、技术到业务全面深入的融合。移动互联网并不是指一种网络，而是指一种接入互联网络的方式。具体而言，是一种利用移动接入技术接入互联网络的方式。移动互联网是指互联网的技术、平台、商业模式和应用与移动通信技术结合并实践的活动的总称。

终端呈现智能化、多样化、普及化、个人化的发展趋势。GPRS，EDGE，3G 和 WLAN 构成的无缝覆盖，使移动互联网接入和使用网络易如反掌；移动的终端便于用户随身携带和随时使用，用户可以随时、随地、随心地享受互联网业务带来的便捷。

信息接收及互动的及时性。客户端可以在最短时间内接受互联网的各类信息，非常适合于新闻资讯、邮件、在线游戏等业务，即时通讯、微博等在线互动业务也是移动互联网的强项，信息爆炸的趋势将在移动互联网时代更加明显。

业务使用的私密性。相对传统互联网，移动互联网具有更为紧密的个人归属性，所使用的内容和服务更私密，手机支付、位置服务、安全健康监控等个性化、即时化的服务与应用，造就了移动互联网巨大的客户规模与产业空间。

终端和网络的局限性。移动互联网业务在便携的同时，也受到了来自网络能力和终端能力的限制。在网络能力方面，受到无线网络传输环境、技术能力等因素限制；在终端能力方面，受到终端大小、处理能力、电池容量等的限制。由于移动互联网业务受到了网络及终端能力的限制，因此其业务内容和形式也需要适合特定的网络技术规格和终端类型。

2. 移动互联网发展的阶段

移动互联网不仅大大增加了网络节点的数量，而且更有效地增强了节点的贡献能力，大大提升了网络社会的价值。移动终端拍照、音乐、娱乐等功能的配合，使客户端的内容创造和消费呈现出几何式的发展，规模效应不断加大，移动互联网的本身价值也在不断增加。从 2002 年起步至今，中国移动互联网发展经历了三个阶段。

第一个阶段为 2002～2006 年的市场培育阶段，此时的移动互联网刚刚起步，运营商封闭 WAP 运营，互动模式单一，参与用户仅为少数高端客户。

第二个阶段为 2007～2009 年，市场迅速起步。3G 商用化和普及化为移动互联网奠定了良好的网络基础，移动互联网服务逐步多元化发展。互联网企业随之大规模进入，运营商开始布局移动互联网。

第三个阶段为 2010 年至今，移动互联网得到快速发展，行业竞争全面展开。终端的多元化及智能化成为移动互联网发展重要的助推力。更多企业进入移动互联网市场，多种创新服务不断涌现，多类型移动终端并存。智能操作系统多足鼎立，目前在我国市场得到应用的国际主流智能系统有：苹果的 iOS、谷歌的 Android 和微软的 Windows Phone。

3. 移动互联网发展的现状

2012 年第二季度，我国移动互联网市场规模达 126.5 亿元，同比增长 108.9%，环比增长 18.6%。纵观其市场趋势，移动互联网继续处于高速增长的发展阶段。虽然移动互联网行业尚处于发展的起步阶段，但从各个细分领域来看，移动购物、移动营销和移动搜索都保持着高速的增长态势。

截至 2012 年 6 月，我国 3G 用户数达 1.75 亿人，渗透率达到 18%。3G 用户规模的快速增长成为移动互联网发展的重要推手。同期我国网民总数达到 5.38 亿人，手机网民达到 3.88 亿人，超过电脑上网用户的 3.86 亿人。

目前，我国移动互联网的产业格局已初步形成。地域分布呈现“沿海领先，西部后起”的特点，产业结构方面移动终端贡献最大，投资特点体现为企业和民间资本十分活跃。

我国移动互联网产业主要集中于珠三角、环渤海、长三角和西三角四大区域。这些区域的产业规模占全国的 90%以上。

珠三角地区是我国移动互联网发展的领先者。完备的移动互联网产业链，以及在网络设备、终端制造、软件、互联网应用等多个领域的优势，使广东省 2011 年移动互联网产值超过 1200 亿元，稳居中国移动互联网产业龙头。而深圳拥有众多国内外终端厂商，是中国最重要的手机制造基地，也是全球最重要的平板电脑生产基地。国内互联网巨头企业腾讯、百度、阿里巴巴等也相继抢滩深圳，推动移动软件和应用的发展。

环渤海地区是中国移动互联网产业的另一个引擎，以移动终端、软件、应用和服务见长。北京作为我国移动互联网产业发展的枢纽城市，拥有完整的产业布局，占据移动互联网产业高端，协同优势明显。天津是我国移动终端制造中心之一，也是移动互联网设备的主要生产基地；辽宁在移动互联嵌入式软件和手机位置服务方面具备良好基础；山东则以网络设备和芯片制造见长。

长三角地区也是我国移动互联网产业的重点地区，移动软件和应用研发设计能力突出，终端制造能力相对薄弱。其中，上海的网络基础设施良好，首批就进入 TD-LTE 试点工程，在移动游戏、移动视频等领域均走在前列。浙江也具有优质的网络基础资源，杭州是三网融合的试点城市之一。同时在移动电子商务、移动阅读等领域实力领先，拥有以阿里巴巴为代表的电商领军企业，引领移动互联网应用创新的发展。江苏凭借深厚的软件产业底蕴，成为重要的移动互联网软件产业园地，在移动游戏领域大放异彩。

西三角地区是我国移动互联网产业的后起之秀。除了拥有扎实的传统通信设备制造基础，该地区也承接智能手机、平板电脑等产业转移。从终端到软件再到应用，成都布局广泛，显示出很强的综合实力，是我国西部移动互联网产业发展的生力军。重庆的优势在于平板电脑和通信设备制造。西安近年来移动互联网产业发展势头也十分迅猛，在通信设备制造、手机设计和制造方面的表现可圈可点。网民的地域分布从另一个角度印证了这一点。目前我国移动互联网网民分布集中在排名前十的省份，用户占比超过 60%。广东、江苏、山东、北京、浙江移动互联网网民数排在前列，其中广东用户所占比例遥遥领先于其他地域。

我国移动互联网产业规模高速增长，一方面得益于全球移动终端产能迅速向我国集中，拉动产业迅速成长。另一方面是由于移动互联网用户的稳定增长。从 2001 年开始到 2014 年 6 月，移动互联网用户增长幅度超过百倍。2011 年，我国移动互联网产值超过 3500 亿元。其中移动终端以绝对优势占据最大份额，移动软件和应用产业的份额占 18%左右。可以预见，2014 年移动终端带动产业发展的主导地位将继续保持。

4. 移动互联网发展的特征

如今，我们正阔步进入移动互联网时代，移动互联网的发展和普及大大改变了我们的工作、生活方式，移动互联网的发展为我国电信企业带来了难得的发展机遇。因此，把握移动互联网时代特征对我国电信企业更好地把握在移动互联网发展中定位、推进移动互联网业务快速发展、加快企业成功转型具有重要意义。

第一，移动互联网发展较快，市场潜力巨大。截至 2010 年 6 月，我国移动电话用户达到 8.05 亿户，移动电话普及率达到 59.3%。3G 牌照的发放，推动了移动互联网快速增长。2008 年，我国移动互联网市场规模达到了 117 亿元，较上年增长了 54.5%。2009 年我国移动互联网市场规模达 147.8 亿元。随着 3G 技术商用、移动互联网带宽增加、上网资费下调、智能手机价格下降和应用服务多样化，都将促进移动互联网用户规模稳步增长。2010 年上半年，我国手机互联网用户达到 2.77 亿，同比增长 22%，占全部移动用户的比例达到 34.4%，移动互联网市场正成为新兴市场，市场潜力巨大。我国电信企业必须抓住移动互联网快速发展的机遇，适时而变，否则就将在移动互联网时代掉队。

第二，客户长尾效应显著。当前，满足客户需求是企业转型的根本，如今我们正进入 3G 移动互联网时代，其客户需求呈现多样性和多变性特征，而且碎片化需求趋势日益明显，业务种类和数量正呈现井喷式增长，很难再出现SMS等杀手级服务应用，而更多地依赖个性化需求驱动的业务发展。2004年10月，美国《连线》杂志主编克里斯·安德森（Chris Anderson）首次提出了长尾理论（Long Tail Theory），并指出："商业和文化的未来不在热门产品，不在传统需求曲线的头部，而在于需求曲线中那条无穷长的尾巴。"正是由于用户需求呈现出明显的长尾特征，在3G移动互联网时代，以用户动态需求所带动的增值业务则代表了通信市场广阔的"蓝海"，这客观要求我国电信企业以打造综合信息服务平台建设为中心，聚集内容合作伙伴，满足用户的长尾需求。

第三，移动互联网应用丰富多彩，基于3G网络的移动互联网服务创新蓬勃发展。随着3G网络的日益完善，移动互联网服务日新月异。当前，在产业链各方的共同努力下，移动互联网应用层出不穷，移动搜索、手机游戏、手机阅读、手机音乐、互动社区、手机微博、手机支付、手机视频、手机电视、3G可视电话、应用程序商店等移动互联网服务应有尽有，展现出旺盛的发展活力，同时基于互联网的行业信息化业务也不断涌现。尤其是应用商店的推出，丰富了移动互联网的应用，极大地满足了用户多元化的应用服务需求。过半用户使用移动数据服务，移动互联网日趋流行。

第四，移动互联网数据流量激增，移动市场竞争更加激烈。当前，进入移动互联网的企业主要有苹果、联想、诺基亚、Google、百度、腾讯、摩托罗拉、三星、盛大、RIM、Facebook等众多公司，意在移动互联网价值链中获得更大的控制力，径向进入移动互联网应用领域。苹果iPhone十App Store终端创新和商业模式创新，使苹果在与移动运营商合作中掌握主动，并通过App Store获得持续的收入，抢夺移动互联网市场；联想推出了Phone计划，意在向移动互联网转型等。可以说移动互联网市场竞争激烈，竞争最大特点就是价值链和商业模式的竞争，谁掌控了价值链、谁的商业模式有创新性，谁就能在移动互联市场中发展壮大。移动互联网产业具有产业链长、覆盖面广、辐射能力强的特点，移动互联网要取得长足发展关键在于形成良好的产业生态系统。移动互联网的快速发展为终端厂商、内容服务商、内容提供商、电信运营商、设备制造商等产业链企业带来了难得的发展机遇，促进这些企业的健康发展。当前，我国3G的快速发展为移动互联网发展形成良好的产业链创造了条件，移动互联网产业链步入健康发展的轨道，参与者越来越多，推动移动互联网产业链盈利模式、收入分成方式发生本质转变，移动互联网产业链各方面在移动互联网快速发展中实现共同发展、共同繁荣，移动互联网良好的产业生态系统正在形成，正推动移动互联网产业更好更快地发展。

12.2.2 移动化趋势对通信业务的影响

1. 加快通信技术和模式革新

无线终端应用业务模式取代传统的PC模式和移动梦网模式，且这种业务模式在互联网业务中占据越来越重要的地位，逐步取代传统的有线业务模式。移动互联网的应用要求服务与终端制造一体化，虚拟商店、网络程序应用成为智能终端的必备要素之一。这就必然需要网络应用服务平台、操作系统平台、终端硬件平台之间深度耦合，服务与制造一体化，操作系统拥有者在移动互联网服务中具有自主创新的优势，这也给移动互联网服务业、运营业带来巨大影响。移动互联网不仅在不断地改变着我们的生活、学习以及工作的形态，人们也不断地从人与终端的交互转变为终端对环境的感知与共享，因此移动互联网的发展必将加快整个社会的信息化进程。移动互联网不仅改善了整个社会使用IT技术的基本方式，同时也拉近了虚拟世界和现实世界的距离，改变了信息社会的发展远景，带来了新一轮IT技术的发展浪潮。

2. 运营商存在被“管道化”危险

移动互联网的爆发式增长，对传统通信等都带来了不小的冲击。从全球范围来看，来自互联网和其他领域的商业巨头热情涌入，给运营商在移动业务领域的发展带来强有力的威胁，其中终端设备商、系统平台提供商、应用服务等既有市场成为这些商业巨头争夺焦点。移动互联网 OTT 产品应用的大量涌出，对电信运营商的传统业务形成了直接的竞争和替代，运营商赖以生存的语音业务不断下滑。移动互联网的融合冲破了移动通信和互联网的界限，国内外互联网巨头争相进入移动通信领域，把移动通信应用作为自己的关键产品和重要发展方向。

微信、WhatsApp、Skype、Viber 等一批应用已经开始替代移动通信，蚕食电信运营商的传统业务，给整个电信产业带来了巨大的挑战，引发了整个电信产业链的大变革，并将改变电信运营商之间的竞争格局。移动通信市场的竞争已不再局限于运营商之间，而是扩展到 ICP、IT、终端等新的进入者，且竞争加剧。虽然运营商一直不遗余力地建立信息高速公路，为用户提供手机、平板电脑等随时随地接入的互联网络，但很明显，这些信息管道很发达，但不能给运营商带来收入的同比增长，反而会因数据增值业务收入比重过低，存在被边缘化的风险。

电信行业结构日趋不稳、技术差别趋向消失以及运营商有被低值化、管道化和边缘化的趋势，已经使得这个行业需要进行更多的创新和探索。

3. 推动发展模式转变

传统的移动通信网络主要发展模式是以增值业务为主的非开放式模式占主导地位。移动通信运营商通过严格的准入标准与合作要求，实现非开放式的增值服务提供商 SP 在移动运营商的集中掌控下统一管理和利益分配，移动用户只有依赖专有的 WAP 协议接入并以付费方式才能享受 SP 提供的各种服务，典型的代表当属中国移动的移动梦网服务。随着市场环境的不断开放，这种原始的封闭式服务模式暴露出越来越多的缺陷和不足，主要集中在应用种类少、用户体验差、受信任度低等诸多问题。

随着移动互联网的迅猛发展，移动通信越来越多地融合了互联网富有价值的业务，从而推动了移动业务模式的变革和创新，非开放式的业务模式逐渐被开放式业务模式所取代。计算机以及网络消费等热门力量借助于互联网应用业务平台的发展模式正成为当前移动互联网发展的主导力量，形成了以终端和网络为一体、基于接口开放和自由参与的业务模式，并深入结合移动智能终端的移动计算能力与互联网的业务开放能力，其中典型的代表为苹果应用软件的个性化服务程序。

随着 Web 技术以及云计算技术的不断应用，移动互联网的跨平台融合模式将为构建更加开源节流的新型移动互联环境提供坚实的技术平台，从而实现通用服务模式与在线服务模式的融合和互补。随着 HTML 技术的不断发展，Web 能力将得到改善，各种高负载业务、实时业务以及二维多媒体业务将被更加有效、可靠地传输。通过利用云计算模式，将移动计算从终端转移到云端的服务器处理，从而弱化移动终端设备的处理成本，降低终端的计算消耗，提高终端与用户之间的交互能力。通过运用跨平台的融合统一模式不断提高数据处理能力，为各种数据（流媒体、图形图像以及数据等）传输和终端访问提供一个安全高效的运行环境。

4. 需求膨胀引起通信业务带宽增加开启 4G 新时代

带宽的增加将为未来移动通信的业务发展带来新空间。诸如视频通话、远程监控、健康状况监测等新的设计可能逐渐进入人们的视野，旧的业务也会因为带宽的增加而以新的面貌出现。带宽的增加和新业务的发展将改变产业链的重心。网络服务在产业中的比重逐步下降，内容服务将成为产业发展的重点。如果说 2G、3G 通信对于人类信息化的发展是微不足道的话，那么未来的 4G 通信却给了人们真正的沟通自由，并彻底改变人们的生活方式甚至社会形态。

移动互联网—网络广告、电子商务、SNS 社区、即时通信、在线支付的迅速发展在运营模式上给运营商造成巨大冲击的同时，也为运营商带来了更多的发展机遇。运营商可以借助移动互联网快速发展的春风，开展精细化流量经营，挖掘潜在客户，提高原有客户的流量使用频率和使用量，从而实现业绩增长。为达这一目标，运营商可以通过“利用流量资源，运用渠道能力，发挥服务优势”来实现。

12.3 大数据时代对通信企业管理的影响

在通信行业中，传统运营商在整个电信网络以及移动通信网络建设和运营的产业链中占据核心地位，对于电信、宽带、移动这些通信业务的分析，也必须以运营商为核心，进而推广到各个子行业。而通信设备行业又可以细分为系统设备、辅助设备、系统集成、光纤光缆、网络规划和优化以及运维、终端设备、增值服务提供等子行业，这条产业链上其他各个子行业或多或少都与运营商有着联系。因此，本文将通信企业具体化到电信运营商，进而展开分析。

随着互联网业务和应用的迅猛发展以及移动互联网的爆炸式增长，电信运营商客户行为数据、网络运维数据、信令数据等海量数据的存储与分析日益成为电信运营商的重要挑战，大数据技术的出现与发展为电信运营商深挖数据提供了新的技术手段，同时也为其更好地服务客户提供了新的机遇。

12.3.1 大数据时代的特征

大数据背景下的时代彰显出其独特的光彩，这种独特性体现在经济、文化、社会等的方方面面，每个人都将融入其中，成为大数据的生产者与消费者。

最早提出“大数据”时代到来的是全球知名咨询公司麦肯锡，麦肯锡称：“数据，已经渗透到当今每一个行业和业务职能领域，成为重要的生产因素。”他对大数据的定义是：大小超出常规的数据库工具获取、存储、管理和分析能力的数据集。

维基百科中只有短短的一句话：“巨量资料（big data），或称大数据，指的是所涉及的资料量规模巨大到无法通过目前主流软件工具，在合理时间内达到撷取、管理、处理并整理成为帮助企业经营决策更积极目的的资讯”。

大数据研究机构（Gartner）给出了这样的定义，“‘大数据’是需要新处理模式才能具有更强的决策力、洞察发现力和流程优化能力的海量、高增长率和多样化的信息资产。”从某种程度上讲，“大数据”是数据分析的前沿技术。简言之，从各种各样类型的数据中，快速获得有价值信息的能力，就是大数据技术。人们对于海量数据的挖掘和运用，预示着新一波生产率增长和消费者盈余浪潮的到来，这便是大数据时代。

尽管没有严格的定义，但大数据的 4V 特点以及主流的处理技术已经基本得到认可。

第一，海量的数据规模（Volume）。其量之巨大不仅体现在其巨大的数据量和繁杂的计算量上，同时也体现在数据的完整性上。国际数据公司（IDC）的《数据宇宙》报告显示：2008 年全球数据量为 0.5ZB，2010 年为 1.2ZB，人类正式进入 ZB 时代。与摩尔定律相似，2020 年以前全球数据量将保持每年 40%的高速增长，大约每两年就翻一倍，这姑且可以称之为“大数据爆炸定律”。预计 2015 年全球数据量将达到 7.9ZB，2020 年突破 35ZB。

第二，快速的数据流转和动态的数据体系（Velocity）。数据的实时化需求正越来越清晰。当涉及感知、传输、决策、控制开放式循环的大数据时，对数据实时的处理有着极高的要求，通过传统数据库查询方式得到的“当前结果”很可能已经没有价值。因此，大数据时代的实时性可以理解为更快地满足用户实时性的需求。

第三，巨大的数据价值（Value）。对数据融合价值的寻求是大数据的最终意义。孤立的数据，其价值要远远小于广泛连接的数据。

第四，多样的数据类型（Variety）。进入以互动为特征的 Web2.0 时代，个人计算机用户不仅可以通过网络获取信息，还成为了信息的制造者和传播者。这个阶段，不仅是数据量开始了爆炸式增长，数据种类也开始变得繁多。大数据种类繁多，在编码方式、数据格式、应用特征等多个方面存在差异性，多信息源并发形成大量的异构数据，这意味着要在海量数据间发现其内在关联。相应地，各种设备也在数据的传递下通过网络连成了一个整体。

由大数据的定义与特征我们可以归纳出大数据环境下时代的广泛特征。

透明性：互联网发生了巨大的变化，移动互联、社交网络、电子商务大大拓展了互联网的疆界和应用领域。人们在享受便利的同时，也无偿贡献了自己的“行踪”。人们不得不接受这个现实，每个人在互联网进入大数据时代都将是透明性存在的。

高速性：客户的体验就在分秒之间，这一条是传统的数据应用和大数据应用最重要的区别。过去的十几年间，金融、电信等行业都经历了核心应用系统从散落在各地市到逐步统一到总部的过程。但是大量数据集中后，带来的第一个问题，就是大大延长了各类报表生成时间。业界一度质疑能否快速地在海量数据中提取信息。

关联性：Facebook、微博为代表的社交网络应用，构建了普遍关联用户行为数据。用户在网络上的碎片化行为，经由社交网络，就能完整地勾勒出一幅生动的网络生活图景，真实地反映了用户的偏好、性格、态度等特征，孕育了大量的商业机会。

活性决定价值：活性，也就是数据更新的频率。更新的频率越高，数据的活性越大；更新的频率越低，数据的活性越小。一般而言，数据活性更高的数据集，蕴含更丰富的信息。

12.3.2　运营商商业模式的变革

随着电信运营商的全业务化运营以及 3G 推动下移动互联网业务的爆炸式增长，电信行业的数据类型、数据规模、数据速度、数据价值在大数据的 4 个维度上得到显著体现。对于电信运营商来说，在不需要大量增加网络投资和运营成本的条件下，大数据体系极有可能成为未来企业新的价值增长点。但由于电信运营商在大数据的人才方面无明显优势，且内部系统复杂，大数据技术尚未在电信运营商中得到广泛应用并发挥价值。如何在电信行业中引入大数据技术并抓住大数据的机遇为客户提供更深入的服务，是当前一个急迫的问题。

电信运营商的系统本质是为用户与用户、设备与设备、用户与设备之间提供通信信道，每天承载着海量信息，是互联网大数据的源头。

随着信息化和流量时代的到来，“去管道化”成为运营商提得最多和思考最多的问题。目前业内认为大数据是运营商“去管道化”最有可能的实现形式。运营商发展大数据具有其他行业无可比拟的优势，主要体现在：

运营商掌握数据全面充足。电信的领域之中，数以亿计的通信用户基数保证了数据的海量和多元性；数据提供的可持续性。通信网络的时时存在为数据的持续和速度提供了保证；运营商对数据可以有效利用。运营商可以通过对海量数据的有效分析，更加精准、更加高效地把握用户需求，为广大用户和社会各界提供他们需要的产品和服务。

电信运营商大体上掌握 3 类数据：第 1 类是支撑网络运营的设备状态及资源利用率数据，这类网络运维数据与用户无关，是纯粹的信道层面的数据，对网络优化扩容极其重要；第 2 类是与用户紧密相关的数据，具体又包括两部分，一是相对静态的体现用户身份的账号数据，伴随着用户业务的开通产生，二是实时的用户行为数据、用户通话的信令数据、用户网络访问日志等，是内容层面的数据，对经营分析极为重要；第 3 类是增值服务类数据，如流媒体内容数据、视频监控数据、网页数据等。下图展示了前两类数据的来源、挖掘分析的服务对象及应用价值。

目前大部分国家和地区都在发展探索，一些发达国家运营商在大数据商用上已起步。尽管有些国家取得突破，但是总体来说，全球运营商大数据还处在粗放的发展阶段。

在国外，比如日本最大的移动通信运营商 NTT Docomo 2010 年以前就着手大数据运用的规划。在着重搜集用户本身的年龄、性别、住址等信息的同时，制作精细化的表格，要求用户办理业务填写更详细信息。NTT Docomo 相对国内运营商还有一个很大的优势是全国统一的数据收集、整合形式，因此可以很轻易拿到全国的系统数据。尽管 NTT Docomo 信息整合度高，获取轻易，但是其大数据发展至今还处于规划阶段，是因为还没解决客户隐私问题。Docomo 为未来的大数据商业化制定了三个阶段：首先是建立资料库，其次是建立活用机制，最后是实现活用，而当前只处于第一阶段。

法国电信在发掘大数据方面，目前已在移动业务部门和公共服务领域进行了探索和尝试。在移动业务部门，Orange Business Services 已在借助大数据改善服务水平，提升用户体验。法国电信目前开展了针对用户消费数据的分析评估，以帮助法国电信改善服务质量。例如，通话中断产生的原因除了技术故障外还有网络负荷过重，如果某段网络上的掉话率持续过高，则意味着该网络需要扩容，从而有效地完善了网络布局，给客户提供了更好的服务体验，获得了更多的客户以及业务增长。

尽管大数据商用的道路上存在诸多困难，但是由于运营商具有经营大数据的先天优势，且承受着互联网时代沦为管道的压力，还有大数据时代信息价值的高昂，使得探索和发展大数据是运营商最明智的选择和最好的出路。

在国内，中国移动、中国联通、中国电信三大运营商也在进行着大数据商业化的运用。

中国联通目前正在着手对大数据业务进行研究，并已经成立了云数据运营中心，计划依靠该部门，逐步尝试开展大数据业务的运营工作，甚至有计划将该运营中心公司化，使之独立运营。中国联通已经在“移动通信用户上网记录集中查询与分析支撑系统”上引入了基于英特尔发行版 Hadoop 的大数据解决方案，用于支撑全网数亿用户的查询工作。

中国电信认为最有价值的大数据应用表现在四方面，分别是语音数据分析、视频数据分析、网络流量分析、位置数据分析。第一，利用大数据处理平台分析呼叫中心海量语音数据，建立呼叫中心测评体系和产品关联分析，可为如保险公司等提供基于自动语音识别的大数据分析系统。第二，基于智能图像分析能力的视频索引、搜索、摘要服务，从海量视频挖掘有价值的视频信息，提供公用视频图像分析，中国电信“全球眼”智能系统在智慧城市、平安社区、交通监管等领域大规模地使用。第三，通过分析互联网流量及协议信息，对一般性网络使用者的行为习惯分群组提供有针对性的网络便利性服务，比如精准广告。第四，通过 LBS 系统平台，对移动通信使用者的位置和运动轨迹进行分析，实现热点地区人群频率的概率性有效性，如根据景区人流进行基站优化。

中国移动在三家运营商中大数据优势最明显，因为中国移动承载了最多的用户数据。中国移动经营分析系统从 2001 年开始建设，目前移动业务支撑系统主要依赖云技术，并开发了“彩云”云存储应用产品。在数据流量业务成为主营业务的阶段，移动正积极部署通过各类业务和网络运营数据的分析，通过数据驱动业务流程，以培养用户习惯。将来，移动将进一步精确洞察数据，从数据成本中心向数据运营中心转变，与合作伙伴开展业务合作。

12.3.3 大数据时代通信企业管理的创新

大数据技术在数据挖掘的广度、深度方面都带来了新的机遇，通信企业应当把握大数据时代的契机，加强数据挖掘与分析工作，将特有的数据资源转化为资产与核心竞争力。但与此同时，电信运营商应当认识到，大数据技术和产品具有互联网化的特点，目前大数据技术没有成熟的可直接运营的产品，大数据的上下游产业链也远不如传统网络设备完善，这意味着大数据的应用是个长期渐进的过程，也是需要自主研发、运营、优化的过程。

依据目前大数据的技术及产业链现状，从“人才培养、技术研发、平台建设、应用切入、业务运营”的角度，分析探讨通信企业应用大数据管理的新策略。

第一，人才培养。无论在哪个行业，应用大数据都需要同时熟悉行业知识以及大数据分析或者大数据技术的综合人才。从业界观点来看，大数据改变的是从“样本分析”到“全量分析”的模式，分析方法是一个巨大的挑战，而企业需要的数据人才也大致包括产品和市场分析、安全和风险分析以及商业智能三大类。电信运营商的数据人才，一方面应是数据分析和研发人才，能够建立适应电信运营商的数据架构，提供有效的机器学习和数据挖掘分析模式的能力；另一方面应熟悉电信自身的业务，即电信行业的数据科学家。综合考虑大数据上下游产业链的不完善现状以及大数据技术对未来企业发展的重要作用，电信运营商应当加强大数据人才的储备，引入高层次大数据人才，并通过内部大数据应用快速培养人才。

第二，技术研发。大数据研发包括平台型研发和基于平台的应用型研发。从现状出发，电信运营商应该基础设施与应用并重，但首先以应用型研发为主，即能够首先用好大数据，与此同时适度进行平台型研发，以支撑大数据应用。在积累到一定经验后，加大平台型研发的投入，以逐步从对内服务转向对外运营。大数据的应用十分广泛，但完整部署需要较长的时间，应用切入的方式有利于兼顾近期运营和长远规划，而大数据基础设施也是一个逐步完善的过程，建议以自有研发力量为主建立核心研发团队，打造未来成为企业价值核心的大数据系统。

第三，平台建设。电信企业的各套系统基本上都需要大数据支持。每套系统独立建设大数据平台不仅浪费，且不具备相应人才。大数据在基础设施层面尽量实现共享，以发挥大数据规模集群的优势。结合电信运营商的系统及管理现状，可建设省级大数据中心及全国级大数据中心，省级大数据中心定位于满足省内各种应用和系统对大数据能力的需求，全国级大数据中心定位于满足全国的需求。

第四，应用切入，业务运营。任何一个新技术都很难一次性替换原有系统的技术。大数据技术的初期切入策略可定位为补充式切入，即重点实现传统技术难以实现的问题，如全网流量分析、用户行为画像、用户话单查询、“号百”餐饮搜索等。在基础设施层面，考虑到行业对大数据需求的普及以及大数据技术对基础设施平台的规模和弹性要求，运营商可结合云数据中心提供云化的大数据基础设施服务，为大数据服务提供商或用户提供高质量的、专业的弹性基础设施平台，并在平台上部署基础的大数据平台软件和分析系统，同时嵌入特有的电信能力，发挥运营商的基础设施服务优势。在数据挖掘分析层面，大数据技术初期以优先服务内部系统为主，从解决内部系统的实际需求出发，积累大数据的开发、运营经验，在充分掌握大数据技术的基础上逐步对外提供大数据分析服务，积极寻求与行业或者企业开展大数据运营的合作。同时要注意的是，电信行业大数据的运营应该充分发挥运营商已有的企业数据仓库（EDW）系统体系，用好电信运营商传统的数据体系，结合新的海量用户行为数据，创造更大的数据应用价值。

第五，解决隐私问题。首先需要运营商有隐私意识，对客户信息搜集有法案地系统保护，防止客户资料泄露。目前，在“大数据”业务的开发中，我国三大运营商将在技术上采取更加系统全面的方式，对用户隐私进行保护。其中一个重要行动，就是要全面升级客户资料档案库；同时，不断提高客户资料管理系统的安全保护能力，加强账号管理。为确保用户隐私，本地三大运营商短信中心系统也将继续实行目前已不留存用户短信内容等原始信息，对垃圾短信的拦截则通过系统设置自动执行等措施，并将采取更加科学完善的技术措施和操作规范，为广大用户提供“大数据”时代的安全应用环境。其次运营商需意识到对于某一领域批量无记名数据的利用并不会泄露具体到个人的信息，所以运营商利用大数据有很大的空间。

第六，利用大数据支撑内部语音通信和数据增值。运营商充分利用大数据支撑内部语音通信和数据增值方面工作，是大数据应用的首要选择。第三方行业需要购买数据，但对于运营商来说，数据是现成的，而且还可以有效避开隐私的问题。大数据对于提高运营商内部运营水平来说具有重大意义。具体有以下作用：其一，分析用户行为，改善用户体验。例如通过分析用户上网时段，优化流量套餐设计；通过分析客户套卡品牌比例和品牌对象，改善套卡设计，更具针对性地推广套卡；通过用户偏好分析，及时、准确进行业务推荐和客户关怀。其二，优化网络质量。运营商通过对用户的位置、时间、职业、年龄、业务偏好、业务流量及所需带宽等进行关联分析，实现对用户业务流量的甄别和用户级的网络资源控制，细分用户业务流量，将数据流量与用户、网络资源相匹配。其三，刺激业务创新。通过用户业务大数据分析识别用户行为习惯和用户偏好，从而为用户提供个性化、差异化的电信服务，提高电信用户黏性和忠诚度，挖掘新的业务机会，实现电信业务价值的最大化。

12.4 物联网时代对通信企业管理的影响

12.4.1 物联网的发展

通俗地说，物联网指的就是在物体中，装配具有一定感知能力、计算能力和执行能力的嵌入式晶片和软件，使之成为智能物体，并通过平台和网络实现信息的传输、协同处理，从而实现人与物、物与物之间彼此连接网络。物联网的核心和基础就是传感器和网络。物联网的网络是以互联网、电信网等已知网络为基础，并在这个基础上进一步发展的范围更大的网络。物联网的用户端延伸和扩展到了任何物体与物体之间，具体来说就是把传感器嵌入供电网、铁路、桥梁、公路、建筑、运输工具、货物等各式各样的物体和设施中，并且相互连接，形成物联网。

早期物联网的定义指的是依托射频识别（RFID）技术和设备，按约定的通信协议与互联网相结合，使物品信息实现智能化识别和管理，实现物品信息互联、可交换和共享而形成的网络。

随着技术和应用发展，物联网内涵不断扩展。2009 年欧洲智能系统集成技术平台组织给物联网的定义是：物联网是通过射频识别、红外线传感器、全球定位系统、激光扫描器等信息传感设备，按约定的协议，把任何物品与网络连接起来，进行信息的互换和交流，以实现智能化的全程管理的一种智能网络。

目前我国较公认的物联网概念为：物联网是利用传感器、执行器、RFID 及各种智能装置对物理空间进行感知识别，依托通信网络进行传输和互联，利用计算设施和软件系统进行信息处理和知识挖掘，实现人与物、物与物的信息交互和生产生活信息流的无缝链接，进而达到对物理世界的实时控制、精确管理和科学决策。

物联网的雏形概念最早出现于Bill Gates于1995年《未来之路》一书中，只是在当时受无线网络、传感器设备以及硬件发展的限制，并未引起世人的重视。1999年美国麻省理工也提出了物联网这样一个概念。21世纪初始美国的相关杂志就提出：在未来能够改变人们生活方式的科学技术中，传感网络技术排名第一。在2005年11月的资讯社会世界高峰会上，国际电信联盟发布《1TU2005报告：物联网》，正式地提出了物联网这一概念。指出从生物到非生物相连，网络无所不在，并且与主流的互联网、通信网络融合的物联网时代即将来临。

目前，中国、美国、欧盟、日本、韩国等国家都在大力推动物联网的发展，各国纷纷出台相关的政策和法规表明自己对于物联网的重视。2009年，我国总理温家宝在江苏无锡市视察中科院无锡微纳传感网工程技术研发中心时提出了感知中国国家级战略，随后国务院批准了无锡“国家传感网创新示范区”的规划，开始推动各项物联网产业项目，而后各省市也随机展开物联网发展的各项计划。2009年奥巴马就任美国总统之后，立刻高度重视并提出建设智慧地球的概念。而这一概念是由IBM在2008年前提出的，他们认为更透彻的感知加上更全面的互联互通再加上更深入的智能化就是智慧地球。欧盟也在2009年提出了《欧盟物联网行动计划》，希望透过构建新型物联网管理框架，让欧洲引领世界物联网发展。日本于2004年提出“U-japan”战略进化到最近的“klapan”强调设备完善的宽频建设逐步朝无所不在的网络社会以至于完全数字化社会的建立。韩国也于2009年10月通过《物联网基础设施建设基本规划》，其中提出“通过构建世界最先进的物联网基础设施，到2012年打造资讯通信融合的超一流ICT强国”的目标。

物联网的概念是人与物、物与物的连接，而互联网的概念是人与人的连接，物联网加上互联网就是我们所说的泛在网了。目前，各国的物联网应用都是从自身的优势项目做起，逐步发展到其他项目上，但最终的目的都是将物联网应用扩展到所有物体上。

我国早期的物联网应用主要是由系统、RFID、智能卡等IT类厂商推动，应用范围集中在电力、交通、物流等全国性基础设施以及能够大幅度促进国民经济的重点经济领域。伴随着移动通信等行业的参与，以及云计算等先进技术的引入，物联网的应用更加多元化，目前我国主要的应用领域遍及智能电网、智能交通、智能物流、智能家居等诸多领域，涵盖了工业、农业、国防军事、医疗卫生、教育、环境等重大板块。

通信产业中的终端提供商、运营支撑与应用平台商、行业应用的开发商与集成商等都和电信通信企业一起不约而同地参与到了物联网产业中来。这就导致了物联网产业与电信业在某种层面上具有相似性。而电信通信企业作为电信业的核心，在物联网产业中的位置也是相当重要的。首先，电信网和互联网是物联网网络层的基础网络，可以说电信通信企业的发展情况就反映了物联网网络技术的发展情况。其次，电信通信企业对于通信产业中的其他参与者有着很大的影响力，而这些参与者又是物联网产业的重要参与者，所以电信通信企业对物联网产业中大部分的参与者都有很大的影响力。最后，电信通信企业有着非常强大的资金实力和规模能力，这些都是别的企业所没有的优势，而电信通信企业本身对发展物联网应用也非常重视，所以电信通信企业会致力于推动物联网的发展。

虽然电信网络和互联网是物联网的基础网络，但是电信通信企业对物联网的影响却不仅仅局限于网络层。物联网的感知层、网络层和应用层中都有电信通信企业的身影。在感知层中，电信通信企业自身的技术优势可以解决许多关键问题；在应用层中，电信通信企业已经开发了许多物联网应用，比如手机钱包等。因此，电信通信企业是物联网产业正常发展不可或缺的基础。

但物联网毕竟不是通信网，所以电信通信企业在物联网产业中到底处于什么样的位置还是需要好好分析的。

首先，电信通信企业无疑是物联网的沟通渠道。物联网的网络层是由电信网和互联网以及一些无线传播技术共同组成的，而电信通信企业就运营管理着电信网和互联网。网络层是物联网信息传递的渠道，所以电信通信企业作为物联网网络层的基础，主要使命就是确保整个物联网产业的信息能够高效率地流通。渠道是电信通信企业的价值定位之一，它的作用是让物联网的沟通成本更加低廉、效率更加提高。相比其他企业，电信通信企业作为沟通手段有着绝对的技术优势，由电信通信企业来为物联网产业的所有参与者搭建了沟通的渠道，更加安全可靠，并且成本低效果好。

其次，电信通信企业同时也成了物联网的应用平台。物联网的涉及范围非常广，许多行业产业都需要接入物联网产业中来。而电信通信企业就可以成为大众型物联网的应用平台向服务提供商和用户提供一个应用平台。这种情况就类似通信产业中电信通信企业为众多服务提供商和客户搭建平台的原理。由于电信通信企业有经营移动互联网的经验，在移动互联网的环境中就需要为客户或者集团客户提供他们要求的特定的接入服务。所以电信通信企业有着平台经营的经验，又同时具有客户优势，搭建大众型物联网应用平台是物联网产业发展的必然趋势。

最后，电信通信企业还可以凭借自身的资金、技术、规模的优势，参与到服务提供、应用开发等多重领域中；而电信通信企业在传统通信产业的绝对核心地位也可以促使其统筹管理物联网产业的其他相关参与者。因此电信通信企业在物联网产业中有非常重要的价值地位，在横向上它占据着物联网网络层的核心，在纵向上它的发展触手触及感知层和应用层，对于整个产业的参与者来说它也有统筹管理作用。

因此，总的来说，电信通信企业无疑是物联网产业的核心企业。

12.4.2 物联网时代通信企业的商业模式创新

电信通信企业在现阶段无疑是物联网行业的领导力量，但是通信企业有超过 9 成以上的物联网业务都是在其中扮演着渠道提供商的角色，而实质性的服务却是由系统集成商和解决方案提供商按照用户的要求定制集合而成的。在这样的通道提供商的角色就会导致客户对通信企业的黏性变差，客户转网的可能性增加。因此电信通信企业就会陷入价格战，在这样的恶性竞争环境下，利润率就会不断地降低。电信通信企业必须重视这个问题，要从通道提供商向服务应用提供商转变，这样才能提供自身的核心竞争力，才能真正地做大做强。

在整合系统集成商和解决方案提供商的过程中通信企业要注意几个问题。

整合不是抹杀，整合是一个过程。由于物联网是人与物、物与物的全面连接，所以通信企业要面对的客户是来自各行各业的。要满足各领域用户的个性化需求的难度非常大，而电信通信企业的核心能力是通信产业，对于各行各业的管理、流程、分工等具体环节并不是百分之百了解。而如果通信企业专门为了实现各行各业的应用而独立研发和创新的话，对于资金和研发力量的要求是十分巨大的。所以通信企业对于系统集成商和解决方案提供商的整合，指的是抓住核心通用的模块加以整合。电信通信企业有着自身的技术优势，所以应该对于物联网应用在行业中通用的核心的领域加以了解，再及时地对于这些领域进行整合，并且可以在整合的过程中不断对于一些重要的细节实现逐步整合。所以整合是一个先大后小的过程，先抓住主要矛盾，再解决次要矛盾。并且整合不是要完全排挤掉系统集成商和解决方案提供商，而是与其互利共生，抓住核心要点，使得系统集成商和解决方案提供商成为自身的合作者。

规避行业壁垒。有些行业并不是绝对开放的，比如能源、金融类的行业就是相对封闭的。这些行业有些是行政垄断行业，有些是私密性要求极高的行业。并且在这样的行业里已经有了成型的产业体系，也有了自身行业特有的集成商和解决方案提供商，它们内部的利益分配也早就已经固化完成。所以通信企业想要进入这些行业并为其提供服务，就必须和里面已有的系统集成商和解决方案提供商直接竞争，承受行业壁垒和竞争冲突的双重压力。因此在这样的情况下，通信企业就应该绕过这些行业的核心私密领域，转而提供一些通用的成型模块服务让用户自行选择使用。这样不仅能吸引用户，而且可以降低研发成本，提高自身的竞争力。

结合以上两点，电信通信企业要发展物联网应用就应该抓紧时间开发针对于物联网产业核心的通用领域模块，打造一个综合业务平台，以实现对系统集成商和解决方案提供商的整合。这个平台可以包含计算、存储、网络、基础应用服务等模块，并且随着时间的发展还可以增加行业特色服务模块等。在这个整合的过程中，电信通信企业可以始终保持自身的行业领导者地位不动摇，并且还可以渐渐成为行业的整合者。通过与系统集成商和解决方案提供商的互利共生和平台的建设，整合的效应会推动电信通信企业向着物联网产业龙头企业的道路上不断前进。

我国物联网产业的发展还处于起步的阶段，还没有一个统一的行业标准。因为国家对于物联网的重视所以投入了大量的人力和资金进入这个领域，同时也开展了不少重大的项目建设。在这个物联网发展的黄金时代，电信通信企业应该充分运用自身的产业优势，借助国家的重大项目，扩大自身在物联网行业的话语权，建立自身的核心地位和领袖意义。物联网发展初期相关的重大项目对于技术和产品的需求数量都是巨大的，而电信通信企业参与到其中不仅可以及时得到物联网发展的核心技术，还可以凭借产品的生产和销售获得利润，更可以凭借自身的覆盖面提高电信通信企业的社会形象和社会影响力，进一步巩固自身的核心地位，可以说是一举数得。所以电信通信企业务必要抓住这个黄金时代。值得注意的是，电信通信企业除了提高自身在物联网行业的参与度，加入重大项目的进程中之外，还要凭借自身的影响力加大对物联网行业标准的建设中来，比如接口的标准、信息传送的标准等。如果通信企业能够成为行业标准的制定者不仅可以获得实质的收益而且可以在物联网发展中取得先机，并且可以稳固其在物联网行业中处于领导者地位。

12.4.3 物联网时代通信企业管理的创新

1. 发展物联网的现实意义

作为我国战略性新兴产业的代表，抢占物联网新兴科技制高点是决定国家未来竞争力的关键，发展物联网产业已上升到国家战略的高度。由于对物联网产业的界定还不明晰，对其市场规模的计算和预测也就存在不同的方式。虽然不同的计算方式得出的具体数据不完全一致，但各方都公认物联网有着广阔的市场前景和极大的产业规模。物联网更因其国家战略意义和巨大的发展潜力，成为市场各方竞相追逐的宠儿。对于电信通信企业而言，发展物联网还具有以下几方面的现实意义。

第一，人人通信趋于饱和，通信企业可以转向物物通信寻找新的经济增长点。工信部发布的 2013 年 3 月统计数据显示，全国电话用户总数达到 14.22 亿。在全部电话用户中，固定电话为 2.76 亿户，移动电话为 11.46 亿户。话音通信业务日趋饱和，通信企业必须开拓新的业务增长市场才能实现行业的可持续发展，物联网的兴起正好给通信企业提供了难得的机遇，而且物联网也契合电信通信企业向综合信息服务商转型的理念。

第二，中国电信业已经进入 3G 时代。目前 3G 用户在移动电话用户中的渗透率已达到 24.2%，3G 网络的建设和日趋完善为物联网的发展奠定了坚实的网络基础。可以说，物联网为 3G 找到了一个重要“归宿”。随着物联网的引入，除了传统的个人家庭应用外，政府与行业应用也逐步成为 3G 应用的主要阵地，行业内纵深与行业间相互渗透成为通信业新的发展目标。

第三，从物联网自身演进需求来看，物联网必然会从孤立的、局域的应用阶段发展到泛在的、规模化的联网应用阶段，通信网络和电信通信企业的价值与作用将越来越显现。

物联网所倡导的理念无疑代表了信息技术发展和应用的大趋势，但要清醒地认识到，要将该理念全面付诸实践还需要长期不懈的努力。

2. 物联网背景下通信企业管理创新

我们将物联网应用简单划分为建立、销售和运营三个阶段。“建立”即最初的投资阶段，衡量标准主要有物联网平台和智能传感器两部分，目前网络通信企业已经具备物联网平台构建能力，但仍处在初级水平，需进一步加强；在智能传感器部分相对较弱，需要加大自主研发力度或采取引进等方式予以解决。“销售”即潜在的销售机遇，主要衡量标准为接近客户途径和品牌市场认知两方面，在该阶段网络通信企业具有较强优势，尤其是在获取客户途径方面。“运营”即物联网解决方案运营，主要衡量标准分为平台（命令操作、应用维护和基础设施管理的控制中心）、通信（设备与物联网平台的数据通信，面向最终用户）、用户（客户获取、客户交付和客户关怀的管理）3 个方面，目前各通信企业在通信及客户方面优势突出，在平台搭建方面还需要进一步探索与加强。

针对企业客户的机遇。为物联网服务产品定制独特的价格，征收通信费用；为公用事业单位、汽车制造商、医疗保健机构以及包括客户服务与计费服务在内的车队管理提供完整的物联网能力；物联网管理和安全网关及其他改进；为物联网设备提供支持，比如全新的 HLR、统一目录和认证等。

针对个人客户的机遇。拓展传统无线设备的组合，从手机到具有无线宽带功能的电脑、照相机、电子书以及游戏机。与零售商签订合同，增加无线宽带设备品种，推动无线订阅。与 PC 及其他 OEM 厂商合作，缔造全新的通信企业品牌产品。

通信企业要向多个行业提供物联网服务，需要建立起跨越多个应用和行业的完整支撑架构。而物联网解决方案通常具有云计算和企业 IT 架构的双重特性，但是现存的典型应用架构通常不能同时满足下面这两类需求：一个以高度分布为特征，另一个以集中处理为特点。在构建物联网平台架构的时候，需要兼顾客户的遗留系统；新的架构必须考虑未来的技术特点，为了长期服务，要建立物联网应用的长效机制；多样化的网络技术和数不清的物联网网络终端的形态与解决方案都给应用架构设计带来了很大困难。

面对物联网广阔的发展空间和全方位的商业挑战，如何把握在物联网中扮演的角色，如何充分利用现有资源优势挖掘发展潜力，如何向网络传输服务以外的多个应用领域拓展，如何搭建全方位可拓展的支撑架构，将成为通信企业需要深思熟虑的问题。

我国物联网的发展虽已取得一定成就，但还存在诸多问题，尤其是涉及企业流程改变、系统对接、设备改造和岗位调整等行业融合方面的问题，将是物联网发展需要解决的深层次问题。

3. 政府积极引导通信企业发展方向

在目前机遇与挑战并存的情况下，要引导物联网产业快速健康发展，需要政府和企业共同作出努力。从政府角度来讲，应当积极引导，产业链各方共同参与，通过建设标杆和示范应用，带动整个物联网应用的发展，从而带动产业发展。从电信通信企业角度讲，在全球范围内，电信通信企业从未成为这个产业链的主导者。但在国内，做惯了老大的通信企业并不愿意在物联网产业中充当配角，急于有所斩获。该如何在物联网产业中调整好心态、扮演好自己的角色，在产品、供应链以及运营模式方面做出有益的行动，以便获得合理的收益，这是当前电信通信企业面临的关键问题。

首先，电信通信企业在物联网产业链中的定位。从技术架构层面来说，物联网产业分为感知层、网络层和应用层。电信通信企业显然在网络层占有主导地位，但这是收益最低的环节。目前国内大多数的物联网网络连接服务的ARPU在5～10元，大大低于手机甚至固定电话的ARPU。而感知层多为竞争充分的基础性软硬件产品，电信通信企业并无机会。在应用层，电信通信企业（尤其是有长期系统集成经验的中国电信南方21省公司、中国联通北方10省公司）具备一定实力，可以与各个行业的应用服务商合作，寻求更大的发言权与收益。通信企业除了提供基础网络服务之外，还可以提供很多基础的电信业务能力，像短信能力、WAP网关能力、LBS能力，这样很多基础的电信业务可以与物联网应用结合，促进业务创新。

其次，从供应链层面来分，物联网产业分硬件设备层、应用软件与系统集成层、运营层，电信通信企业最大的优势莫过于运营能力，而且在物联网业务达到一定规模后，电信通信企业可借此优势在物联网服务运营方面占据较大的市场份额，甚至根据物联网特点，将物联网运营独立于现有的人联网运营体系，成为开放式运营平台。三大通信企业都致力于建立通用型的物联网业务平台，但目前的平台还只是单纯的数据转发平台，说到底只是通道服务。在物联网产业还没有形成规模化和产业化的情况下，建立通用型业务平台显然时机尚未成熟。因此，电信通信企业如果要在短时间内对各个行业进行产业链整合，推出通用型的应用平台和产品，未免有点儿自不量力。通信企业需要有足够的耐心，夯实基础，培育和等待产业成长。可从壁垒较少、门槛较低的行业入手，广泛建立行业应用开发推广联盟；通过获得政府的政策和资金支持，在准入、价格、应用试点、行业示范项目等方面营造宽松的产业环境，为推动产业发展提供保障；借助不同行业应用商的力量，通过合理分工和利益分成模式，推出针对不同行业的应用，再从这些应用中提炼共性，逐步建立通用平台和通用型基础应用。

再次，物联网产品开发。由于国内行业壁垒广泛存在，有些行业即使是电信通信企业这样的巨头也难以进入，如环保、石油、电力、铁路等行业的物联网应用。建议通信企业可以选择行业规模较小、信息化水平较低、之前有较紧密合作关系的行业入手，进行相关物联网产品开发。例如，中国移动的家居物联网产品“宜居通”就是比较成功且已规模化推广的物联网产品。此类产品尚未进入品牌竞争阶段，市场竞争尚不激烈，产品简单易用，并且充分体现了电信通信企业的优势。同时，应广泛引入在现有行业价值链中成熟的服务集成商，借助他们的行业应用知识，开发各种应用产品并打破行业壁垒，丰富产品应用，逐步占据价值链的高端。

最后，通信企业的物联网应用运营模式可以以“转型”、“合作”和“双赢”来概括。第一，聚合物联网应用。通信企业的网络是物联网的基础承载，所有业务依赖于通信企业的通道；通信企业还具有强大的品牌、资金、资源整合能力，具有成熟的业务、投诉受理流程和完善的销售渠道；更重要的是有庞大的用户群体，这些用户同时也是物联网业务的消费者。这些特点决定了物联网产业应以通信企业为核心开展。通信企业要突破通道型业务的局限，成为物联网信息的有效收集者和分发者以及物联网应用的聚合者，通过统一提供物联网信息服务和应用，刺激企业用户产生更多的数据业务需求。在业务模式方面，可以采用App Store模式，打造物联网运营中心，提供品牌支撑促进市场拓展。第二，与第三方服务提供商合作。通信企业急功近利，直接主导行业市场并不合适，合作才是良好对策。合作的方式有两种：一种是将平台开放给各行业应用集成商，降低第三方开发难度和开发成本，提高开发的效益和效能；另一种是结合自身业务能力和第三方的信息服务，开展更多的多种业务方式融合的增值服务，与合作者在商务层面实现共赢，目前可以重点考虑在某一行业解决方案或公众用户解决方案中集成一个有示范效应的物联网解决方案，使用户得到良好的服务体验，以实质性地推动物联网需求的良性扩展。第三，与设备制造商合作。合作方式有两种：一种是联合设备制造商，在通信终端中植入RFID等数据采集芯片，通过终端标准化整合终端厂家；另一种是和设备制造商联合提供“设备租赁+业务托管”方案，为无力搭建信息系统的中小企业提供服务。很多情况下，终端制造商同时是系统集成商，但网络和应用系统的建设并不是他们的强项，这对通信企业来说是一个很好的契机。

本章小结

随着移动互联网时代的到来，现阶段通信生态环境与过去比较，最大的差异可以用“4G”、“虚拟运营”及“异质竞争”三个关键词来概括。4G时代，巨大的转型危机将使电信运营商的角色发生重大变化。

移动互联网是移动通信和互联网从终端、技术到业务全面深入的融合。移动互联网并不是指一种网络，而是指一种接入互联网络的方式。具体而言，是指互联网的技术、平台、商业模式和应用与移动通信技术结合并实践的活动的总称。

随着电信运营商的全业务化运营以及3G推动下移动互联网业务的爆炸式增长，电信行业的数据类型、数据规模、数据速度、数据价值在大数据的4个维度上得到显著体现。对于电信运营商来说，在不需要大量增加网络投资和运营成本的条件下，大数据体系极有可能成为未来企业新的价值增长点。但由于电信运营商在大数据的人才方面无明显优势，且内部系统复杂，大数据技术尚未在电信运营商中得到广泛应用并发挥价值，如何在电信行业中引入大数据技术并抓住大数据的机遇为客户提供更深入的服务，是当前一个急迫的问题。

作为我国战略性新兴产业的代表，抢占物联网新兴科技制高点是决定国家未来竞争力的关键，发展物联网产业已上升到国家战略的高度。政府应当积极引导，产业链各利益方共同参与，通过建设标杆和示范应用，带动整个物联网应用的发展，从而带动产业发展。从电信通信企业角度讲，在全球范围内，电信通信企业从未成为这个产业链的主导者。但在国内，做惯了老大的通信企业并不愿意在物联网产业中充当配角，急于有所斩获。该如何在物联网产业中调整好心态、扮演好自己的角色，在产品、供应链以及运营模式方面做出有益的行动，以便获得合理的收益，这是当前电信通信企业面临的关键问题。

复习思考题

1. 如何实现大数据时代的营销？
2. 物联网业务模式、发展现状与产业格局是什么？
3. 移动互联时代到来对通信企业的机遇与挑战有哪些？
4. 虚拟运营商套餐资费确定需要考虑的主要因素有哪些？

案例分析

铁塔热背后——运营商不再是香饽饽

在近期铁塔公司进行的各级招聘中，“我每天都能接到各种打探消息的电话”，一位铁塔公司“元老”告诉记者。不久前公开选聘的31个省级总经理职位，竟然有300多名运营商高管以及政府监管部门高官报名参与竞聘，而目前正在进行的省公司副总经理选聘竞争更是异常激烈。

铁塔公司怎么这么抢手？再想到今年上半年从基础运营商向虚拟运营商的大规模“跳槽潮”，我们不禁要思考，为什么那么多人要离开曾经是“香饽饽”的电信运营企业？

挤破头进来，用脚投票出去

“按过去的说法，铁塔公司是副业，在通信行业蛮边缘的，技术含量也不高，要是搁前几年，在运营商主业的人才不会想去呢。”一位电信老人遥想着当年通信行业的辉煌时代，叹息不已。

“其实，铁塔公司、虚拟运营商的未来到底怎样，现在谁也说不好。但是我在运营商待着不爽，看不到整个行业的希望，看不到企业的希望，更看不到自己的希望，必须改变现状。”一位刚从运营商“绝望”出逃的员工悲观地告诉记者，想想数年前，他可是在众人中挤破头进入运营商的。

根据记者对运营商的跟踪观察，近几年，从运营商离职的人逐年增多，在北上广深等一线城市，几乎每天都有员工跳槽离职，只不过2014年虚拟运营商与铁塔公司的出现，大量职位空缺，从企业高管、中层到基层员工大规模跳槽，这让运营商的离职问题全面爆发出来。有行业人士认为，大批运营商人出走的热潮是通信行业失去吸引力、无法留住人才的现状体现，内因是主体，外界的诱惑只是机缘。

有猎头公司对某省级运营商做过一次调查，在其三四千名核心业务部门的员工中，40%的员工都有明确的跳槽意愿，尤其是市场、运维、信息部门的员工意愿强烈。心动不如行动，某猎头公司透露，京城某运营企业近4年入职的硕士骨干员工，有80%以上都跳槽了。相信对这个行业有感情的任何人看到这样的数字都会不淡定了。

如果说运营商是一座围城，“里面的人想出来”，可现在外面的人也不那么想进去，这个行业已经失去了往日的魅力，大学生就业就是一个风向标。根据被称作“通信行业黄埔军校”的北京邮电大学就业指导中心发布的数据，2013年该校毕业生19.49%进入了通信运营商，而进入互联网及其他ICT行业的为38.16%，仅进入金融业的就有13%。

这个行业怎么了

十年前，邻居教育孩子：“你要好好学习，才能像隔壁哥哥那样进入移动公司。”而今，邻居教育孩子：“你再不好好学习，只能像隔壁叔叔那样到处蹲点摆摊。”

“我就这样从周围人眼中的高富帅慢慢沦为了屌丝，我说自己是世界500强企业员工都没人信。”一名在运营商任职的同学苦笑着自嘲。

个人的现状也折射出整个行业的兴衰荣辱。“我们真是一个‘No zuo no die（不作死就不会死）’的行业，竞争激烈的行业那么多，怎么没一个像我们这样作的呢？”一位老电信人向记者抱怨，在多年行业激烈竞争中，一家分成了多家，竞争得头破血流，后来合成三家，依旧是打来打去，打掉了行业价值，打掉了行业形象，也打掉了行业人的自豪感。

每年9月的高校校园营销是其中的典型。前几年，各基层运营企业为了抢用户，不计成本、不择手段，唇枪舌剑互相诋毁是常事，打架流血事件层出不穷，直到今年依然还在发生；不仅出现过收购竞争对手手机、SIM卡的恶性事件，甚至还出现过剪断对方光缆、毁坏基站设备、干扰对方基站正常工作的违法事件……虽然这样的事件只是少数，但产生的不良舆论却影响深远。在每场战斗之后，老百姓不会记得哪家输哪家赢，而是断定这个行业整体素质低。

每家基础电信运营商都有着宏伟的战略蓝图与长远规划，一到具体执行层面却往往是“眼高手低”，基层企业面临增长压力与考核指标，不得不采取各种短视手段来发展业务。“谁想风雨无阻去摆摊，谁想扫村扫楼挨家挨户去敲门推销，那还不是压力山大的KPI闹的嘛。”基层企业也有自己的苦衷，长远与短期、理想与现实该如何平衡成了个问题。整个行业的形象就这样在这些短视的市场竞争行为中慢慢倒塌。

一个房间如果窗户破了，没有人去修补，隔不久，其他的窗户也会莫名其妙地被人打破，这就是著名的“破窗效应”。如果自己都不爱惜自己的形象，不去修窗，就不要埋怨更多的人来扔石头。“垄断”、“宽带速率低”、“资费高”……这些年，无论电信运营商如何迎着高涨的CPI没有底线地降低资费，无论怎么提高服务质量“无节操”地讨好消费者，依然会被推到各种负面报道的风口浪尖，“有新闻报新闻，没新闻骂电信运营商”。

与行业地位、公司地位一起下降的是员工的收入与福利。“我们这几年工资都没涨过，顶着垄断行业的帽子，干着小摊贩的活儿，拿着低得可怜的收入，还有比我们更苦的吗？”不少员工抱怨。2014年6月，一项由望智库、南京邮电大学信息产业发展战略研究院以及一些媒体发起的“运营商基层员工生活状态调查”显示，员工逐渐对未来失去信心，超过70%的员工认为，未来3年，自己的薪资不会得到提升，甚至有近20%的员工认为会比现在更少。

在大城市，很多人选择了跳槽，而在就业机会不多的二三四线城市，运营商的一些基层员工纷纷选择了“兼职”补贴家用，有人开饭馆，有人“揽私活赚外快”，有人做起了产品代理，有人开网店，甚至有人在开黑车……在基层企业，很多员工就做着这样的双面人，“多年未动的工资奖金早就赶不上连年上涨的房价物价，不出来干点儿恐怕连养家糊口都难以保障”。

除了工资低、工作累、压力大，自我成长缓慢、需求难以满足、缺乏归属感等也是运营商人离职的重要原因。“我们早就没有双休日了，隔一周能休一个单休日就算很好了，现在我儿子只要听到我说‘你再不听话，妈妈就去加班了’，立即乖乖的。”一个以休闲著称的城市里，在运营商工作的朋友依然难逃几乎天天加班的命运，这在基层运营企业是个普遍现象。一个人加班，可以说是工作效率低，但如果整个企业几乎所有人都在加班，我们不得不重新审视，这个企业这个行业是不是出了问题。

让人心回归，确立三个自信

国企职工的基层运营商员工已经变成了薪水名册上的编号，变成了完成考核指标的机器……只有能够在接近疯狂的变态的考核中完成任务的人才是合格的人。不断追求效率和增长的运营商，早已经忘记了真实的“人”。无论怎样，通信运营商的“人”危机，已经到了岌岌可危、不容忽视的关头。运营商需要让快跑的“大象”放慢疲惫的脚步，问一问自己，我们真的需要那么高的利润吗？真的需要那么高的用户市场占有率吗？每年压缩掉很多合理的支出，挤出营销成本去维持那些好看的数据，真的有必要吗？如果我们彻底失去了人心，只剩下这些数字还有意义吗？

如今，整个行业正处在向移动互联网转型的十字路口，无论时代变迁风云变幻，都要留住人才、吸引人才，有人才才有未来。让人心回归，以人为本不能只停留在口号上。而当前，通信企业要找回自信，就要让每一个通信人树立起“三个自信”：行业自信、职业自信、收入自信。

行业自信。当前到了整个行业一起修缮门窗、用行动恢复形象的时候了。虽然目前的市场现状决定行业竞争激烈程度会只增不减，但整个行业不能再用过去价格战、拼成本的方式来竞争了。“营改增”与降本增效的政策要求企业改变传统的市场经营模式，这也给了整个行业冷静下来寻找发展新思路新办法的契机。要在内外部错综复杂的市场环境中找到行业地位与优势所在，要践行“诚信服务、竞合共赢、开放创新、网连未来”的行业价值观，营造健康和谐的行业发展氛围。

职业自信。一个运营商员工告诉记者，他有一天突然自问，我的职业是什么？自己竟然很迷茫。

面对这个问题，有多少人会觉得“我们的职业是‘网联天下，服务百姓，让客户真正享受信息新生活’”？可能更多的人也跟外人感觉到的一样，“是卖手机卡的”。在每天忙忙碌碌的工作中，很多人迷失在各种华而不实的PPT里，迷失在各种大大小小的会议里，迷失在各种各样的文件里，迷失在无休止的用户发展活动中……当自己没有对这个职业的热爱，没有带着心与灵魂去工作，怎么做出让客户喜欢的产品，又怎么能给客户提供感同身受的服务？今天，在运营商庞大的机构里，需要找到每个人职业的真正意义与价值体现，需要给每个人提供一个公平、健康、温暖的职业成长环境，也需要重视他们实实在在的存在，他们不是完成考核的机器，而是一个“工作为了更好生活的家庭成员”，一个可以活得更精彩的生命。

收入自信。仅仅这个词就可能成为“反垄断”斗士的把柄。但这是让运营商员工特别是基层员工劳动获得应有的回报、体现自身价值的关键所在，也是运营商能够留住人、吸引人的关键要素。马云曾说过，员工离职的原因林林总总，只有两点最真实：一是钱没给到位，二是心受委屈了。当前，相关管理部门对运营商高管有降薪的要求，很多员工担心这种降薪会一层层降下来，“本来薪酬就很低了，再降可真没活路了”，很多员工在论坛上表示着自己的担忧。因此，无论管理层如何降薪，专业人才与基层一线员工的薪酬不能降，甚至需要逆势上涨，需要让整个薪酬分配向一线倾斜，给员工吃下定心丸。

让行业价值回归，让员工人心回归，当基础电信运营企业成为一个真正重视人、给人才提供充分发挥聪明才智与创新精神的平台，这个行业才会充满希望，面向远方的转型才能充满动力。

（资料来源：根据中国信息产业网资料整理。）

思考题：

1．如何提高运营商的运营效率？

2．如何提高运营商基层员工的归属感？

参 考 文 献

[1] 彼得·圣吉．第五项修炼——学习型组织的艺术与实务[M]．上海：上海三联书店．1994．
[2] Booz A and Booz H．New products management for the 1980s[M]．(1st Ed)．Englewood Cliffs，New Jersey: Prentice-Hall，1982:1-24．
[3] 卜心怡，宋波．新服务开发研究综述及展望[J]．科技进步与对策．2012(29)20:155-160．
[4] 陈良猷．生产管理系统工程[M]．北京：经济管理出版社，1997．
[5] 陈国华，贝金兰．质量管理[M]．北京：中国农业大学出版社，2010．
[6] 陈荣秋，马士华．生产与运作管理(第 3 版)[M]．北京：高等教育出版社，2011．
[7] Cooper R G，Leinschmidt E J．New product performance: what distinguishes the star products [J]．Australian Journal of Management，2000，25(1): 17- 45．
[8] 储成祥．现代人力资源管理[M]．北京：人民邮电出版社．2003．
[9] 储成祥，姚国章．企业创新的理论与方法[J]．科技与管理．2001，(3)：40-43．
[10] 范鹏飞．邮政运行管理．北京：中国社会出版社，2005．
[11] 范鹏飞，曹自立．基于运营商视角的物联网商业模式[J]．通信企业管理，2010(12):84-85．
[12] 冯明．人力资源管理[M]．重庆：重庆大学出版社，2013：35-39，196-199．
[13] 冯常生，任乐．人力资源管理[M]．开封：河南大学，2013：184-186．
[14] 高斌．通信经济学[M]．北京：人民邮电出版社，2004．
[15] 谷艳君．质量保证模式[M]．北京：中国计量出版社，1998．
[16] 韩军涛．移动互联网:发展趋势与市场影响[D]．北京邮电大学硕士论文，2013．
[17] 黄勇军，冯明，丁圣勇，樊勇兵．电信运营商大数据发展策略探讨[J]．电信科学，2013(03):7-11．
[18] 胡盛强．商业模式的结构探索与创新研究[D]，东南大学硕士学位论文，2007．
[19] 胡世良．移动互联网发展的八大特征[J]．业务透视．2011(09):13-16．
[20] 胡宇辰．企业管理学[M]．北京：经济管理大学出版社，1997．
[21] 蒋华园．电信企业财务管理[M]．北京：人民邮电出版社，2003．
[22] 金延平．薪酬管理[M]．大连：东北财经大学出版社，2013：174，276-290．
[23] Johnson S P，et al．A critical evaluation of the new service development process: integrating service innovation and service design[A]．Fitzsimmons J A and Fitzsimmons M J(Eds.). New Service development-Creating memorable experiences[C]．Thousand Oaks，CA: Sage Publications，2000:1-32．
[24] 李成彦．人力资源管理[M]．北京：北京大学出版社，2011：6-8．
[25] 李雷，赵先德，杨怀珍．国外新服务开发研究现状述评与趋势展望[J]．外国经济与管理．2012(34)1:36-45．
[26] 李燕萍，李锡元．人力资源管理[M]．武汉：武汉大学出版社，2012：21-24．
[27] 刘克飞，李杰．4G 环境下的运营商应对[J]．通信企业管理．2014(04):11-15．
[28] 刘立．电信市场营销[M]．北京：人民邮电出版社，2003．
[29] 林新奇．绩效管理 第 2 版[M]．沈阳：东北财经大学出版社，2013：50-68．
[30] 迈克尔·波特．竞争优势．陈小悦（译）[M]．北京：华夏出版社，1997．
[31] Menor L J. New service development: areas for exploitation and exploration [J]．Journal of Operation Management，2002，(20): 135- 157．
[32] 欧·根·布里汉．企业金融管理学[M]．北京：中国金融出版社，1989．
[33] 欧阳恩山，闰波，邹删刚．互联互通浅析[J]．探讨与交流，2005，31(5):55-60．
[34] 潘晓云．人力资源管理[M]．上海：立信会计出版社，2012：88-89．
[35] 裴利芳．人力资源管理[M]．北京：清华大学出版社，2013：220-221．

[36] 彭劲松．企业管理与企业社会责任[M]．广州：华南理工大学出版社，2011：67-68．
[37] 戚安邦．项目管理学[M]．北京：科学出版社，2007．07．
[38] 士光敏夫．经营管理之道[M]．北京：北京大学出版社，1982．
[39] 施武明，汪星明．现代生产管理[M]．北京：企业管理出版社，1997．
[40] 斯蒂芬，高级产业经济学(第二版)[M]．上海:上海财经大学出版社，2006．
[41] Storey C，Easingwood C．The im pac t o f the new product development project on the success of financial services[J]．Service Industries Journal 1993，13 (3): 40 -54．
[42] Voss C，et al．Measurement of innovation and design performance in services[J]．Design Management Journal，1992，(Win):40-46．
[43] 王海燕，姚小远．绩效管理[M]．北京：清华大学出版社，2012：126-129．
[44] 王建宙，“物联网”将成为经济发展的又一驱动器[J]．IT 时代周刊，2009，10：20．
[45] 王良元．电信企业经营战略管理[M]．北京：人民邮电出版社，2000．
[46] 王良元，殷群．现代企业管理[M]．南京：东南大学出版社，2001．
[47] 王良元．电信企业战略管理[M]．北京：人民邮电出版社，2002．
[48] 王良元．战略管理[M]．北京：人民邮电出版社，2003．
[49] 王良元．通信企业管理[M]．北京：北京邮电大学出版社，2005．
[50] 王军善．人力资源管理发展的新趋势——知识管理型人力资源学[J]．中国农业银行武汉培训学院学报，2014(1)：2-3．
[51] 王启珊，吴兴华．企业人力资源管理．武汉：华中科技大学出版社，2013：7-12．
[52] 王芹．日本电信运营商的资费定价策略及借鉴[J]．通信企业管理，2006(11):35-37．
[53] 王琐彬，郭超．捆绑定价策略的厂商效应分析[J]．沿海企业与科技，2005(12):30-31．
[54] 吴建祖，张玉征．新服务开发研究综述[J]．科技进步与对策，2010(27)14:156-160．
[55] 吴添祖．技术经济学概论[M]．北京：高等教育出版社，2004．
[56] 魏法杰，王玉灵，郑筠．高等学校项目管理系列规划教材:工程经济学(第 2 版)[M]．北京：电子工业出版社，2013．02．
[57] 肖灵机．哈佛服务利润链理论及其隐义引申[J]．北京工商大学学报，2009(24)4:88-95．
[58] 辛春林，彭乔，苏颖．新服务开发的过程、模型和影响因素——研究现状与研究视角探析[J]．软科学，2013(27)9 :131-134．
[59] 许莹．人力资源管理理论与实务[M]．北京：人民邮电出版社，2013：180-186．
[60] 杨建君．当代管理发展的基本趋势．科学管理研究，2001，19(3): 33-37．
[61] 杨伟国，陈玉杰．薪酬经济学[M]．上海：复旦大学出版社，2013：31-33．
[62] 姚国章．面向电子商务时代的企业变革[J]．科技与经济．2001，14(2):41-47．
[63] 姚国章．电子商务与企业管理[M]．北京：北京大学出版社，2002．
[64] 张公续．新编质量管理学[M]．北京：高等教育出版社，1998．
[65] 张惠琴，李璞．人力资源管理案例教程[M]．北京：机械工业出版社，2013：133-135．
[66] 张金成．服务利润链及其管理[J]．南开管理评论，1999(1):18-23．
[67] 张建国，夏青．新编人力资源管理[M]．成都：西南财经大学出版社，2012：164-168．
[68] （美）詹姆士·A·菲茨西豪斯等（著），张金成等（译）．服务管理：运营、战略和信息技术[M]．北京：机械工业出版社，2013．
[69] 张云霞．物联网商业模式探讨[J]．电信科学．2010(4):6-11．
[70] 赵国栋．大数据时代的历史机遇[M]．北京：清华大学出版社，2013．
[71] 赵宏波．电信企业客户关系管理[M]．北京：人民邮电出版社，2003．
[72] 郑会颂．企业信息化与信息系统[M]．北京：人民邮电出版社，2003．
[73] 周希林，陈媛．人力资源管理[M]．武汉：华中科技大学出版社，2012：5-6．
[74] 周友苏，杨飒．质量管理统计技术[M]．北京：北京大学出版社，2010．